Cultura Pau-Brasil
O encontro de Lúcio Costa,
Mário de Andrade, Oswald
de Andrade e Tarsila do
Amaral

Abilio Guerra

Pensamento da América Latina

Romano Guerra Editora
Nhamerica Platform

Coordenação geral
Abilio Guerra
Fernando Luiz Lara
Silvana Romano Santos

Cultura Pau-Brasil
O encontro de Lúcio Costa, Mário de Andrade, Oswald de Andrade e Tarsila do Amaral
Abilio Guerra
Brasil 8

Coordenação editorial
Abilio Guerra
Fernanda Critelli
Silvana Romano Santos

Projeto gráfico e diagramação
Dárkon V Roque

Para
Silvana Romano Santos e Valentina Moimas que, cada uma a seu modo, tornaram este livro possível

Apoio cultural

Cultura Pau-Brasil

O encontro de Lúcio Costa, Mário de Andrade, Oswald de Andrade e Tarsila do Amaral

Abilio Guerra

Romano Guerra Editora
Nhamerica Platform

São Paulo, Austin, 2022
1ª edição

Índice

06 Introdução à cultura Pau-Brasil

Parte 1
24 O mito do paraíso terreal
26 Uma rede suspensa por pilotis
54 Raízes brasileiras do universo
66 Ser regional e puro em sua época
79 O caminho norte-americano
100 O bárbaro tecnizado
116 A cidade e a roça são fatos estéticos
150 Os caminhos levam ao campo
166 Notas da parte 1

Parte 2
186 A história de uma utopia
188 Varanda caipira para a burguesia carioca
202 O segundo suíço-francês nos trópicos
222 O presente construindo o passado
240 Entre o paraíso e a utopia
280 Turistas em seu próprio país
328 Forças telúricas da natureza brasílica
350 Notas da parte 2

382 Epílogo inconcluso
396 Referências bibliográficas

Introdução à cultura Pau-Brasil

Le Corbusier e Lúcio Costa, desenhos de Gerson Pinheiro. *Revista de Arquitetura*, n. 10, Rio de Janeiro, mar. 1935, p. 18; *Revista de Arquitetura*, n. 8, Rio de Janeiro, dez. 1934, p. 7

Um índio descerá de uma estrela colorida, brilhante
De uma estrela que virá numa velocidade estonteante
E pousará no coração do hemisfério sul
Na América, num claro instante [...]
E aquilo que nesse momento se revelará aos povos
Surpreenderá a todos não por ser exótico
Mas pelo fato de poder ter sempre estado oculto
Quando terá sido o óbvio
Caetano Veloso, *Um índio*, 1977

Conto bem urdido

Lúcio Costa, em conhecido debate travado com Geraldo Ferraz em 1948, defende que a arquitetura moderna realizada no Brasil só ganha real interesse quando as bases funcionais da arquitetura moderna – legadas a nós por Le Corbusier – são apreendidas e desenvolvidas pelo *gênio nacional*. A partir de então – argumenta Lúcio – podemos nos orgulhar de uma arquitetura autenticamente nossa, fortemente enraizada numa tradição que remonta ao barroco mineiro. Oscar Niemeyer cumpre na produção moderna um papel equivalente ao de Aleijadinho – o de personalizar e materializar no seu mais alto grau as possibilidades latentes da *brasilidade*. "Há muito mais afinidade" – diz Lúcio – "entre a obra de Oscar, tal como se apresenta no admirável conjunto da Pampulha, e a obra de Aleijadinho, tal como se manifesta na sua obra-prima que é a igreja de São Francisco de Assis, em Ouro Preto, do que entre a obra do primeiro e a do Warchavchik – o que é, a meu ver, significativo".[1]

Mais significativo ainda é o critério utilizado por Lúcio Costa no alinhamento das afinidades: o *nacional* é mais vigoroso do que o *moderno*. De um lado, as obras genuínas, inovadoras, sementes que brotam vigorosas em solo tropical, tendo como alimento a mais autêntica seiva nativa. Do outro, as imitações destituídas de vínculos com a tradição, cópias de segunda ou terceira mão, como plantas exóticas transplantadas após plena maturação. As palavras de Lúcio Costa, prenhes de significados, implicações e comprometimentos, constituem uma excelente forma de se apresentar sinteticamente a distinção que terá longa vida entre nós – *arquitetura moderna brasileira* e *arquitetura moderna no Brasil*.

A sentença de Lúcio Costa de tão repetida torna-se axioma intocável por bom tempo. Como diz Otília Arantes, a construção de um Oscar Niemeyer "miraculoso", comporta-se como uma "história exemplar de formação", uma espécie de "conto bem urdido", uma "fantasia exata que veio desde então assumindo proporções mitológicas, tal o sucesso com que cada obra da Moderna Arquitetura Brasileira, grandiosa ou não, reforçava a fábula de sua própria origem miraculosa".[2] Fenômeno que só é possível por estar Lúcio Costa dos dois lados do balcão de negócios culturais: no terreno da prática, como o líder dos jovens arquitetos brasileiros que legariam ao mundo o primeiro arranha-céu moderno segundo os princípios corbusianos – o edifício-sede do Ministério da Educação e Saúde – MES, no Rio de Janeiro; e no terreno das ideias, como principal teórico do grupo e autor intelectual da visão que entende a história da arquitetura tupiniquim como uma continuidade entre a tradição e o moderno. Na ocasião da publicação do livro-testamento de Lúcio, *Registro de uma vivência*, Otília retoma o caráter enigmático da construção intelectual do velho mestre: "esse registro derradeiro pouco acrescenta, apesar dos inúmeros adendos e comentários recentes que vão pontuando os textos, a não ser o sentimento difuso, a cada volta do roteiro, de que algo esclarecer ainda ficou pra trás e assim mesmo escapa a cada nova tentativa, que invariavelmente parece retornar ao mesmo ponto".[3]

Durante o período em que seus postulados vigoram como verdades históricas, raras vezes se entra no mérito dos compromissos assumidos que, de tão extensivos e profundos, dão à arquitetura um protagonismo decisivo na história do país. As demandas de responsabilidade dos arquitetos correspondem a um extenso arco, que vai da materialização estética da racialidade até a instalação adequada do homem brasileiro no território tropical. A crença não é compartilhada apenas pelos homens do metiê, ela transborda para o seio da sociedade e é instrumentada pelos homens do poder. É um quarto de século de hegemonia plena. Brasília é construída sob a fé na capacidade de realização da arquitetura nacional e no seu poder de reordenação da estrutura política, social e econômica do país. Contudo, o pensamento moderno na arquitetura, que se estrutura a partir de meados da década de 1930, é tributário de debates anteriores ocorridos no país não só no estrito campo disciplinar, mas no território mais abrangente das artes e da cultura.

A narrativa que apresentamos a seguir busca desvelar os mecanismos de engendramento do discurso de Lúcio Costa, tributário do modernismo da década de 1920 que floresce em São Paulo. Se a Semana de Arte Moderna de 1922 é seu marco inaugural, os Andrades escritores – Oswald e Mário – e a pintora Tarsila do Amaral são suas figuras de proa. No campo das artes, o experimentalismo estético a partir das vanguardas europeias, que predomina nos primeiros momentos, vai aos poucos cedendo espaço ao nativismo de estrato romântico, que volta os olhos para o interior do país. O manifesto,[4] a poesia e pintura Pau-Brasil de Oswald e Tarsila, o mata-virgismo de Mário de Andrade, a radicalização do manifesto antropofágico de 1928[5] e outros manifestos e encaminhamentos artísticos do período abrem a frente urbana da renovação artística, que tem como espelhamento rural as expedições dos turistas aprendizes registrando cidades e paisagens do interior do país.

A montagem narrativa que esse livro busca decifrar cruza áreas diferentes, em especial arquitetura, literatura, pintura e música. Em todas elas, apresenta-se a contradição entre o desejo de atualização das artes em relação à produção europeia e de descoberta das raízes da nacionalidade. Em todas se torna visível o projeto estético-cultural que busca a síntese dos antagonismos – *sermos brasileiros e modernos, ao mesmo tempo*. A matéria-prima desse livro – as proposições, ações e obras dos protagonistas dos anos 1920 e 1930 – é entendida em dois âmbitos distintos: primeiro, como fenômeno humano efetivamente ocorrido – o que nós, historiadores, costumamos chamar de "fato ontológico" –, que pode ser verificado como falso ou verdadeiro; segundo, como interpretação dos fatos, a explicação plausível ou não das relações de causalidade entre eles, o quanto uma ideia pode se desdobrar em ato, o quanto este pode se desdobrar em novas ideias. À primeira vista, o primeiro parece desimportante, mas todos nós que trabalhamos com a determinação precisa de uma ocorrência sabemos muito bem que uma data corrigida pode levar a novas interpretações. Por outro lado, a aceitação que todas as explicações se equivalem por não serem passíveis de verificação sobre sua falsidade ou veracidade – um argumento só pode ser verossímil ou não, segundo a epistemologia – não é algo aceitável. Há argumentos e argumentos, diz o saber popular. O argumento bem montado, com fatos comprovados e interpretação que retraça o processo especular que vai transmitindo e modificando uma ideia, será sempre mais verossímil do que o argumento baseado em achismos ou, simplesmente, sem base.

O silêncio da esfinge e o canto das sereias

Esse livro tem como base a tese de doutorado defendida em 2002[6] e sua publicação merece algumas considerações, que ficarão restritas a essa introdução. Entendemos que sua publicação, transcorridas duas décadas, tem ao menos três justificativas. A primeira é de ordem teórica. O avanço das pesquisas na área de arquitetura nesse período ocorreu principalmente no âmbito dos cursos de pós-graduação em escolas de arquitetura, onde a visão transdisciplinar é pouco considerada; assim, tanto o aprofundamento de temas

Oswald de Andrade, desenho de Alvarus. *Vamos Ler!*, n. 333, Rio de Janeiro, 17 dez. 1942, p. 61

específicos – monografias de arquitetos, episódios particulares ou recortes pequenos de contextos amplos –, como a explanação mais horizontal de fenômenos abrangentes desenvolvem-se respeitando a demarcação da área específica da arquitetura e do urbanismo. As interfaces existem, é claro, mas consideram em geral as áreas jurídica, social e política, entendidas como determinantes para a produção do espaço construído. Então, há uma percepção de que, mesmo diante do tempo decorrido, muitas das questões aqui presentes serão tomadas como novas ou até mesmo inéditas. Outras tantas, de conhecimento mais sedimentado, ao serem aqui apresentadas, talvez esclareçam melhor o já sabido. A simetria do pensamento e obra de Mário de Andrade e Lúcio Costa, sugerida por alguns,[7] ganha aqui, espero, uma comprovação documental e uma análise conceitual pouco corriqueira.

Há ainda outro aspecto metodológico em questão. Para falar do discurso alheio com alguma propriedade, é necessário muitas vezes fazer com que ele próprio ganhe a cena e se mostre com a beleza construtiva e a retórica persuasiva que lhes são peculiares. Na metodologia da escrita, significa recortar e combinar. Na prática da leitura, significa interpretar e diferenciar. Há, em termos teóricos, uma aposta na capacidade do discurso estético-cultural em se propagar pela tessitura social e na sua *eficácia* em transformar o mundo, mesmo quando se estrutura em base pouco segura. A cada passo dado esteve presente o lembrete de Jean-Pierre Faye: "seria legítimo mostrar que o entrelaçamento da linguagem não faz mais do que emanar dos grupos sociais em conflito entrecruzado e, em última instância, das classes sociais. Concluir, porém, que análise deveria referir-se aos grupos sociais mesmos, sem entreter-se no plano secundário da língua é uma ingenuidade. Seria como dizer que a investigação física deveria, por razões ideológicas, centrar-se na matéria mesma, sem levar em conta os fenômenos luminosos por serem supérfluos".[8]

Essas preocupações de ordem teórica e metodológica colocam nosso tema – o engendramento da noção de síntese cultural entre o moderno e a tradição no bojo do modernismo vanguardista e do moderno estabilizado presentes na cultura brasileira – diante da seguinte situação: todos os conceitos, noções e identidades que subjazem a esse processamento histórico são construções artificiais, mas não podem ser ingenuamente classificados como falsidades históricas. O que marca a representação ideológica da identidade nacional é sua eficácia em conferir ao que é artificialmente construído o estatuto de fruto de um processamento orgânico. E esse fenômeno, com precedentes seculares, se estabiliza durante o período que nos interessa: as décadas de 1920 e 1930, quando as convenções do que seria o homem brasileiro se processam no arco longo que abrange a cultura, a arte, a política, a sociologia, a história e a antropologia. Jessé Souza

Mário de Andrade, desenho de Arnaldo. *Paratodos*, n. 509, Rio de Janeiro, 15 set. 1928, p. 15

vem em nosso socorro para deixar evidente o que está em jogo: "Independentemente da questão se esse conjunto de atributos é verdadeiro ou falso – a identidade nacional não é definida pelo seu valor de verdade e sim por sua eficácia na produção de uma comunidade imaginária que se percebe como singular".[9]

Ao perseguir tão de perto, no tempo e nos interstícios da arte e da cultura, um objeto tão fugidio e poderoso, muitas vezes redunda em capitulações involuntárias a seu encanto. Detectamos, agora que o trabalho está pronto, que nos iludimos muitas vezes ao tentar fazer aquilo que nos ensinou Ulisses – nos amarrarmos ao tronco seguro da razão, para nos deixar seduzir pelo canto mavioso das sereias sem o risco da perdição. Mas não há como, diante da história, se portar como espectador privilegiado e manipulador. Basta olhar para todos aqueles que nos antecederam – tantos deles mais argutos e mais letrados – para constatarmos que, apesar dos esforços que se somam, a esfinge continua silenciosa. Esperamos que, em alguns momentos, numerosos, a lucidez da análise tenha conseguido se impor.

A segunda justificativa é o senso de oportunidade ao apresentar essa obra ao público no momento da comemoração de duas efemérides: o bicentenário da independência do Brasil e o centenário da Semana de Arte Moderna de São Paulo. O subtexto da afirmação é o sentimento dessa pesquisa extensa e intensa ter merecido atenção restrita por ocasião de seu término, mesmo que tenha sido lida por muitos ao longo dos anos. Algumas das hipóteses ali lançadas disseminaram-se em nossa área de conhecimento, seja por ter pulado de nossas páginas, algumas vezes sem o devido crédito, seja por ter sido imaginada por outros que consultaram as mesmas fontes. Nos dois casos, a presença das ideias aqui desenvolvidas em outros trabalhos se desdobra em dois sentimentos: de orgulho, por termos em alguma medida colaborado na construção de nosso campo de conhecimento; e de alívio, ao constatar que as sinapses registradas lá atrás têm pé e cabeça. Um pouco de sinceridade se impõe aqui: ao revisitarmos o trabalho duas décadas depois, nos deparamos com lacunas em número excessivo e redundâncias acima do aceitável. São esses problemas que tentamos sanar nesse livro, considerando que o aporte teórico-metodológico nos acompanha até hoje e o passado – ou o que vemos no passado – continua o mesmo, ao menos no geral, feliz ou infelizmente. Em contrapartida, as atualizações para o debate atual se dão, na maioria das vezes, em notas de rodapé e indicações bibliográficas, inclusive de textos de nossa autoria.

Para além da questão mais particular, a comemoração da independência traz de volta o momento em que o território hoje conhecido como Brasil pôde assumir o desafio de sua formação nacional. Mesmo entendendo que é um marco mais simbólico do que real – o processo de construção de uma federação de Estados, sob o controle do poder central da República, só se consagra no período de Getúlio Vargas, questão política com implicações no âmbito cultural e estético –, a ambição de uma cultura unificadora da nação, que ganha os primeiros contornos no romantismo do século 19, é pedra de toque do modernismo dos anos 1920. No ano de defesa da tese de doutorado, 2002, o país vivia um momento de enorme otimismo, com um governo popular que conseguia coordenar o crescimento econômico e a política de inclusão da população pobre no consumo de bens e serviços, e na universidade, quebrando, mesmo que parcialmente – ou provisoriamente, como podemos verificar hoje – o círculo vicioso da exclusão. Um trabalho que fala de utopias parecia não ter vez quando se vive tanta satisfação no dia a dia. Diante do quadro sombrio que vivemos, quem sabe agora desperte maior interesse frente ao debate contemporâneo.

A terceira justificativa é a mais importante ao considerar o mundo atual, convulsionado por dúvidas cruciais e medo visceral do que nos reserva os futuros próximo e distante. A guinada à direita da política em todos os continentes; a globalização de problemas outrora localizados, como as diásporas motivadas pela fome e outras mazelas; a agonia do meio ambiente que já pode estar condenado irremediavelmente; a pobreza em crescimento constante e democraticamente distribuída em praticamente todos os países; a concentração sempre maior da riqueza nas mãos de pessoas e corporações cada vez mais blindadas e alienadas do mundo real; a pandemia de Covid-19 que acentuou o quadro geral de desequilíbrios estruturais do capitalismo financeiro – estes e tantos outros processos em andamento e, alguns, em aceleração, nos colocam diante de um mundo apocalíptico. No entanto, nos últimos vinte anos em que esses problemas se agravaram de sobremodo, tivemos o surgimento e consolidação de grupos organicamente constituídos falando da exclusão a partir da exclusão. Ao menos dois grupos nos interessam de perto por estarem no cerne de nossa pesquisa original, uma pena que mais em representação do que em carne e ossos. Na atualidade, o que se vê são negros falando sobre o racismo e seus desdobramentos, são índios falando do genocídio de etnias e extermínios de línguas e culturas. Não há mais necessidade de procuração simbólica para a defesa de direitos de tais minorias. Os Jessés e os Krenaks de hoje em dia são negros e índios, e brasileiros; são da base social, mas são intelectuais também; podem morar entre os seus e dar aulas em universidades federais de capitais brasileiras. Os Jessés e os Krenaks são ouvidos como nunca antes negros e índios foram ouvidos.

Os negros têm no Brasil uma tradição notável na música e nos esportes, mas praticamente resumia-se a esses campos de atuação a possibilidade de protagonismo. Hoje em dia emergiu uma elite intelectual negra em praticamente todas as áreas, beneficiários das políticas de inclusão e bem-estar social promovidas por governos progressistas, evidenciando ainda mais a baixa representatividade política e econômica desse grupo social, ou, em outros termos, o racismo estrutural de nossa sociedade. Jessé Souza nos conta como, nas primeiras décadas do século 20, as teorias que explicavam a história social a partir das diferenças raciais foram assimiladas pelo culturalismo, que se imaginava uma ultrapassagem dos antigos preconceitos. A partir de então, o desnível do desenvolvimento econômico entre países e camadas sociais passa a ser explicado por desigualdades culturais. A modernização cultural e o progresso econômico, vistos como fenômenos naturais da evolução social, nunca contestados, tornam-se tacão de medidas das sociedades, o que legitima o domínio da sociedade branca, em especial a protestante. Sociedades *primitivas* e *atrasadas*, avessas aos códigos racionais e produtivistas do mundo contemporâneo, segundo essa visão de mundo, estariam condenadas a uma inserção subalterna no concerto geral das nações. A desmontagem dessa interpretação é complexa, pois é necessário entrar a fundo em seus artifícios teóricos e em suas práticas discursivas.

Os índios, por sua vez, considerados incapacitados de conduzir o próprio destino durante séculos, foram tutelados pelo estado nacional a até pouco tempo. A ampla mobilização de suas lideranças, passando por cima de desentendimentos seculares, conseguiu inserir na Constituição de 1988 direitos fundamentais, como a autodeterminação e o direito originário e inalienável sobre as terras que tradicionalmente ocupam: "são reconhecidos aos índios sua organização social, costumes, línguas, crenças e tradições, e os direitos originários sobre as terras que tradicionalmente ocupam, competindo à União demarcá-las, proteger e fazer respeitar todos os seus bens",[10] diz a Constituição cidadã. Portanto, assim como cabe aos poderes do Estado garantir a propriedade privada das sociedades urbana e rural, o mesmo deve ser feito em relação à posse por indígenas das florestas que tradicionalmente ocupam. Contudo, é de conhecimento público o desleixo do governo federal no cumprimento das normas constitucionais que tratam das salvaguardas dos povos originários, em especial nos anos recentes. Os direitos concebidos em *espírito*, e consagrados na *pena* da lei, estão cada vez mais vilipendiados pela potência avassaladora e arrogância desmedida dos invasores – agronegócio, mineradoras e garimpeiros, desmatadores etc. –, protegidas pelo menosprezo dos poderes do estado. E caberia ao que seria o quarto poder, o ministério público, um papel de proa na defesa dos direitos instituídos, o que também não tem se cumprido.[11]

Na contramão da violência do poder econômico contra as comunidades indígenas, há um crescente interesse na visão de mundo dessas culturas, por aquilo que Eduardo Viveiros de Castro chama de *perspectivismo ameríndio*, que tem dentre suas características o *multinaturalismo ameríndio*, marcado pelo respeito aos elementos da natureza, tanto os orgânicos como os inorgânicos.[12] Essa filosofia original se enuncia também como uma poética, uma espécie de arte de viver, onde sobrevive a arcaica sabedoria em não dessacralizar o mundo, em saber conviver com o visível e o invisível.

Na apresentação do livro *A queda do céu,* Eduardo Viveiros de Castro alerta que está mais do que na hora de ouvir o *outro*: "nada mais apropriado que venha dos cafundós do mundo, dessa Amazônia indígena que ainda vai resistindo, mesmo combalida, a sucessivos assaltos; que venha, então, dos Yanomâmi, uma mensagem, uma profecia, um recado da mata alertando para a traição que estamos cometendo contra nossos conterrâneos".[13] Nesse livro magnífico, onde o antropólogo francês Bruce Albert codifica na língua "civilizada" as palavras mágicas do sábio ianomâmi David Kopenawa, temos uma passagem, um "recado da floresta", que dá a medida de como a soberba pode dissimular a ignorância:

> Na floresta, ecologia somos nós, os humanos. Mas são também, tanto quanto nós, os *xapiri*, os animais, as árvores, os rios, os peixes, o céu, a chuva, o vento e o sol! É tudo o que veio à existência na floresta, longe dos brancos; tudo que ainda não tem cerca. As palavras da ecologia são nossas antigas palavras, as que *Omama* deu a nossos ancestrais. Os *xapiri* defendem a floresta desde que ela existe. Sempre estiveram do lado de nossos antepassados, que por isso nunca a devastaram. Ela continua bem viva, não é? Os brancos, que antigamente ignoravam essas coisas, estão agora começando a entender. É por isso que alguns deles inventaram novas palavras para proteger a floresta. Agora dizem que são a gente da ecologia porque estão preocupados, porque a sua terra está ficando cada vez mais quente. Nossos antepassados nunca tiveram a ideia de desmatar a floresta ou escavar a terra de modo desmedido. Só achavam que era bonita, e que devia permanecer assim para sempre. As palavras da ecologia, para eles, eram achar que *Omama* tinha criado a floresta para os humanos viverem nela sem maltratá-la. E só. Somos habitantes da floresta, nascemos no centro da ecologia e lá crescemos.[14]

Tarsila do Amaral, autorretrato. *América Brasileira*, n. 26, Rio de Janeiro, fev. 1924, p. 13

O pensamento ameríndio coloca em xeque o culturalismo de ranço positivista que naturaliza como inevitáveis o progresso e a modernização a todo custo. A custo do corpo da natureza; a custo da alma da humanidade. Segundo Viveiros de Castro, o atual governo federal tem como objetivo consumar a desproteção jurídica de terras públicas e as ocupadas pelos povos tradicionais, que se mantêm apartadas da lógica da propriedade privada, "de modo a tornar 'produtivas' essas terras, isto é, lucrativas para seus pretendentes, os grandes empresários do agronegócio, da mineração e da especulação fundiária".[15] Ailton Krenak, líder indígena, lembra que os povos originários "em várias regiões do planeta, resistiram com toda força e coragem para não serem completamente engolfados por esse mundo utilitário. Os povos nativos resistem a essa investida do branco porque sabem que ele está enganado".[16] Os pontos de vista cruzados – o que vem da cidade e olha para a floresta; o que vem da floresta e olha para a cidade – iluminam a realidade como a noite cortada pelo relâmpago. Pena que após o som do trovão a realidade retorne às trevas, movida por forças diabólicas.

A visão de mundo que os povos originários nos oferecem pelo simples fato de resistir – ou (re)existir, como diria José Celso de Martinez Correia – tem gradativamente alcançado reconhecimento de seus pressupostos no pensamento "culto". Os filósofos Michael Hardt e Antonio Negri, ao avaliarem os direitos humanos no mundo atual, restringidos cada vez mais pelas forças avassaladoras do capital global, lançam a hipótese de uma nova compreensão de *bem-comum* que ultrapasse a divisão tradicional entre o público e o privado para dar a todos o direito a bens imprescindíveis à vida, como o usufruto da natureza. Dentre as várias forças de resistência e criatividade, introduzem o pensamento ameríndio via Eduardo Viveiros de Castro como contributo na conformação de uma *nova razão biopolítica*: "Estamos agora em posição de oferecer provisoriamente três características que uma razão biopolítica teria de preencher: pôr a racionalidade a serviço da vida; a técnica a serviço das necessidades ecológicas, ecológicas entendidas não só como preservação da natureza, mas como desenvolvimento e reprodução de relações 'sociais', como diz Viveiros de Castro, entre humanos e não humanos; e a acumulação de riqueza a serviço do comum".[17]

Trabalhos mais recentes retomam a potência presente no pensamento e nas artes brasileiras do período aqui estudado, em especial o resgate de um olhar alternativo, o olhar do *outro*, que possa ser incorporado em um pensamento híbrido atualizado, que seja moderno e primitivo ao mesmo tempo, ou "selvagem", como quer Paola Berenstein Jacques: "A discussão artística, presente sobretudo nos desenhos e pinturas de Tarsila e nos poemas de Oswald e Cendrars, publicados juntos (textos/imagens), revolucionaram o campo das artes no país, não só ao misturar o pensamento moderno, ou "modernista" com os artistas se autodeclaravam, ao primitivo ou selvagem – pensado aqui como pensamento em estado selvagem – mas também ao exercitar montagens impuras".[18] Em sintonia com nosso modo de ver a questão, a autora privilegia a articulação entre forma de expressão e forma de conteúdo, onde os âmbitos não podem ser tomados em separado.

O que se quer resgatar do modernismo é a inversão dos valores sedimentados sobre negros, índios, mestiços e brancos despossuídos, dar-lhes visibilidade, incluindo-os como vetores de uma nova sociedade possível, não pura, mas mestiça, não regressiva, mas avançada e democrática. *Macunaíma*, de Mário de Andrade, *A favela*, de Tarsila do Amaral, a Vila Monlevade, de Lúcio Costa são exemplos da grandeza estética que tal fórmula pode alcançar ao mesclar formas expressivas importadas e conteúdo enraizado na tradição local.[19] É ainda uma perspectiva branca, mas que ousa se nutrir com a comida alheia. Assim, quem sabe, faça sentido nesse momento recolocar a utopia que ela sugere, um alimento para ser deglutido e tornado energia do mundo novo que ainda falta construir.

O que segue é uma tentativa de costurar descosturando – a partir dos múltiplos discursos e obras de intelectuais e artistas de um século atrás – uma única obra representativa do que chamamos desabusadamente de *cultura Pau-Brasil*. Em um ambiente onde metáforas são tão significativas como as ideias e formas que representam, a imagem de uma colcha de retalhos, feita de pedaços de panos encontrados aqui e ali, muitos deles ainda despregados ou parcialmente alinhavados no conjunto, talvez possa sugerir o que imaginamos.

Notas

1. A resposta de Lúcio Costa – a "carta depoimento" –, datada de 20 de fevereiro de 1948, foi inserida por Geraldo Ferraz no interior de artigo publicado em *O Jornal*, de 14 de março de 1948: FERRAZ, Geraldo. Depoimento do arquiteto Lúcio Costa sobre a arquitetura moderna brasileira. As citações foram feitas a partir do livro *Registro de uma vivência*, de Lúcio Costa.
2. ARANTES, Otília Beatriz Fiori (1996). Lúcio Costa e a *boa causa* da arquitetura moderna, p 126.
3. Idem, ibidem. p. 117.
4. Ver: ANDRADE, Oswald (1924). Manifesto da poesia Pau-Brasil. O texto foi originalmente publicado no jornal carioca *Correio da Manhã*, em 18 de março de 1924.
5. Na dissertação de mestrado *O homem primitivo: origem e conformação no universo intelectual brasileiro (séculos 19 e 20)* buscamos estabelecer as diferenças entre os manifestos Pau-Brasil e antropofágico. No presente trabalho, tratamos em geral dos pontos em comum, como trabalhos complementares, apenas estabelecendo distinções quando necessário. As citações foram feitas a partir do livro: GUERRA, Abilio. *O primitivismo em Mário de Andrade, Oswald de Andrade e Raul Bopp: origem e conformação no universo intelectual brasileiro.*
6. GUERRA, Abilio. *Lúcio Costa, modernidade e tradição: montagem discursiva da arquitetura moderna brasileira.*
7. Dentre eles destacamos artigo de Guilherme Wisnik, que aponta as parecências para focar sua argumentação nas distinções: "Como elo comum, podemos dizer que ambos elegeram as manifestações culturais populares, coletivas, rurais e anônimas como base para a criação de uma cultura moderna erudita no país. Porém com significativas diferenças de percurso, a indicar os caminhos distintos trilhados pela arquitetura e pela literatura modernas no Brasil a partir de uma matriz comum". WISNIK, Guilherme. Plástica e anonimato: modernidade e tradição em Lúcio Costa e Mário de Andrade.
8. FAYE, Jean-Pierre. *Los lenguajes totalitarios*, p. 116.
9. SOUZA, Jessé. *A elite do atraso: da escravidão à lava jato*, p. 19.
10. *Constituição da República Federativa do Brasil de 1988*, capítulo VIII – Dos índios, art. 231, p. 133. Os direitos dos povos originários estão consagrados no "capítulo VIII – Dos índios", que se subdivide nos artigos 231 e 232. Os seis parágrafos do artigo 231 dão uma ideia da abrangência dos direitos conquistados: "§ 1º – São terras tradicionalmente ocupadas pelos índios as por eles habitadas em caráter permanente, as utilizadas para suas atividades produtivas, as imprescindíveis à preservação dos recursos ambientais necessários a seu bem-estar e as necessárias a sua reprodução física e cultural,

segundo seus usos, costumes e tradições. § 2º – As terras tradicionalmente ocupadas pelos índios destinam-se a sua posse permanente, cabendo-lhes o usufruto exclusivo das riquezas do solo, dos rios e dos lagos nelas existentes. § 3º – O aproveitamento dos recursos hídricos, incluídos os potenciais energéticos, a pesquisa e a lavra das riquezas minerais em terras indígenas só podem ser efetivados com autorização do Congresso Nacional, ouvidas as comunidades afetadas, ficando-lhes assegurada participação nos resultados da lavra, na forma da lei. § 4º – As terras de que trata este artigo são inalienáveis e indisponíveis, e os direitos sobre elas, imprescritíveis. § 5º – É vedada a remoção dos grupos indígenas de suas terras, salvo, *ad referendum* do Congresso Nacional, em caso de catástrofe ou epidemia que ponha em risco sua população, ou no interesse da soberania do País, após deliberação do Congresso Nacional, garantido, em qualquer hipótese, o retorno imediato logo que cesse o risco. § 6º – São nulos e extintos, não produzindo efeitos jurídicos, os atos que tenham por objeto a ocupação, o domínio e a posse das terras a que se refere este artigo, ou a exploração das riquezas naturais do solo, dos rios e dos lagos nelas existentes". *Constituição da República Federativa do Brasil de 1988* (op. cit.), Capítulo VIII – Dos índios. Art. 231, p. 133-134.

11. "Os índios, suas comunidades e organizações são partes legítimas para ingressar em juízo em defesa de seus direitos e interesses, intervindo o Ministério Público em todos os atos do processo". *Constituição da República Federativa do Brasil de 1988* (op. cit.), Capítulo VIII – Dos índios. Art. 232, p. 134. O artigo se resume a esse *caput*, pois não tem parágrafos.

12. Dentre outros, ver: VIVEIROS DE CASTRO, Eduardo. *Arawete: os deuses canibais*.

13. VIVEIROS DE CASTRO, Eduardo. O recado da mata, p. 23.

14. KOPENAWA, Davi; ALBERT, Bruce. A queda do céu: palavras de um xamã yanomami, p. 480.

15. VIVEIROS DE CASTRO, Eduardo. O recado da mata (op. cit.), p. 19.

16. KRENAK, Ailton. *A vida não é útil*, p. 112. Do mesmo autor, ver: KRENAK, Ailton. *Ideias para adiar o fim do mundo*.

17. HARDT, Michael; NEGRI, Antonio. *Bem-estar comum*, p. 147.

18. JACQUES, Paola Berenstein. *Pensamentos selvagens: montagem de uma outra herança*, p. 259.

19. No famoso capítulo 7, "Macumba", Macunaíma recorre à religiosidade negra para enfrentar o gigante Piaimã: "No outro dia o tempo estava inteiramente frio e o herói resolveu se vingar de Venceslau Pietro Pietra dando uma sova nele pra esquentar. Porém por causa de não ter força tinha mas era muito medo do gigante. Pois então resolveu tomar um trem e ir no Rio de Janeiro se socorrer de Exu diabo em cuja honra se realizava uma macumba no outro dia". ANDRADE, Mário de (1928). *Macunaíma: o herói sem nenhum caráter*, p. 56-57.

parte 1
O mito do paraíso terreal

Uma rede suspensa por pilotis

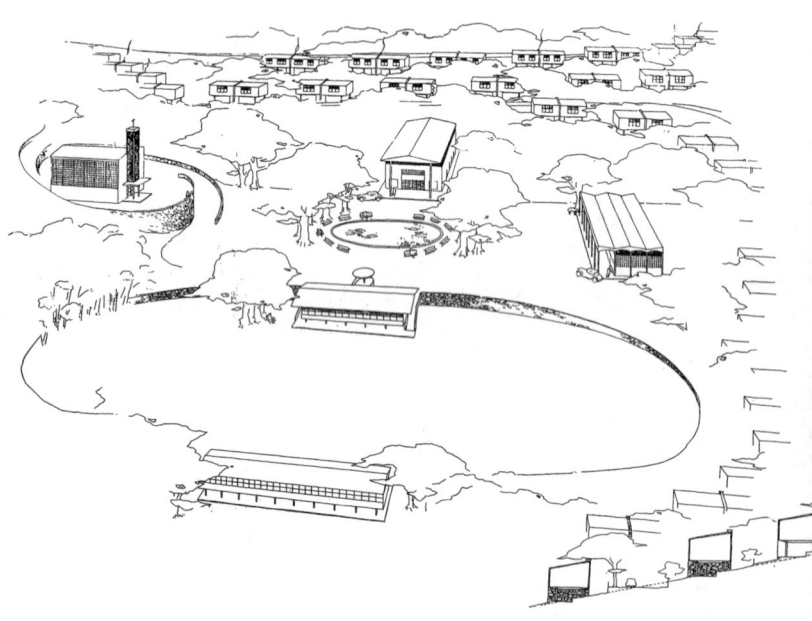

Vila Monlevade, perspectiva da implantação geral, Monlevade MG. Lúcio Costa, 1934. *Revista da Diretoria de Engenharia da Prefeitura do Distrito Federal*, v. III, n. 3, Rio de Janeiro, mai. 1936

Nas duas páginas anteriores
Navios europeus na costa brasileira, detalhe. STADEN, Hans. *Warhaftig Historia und beschreibung eyner Landtschafft der Wilden*, 1557, p. 27

O herói vivia sossegado. Passava os dias marupiara na rede matando formigas taiocas, chupitando golinhos estalados de pajuari e quando agarrava cantando acompanhado pelos sons gotejantes do cotcho, os matos reboavam com doçura adormecendo as cobras os carrapatos os mosquitos as formigas e os deuses ruins. De noite Ci chegava recendendo resina de pau, sangrando das brigas e trepava na rede que ela mesmo tecera com fios de cabelo. Os dois brincavam e depois ficavam rindo um pro outro. Ficavam rindo longo tempo, bem juntos. Ci aromava tanto que Macunaíma tinha tonteiras de moleza.
Mário de Andrade, *Macunaíma*, 1928[1]

Em 1934 a Companhia Siderúrgica Belgo-Mineira promove um concurso de arquitetura e urbanismo para a construção de uma pequena cidade que abrigaria seus funcionários. Entre os concorrentes está Lúcio Costa (1902-1998), que apresenta ao júri um texto e alguns croquis,[2] antecipando em vinte anos o gesto radical de sua participação no concurso para o plano-piloto de Brasília. A relevância do segundo concurso – nada mais, nada menos do que a nova capital do Brasil – leva a maior parte dos concorrentes a preparar desenhos e memoriais com raro preciosismo técnico e formal. Lúcio Costa apresenta um breve documento escrito com a descrição da espacialidade da nova cidade e da vida cotidiana de seus habitantes, mais uma série de croquis desenhados à mão livre.[3] Aposta que os jurados saberiam garimpar, no meio das diversas propostas, a ideia vigorosa a ser desenvolvida a contento no momento apropriado. A vitória no concurso lhe deu a glória rara de projetar e ver construída a capital de seu país.

O sucesso desta ocasião é antípoda ao resultado do concurso promovido pela Belgo-Mineira na década de 1930. Seu trabalho, na ocasião, não merece atenção e é classificado em último lugar.[4] Não tivesse sido, dois anos depois, publicado pela *Revista da Diretoria de Engenharia da Prefeitura do Distrito Federal*, provavelmente teria caído no esquecimento. O periódico, que se tornaria o principal órgão de divulgação da arquitetura moderna brasileira nos anos 1930, tinha entre seus fundadores a engenheira Carmen Portinho (1903-2001), que depois se notabilizaria como calculista e construtora das obras de seu marido, Affonso Eduardo Reidy (1909-1964). A ascendência que Lúcio Costa já tinha na ocasião sobre os jovens arquitetos defensores da nova arquitetura talvez fosse razão suficiente para a publicação do projeto da Vila Monlevade. Mas a concordância de Lúcio Costa – conhecido por seu temperamento introspectivo e a propensão ao recolhimento – para que um trabalho desprezado pelo júri viesse a público, indica, por parte do autor, um desejo particular em divulgar as ideias ali contidas. Dois anos após a publicação, ao tratar da arquitetura tradicional do passado colonial, Lúcio Costa retoma sua proposta e demonstra alguma mágoa pelo descaso que mereceu:

> O engenhoso processo de que são feitas – barro armado com madeira – tem qualquer coisa do nosso concreto-armado e, com as devidas cautelas, afastando-se o piso do terreno e caiando-se convenientemente as paredes, para evitar-se a umidade e o barbeiro, deveria ser adotado para casas de verão e construções econômicas de um modo geral. Foi o que procuramos fazer para a vila operária de Monlevade, perto de Sabará, a convite da Companhia Siderúrgica Belgo-Mineira – não tendo sido o projeto levado a sério, já se vê.[5]

A Vila Monlevade de Lúcio Costa se beneficiaria das conquistas recentes do urbanismo moderno, com a disposição funcional dos edifícios segundo seus programas, caracterizando a clara distinção entre a área de moradia e o centro cívico, onde se localizam o cinema, a igreja, o mercado, a escola e o clube. Por outro lado, a vila operária deveria

Vila Monlevade, habitação operária, área de serviço, Monlevade MG. Lúcio Costa, 1934. *Revista da Diretoria de Engenharia da Prefeitura do Distrito Federal*, v. III, n. 3, Rio de Janeiro, mai. 1936

manter aquele aspecto típico das cidades interioranas brasileiras, onde o improviso, a irregularidade e a dispersão constituem suas características: "as *ruas* pedidas deveriam conservar, tanto quanto possível, aquela feição despretensiosa peculiar às *estradas* – fazendo-se, em vez de calçadas, simples caminhos de placas de concreto fundidas no lugar e com juntas de gramas, para se evitarem as trincas futuras: atualização das velhas *capistranas*".[6]

A *simplicidade* e a *clareza* que lhe são características não se confundem com pobreza ou carência. Aqueles são valores nobres que caracterizam a boa síntese entre bens materiais – edifícios, equipamentos, objetos – e valores individuais e coletivos de ordem moral e psíquica – tranquilidade, familiaridade, companheirismo. Elas estão presentes antes de tudo nas moradias, dispostas irregularmente em meio ao arvoredo, mas – como valores positivos a serem conquistados – se dispersam por todo o cenário proposto: "Quanto às plantas dos demais edifícios – armazém, escola, clube, cinema, igreja – desnecessário se torna aqui apreciá-las: os desenhos dizem melhor; chamaremos apenas a atenção para a *simplicidade* e *clareza* de todas elas, qualidades que, logicamente, se refletem nos cortes e elevações. Embora atribuindo a cada edifício o caráter próprio à sua finalidade, procuramos manter, em todos, aquela unidade, aquele *ar de família* a que já nos temos referido e que, repetimos, caracteriza os verdadeiros estilos".[7] Na busca de familiaridade, a simplicidade primitiva e a clareza modernista comportam-se como antídotos para a complexidade desagregadora e o estranhamento convulsivo da vida moderna. O segredo da comunidade feliz reside na sua capacidade de reviver, a partir de elementos modernos positivos dispersos no mundo contemporâneo, a essência utópica do passado longínquo e transmitida até nós pela tradição.

A proposta urbanística de Lúcio Costa atende três requisitos: fuga da rigidez do desenho para obtenção de uma implantação melhor ajustada à topografia local; economia de custos com poucos terraplenos; e menor prejuízo possível da beleza natural do lugar. A adoção da estrutura da *Maison Dom-Ino*[8] de Le Corbusier para as edificações implica na pouca movimentação do terreno natural e, principalmente nas habitações, o uso de *pilotis* mantém as inclinações naturais do terreno nativo. Se em Corbusier o erguimento dos volumes construídos visa a hierarquização funcional de caminhos e usos no solo liberado, em Lúcio Costa se impõe a beleza da paisagem e a integração do conjunto construído à natureza circundante. Trata-se, portanto, de uma adaptação de um sistema construtivo estrangeiro a um modo particular de acomodar o homem no território. Se para Le Corbusier o *pilotis* é um artefato urbanístico funcional, para Lúcio Costa ele cumpre finalidade paisagística de ordem cultural. A boa relação do homem com seu habitat natural – necessária para a constituição de uma cultura enraizada e consistente – torna-se viável graças à escolha correta de um elemento construtivo moderno.

O que se busca é integrar em uma base espiritual e cultural primitiva os artefatos da civilização moderna, integrar na natureza exuberante e portentosa dos trópicos o homem

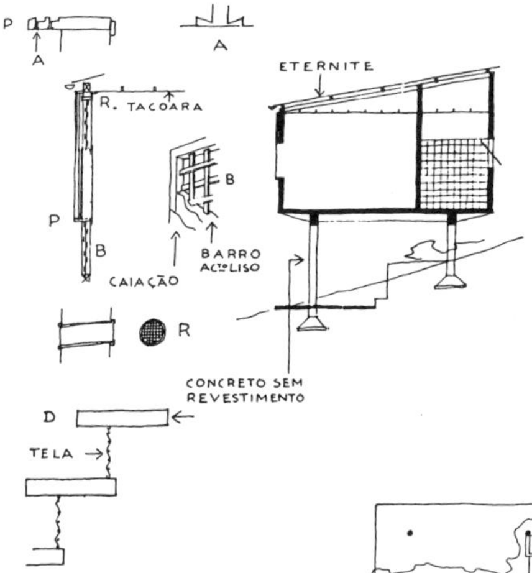

Vila Monlevade, habitação operária, perspectiva, detalhes técnicos e plantas do térreo e primeiro pavimento. Monlevade MG. Lúcio Costa, 1934.
Revista da Diretoria de Engenharia da Prefeitura do Distrito Federal, v. III, n. 3, Rio de Janeiro, mai. 1936

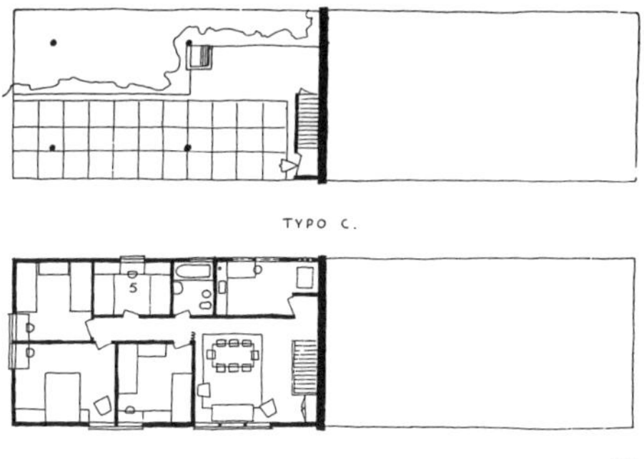

Vila Monlevade, armazém, corte e perspectiva, Monlevade MG. Lúcio Costa, 1934. *Revista da Diretoria de Engenharia da Prefeitura do Distrito Federal*, v. III, n. 3, Rio de Janeiro, mai. 1936

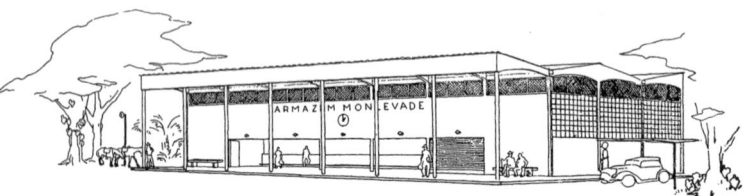

dos dias de hoje. A moradia operária é, do ponto de vista técnico, a somatória da estrutura em concreto armado, cobertura de telhas Eternit, vedação em barro-armado e aberturas com venezianas de madeira nas janelas. Para o conforto cotidiano de seus moradores, cada unidade conta com banheiro, móveis standard e utensílios domésticos simples e eficazes. Por outro lado, a adoção de casas geminadas dispostas irregularmente no terreno garante, do ponto de vista espiritual, confere maior intimidade e relativo isolamento aos moradores. A moradia cumpre assim o duplo papel de assegurar ao operário da Vila Monlevade o acesso aos benefícios inegáveis da sociedade industrial e de se deleitar com o meio natural.

Os demais edifícios previstos – clube, escola, armazém, cinema e igreja – são objetos arquitetônicos simples e sintéticos, com o emprego de estrutura em concreto armado, fechamento em barro armado e esquadrias com venezianas. Edifícios maiores, com programas diversificados, contam com maior variação nas vedações – janelas de rótula, treliçados de madeira, janelas com guilhotina – e nos acessos, com a

Igreja do Carmo, interior, Diamantina
MG. Lúcio Costa, 1922. Arquivo Casa
da Arquitectura

Casas sem dono 1 e 3, perspectivas.
Lúcio Costa, 1932-1936. Arquivo Casa
da Arquitectura

Casa sem dono 2, perspectiva.
Lúcio Costa, 1932-1936; Park Hotel,
plantas térreo e primeiro pavimento,
Nova Friburgo RJ. Lúcio Costa, 1940.
Arquivo Casa da Arquitectura

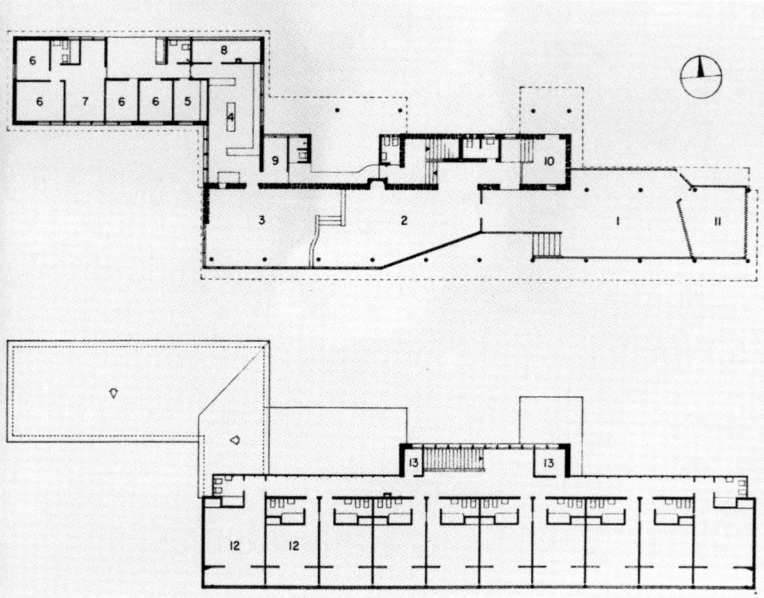

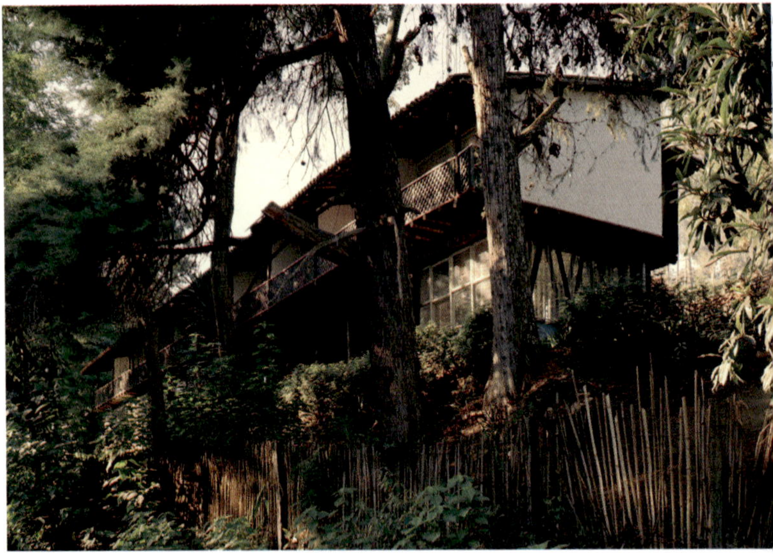

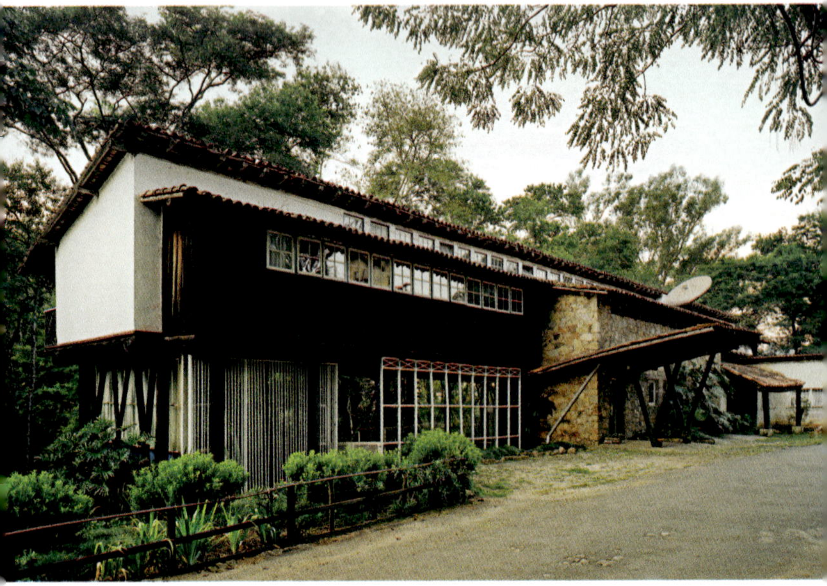

Park Hotel, Nova Friburgo RJ.
Lúcio Costa, 1940. Fotos Nelson Kon

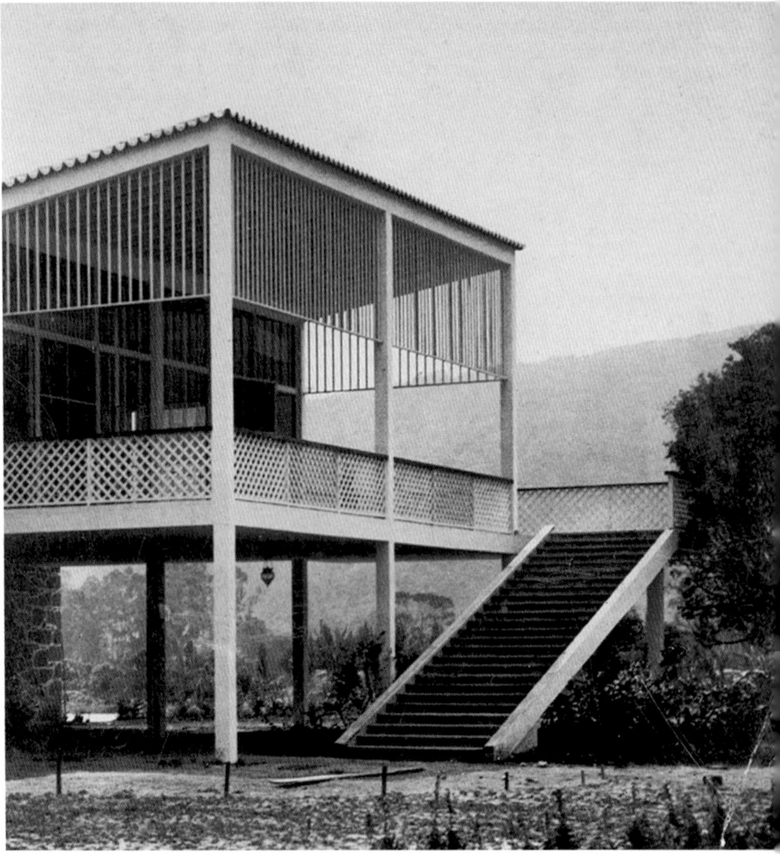

Casa Saavedra, foto da varanda e desenhos de detalhes e varanda, Corrêas RJ. Lúcio Costa, anos 1940. Arquivo Casa da Arquitectura

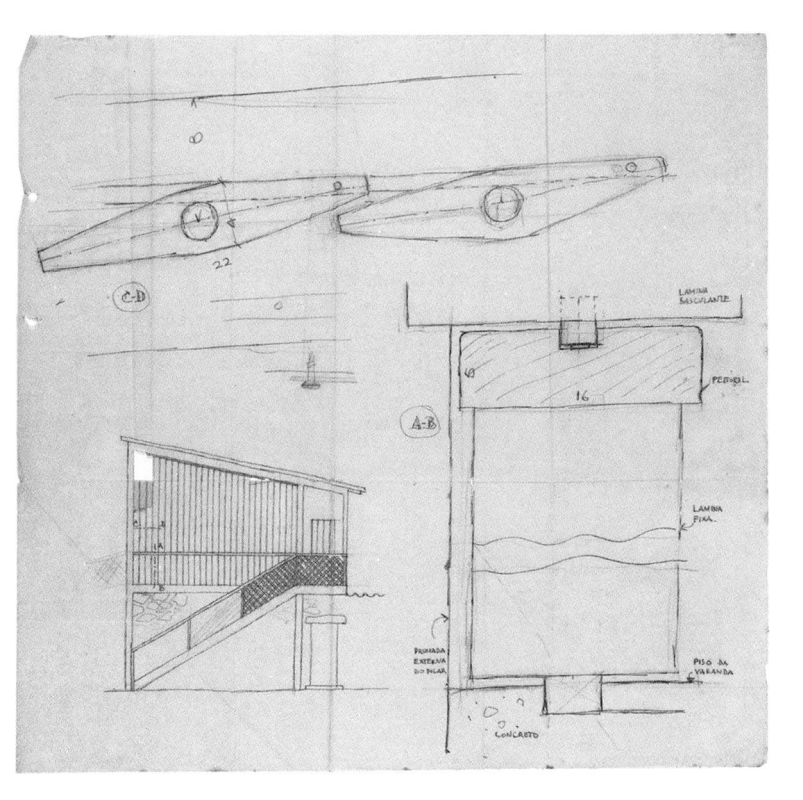

Casa Saavedra, perspectiva, elevação e foto da varanda, Corrêas RJ. Lúcio Costa, anos 1940. Arquivo Casa da Arquitectura

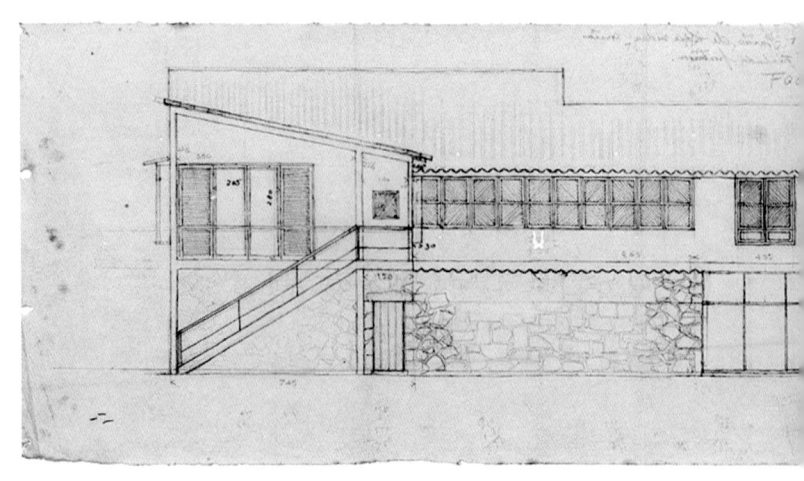

41

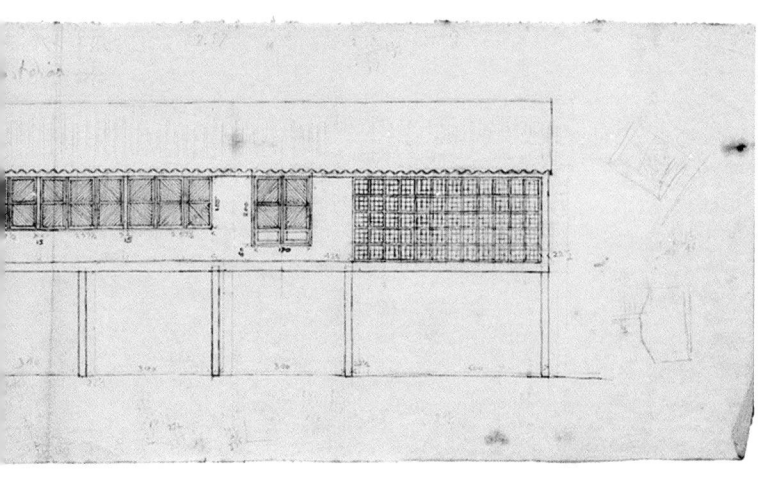

Casa do Estudante, implantação, perspectivas e plantas térreo, tipo e primeiro pavimento, Cidade Universitária, Paris. Lúcio Costa, 1952. Arquivo Casa da Arquitectura

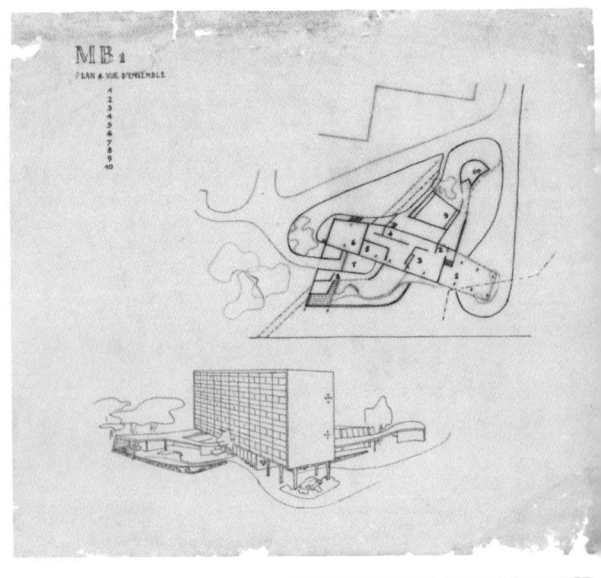

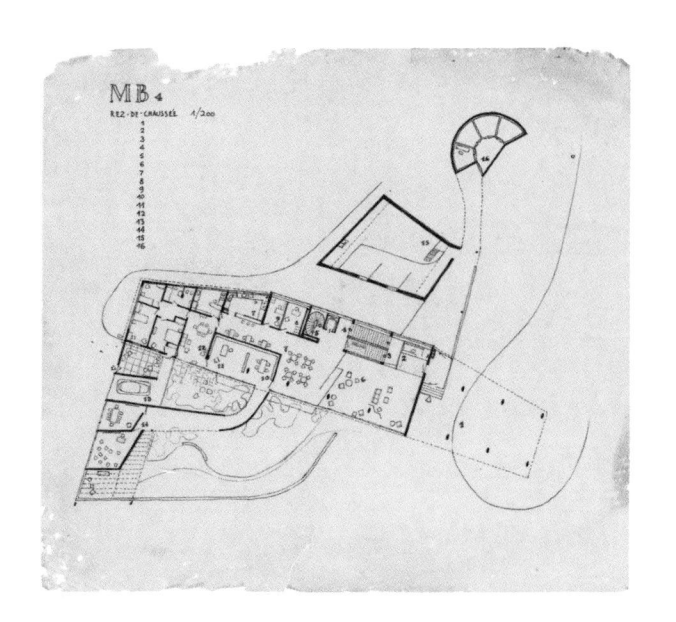

MB 4
REZ-DE-CHAUSSÉE 1/200

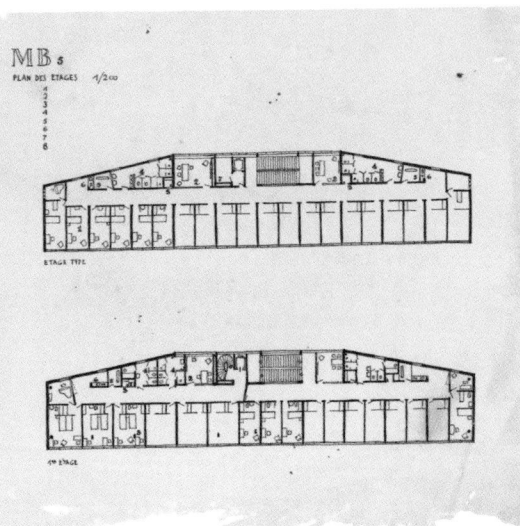

MB 5
PLAN DES ETAGES 1/200

ETAGE TYPE

1er ETAGE

Barrerinha

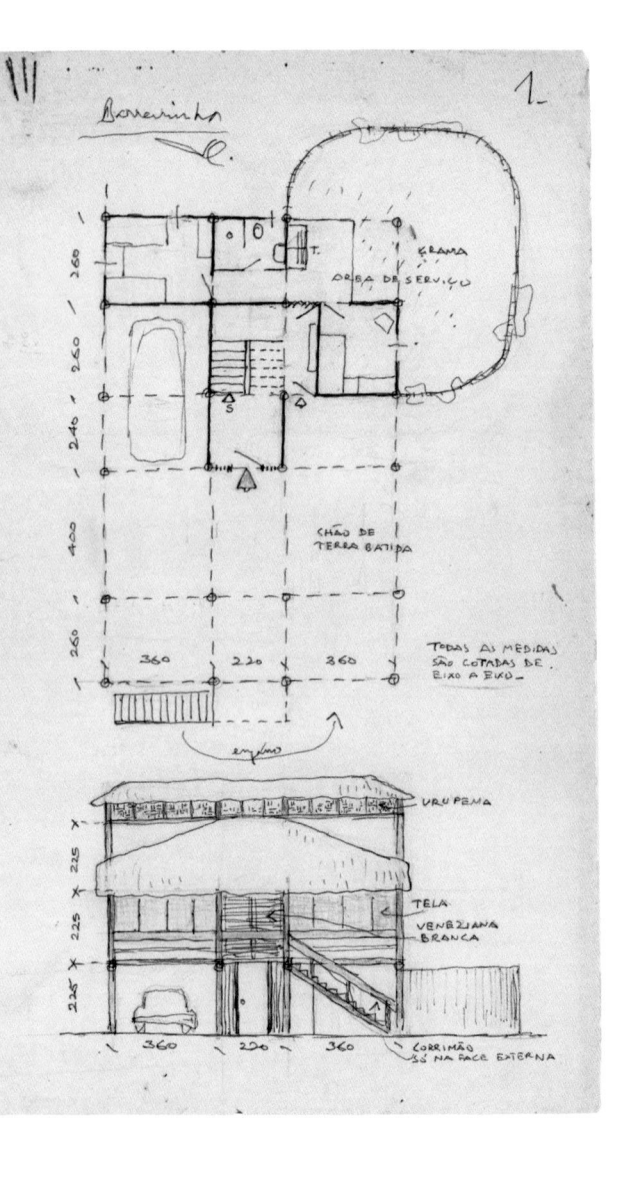

1.

GRAMA
ÁREA DE SERVIÇO

CHÃO DE
TERRA BATIDA

TODAS AS MEDIDAS
SÃO COTADAS DE
EIXO A EIXO.

360 220 360

empena

URUPEMA

TELA
VENEZIANA
BRANCA

CORRIMÃO
SÓ NA FACE EXTERNA

Casa Thiago de Mello, planta térreo e elevação; corte e perspectiva, Barreirinha AM. Lúcio Costa, 1978. Arquivo Casa da Arquitectura

Casa Thiago de Mello, planta primeiro pavimento e corte; planta segundo pavimento e elevação, Barreirinha AM. Lúcio Costa, 1978. Arquivo Casa da Arquitectura

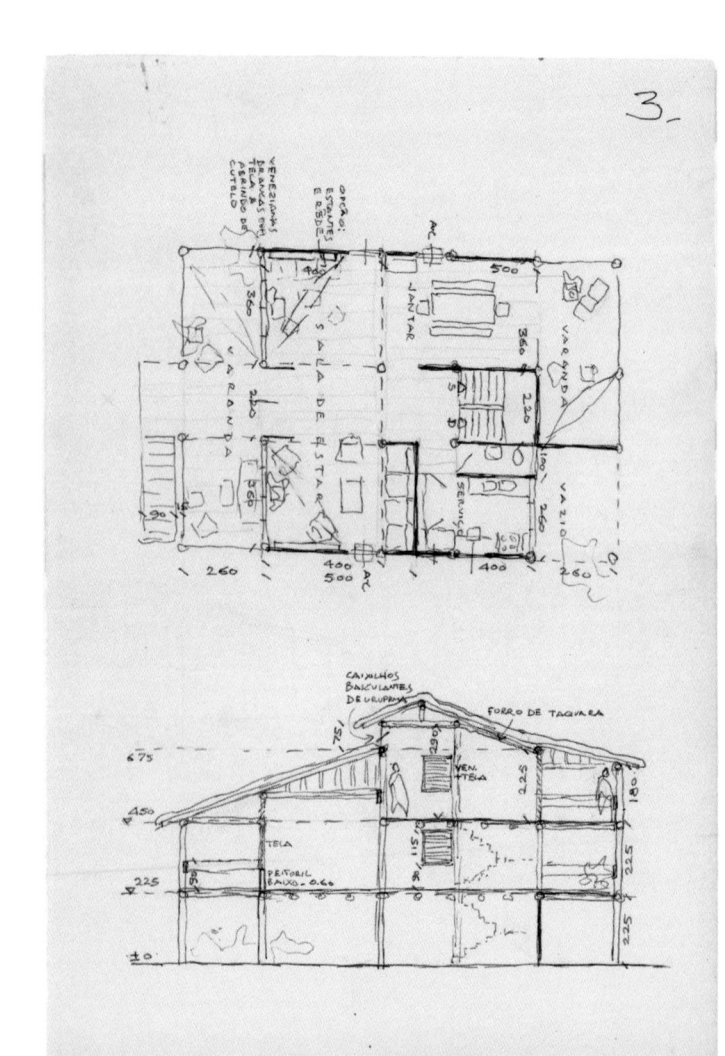

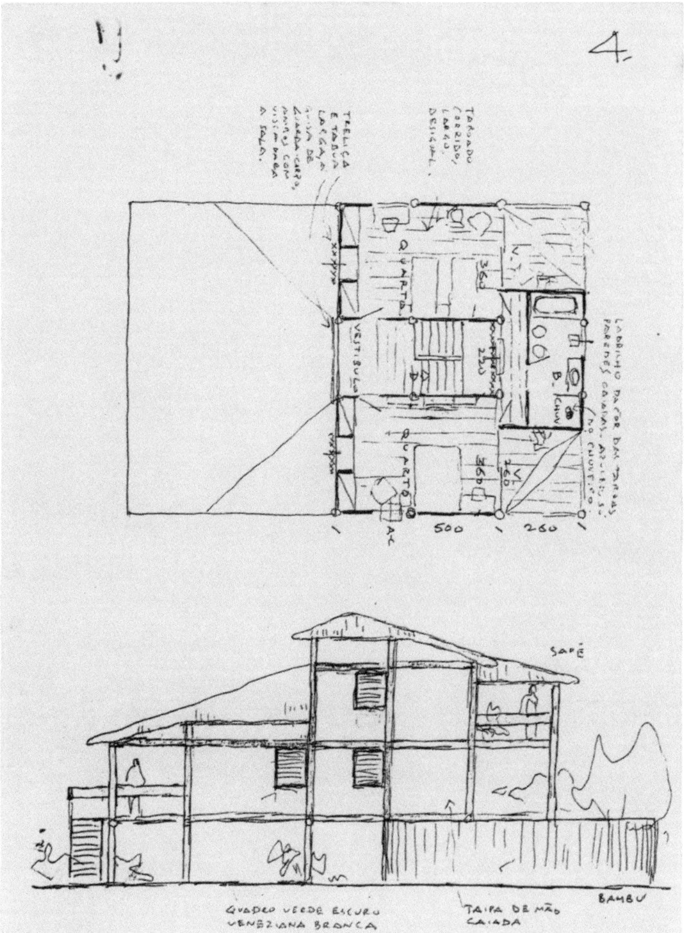
4.
QUARTO
VESTIBULO
QUARTO
500
260
SAPÉ
QUADRO VERDE ESCURO
VENEZIANA BRANCA
TAIPA DE MÃO
CAIADA
BAMBU

Casa Thiago de Mello, Barreirinha AM.
Lúcio Costa, 1978. Fotos Hugo Segawa

previsão de rampas, pontes e escadarias. Aqui também se verifica a intenção de adequar as edificações à topografia irregular: "O clube e a escola foram estudados de forma a permitir o acesso por níveis diferentes, tornando assim fácil adaptá-los ao lugar".[9] O detalhamento e acabamento muito simples do clube social se adequam ao uso cotidiano e aos momentos festivos: "o salão de festas seria todo caiado de branco, com os alizares pintados de azul, conservando-se as venezianas e caixilhos na cor natural do cedro, com acabamento apenas de óleo fervido. A ornamentação para festas seria feita com flores de papel, formando grandes festões pendurados ao teto, bandeirolas etc., procurando-se assim conservar aquele *charme* um tanto desajeitado, peculiar às festanças da roça".[10] Ao dar conta dos programas necessários à vida moderna – acesso a bens, serviços e diversões só existentes em cidades de certo porte –, os edifícios se acomodam no território de forma calma e tranquila, sem qualquer grandiloquência que comprometa a vida simples dos seus moradores.

É visível a tentativa de induzir os habitantes da vila a certo tipo de comportamento individual e de convivência coletiva. Nas plantas funcionais dos diversos programas arquitetônicos, no uso incondicional de móveis standard nas moradias e na proibição da poda *bizarra* de árvores e arbustos propostos por Lúcio Costa aos futuros administradores de Monlevade, vislumbra-se uma visão pedagógica similar a das vanguardas europeias, que vê na educação de hábitos e sensibilidade uma alavanca poderosa para a reconciliação entre a cidade fruto da industrialização e os valores coletivos e individuais humanos. Diante da transformação brutal das cidades e da nova vivência que se impõe, cristaliza-se a crença sobre a obsolescência das formas tradicionais de transmissão do conhecimento e sobre a necessidade de novas formas e métodos educativos para se lidar com os problemas e demandas antes inexistentes e agora gerados pelo novo *status quo*. A expressão mais difundida, no contexto

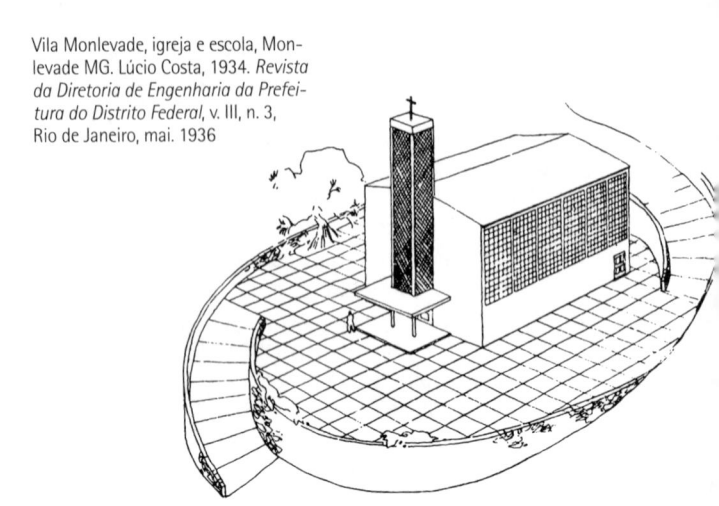

Vila Monlevade, igreja e escola, Monlevade MG. Lúcio Costa, 1934. *Revista da Diretoria de Engenharia da Prefeitura do Distrito Federal*, v. III, n. 3, Rio de Janeiro, mai. 1936

europeu, dessa ânsia de ensinar a viver no novo mundo é a Bauhaus, mas diversas outras formulações pedagógicas estão em voga, com maior ou menor penetração.¹¹ Reside aqui profunda desconfiança acerca da capacidade do homem comum de dar conta dos problemas urbanos e existenciais no qual está enredado. Quase duas décadas depois de Monlevade, Lúcio Costa mantém essa descrença:

> As próprias populações interessadas ignoram tanto os princípios gerais nos quais se funda essa nova concepção urbanística, quanto as soluções de conjunto e pormenor que a técnica contemporânea oferece para resolver o problema da habitação e desconhecendo-os não estão em condições de antever com a necessária objetividade e clareza o estilo diferente de vida, equilibrada e serena – o oposto precisamente da agitação febril erroneamente associada a ideia de *vida moderna* – que ela enseja. E se não anteveem não o podem aspirar; se não aspiram não terão motivos para reclamar o que de direito já lhes é devido.¹²

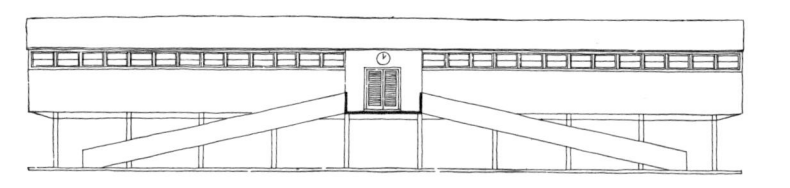

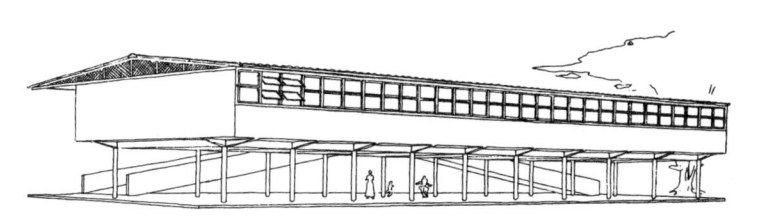

Assim, a pequena cidade idealizada por Lúcio Costa é resultante de uma síntese entre elementos e valores aparentemente díspares: concreto e barro, telha de amianto e venezianas de madeira, pilotis e muxarabi, festança da roça e móveis standard, estradas rurais e preceitos da urbanização moderna... Cenário onde vive um homem ao mesmo tempo bucólico e urbano, de temperamento simples, quase rústico, mas atualizado com as conquistas dos novos tempos. Um microcosmo onde impera uma felicidade silenciosa e algo melancólica, onde o *novo* aparece embalado pela solidão e nostalgia de um mundo talvez soterrado em passado esquecido. Ressoa nessa busca de sossego e aconchego a visão do paraíso terreal que descobridores e colonizadores deitaram sobre a terra desconhecida, império luxuriante da mata virgem. Podemos pressentir alguns dos elementos, concepções e motivos oriundos de tradições diversas e que a baixa Idade Média e o Renascimento amalgamaram para descrever o locus paradisíaco. Não faz frio, nem calor. O homem saciado e refestelado em sua rede usufrui da "primavera perene ou temperatura sempre igual sem a variedade das estações que

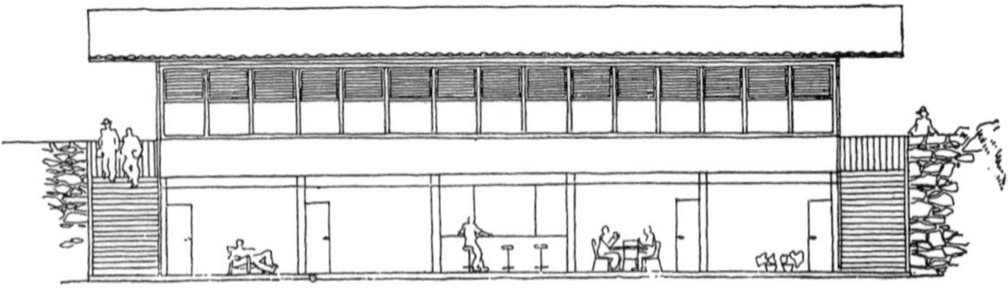

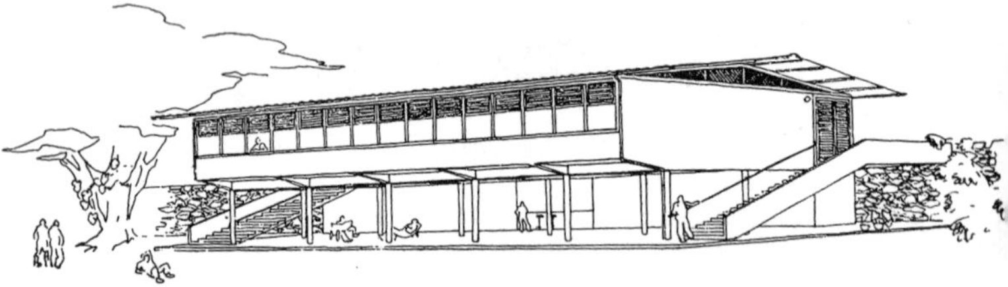

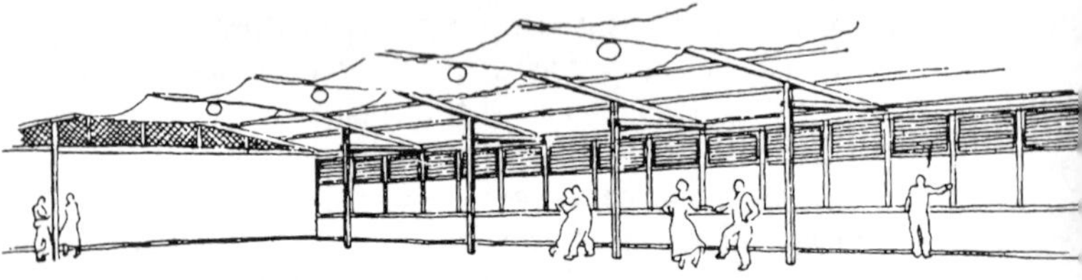

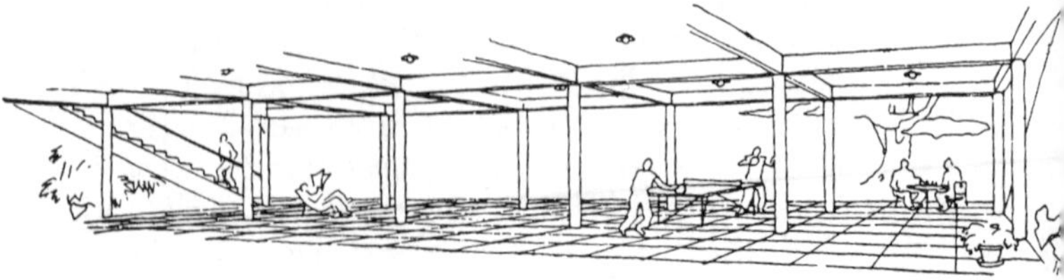

se encontra no clima europeu, bosques frondosos de saborosos frutos e prados férteis, eternamente verdes ou salpicados de flores multicoloridas e olorosas, cortados de copiosas águas".[13]

No conjunto proposto ecoa um certo *ethos*, uma certa maneira de se viver a vida, que oscila entre a preguiça tropical expressa na rede de dormir tupi-guarani e na eletrizante fruição moderna do salão de baile e da plateia do cinema. O monlevadense frui uma vida onde imperam a *simplicidade* dos valores espirituais e a *clareza* dos movimentos cotidianos, onde a somatória do resguardo individual de cada um deles conforma uma coletividade que goza tranquila o ócio do tempo longe do trabalho. "A única felicidade possível daqueles que, certamente, nela terão de viver todos os seus dias, contribuindo em silêncio ao bem-estar de tantos outros".[14] Um pequeno mundo perfeito, sereno, apartado dos fatores históricos de corrupção e decadência, uma espécie de mônada tributária de visões de mundo diversas, tidas quase sempre como incompatíveis ou inconciliáveis.

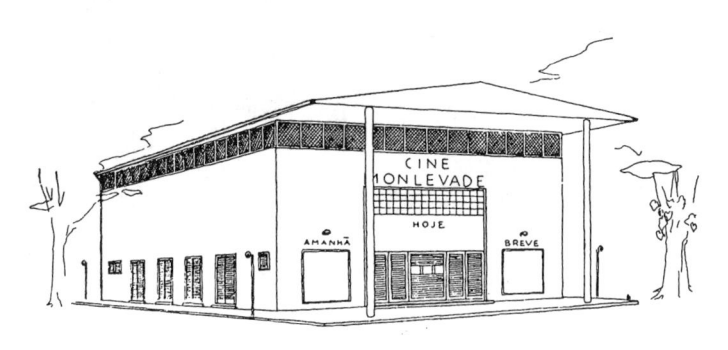

Vila Monlevade, clube social e cinema,
Monlevade MG. Lúcio Costa, 1934.
*Revista da Diretoria de Engenharia
da Prefeitura do Distrito Federal*, v. III,
n. 3, Rio de Janeiro, mai. 1936

Raízes brasileiras do universo

Sede da Fazenda Capuava, Valinhos SP. Flávio de Carvalho, 1938. Foto Nelson Kon

Olho, na minha noite das minhas estrelas
sobre a minha terra, a minha cruz:
a minha cruz de estrelas, a minha cruz malfeita,
a minha cruz imperfeita, a minha cruz em cuja luz
três raças se cruzaram, três sangues gotejaram de três
crucificados
Guilherme de Almeida, *Raça*, 1925[15]

Em 1948, em artigo publicado em jornal paulista de grande circulação, o jornalista Geraldo Ferraz (1905-1979) contesta a qualificação de *pioneiro da arquitetura contemporânea no Brasil* atribuída à Lúcio Costa por revista de estudantes gaúchos[16] e cobra do arquiteto um depoimento para desfazer o que chama de "falseamento informativo" e "escamoteação da verdade histórica", sendo esta última expressão, com pequenas variações, utilizada por quatro vezes.[17] Em tom panfletário, Ferraz advoga a primazia do Gregori Warchavchik (1896-1972), emigrante russo, e Flávio de Carvalho (1899-1973), que em um ambiente cultural sem cultivo e hostil,[18] enfrentando a ignorância sórdida dos detratores, teriam conseguido pensar e construir as primeiras edificações modernas no país, inclusive na capital do país. "É Flávio que apresenta no Rio, em concorrência pública, também, e pela primeira vez, o projeto da nova Embaixada da Argentina. É Warchavchik quem constrói no Rio, pela primeira vez, uma casa moderna, a da rua Toneleros, em Copacabana".[19] Seriam eles, ainda no final dos anos 1920, os legítimos representantes brasileiros das vanguardas europeias, cabendo a eles, portanto, o título honorífico de pioneiros. Se o famoso catálogo *Brazil Builds*, que também havia cometido o pecado da omissão sobre a primazia de Warchavchik e Carvalho, poderia ser em parte desculpado por ser coisa de estrangeiro, o grosseiro equívoco vindo do Sul era indesculpável e exigia uma retratação.

Lúcio Costa não foge da refrega, mas sua resposta é desconcertante: abandona a polidez que lhe é característica e desloca por completo a argumentação ao afirmar que "arquitetura não é *Far-West*" e que não se deve perder tempo "à procura de pioneiros".[20] Na ótica de Costa, o essencial não é saber qual é o primeiro edifício moderno ou qual arquiteto sofreu mais com a hostilidade conservadora ou reacionária, mas verificar onde reside a colaboração diferenciada que dá à arquitetura moderna uma trajetória peculiar em nosso país. Surge aqui uma nuance que fará carreira vitoriosa nas cenas crítica e histórica brasileiras – de um lado, a *arquitetura moderna realizada no Brasil*, segundo os princípios estabelecidos na Europa, que foram importados e aplicados em bloco, e que poderia muito bem ter acontecido em qualquer outro país do mundo; de outro, a *arquitetura moderna brasileira*, algo inusitado e surpreendente, que viceja única e tão somente aqui, inventando soluções plásticas inusitadas, ganhando por este motivo o interesse e os elogios da crítica estrangeira. Lúcio Costa conceituaria melhor o que seria essa arquitetura moderna genuinamente brasileira – tentando acomodar as contradições implicadas – em texto de 1951.[21] O curioso nessa refrega bairrista é a opinião de Mário de Andrade (1893-1945), manifesta sete anos antes, quando antecipa os argumentos de Lúcio Costa e confirma a comunhão de pontos de vista dos dois intelectuais:

> A primeira manifestação da arquitetura moderna no Brasil, como a das outras artes, também se deu em São Paulo. Foi uma casa do arquiteto Warchavchik, muito comentada pelas nossas revistas de então. Mas o moderno em arquitetura teve que ceder aqui. A primeira escola, o que pode-se chamar legitimamente de 'escola' de arquitetura moderna no Brasil, foi a do Rio, com Lúcio Costa à frente, e ainda inigualado até hoje. Eu digo inigualado, porque se outros arquitetos da escola do Rio, já tiveram ocasião de obter resultados arquitetônicos mais deslumbrantes que Lúcio Costa, este continua uma força de artesanato, uma força de princípio, de razão e

principalmente de equilíbrio, de não-experimentalismo esbanjador de tempo e dinheiro, que eu reputo propriedade básica da arquitetura.[22]

Os dois protegidos de Ferraz na verdade são pesos-pesados da cultura. O fluminense Flávio de Carvalho estuda na Europa e se forma engenheiro na Inglaterra. No seu retorno ao Brasil, radica-se no Estado de São Paulo, circula entre São Paulo e Valinhos, cidade no interior, próxima a Campinas. Modernista de primeira hora, sua atuação como arquiteto é bissexta, com apenas duas obras construídas – a sede da Fazenda Capuava, sua residência em Valinhos, e o conjunto residencial no Jardim Paulista, em São Paulo. Seu temperamento voltado para a polêmica e para o confronto o leva a participar de diversos concursos de arquitetura com projetos panfletários. O primeiro deles para o Palácio do Governo do Estado de São Paulo, de 1927, merece três artigos de Mário de Andrade, que demonstra sua simpatia pela carga teórica presente, mas faz restrições, principalmente à rígida simetria da composição.[23] Mesmo sendo acertada a crítica de Mário de Andrade, a atuação de Carvalho tem o mérito de chamar atenção para a renovação arquitetônica em curso na Europa. Sua presença nas artes plásticas e na cenografia vai ser mais expressiva, com significativa contribuição, mas sua fama vai se impor pelas atitudes polêmicas, em especial as experiências comportamentais públicas que antecipam os *happenings* norte-americanos.

Judeu de origem russa, Gregori Warchavchik estuda arquitetura na Itália e migra para o Brasil, onde se emprega na Companhia Construtora de Santos, de Roberto Simonsen, cargo posteriormente ocupado pelo arquiteto Rino Levi.[24] Warchavchik se estabelece em São Paulo, onde mantém escritório atuante por diversas décadas, com breve interrupção no início dos anos 1930, quando se muda para o Rio de Janeiro para ser professor da Escola de Belas Artes a convite de Lúcio Costa, na época diretor interventor. Chegam a se associar em escritório de arquitetura de duração fugaz entre os anos 1931 e 1933. Após retornar à capital paulista, o arquiteto russo continua a projetar e construir casas fortemente pautadas pela nascente arquitetura moderna europeia e cujo despojamento causou sensação e celeuma ao afrontar o gosto dominante. Prova das dificuldades enfrentadas, os *censores de fachada* da prefeitura municipal não aprovam o projeto de sua própria residência por falta de elementos decorativos exigidos devido ao padrão do bairro. "Seu estratagema – narra Agnaldo Farias – consistiu em mandar um desenho de fachada provido de cornijas e outros adereços em voga, para depois, ao término da obra, justificar sua ausência alegando falta de dinheiro para aplicá-los".[25] As

Casa Modernista da rua Bahia, visita de convidados e interior, São Paulo SP. Gregori Warchavchik, 1930. Acervo família Warchavchik

casas das ruas Santa Cruz, Itápolis e Bahia – projetadas e construídas no final da década de 1920 e início da de 1930 – tornam-se pontos de visitação para os modernistas paulistas participantes da Semana de Arte Moderna de 1922 e de seus convidados forasteiros, tanto de outros estados como do estrangeiro. Warchavchik organiza em 1930 a "Exposição de uma Casa Modernista" na recém-construída casa da rua Itápolis. Decorada com obras de Tarsila do Amaral, Anitta Malfatti, Victor Brecheret, Di Cavalcanti, Lasar Segall e John Graz, almofadas e colcha de cama de Regina Gomide Graz, com mobiliário, luminárias e outras peças de design projetadas e construídas pelo próprio Warchavchik. A mostra, aberta ao público, foi um sucesso.[26]

As obras de Gregori Warchavchik e Flávio de Carvalho conformam, do ponto de vista de Lúcio Costa, *uma arquitetura moderna realizada no Brasil*, mas não *brasileira*, por serem experiências derivadas de modelos exóticos. Ao contrário da outra linhagem, fruto de nossa terra, que sintetiza duas características distintas: *a filiação ao ideário moderno europeu* e a *originalidade nacional*. Tal é a característica das obras maiores, sendo a obra de Oscar Niemeyer (1907-2012) a mais expressiva: "sua obra procede diretamente da de Le Corbusier"[27] ao mesmo tempo em que foi "o nosso próprio gênio nacional que se expressou através da personalidade eleita desse artista".[28] Na visão de Lúcio, a dupla influência exercida sobre nosso arquiteto maior – externa, dos princípios modernos; interna, dos elementos tradicionais – se amálgama na exuberância plástica conquistada ao concreto armado. Surpreende na resposta de Lúcio Costa a qualidade superior da obra de Oscar Niemeyer ser não somente uma *opção estética* inovadora, mas também um *imperativo moral*. Ao materializar vetores culturais atávicos e exóticos, cumpre um destino que ultrapassa as possíveis vicissitudes ou preferências pessoais. O fenômeno estético, sob tal perspectiva, está enraizado profundamente em uma experiência histórica coletiva de uma dada sociedade, onde a novidade pode frutificar, mas sempre no sólido terreno da tradição. Que seus motivos teóricos sejam justificáveis quando enaltece Niemeyer, a interdição que Lúcio Costa faz à obra de Warchavchik tem algo de problemático, como se verá à frente.

As conexões da Semana de Arte Moderna de 1922 com a arquitetura moderna que se desenvolverá posteriormente – tendo o Rio de Janeiro como principal polo difusor a partir de 1930 – não são tão evidentes. Dentre a multiplicidade de motivos que explicam o liame esgarçado ou rompido entre os dois momentos, um ganha especial relevância: a originalidade da manifestação local da arquitetura nacional, defendida por arquitetos, críticos e historiadores. Um episódio

Artigo "O trem azul", de Mário de Andrade. *Para Todos*, ano 12, n. 593, Rio de Janeiro, 26 abr. 1930, p. 9

específico da arquitetura paulista demonstra como o tema é imantado ideologicamente. Em texto escrito em 1977 – *Semana de 22 e a arquitetura*[29] –, já em sua fase madura, Vilanova Artigas (1915-1985) contradiz duas afirmações defendidas no famoso texto de 1952 – *Os caminhos da arquitetura moderna*.[30] A primeira afirmação revista é sobre o radicalismo de fachada dos artistas modernistas liderados por Mário de Andrade na década de 1920, que "criaram uma auréola 'revolucionária' que aumentava ou diminuía conforme convinha à classe dominante",[31] fato que teria sido comprovado pela posterior cooptação, por parte do governo reacionário de Getúlio Vargas, desses falsos intelectuais de esquerda.[32]

Levando em conta a limitada participação da arquitetura na Semana de Arte Moderna ocorrida em São Paulo no ano de 1922, ganha relevância a relação estabelecida por Artigas entre este evento artístico e a arquitetura moderna brasileira, que surgirá com pelo menos uma década de defasagem e em outro cenário, o Rio de Janeiro. Sendo dominada pelas artes plásticas e literatura, a Semana paulista não poderia fornecer à arquitetura soluções formais de uma maneira imediata, mas apenas *mediata*. Quando Artigas afirma que "o terreno cultural achava-se como que preparado",[33] refere-se ao esforço modernista de "descoberta das *raízes brasileiras do universo*",[34] que vai de encontro à visão que Lúcio Costa tinha do período: "Ao contrário do que ocorreu na maioria dos países, no Brasil foram justamente aqueles poucos que lutaram pela abertura para o mundo moderno, os que mergulharam no país à procura das suas raízes, de sua tradição, tanto em São Paulo nos anos 1920, como no Rio, em Minas, Sul e Nordeste nos 1930, propugnando pela defesa e preservação do nosso passado válido (Sphan)".[35] Os intelectuais de 1922 e 1936, na avaliação similar de Lúcio Costa e Vilanova Artigas, compartilham do mesmo espírito de síntese entre a *renovação* e a *preservação*. Décadas depois, Lúcio Costa reitera o mesmo entendimento, com uma visão mais precisa do que estava em jogo:

> No Brasil, tanto em 1922 como em 1936, os empenhados na 'renovação' foram os mesmos empenhados na 'preservação', quando alhures, na época, eram pessoas de formação antagônica e se contrapunham. Em 1922, Mário, Tarsila, Oswald e Cia., enquanto atualizavam internacionalmente a nossa defasada cultura, também percorriam as cidades antigas de Minas e do Norte, na busca 'antropofágica' das nossas raízes; em 1936, os arquitetos que lutaram pela adequação arquitetônica às novas tecnologias construtivas, foram os mesmos que se empenharam com Rodrigo M. F. de Andrade no estudo e salvaguarda do permanente testemunho do nosso passado autêntico.[36]

A segunda afirmação revisada por Artigas diz respeito ao papel histórico de Le Corbusier (1887-1965), a quem Artigas, no texto de 1952, atribui o sórdido papel de, a serviço do empresariado norte-americano, tentar "convencer a burguesia de que ainda há o que fazer, que é possível postergar a data da derrocada".[37] No artigo de 1977, Artigas confere papel estratégico a Le Corbusier no surgimento da arquitetura moderna no Brasil, mas salienta o preparo do ambiente cultural local: "A contribuição de Le Corbusier para o projeto do edifício do Ministério é inegável. Tem sido afirmada e reafirmada tantas vezes que não vale a pena pormenorizá-la. Cabe-nos, entretanto, constatar que o terreno cultural achava-se como que preparado, dominado por figuras que puderam valorizar e assimilar com lucidez a experiência artística do mestre francês, conformando-a aos ideais nacionalistas e reformadores da revolução de 1930".[38]

As críticas contundentes dirigidas por Artigas no início da década de 1950 aos modernistas e a Le Corbusier foram feitas a partir de um quadro político-partidário onde prevalece uma postura ortodoxa do Partido Comunista Brasileiro – PCB, ainda não devidamente informado das "más notícias" do leste europeu. Nesse momento, onde a revolução socialista mundial parece a muitos como uma realidade palpável, o funcionalismo corbusiano e o culturalismo modernista brasileiro eram tomados pelo arquiteto paulista como mecanismos ideológicos e diversionistas. A mudança de seu ponto de vista se dá após revisão política-ideológica, onde abandona a perspectiva internacionalista em prol da autonomia econômica e cultural do país. Sob a nova ótica, era não só justificável, mas admirável e louvável a atualização civilizacional e a síntese entre modernidade e raízes da cultura brasileira ambicionadas pelos modernistas de São Paulo na década de 1920, lições digeridas e adaptadas pelos arquitetos cariocas na década seguinte. A arquitetura moderna, vista no primeiro momento como expressão da classe dominante, ganha na versão mais atualizada de Artigas um papel transformador ao caracterizar uma tradição arquitetônica genuinamente nacional, que alia dois vetores positivos e essenciais: *a independência cultural* e a *autonomia tecnológica*.

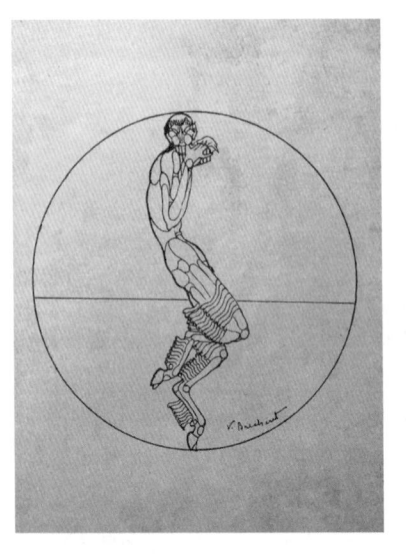

Mesmo sendo os dois ajuizamentos históricos derivados de posturas políticas – comprovando que para Artigas a arte e a arquitetura sempre devem estar a serviço de projetos com abrangência social que transcendam interesses restritos e particulares[39] – a recusa inicial de entrar em uma discussão estética é substituída por uma ênfase à *memória formal brasileira* e pelo elogio à *genialidade* de Oscar Niemeyer, endossando as palavras que Lúcio Costa repete durante quase toda sua vida: "Com as obras de Pampulha, Oscar Niemeyer organiza a síntese necessária ao encaminhamento da arquitetura brasileira na direção segura que a caracteriza. Lúcio Costa já chamou sua presença de milagre. A força de seu gênio, a partir das obras de Pampulha, conduziu arquitetura brasileira para caminhos amplos e fecundos que fazem da possibilidade de pesquisa formal pelos mais jovens um vasto

Ilustrações: Victor Brecheret. *Klaxon*, n. 1, 15 mai. 1922; Di Cavalcanti. *Klaxon*, n. 2, 15 jun. 1922; John Graz. *Klaxon*, n. 7, 30 nov. 1922

campo cultural".[40] Ou seja, se a primeira postura oblitera os estudos estéticos de um fenômeno de antemão condenado, a segunda abre-se para a materialidade e expressividade da forma, induzindo à compreensão dos mecanismos que possibilitaram "novos símbolos, como, por exemplo, a coluna do Palácio do Alvorada, que Malraux chamou de *cariátide*".[41] A redefinição de Artigas é condicionada pela posição acomodatícia adotada pelo Partido Comunista, mas tem desdobramentos no embate cultural brasileiro ao se alinhar à linha mestra da montagem histórica e ideológica promovida por Lúcio Costa.

Ser regional e puro em sua época

Casa Thiago de Mello, Barreirinha AM. Lúcio Costa, anos 1970. Foto Hugo Segawa

> *Bárbaros, crédulos, pitorescos e meigos. Leitores de jornais. Pau-Brasil. A floresta e a escola. O Museu Nacional. A cozinha, o minério e a dança. A vegetação. Pau-Brasil.*
> Oswald de Andrade, Manifesto da poesia Pau-Brasil, 1924[42]

O pequeno texto de Artigas, publicado em 1977 na revista *Módulo*, não é a origem da discussão sobre a paternidade de nossa arquitetura moderna. Mas, ao ser tratada por personalidade tão emblemática no cenário arquitetônico nacional, evidencia-se o recrudescimento da questão, que marca presença no debate arquitetônico das décadas de 1970 e seguinte. Contemporâneo ao texto de Artigas, surge em 1981 o mais conhecido e abrangente estudo sobre nossa arquitetura moderna: *Arquitetura contemporânea no Brasil*, do francês Yves Bruand. Originalmente tese de doutorado defendida em 1971, *L'Architecture Contemporaine au Brésil* narra a epopeia de nossa arquitetura com um *roteiro* decalcado nas ideias dos próprios protagonistas que a produziram – os *arquitetos modernos brasileiros*. O que temos aqui é uma completa sintonia entre a reavaliação histórica operada por Vilanova Artigas e o restabelecimento da ótica nacionalista como fomentadora de pesquisas da história da arquitetura brasileira.

No que diz respeito a um dos temas aqui tratados – o arcabouço teórico e a prática arquitetônica de Lúcio Costa na conformação de uma linhagem da arquitetura brasileira – Yves Bruand vê com clareza o sentido geral da obra do arquiteto e urbanista carioca e sua presença profunda e inspiradora na arquitetura brasileira: "Todas as tentativas que fez para encontrar um vocabulário novo, que fosse ao mesmo tempo internacional e local, moderno e ligado ao passado, foram logo estudadas e serviram como fonte de inspiração a um movimento ativo de pesquisas nesse sentido, que é uma das características mais marcantes da nova arquitetura brasileira. Essa influência foi, ao mesmo tempo, profunda e difusa".[43] Bruand salienta que a influência de Lúcio Costa não se faz de maneira restritiva, o que poderia levar a criações repetitivas e estereotipadas. Ao contrário, sua linha de pensamento "forneceu uma moldura flexível",[44] onde os diversos arquitetos que a seguem puderam encontrar uma solução pessoal que equacionasse a problemática colocada.

São diversos os encaminhamentos pessoais que derivaram das ideias de Lúcio Costa, entre eles o do arquiteto Francisco Bolonha. Bruand destaca que este se limita à *justaposição* de técnicas tradicionais e modernas, enquanto Lúcio Costa chega até a mais completa *integração* – conceito ou ideia que Bruand não chega a desenvolver –, obtendo um conjunto unitário. O autor francês alinha alguns outros arquitetos, percebendo nas variações pessoais constantes formais que lhe permitem supor duas correntes: "uma visando a explorar as condições locais ao acentuar o caráter rústico, outra procurando um vocabulário novo, fruto da técnica contemporânea, que, embora inteiramente diferente daquele utilizado no passado, inscreva-se na mesma linha e o lembre sutilmente".[45] Segundo Bruand, estas duas correntes são variações dentro da mesma escola – a da Região Sul do país. Uma segunda escola, também fundada na busca de uma fusão entre o tradicional e o moderno, se desenvolve com grande autonomia no Nordeste brasileiro, em especial nos estados de Pernambuco e Bahia, com destaque para as obras de Paulo Antunes Ribeiro, Delfim Moreira e Luís Nunes. Esta segunda corrente está fora da influência direta de Lúcio Costa, situação análoga aos irmãos Roberto, participantes da primeira corrente, mas cuja obra desenvolve-se no mesmo tempo e lugar em paralelo a do mestre carioca.

A correta avaliação de obras e arquitetos feita por Bruand identifica nuanças pessoais e proximidades de grupo, o que lhe permite, ao mesmo tempo, destacar a contribuição de cada individualidade e propor sua inserção em "correntes", "movimentos" e "escolas". Bruand atribui às escolhas pessoais o encontro de uma fórmula mais ou menos feliz para a *fusão entre o tradicional e o moderno* dentro da "moldura flexível" fornecida por Lúcio Costa. A relativa autonomia da área de conhecimento privilegia a obra de arte, sua coerência estrutural e sua correspondência à visão de mundo do artista. O método é condizente com a história estético-materialista da arquitetura, pois considera – exatamente como faz Yves Bruand e muitos outros historiadores – a rede de influências entre os participantes de um movimento cultural, suas relações hierárquicas que definem a autoridade de opiniões e argumentos, as afinidades pessoais e formais que lhe são frutos, o conjunto de discursos que, na sua interação, movimenta o mecanismo de transmissão de ideias e soluções formais. Contudo, o foco estrito de Bruand negligencia os vasos comunicantes com as outras artes e a cultura em geral, desconsidera que a invenção subjetiva se dá em um campo de possibilidades determinado objetivamente pela época em que o artista está inserido.[46] A "moldura flexível" envolve o campo mais vasto da cultura, não é endógena ao metiê. Bruand intui a limitação do método e da visão de história adotada ao se referir, mais de uma vez, a um vago "parentesco de espírito"[47] entre a arquitetura moderna brasileira e a arquitetura colonial.

O projeto intelectual de Lúcio Costa transcende a preferência pessoal por um estilo ou corrente arquitetônica. É sim uma versão pessoal – a mais sofisticada e de maior inserção no âmbito da arquitetura e urbanismo brasileiros – para um projeto cultural de pretensões muito abrangentes que se esparrama pelo Brasil a partir de sua gestação no modernismo paulista da década de 1920. Um projeto estético que se outorga o direito e a obrigação de solucionar problemas profundos de nossa existência coletiva e que tem como meta maior a cristalização de um *caráter nacional* expresso harmoniosamente por uma cultura de base e uma arte de elite organicamente articuladas. Assim vista, a *integração* entre tradição e modernidade deixa de ser uma opção estética de ordem pessoal e ganha estatuto coletivo – quem sabe, o mais

Casa Thiago de Mello, Barreirinha AM. Lúcio Costa, anos 1970. Foto Hugo Segawa

viável naquelas circunstâncias – na constituição da nossa nacionalidade. E o fato dessa estrutura discursiva ser uma construção conceitual artificial não lhe limita a eficácia, pois uma de suas características é a de se pretender organicamente ligada ao território e à sociedade nacionais.[48]

A importância da obra de Lúcio Costa não está apenas na qualidade intrínseca de seus projetos ou de seus textos, mas na acomodação que eles fazem dentro da arquitetura e do urbanismo de uma visão de mundo forjada fora das hostes do metiê. As peculiaridades da atuação de Lúcio Costa – o envolvimento precoce na problemática do ensino, a insistência em fomentar a produção de caráter coletivo apesar de sua propensão individual ao isolamento, o engajamento na preservação do patrimônio arquitetônico nacional, a participação indireta nos desígnios do poder público, sua luta de décadas para transformar Oscar Niemeyer no *gênio* de nossa arquitetura –, quando vistas sob a ótica do fomentador cultural que sempre foi, deixam de ser aspectos isolados ou complementares de sua atuação profissional para se mostrarem facetas que dão contorno a uma mesma e constante visão de mundo. Visão esta totalmente tributária do modernismo paulista, como sempre soube e nunca escondeu Lúcio Costa, que por diversas vezes volta ao tema, caso da justificativa para o Salão de 1931: "Daí a ideia de romper com a já cansada monotonia das mostras anteriores convocando a participar do Salão Oficial aqueles artistas de certo modo comprometidos com a Semana de 1922, cujo verdadeiro propósito, no fundo, fora de entrosar a nossa mais autêntica seiva nativa, as nossas raízes, à seara das novas ideias oriundas do fecundo século 19, já então, na Europa, na terceira fase da sua eclosão. Objetivava-se com isto realizar aqui, conquanto tardia, uma lúcida e necessária renovação".[49]

Os argumentos desenvolvidos por Yves Bruand em 1971 participam de uma genealogia intelectual pouco visível, mas vigorosa, à qual pertence, entre outras produções intelectuais, um livro de 1956 e lançado pela primeira vez em português somente em 1999: *Arquitetura moderna no Brasil*,[50] publicado em inglês próximo do início da construção de Brasília, com edições em francês e alemão nos anos subsequentes. O autor, Henrique Mindlin (1911-1971), arquiteto de projeção, mantém por anos uma profícua associação com o arquiteto italiano Giancarlo Palanti. Parido próximo ao fecho do período heroico da constituição de nossa arquitetura moderna – a construção da nova capital brasileira no planalto central –, o livro de Mindlin tem como intenção flagrante a divulgação mundial de um modo nacional específico de materializar os pressupostos modernos, ou seja, a *brasilidade* de nossa arquitetura.

Foi em viagem pelos Estados Unidos em 1943, logo após inauguração da exposição *Brazil Builds* promovida pelo Museu de Arte Moderna – MoMA de Nova York, que Mindlin toma contato com expressão forjada pelos norte-americanos e que teria longa vida na crítica internacional – a *Brazilian School*.[51] Entusiasmado com a exposição e com sua repercussão, da qual participa como autor de uma obra, Mindlin conceberá, alguns anos depois, uma publicação que pretendia ser a continuação do catálogo realizado na ocasião – "este trabalho foi concebido como um suplemento ao livro *Brazil Builds*, de Philip E. Goodwin, uma magnífica apresentação da antiga e da nova arquitetura no Brasil, publicado pelo Museu de Arte Moderna de Nova York, e ilustrado com esplêndidas fotografias de G. E. Kidder Smith –, mas que devido às circunstâncias, se torna mais abrangente: "no entanto, como *Brazil Builds* está esgotado há vários anos, decidiu-se mais tarde incluir aqui alguns exemplos mais importantes ali mostrados anteriormente. Assim será possível dar uma imagem mais completa do desenvolvimento da arquitetura moderna no Brasil, dos seus primórdios no final dos anos 1920 até os dias de hoje".[52]

O assumido *suplemento* de *Brazil Builds* elaborado por Henrique Mindlin – *Arquitetura moderna no Brasil* – herda daquele aspectos estruturais e estilísticos, em especial a retórica que explora o liame espiritual entre as arquiteturas moderna e colonial, e infla a percepção de uma *tradição nacional* em total consonância com o discurso de Lúcio Costa. Tanto no texto do arquiteto autor como no prefácio assinado por Sigfried Giedion – que também prefaciaria o livro sobre Affonso Eduardo Reidy lançado na Alemanha em 1961 – observa-se diversas afirmações sobre as vicissitudes – quase todas positivas – de nossa arquitetura moderna, em especial seu enraizamento no passado cultural, sua capacidade de fusionar elementos da tradição construtiva colonial aos aspectos técnicos e funcionais do ideário europeu. Para justificar tal especificidade, Giedion e Mindlin manejam noções pouco afeitas ao discurso arquitetônico, tais como a *miscigenação racial brasileira*, a *elasticidade mental* de nosso povo, a *integração com a natureza tropical*...

Talvez o distanciamento temporal de mais de uma década da obra que o inspira, quem sabe por ser arquiteto atuante, portanto mais afeito à prática do que ao discurso, o fato é que o texto de abertura escrito por Mindlin repassa as antigas premissas, mas as abandona na fase final da argumentação. Ao indicar os fatores que explicam o grande desenvolvimento da arquitetura moderna no Brasil, ele separa dois fenômenos históricos mais prosaicos, do âmbito da civilização material: em primeiro lugar, a "pesquisa sobre os problemas da insolação",[53] desenvolvidas com o aporte científico e acadêmico de Lúcio Rodrigues Martins na Escola Politécnica de São Paulo e mais tarde continuada no Rio de Janeiro por outros especialistas; em segundo lugar, o "desenvolvimento de uma técnica avançada de uso do concreto armado, que resultou não só em estruturas mais leves e elegantes, mas também em uma economia significativa, em comparação com o custo da construção em outros países".[54] Graças à formação sólida de nossos engenheiros, entre eles Emílio Baumgart e Joaquim Cardozo, notoriamente capazes de traduzir os problemas da forma arquitetônica em soluções práticas adequadas, foi possível a concretização do segundo fenômeno. E Mindlin conclui: "Esses dois fatores estão associados diretamente às duas características mais salientes da arquitetura moderna no Brasil: o emprego de grandes superfícies de vidro, protegidas, quando necessário, por brise-soleil, e o uso de estruturas livres, apoiadas sobre pilotis, com o térreo aberto quando possível. Essas duas características mostram também a marcante influência de Le Corbusier".[55]

Os conceitos mesológicos e culturalistas, que em Henrique Mindlin surgem de forma assessória e periférica, no texto de seu prefaciador Sigfried Giedion são a base central da argumentação. Giedion se mostra surpreso com o contraste entre a carência econômico-social do Brasil e a pujança de sua arquitetura.[56] Diante da falta de uma base civilizacional consistente que explique a manifestação estético-arquitetônica em curso, Giedion afirma que "há qualquer coisa de irracional no desenvolvimento da arquitetura brasileira".[57] Amplia sua perplexidade também para a tão propalada influência corbusiana: "Sem dúvida, a vinda de Le Corbusier ao país, em 1936, ajudou as vocações brasileiras a encontrar seu próprio caminho. Mas Le Corbusier tinha visitado muitos outros países sem que nada resultasse, salvo manchetes hostis nos jornais, como aconteceu certa vez em Nova York".[58] Na falta de elementos de ordem material mais evidentes que possam explicar o rápido desenvolvimento da arquitetura de concreto armado no Brasil, Giedion apela para uma explicação mediata e já devidamente codificada: "o prodígio da arquitetura brasileira *floresce* como uma planta tropical"; "no Brasil, a arquitetura contemporânea deitou *raízes* no solo tropical"; "o livro de Mindlin deixa evidente o *florescimento* da arquitetura brasileira a partir dos anos 1930".[59] A metafórica orgânica confere à explicação um caráter difuso, que insinua um devir inexorável e espontâneo. A referência aos nomes de Gilberto Freyre (1900-1987) e Hermann von Keyserling (1880-1946) coloca em questão temas do âmbito social, antropológico e psicológico como relevantes para entender o fenômeno arquitetônico.[60] E o vínculo da arquitetura moderna com a tradição não é esquecido: "O Brasil já tinha a tradição de realçar a superfície de suas fachadas, tão submetidas à pressão do clima tropical, por meio do tratamento estrutural das superfícies planas. Os arquitetos contemporâneos reelaboraram essa tradição, incluindo em seus projetos painéis externos vazados, cobogós (edifício Bristol de Lúcio Costa, 1948), azulejos utilizados de maneira inovadora, e o brise-soleil".[61]

Se o prefaciador Giedion relativizava a influência do Corbusier de 1936, o autor principal vai ser ainda mais radical: "quando Le Corbusier passou pela primeira vez por São Paulo e pelo Rio, em 1929, na volta de uma viagem à Argentina e ao Uruguai, encontrou o terreno mais ou menos preparado".[62] Dando um passo além ao dado por Giedion, Mindlin filia a arquitetura moderna brasileira a uma genealogia específica, a do modernismo paulista: "A Semana de Arte Moderna trouxe consigo o germe de um autêntico renascimento que, com o tempo, iria estabelecer uma relação com os mais altos valores da vida brasileira, com as fontes do passado, com a terra e com o povo".[63] Ainda fortes, mas um tanto desbotados pela presença de elementos materiais mais consistentes, os argumentos de Mindlin, que apelam para o enraizamento da arquitetura moderna em nosso solo cultural, reverberam palavras proferidas por ele mesmo em 1945 – portanto mais de uma década antes da publicação de seu livro –, dando a medida do quanto era tributário dessa visão de mundo:

> O roteiro da nova arquitetura no Brasil já se acha traçado. Como nos outros países, onde o trabalho dos bons arquitetos, evoluindo do estrito funcionalismo de vinte anos atrás, se caracteriza hoje por um regionalismo sadio, assim também entre nós os arquitetos emancipados estão criando uma nova visão, uma nova linguagem arquitetural. Não se trata de estreito regionalismo, e sim de uma adaptação profunda à terra e ao meio. Dentro da mais completa identificação com o espírito da época, sobre a base larga da liberdade espiritual, que é uma tradição da nossa cultura, ao sopro de um lirismo que é o reflexo da alma coletiva, os novos arquitetos do Brasil estão criando a arquitetura do *sol*. Do sol, porque foi no estudo do fato primário da luz no controle da insolação, que se assentaram as primeiras realizações concretas da nossa arquitetura. Foi assim que nasceram a ABI, o Ministério da Educação, a Estação de Hidros e tantas outras obras que a crítica internacional consagrou como

a *escola brasileira*. Foi da corajosa aplicação de um ponto de vista intransigentemente orgânico aos nossos problemas locais, que surgiram esses edifícios cheios de luz e ar apontados em todos os países como exemplo aos arquitetos de hoje. Esse prestígio de que se dourou a cultura brasileira, pelo consenso internacional de que tais obras constituem atualmente a mais importante contribuição do Brasil ao patrimônio da cultura universal, esse reconhecimento geral de que a nossa nova arquitetura interessa ao mundo inteiro, devem servir, ao menos, para apontar o caminho a quem queira estudar arquitetura.[64]

Em 1945 já está claro para Henrique Mindlin que o cerne de nossa arquitetura moderna reside na sua particularidade regional, apoiada em determinantes mesológicos, raciológicos e culturalistas, temas de enorme relevância no debate cultural brasileiro desde a segunda metade do século 19. A presença dos mesmos argumentos na sua obra de divulgação é tão relevante como seu desejo de enaltecer nossa arquitetura para um público maior. *Arquitetura moderna no Brasil* não se restringe aos novos projetos dos arquitetos já consagrados, mas traz um número muito maior de autores e projetos. Ao lado de Oscar Niemeyer, Lúcio Costa, Affonso Reidy, Irmãos Roberto, Álvaro Vital Brazil, Atílio Correa Lima e Rino Levi – presentes em *Brazil Builds* –, agora são entronizados Francisco Bolonha, Sérgio Bernardes, Eduardo Corona, Hélio Duarte, Ícaro de Castro Mello, Olavo Redig de Campos e outros. Ao reiterar, ao lado das pesquisas sobre insolação e concreto armado, o papel da tradição na constituição da arquitetura moderna brasileira, Mindlin dá sua contribuição pessoal para o processamento coletivo que a transformará em explicação axiomática. Um alinhavo a mais na tessitura discursiva que releva o caráter nacional da nova arquitetura.

Na relação especular entre os textos fundamentais sobre a arquitetura moderna brasileira – artigos, palestras, livros etc. – não poderia faltar a contribuição de Hugo Segawa. Em *Arquiteturas no Brasil 1900-1990*, livro que veio à luz em 1998, o autor paulista se propõe o desafio de tirar de Yves Bruand o privilégio da autoria do único manual sobre a arquitetura brasileira do século 20 e a correção da perspectiva equivocada adotada pelo autor francês. Não escapou a Segawa a abordagem laudatória e apologética do modernismo de Bruand e o arraigamento do preconceito que os arquitetos modernos brasileiros tinham em relação aos outros estilos.[65] À falta de distanciamento, Segawa responde com um caminho crítico mais neutro, atento às diversas manifestações em curso. Daí o plural do título: *Arquiteturas no Brasil* deve atender à constatação prévia de que "não há definição unívoca de modernidade",[66] mas sim múltiplas *modernidades*. Temos aqui um consciente abandono da trincheira da história da arte e da arquitetura – onde se legitima o termo "modernismo" – em prol de uma abordagem mais larga do fenômeno histórico, com a introdução do conceito de "modernidade". As categorias adotadas por Hugo Segawa – "a busca de alguma modernidade", "modernidade pragmática", "modernidade corrente", "episódios de um Brasil grande e moderno" – confirmam a prevalência de uma visão de história apoiada nos vetores gerais da evolução social. Como resultado, esses rótulos genéricos justificam a homogeneização das diversas *arquiteturas brasileiras* que, dentro de suas possibilidades, participam com mesmo empenho da modernização tecnológica e social do país.

O critério da periodização de Hugo Segawa é o quanto cada encaminhamento se relaciona com o processo de modernização tecnológica e social do país. O primeiro deles – de Gregori Warchavchik e Flávio de Carvalho –, tributário do funcionalismo vanguardista europeu, é chamado de "modernismo programático" por se ater ao ideário importado, sem ter o devido conhecimento técnico e a apropriação tecnológica adequada para colocá-lo em prática. Simultaneamente a esse modernismo engajado, temos a "modernidade pragmática", um sem número de experiências construtivas dos mais diversos extratos – industrialismo de Roberto Simonsen, moderno *a la Perret*, arranha-céu Art Déco –, cujo ponto comum é a modernização da construção civil. Ao processamento histórico resultante do encontro entre Le Corbusier e o grupo de Lúcio Costa, Segawa chama de "modernidade corrente", adjetivação indicativa da hegemonia desta em relação às outras modernidades.

Ao caracterizar a corrente hegemônica da modernidade, Hugo Segawa alinha em sequência cronológica os diversos episódios – reforma da Escola de Belas Artes, vinda de Corbusier, presença de Juscelino Kubitschek etc. – e os edifícios modernos relevantes derivados de tais circunstâncias históricas – Pavilhão do Brasil em Nova York, MES, Pampulha etc. Suas preocupações passam ao largo da explicação do motivo da hegemonia, assim como não se detém sobre a síntese primitivismo-modernização da "modernidade corrente". A falta de interesse sobre tais questões – como se disse, ele se concentra na comprovação da variedade de contribuições na conformação da arquitetura brasileira do século 20 – não prejudica o excelente levantamento de fontes e a caracterização de linhagens arquitetônicas diversas que marcam o trabalho realizado por Hugo Segawa e no qual o presente trabalho se apoia com constância.

O caminho norte-americano

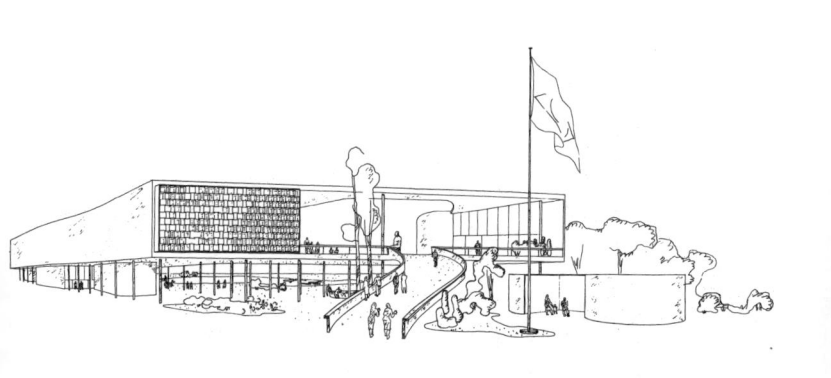

Pavilhão do Brasil na Feira Mundial de Nova York. Lúcio Costa e Oscar Niemeyer, 1939. Arquivo Casa da Arquitectura

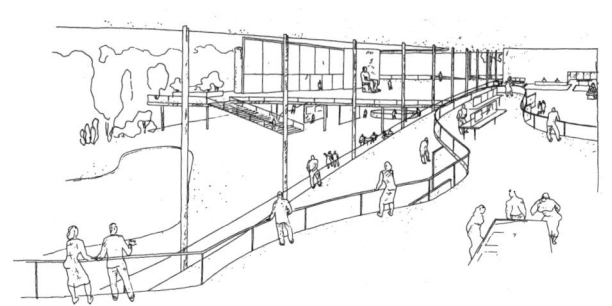

Os ingleses e americanos temem por nós. Estamos ligados ao destino deles. Devemos tudo, o que temos e o que não temos. Hipotecamos palmeiras... quedas de água. Cardeais!
Oswald de Andrade, O rei da vela, 1937[67]

Pavilhão do Brasil na Feira Mundial de Nova York. Lúcio Costa e Oscar Niemeyer, 1939. Acervo New York Public Library

O Pavilhão Brasileiro na Feira Mundial de Nova York – *New York World's Fair* – em 1939 e o episódio *Brazil Builds* – tanto a exposição realizada no Museu de Arte Moderna de Nova York em 1943, como o catálogo de Philip Goodwin e Kidder Smith – constituem o *caminho norte-americano* que abre as portas para o reconhecimento europeu da arquitetura moderna brasileira. Em plena Segunda Guerra Mundial, os eventos apresentam para o público norte-americano não só a situação atual de nossa arquitetura, mas também o estágio atual do desenvolvimento econômico brasileiro e fatos relevantes de sua história.

No caso específico do evento de 1943, além dos exemplares atuais de arquitetura moderna, Goodwin seleciona e Kidder Smith fotografa dezenas de obras do período colonial, mas ignoram os edifícios nos estilos neoclássico e neocolonial. Mesmo os primeiros exemplares da arquitetura moderna realizados no país, projetados por Flávio de Carvalho e Gregori Warchavchik, são menosprezados – do primeiro, não aparece obra alguma, apenas um agradecimento no catálogo, e do segundo, além de igualmente presente na lista de agradecidos, três rápidas referências: uma foto de edifício de apartamentos de 1940, situado na Alameda Barão de Limeira em São Paulo; outra foto de uma "casa simples em São Paulo" com telhado de duas águas, sem maiores referências; e uma foto da casa da rua Bahia, com uma legenda incorreta ao lhe chamar de "primeira casa moderna construída em São Paulo".[68] A casa da rua Bahia é de 1930 e, antes dela, ao menos duas outras foram construídas por Warchavchik: a casa da rua Santa Cruz, de 1927, é "consagrada como a primeira casa modernista construída em São Paulo"[69] e a casa da rua Itápolis, também de 1930, merece entusiasmados artigos de Mário de Andrade, Oswald de Andrade (1890-1954) e Flávio de Carvalho,[70] e a alcunha de *Casa Modernista* "graças ao alarde que se seguiu a sua inauguração" e ao consequente afluxo de público, que teria chegado à respeitável marca de 20.000 visitantes, segundo os jornais da época".[71]

A presença discreta dos dois arquitetos modernos de São Paulo no *Brazil Builds* é discrepante com o destaque que merecem da mídia nas décadas de 1920 e 1930, mas é compreensível quando se leva em conta as circunstâncias da realização da exposição e do catálogo, tanto institucional – que será discutido logo à frente – como conceitual. O recorte histórico presente no *Brazil Builds* deriva da elaboração teórica de Lúcio Costa, que atribui à arquitetura moderna um vínculo espiritual com a arquitetura colonial, tanto a versão erudita das igrejas barrocas de Aleijadinho como a versão prosaica da arquitetura civil realizada pelos anônimos mestres de ofício.[72] Nesta ótica, as primeiras manifestações – no caso, as realizadas por Flávio de Carvalho e Gregori Warchavchik – estão presas em demasia aos modelos europeus e são incapazes de incorporar elementos da tradição.

Nas palavras do próprio Lúcio Costa, a obra de Warchavchik padecia de um "modernismo estilizado", sem uma compreensão clara dos "princípios corbusianos", mas tinha indubitável seu valor como obra precursora,[73] e sua importância está na contribuição para a atualização das ideias no momento inicial da instauração do pensamento moderno, não como manifestações orgânicas da cultura brasileira. Lúcio Costa parece desconhecer, ou prefere ignorar, que Warchavchik via em sua obra um esforço em se ajustar à realidade local, tanto no uso das telhas coloniais como no uso da vegetação tropical. Comentando sua casa na rua Itápolis, o arquiteto russo afirma:

> Não querendo copiar o que na Europa está se fazendo, inspirado pelo encanto das paisagens brasileiras, tentei criar um caráter de arquitetura que se adaptasse a esta região, ao clima e também às antigas tradições desta terra. Ao lado de linhas retas, nítidas, verticais e horizontais, que constituem, em forma de cubos e planos, o principal elemento da arquitetura moderna, fiz uso das tão decorativas e características telhas coloniais e creio

que consegui idear uma casa muito brasileira, pela sua perfeita adaptação ao ambiente. O jardim, de caráter tropical, em redor da casa, contém toda a riqueza das plantas típicas brasileiras. Foi minha colaboradora na criação desse jardim, bem como nos últimos arranjos internos, minha senhora, d. Mina Klabin Warchavchik.[74]

Retomando o *Brazil Builds*, Hugo Segawa atribui ao autor importância estratégica no direcionamento das discussões em solo nacional: "Goodwin organizou uma publicação de arquitetura brasileira que os próprios brasileiros desconheciam, como testemunhava Mário de Andrade. A ordenação *antigo/moderno* revigorava a relação tradição/modernidade no discurso que se instaurava entre os arquitetos modernos do Rio de Janeiro".[75] É possível e até mesmo provável que o eterno complexo de inferioridade que assola a inteligência brasileira tenha se saciado com o elogio do estrangeiro, tema do artigo de Mário de Andrade implícito no comentário de Segawa.[76] Mesmo que no momento da publicação do catálogo Lúcio Costa ainda não houvesse produzido alguns de seus artigos mais importantes – portanto não havia ainda sistematizado sua teoria de uma relação profunda entre tradição e modernidade –, as alusões à questão estão presentes em seus textos de então e são elas, e não o catálogo, seguramente, que orientam não só o discurso em curso entre os arquitetos cariocas aludido por Segawa, mas o próprio discurso de Philip Goodwin. Por sua vez, o raciocínio de Lúcio Costa se mostra muito próximo dos modernistas paulistas, em especial de Mário de Andrade, defensor da síntese entre modernidade e raízes nacionais desde a década de 1920. Há nesse momento um quadro discursivo mais amplo e articulado que dá sustentação às afirmações de Goodwin e dos *arquitetos cariocas*, sendo a voz de Lúcio Costa, já naquele momento, a mais presente dentro do ambiente arquitetônico. Com um espírito lírico equivalente ao do *Memorial da Vila Monlevade*, no transcorrer de 1936, Lúcio Costa finaliza a explicação da Cidade Universitária do Rio de Janeiro – projeto desenvolvido por ele, sua equipe de projeto e a consultoria de Le Corbusier – apontando a adaptação dos preceitos da arquitetura moderna internacional à simplicidade do caráter local:

> Obedece o projeto à técnica contemporânea, por sua própria natureza eminentemente internacional – poderá no entanto adquirir, naturalmente, graças às particularidades de planta, como as galerias abertas, os pátios, etc., à escolha dos materiais a empregar e respectivo acabamento (muros de alvenaria de pedra rústica, placas lisas de gnaiss, azulejos sob os pilotis, caiação ou pintura adequada sobre o concreto aparente, etc.) e graças, finalmente, ao emprego da vegetação apropriada – um caráter local inconfundível, cuja simplicidade, derramada e despretensiosa, muito deve aos bons princípios das velhas construções que nos são familiares.[77]

Se *Brazil Builds* apresenta ao mundo a arquitetura brasileira dos anos recentes e do período colonial na forma de fotografias, desenhos e maquetes, a Feira Mundial de Nova York de 1939 mostra a própria arquitetura moderna segundo o modo brasileiro: o Pavilhão do Brasil, de autoria de Lúcio Costa e Oscar Niemeyer, com a colaboração dos arquitetos norte-americanos Paul Lester Wiener e Thomas Price nos projetos de interior e paisagismo, respectivamente. Yves Bruand comenta os critérios de julgamento adotados pelo júri do concurso, pautados pelo caráter nacional: "O júri, constituído por arquitetos, indicados pelo Instituto de Arquitetos do Brasil, e de funcionários do Ministério do Trabalho, patrocinador do concurso, decidiu classificar os anteprojetos em função de dois critérios: prioritariamente pelo caráter nacional e secundariamente pelas condições técnicas que deviam corresponder a um pavilhão de exposição. É importante notar que o caráter nacional não fora encarado como imitação do passado, mas como pesquisa de *uma forma arquitetônica que pudesse traduzir a expressão do meio brasileiro*".[78] O fato extraordinário posterior à divulgação do vitorioso é muito conhecido: "julgando o trabalho classificado em segundo lugar como de melhor qualidade que o seu, Lúcio Costa não acatou o resultado, sendo autorizado pela comissão a elaborar um novo projeto, em parceria com Niemeyer".[79] A situação cria a possibilidade de uma nova colaboração entre os dois arquitetos, agora não mais na situação de chefe-colaborador, como durante o projeto do Ministério da Educação e Saúde em 1936, mas sim em pé de igualdade ou, na versão de Lúcio Costa, com predominância criativa do antigo discípulo.

Carlos Eduardo Comas, em artigo de 1989, entende que o projeto do Pavilhão do Brasil atende de forma coerente as demandas políticas e culturais estabelecidas pelo concurso, em especial as preocupações da *intelligenza* do governo Vargas em dar forma ao ideário nacionalista hegemônico. O programa do edifício foi estabelecido por uma comissão sob coordenação do Ministério do Trabalho, Indústria e Comércio, indicando que o pavilhão deveria "destacar a unidade, originalidade e dinamismo da cultura brasileira, assim como as riquezas agrícolas e minerais, bases da qualificação exportadora do país".[80] A maneira específica que Lúcio Costa e Oscar Niemeyer interpretam o problema colocado – o pavilhão deveria ser simultaneamente representativo da nacionalidade e exemplo do grau de desenvolvimento do país – redunda, segundo narrativas hegemônicas, num edifício original, cujas qualidades arquitetônicas ampliam o reconhecimento internacional dos arquitetos brasileiros, ainda em estágio inicial.

No entender de Comas, os mecanismos intelectuais que resultam no primeiro projeto da arquitetura brasileira materializam a "leveza que se tornaria marca registrada dominante"[81] se explicam pela interpretação específica da obra de Le Corbusier realizada por Lúcio Costa e Oscar Niemeyer. Tal interpretação se funda nas convicções estéticas que compartilham a partir da tradição acadêmica do ambiente intelectual onde se formam, onde a apropriação do ideário corbusiano pelos arquitetos brasileiros se faz como *estilo*, onde os problemas de *composição*, típicos das operações formais clássicas e neoclássicas, ganham um novo encaminhamento e novas possibilidades de resolução.

Escorando-se em texto de Julien Guadet, certamente do conhecimento de Lúcio Costa, Comas lembra que a "ideia de composição implicava aceitação e manipulação deliberada de elementos, esquemas e princípios formais definidos",[82] sendo que os elementos incluíam dois tipos: "de um lado, os componentes materiais como paredes e janelas que sozinhos não podiam configurar volumes fechados, mas que se podiam considerar elementos de arquitetura ou elementos primários de composição; de outro, os elementos de composição propriamente ditos, aqueles volumes fechados virtuais ou literalmente como salas, circulações e pórticos".[83] Tendo em conta tais princípios, presentes na formação acadêmica de ambos, Comas afirma que Oscar Niemeyer e Lúcio Costa adotam a estrutura independente de Le Corbusier – a estrutura Dom-ino – como o fundamento técnico do estilo moderno. A total independência entre vedação, suporte e laje – os elementos mais importantes da arquitetura moderna – viabiliza possibilidades compositivas inimagináveis dentro de parâmetros construtivos anteriores, o que leva a uma sintaxe geométrica mais livre e abstrata. Na prática, significa que a figuração corbusiana poderia – e foi – ser muito adulterada sem que os princípios compositivos que lhe eram inerentes fossem conspurcados.

A contribuição formal do Pavilhão do Brasil, na avaliação de Comas, está na solução inovadora para a estrutura Dom-ino, onde a *percepção planar* (da tradição greco-latina, que resulta no *clássico*) – e a *percepção volumétrica* (da herança gótico-oriental, que resulta no *barroco*) coexistem sem se anularem. O *cristal* – metáfora das tendências classicistas e mecanicistas – e a *flor* – metáfora das tendências organicistas e românticas – poderiam conviver dentro de uma mesma concepção estética, a arquitetura moderna brasileira, e o Pavilhão do Brasil para a Feira Mundial de Nova York como primeiro exemplar, são provas da sua possibilidade de materialização. As formas curvas e diversos elementos de composição se afinam com o barroco de nosso passado colonial. As formas ortogonais e o sistema construtivo demonstram a sintonia com o mundo moderno da era industrial.

Um segundo conceito, segundo Comas, é fundamental na teoria e prática de Costa e Niemeyer: o *caráter*. Novamente apoiado nas palavras de Guadet, o autor gaúcho aponta duas variedades de caráter: "caráter tipológico ou programático" e o "caráter genérico". O primeiro "busca revelar o propósito do edifício e os valores conexos a esse propósito – levando em consideração a influência do clima e a natureza do sítio e do lugar", o segundo "busca representar civilização e cultura em coordenadas temporais e geográficas. O espírito da época ou o espírito do lugar".[84] Contudo, Comas ressalta que a combinação das duas variedades de caráter não merece de Guadet uma solução objetiva, deixando em aberto para os brasileiros a formalização da "identidade e tradições nacionais"[85] em meio aos ventos universalizantes. Assim, a arquitetura local seria uma manifestação dentro de um avanço histórico mais amplo e disseminado: "Nacionalidade e cultura brasileiras afirmam-se tranquilamente, situadas no marco mais amplo da cultura e da civilização ocidentais, seja em termos de passado, seja de presente e futuro".[86] O raciocínio se fecha: o Pavilhão Brasileiro – fruto do "espírito da época" – está prenhe de *tradição* e *modernidade*, daí sua qualidade e seu valor.

Dentro da perspectiva do presente trabalho, as colocações de Carlos Eduardo Comas vêm de encontro à hipótese de que a arquitetura moderna brasileira se constitui a partir de um bem articulado discurso que busca a síntese entre *modernidade* e *tradição*, que há um desejo cultural que antecede a forma arquitetônica. A filiação do pensamento de Lúcio Costa à tradição acadêmica apontada pelo autor gaúcho é um elemento que se soma a outros para ilustrar a contaminação do pensamento modernista brasileiro por visões de mundo anteriores.[87] O conceito de caráter oriundo da tradição acadêmica é operativo no pensamento de Lúcio Costa e tem papel estratégico, principalmente por estarem ali presentes preocupações muito mais abrangentes do que seu aspecto estético-formal. Contudo, o tema do *caráter nacional* é pedra de toque do modernismo das décadas de 1920 e 1930 e envolve aspectos difusos – raciológicos e mesológicos, em especial –, também presentes na concepção arquitetônica de Lúcio Costa.[88] No desenvolvimento de sua argumentação, Comas, chega a se reportar ao debate intelectual externo à arquitetura, mas sem desenvolver suas conexões: "Dialeticidade, ambivalência e inclusividade podiam também ser considerados atributos emblemáticos de um país que, naquele momento, tomava consciência de sua cultura como produto da interação entre raças distintas via trabalhos de Gilberto Freyre e Sérgio Buarque de Holanda, respectivamente *Casa-grande e senzala* e *Raízes do Brasil*".[89]

As ideias de Freyre e Holanda referidas por Comas, centradas na relação entre racialidade e cultura, assim como as várias versões no âmbito arquitetônico do discurso de ambos, são desdobramentos tardios de um debate intelectual que remonta ao século 19 e que teve diversos capítulos no ambiente modernista dos anos 1920. Publicados respectivamente em 1933 e 1936, *Casa-grande e senzala*[90] e *Raízes do Brasil*[91] inauguram perspectivas mais científicas de análise da realidade brasileira, amparados em novas metodologias antropológica e sociológica que os autores buscam na Europa e nos Estados Unidos. Se é certo que o trabalho dos dois intelectuais ultrapassa em muito a crítica impressionista que predominava até então, também é certo que tanto o paulista Sérgio Buarque de Holanda como o pernambucano Gilberto Freyre são tributários da discussão anterior ocorrida no modernismo, que já considerava como estratégica a fusão racial – e consequente caldeamento de hábitos, crenças e costumes – na compreensão e na consolidação do fenômeno cultural e civilizacional brasileiro. Pelo próprio encaminhamento do debate, os laços de amizade e afinidade intelectual que os arquitetos mantêm com outras personalidades envolvidas, os compromissos ideológicos e mesmo político que os motivavam, por toda essa confluência de fatores diversos, seria mais prudente considerar que os princípios estéticos acadêmicos participam de forma subsidiária, e não central, nos compromissos estéticos e nas decisões de projetos de Lúcio Costa e Oscar Niemeyer.

O sucesso do Pavilhão do Brasil na Feira Mundial de Nova York, tão propalado ao longo dos anos, remonta ao livro *Brazil Builds* de Philip Goodwin – "havia na feira de Nova York excelentes edifícios modernos, mas nenhum de tão elegante leveza como o Pavilhão Brasileiro"[92] –, e foi sendo reforçado ao longo do tempo por diversos críticos. Em *Arquitetura moderna no Brasil*, Henrique Mindlin destaca sua repercussão internacional: "este pavilhão atraiu a atenção mundial sobre a obra dos arquitetos brasileiros que, naquela época, tinham poucas obras completas para mostrar".[93] Yves Bruand ateve-se às qualidades excepcionais do projeto: "simples na aparência, apesar da diversidade, modesto nas dimensões, o pavilhão de Lúcio Costa e Niemeyer impunha-se por sua leveza, harmonia e equilíbrio, por sua elegância e distinção".[94] Carlos Eduardo Comas atrela a reverberação internacional à qualidade do projeto: "à originalidade indiscutível do Pavilhão, Lúcio e Oscar devem o seu primeiro reconhecimento internacional".[95] Hugo Segawa, por sua vez, é enfático sobre a repercussão: "o pavilhão brasileiro da Feira Mundial de Nova York foi considerado um dos pontos altos de toda a exposição. [...] O sucesso internacional do pavilhão brasileiro pode ser creditado a uma postura serena quanto ao significado do Brasil e da arquitetura brasileira no contexto mundial".[96] Fernando Lara, ao analisar a repercussão da arquitetura brasileira na mídia internacional, afirma que "o primeiro fator conjuntural externo relevante é o final da Segunda Guerra Mundial (1945) quando à demanda reprimida de artigos e revistas de arquitetura vem somar-se o encantamento com a arquitetura moderna brasileira que já vinha ocupando espaços no exterior desde o Pavilhão Brasileiro da feira mundial de Nova York".[97] Estes são apenas alguns exemplos; a notoriedade do projeto de Oscar Niemeyer e Lúcio Costa resulta do sucesso midiático, ecoado por textos, palestras e aulas.

Mas, o "sucesso internacional" do Pavilhão do Brasil na Feira Mundial de Nova York é um fato inconteste? Onde estão as provas? Hugo Segawa menciona apenas dois artigos, um publicado na revista *The Architectural Forum*, outro na revista brasileira *Arquitetura e Urbanismo* – que, por sua vez, menciona outras duas publicações estrangeiras não especializadas, *The Magazine Art* e *Fortune* – para atestar "o sucesso internacional" do pavilhão. No caso de Fernando Lara, é difícil saber – sem o acesso aos detalhados levantamentos estatísticos que menciona – se o interesse internacional pela arquitetura brasileira se deve ao sucesso do Pavilhão ou se a frase é retórica e motivada por uma coincidência de datas. Lara aponta para um vertiginoso crescimento de publicações sobre a arquitetura brasileira nos meados da década de 1940, mas o fenômeno pode ter como causa outros episódios – a circulação do catálogo de *Brazil Builds* ou a notícia da inauguração do MES no Rio de Janeiro – e não o pavilhão.

A falta de uma comprovação documental permite que o crítico argentino Jorge Francisco Liernur conteste tanto o sucesso como a própria originalidade atribuída ao projeto de Lúcio Costa e Oscar Niemeyer: "creio que é possível afirmar que sua popularidade crítica, e especialmente a de sua singularidade, será uma construção historiográfica a posteriori, e se produzirá apenas a partir de sua inclusão no operativo de consagração organizado pelo MoMA em 1943. Em 1939 a excepcionalidade da obra não foi advertida nem pelo público nem pela crítica especializada, para quem o Pavilhão do

Brasil ocupou um lugar similar aos de outros países, como Finlândia, Suécia, Argentina e Venezuela".[98] E, para comprovar sua afirmação, continua em nota de rodapé: "segundo uma enquete da Gallup publicada em maio de 1939, 'os visitantes da Feira gostam dos seguintes lugares de exibição: General Motors, o Centro Temático (Democracity), o da American Telephone and Telegraph, Ford Motor Company, o pavilhão Soviético, o pavilhão Britânico e a Mostra dos Transportes Ferroviários'".[99]

O assunto em questão – o sucesso real ou construído do Pavilhão Brasileiro na Feira Mundial de Nova York[100] – seria sem interesse caso sua desmistificação por parte de Liernur não viesse acompanhada de uma interessante apresentação das circunstâncias históricas e culturais que permitem a montagem discursiva. Os argumentos são dois. O primeiro sugere que a forte presença cultural brasileira nos Estados Unidos – *Brazil Builds* no MoMA, Zé Carioca na Disney, Carmem Miranda na Broadway e em Hollywood – é incentivada pelo Departamento de Estado norte-americano para facilitar acordos dos Estados Unidos com países da América Latina, em especial México e Brasil, durante o período da Segunda Guerra Mundial. São fatos amplamente divulgados ao longo dos anos em publicações universitárias voltadas para o grande público. Até alguns dos autores aqui comentados, mesmo não tendo dado importância maior ao fato, já haviam dele tratado.[101]

O segundo argumento tem como pauta a preocupação central neste trabalho: a relação entre a arquitetura moderna brasileira e a montagem discursiva que alia *modernidade* e *tradição*. No que diz respeito ao Pavilhão de 1939, Liernur vai direto ao ponto:

> Que Brasil se mostraria em Nova York? Um país grande e com numerosos recursos naturais (necessários para os Estados Unidos), mas também um país com vocação modernizadora e forte personalidade própria,

independente. O principal traço de diferença que o Pavilhão indicava a seus anfitriões norte-americanos era o da prioridade do sensível sobre o calculado ou o utilitário. Se os Estados Unidos ou os outros países industrializados podiam impressionar os visitantes por sua avançada tecnologia ou por sua capacidade organizativa, o Brasil apresentaria a si mesmo como orgulhoso de possuir um inefável sentido do desfrute sensual da vida: um gigante amistoso, alegre e vital. Por isso, o Pavilhão exibe por um lado uma ideia da natureza brasileira, pródiga em recursos, e por outro um conjunto de atividades de desfrute dos sentidos: o ouvido, a vista, o paladar, o olfato, o tato.[102]

O apelo sensual em prejuízo do utilitário, segundo Liernur, significa uma arquitetura que se afasta do ideário racional e funcional do movimento moderno: "as curvas do Pavilhão do Brasil são absolutamente arbitrárias. É verdade que seu uso está determinado na planta pela forma do terreno, porém uma vez descoberto como tema, sua repetição na totalidade da partitura do pavilhão deixa de se apoiar em razões funcionais, econômicas ou simbólicas, e se exibe como um produto gratuitamente primoroso do talento de seus criadores".[103] O preciosismo expressivo, que valoriza a individualidade criativa, já tinha sido observado por Max Bill (1908-1994) em visita ao Brasil, em 1954, quando critica com contundência o Palácio da Indústria no recém-inaugurado Parque Ibirapuera. As palavras ácidas de Bill dedicadas ao atual Pavilhão da Fundação Bienal projetado por Niemeyer foram destacadas por Frampton e Segawa:

> Vi, ali, coisas chocantes: a arquitetura moderna naufragada nas profundezas, um sedicioso desperdício antissocial desprovido de qualquer senso de responsabilidade tanto para com os ocupantes comerciais quanto para com os seus clientes. [...] *Pilotis* grossos, *pilotis*

finos, *pilotis* de formas estapafúrdias, tudo sem pé nem cabeça, ocupando o espaço todo. [...] É desconcertante explicar a existência de tal barbarismo num país no qual existe um grupo dos Ciam, um país onde são realizados congressos sobre a arquitetura moderna, onde se publica uma revista como a *Habitat* e onde existe uma bienal de arquitetura. Essas obras nascem de um espírito destituído de qualquer decência e responsabilidade em relação às necessidades humanas. É o espírito da decoração, algo diametralmente oposto ao espírito que anima a arquitetura, que é a arte da construção, a arte social por excelência.[104]

As formas livres são puramente decorativas [...]. Inicialmente os *pilotis* eram retos, mas agora estão começando a tomar formas muito barrocas. A boa arquitetura é aquela em que cada elemento cumpre sua finalidade e nenhum elemento é supérfluo. Para alcançar essa arquitetura o arquiteto deve ser um bom artista. Deve ser um artista que não tem a necessidade de extravagâncias para chamar a atenção; alguém que, acima de tudo, está consciente de uma responsabilidade em relação ao presente e ao futuro.[105]

O preciosismo expressivo, na avaliação de Max Bill, revela o formalismo que contamina a obra de Oscar Niemeyer e parte importante da arquitetura moderna brasileira.[106] O mal-estar causado no meio arquitetônico nacional encontra em Lúcio Costa o esteio para um revide à altura. Em sua resposta, Costa diz que Bill, em sua visita ao Brasil, considerou ruins todos os aspectos de nossa arquitetura, dos apartamentos burgueses do Parque Guinle aos *inúteis e prejudiciais* azulejos de Portinari no térreo do Ministério da Educação e Saúde – e até mesmo a falta de proporção humana deste. Após apontar a má vontade e os preconceitos do artista e crítico suíço, Costa defende sua obra: "Ora, o revestimento de azulejos no pavimento térreo e o sentido fluido adotado na composição dos grandes painéis têm a função muito clara de amortecer a densidade das paredes a fim de tirar-lhes qualquer impressão de suporte, pois o bloco superior não se apoia nelas, mas nas colunas. Sendo o azulejo um dos elementos tradicionais da arquitetura portuguesa que era a nossa, pareceu-nos oportuno renovar-lhe a aplicação".[107] Apenas Affonso Reidy é poupado pelo suíço, com elogio enfático ao Conjunto de Pedregulho,[108] mesmo assim, no entender de Lúcio Costa, para melhor desancar a Pampulha: "Num ponto, porém, estamos de inteiro acordo. É quando põe na devida evidência a esplêndida realização do Pedregulho. Mas ainda aqui as segundas intenções do crítico se revelam quando, como contrapartida, desmerece a Pampulha. Ora, sem Pampulha, a arquitetura brasileira na sua feição atual – o Pedregulho inclusive – não existiria. Foi ali que as suas características diferenciadas se definiram".[109] Lúcio Costa defende com unhas e dentes o *dengue gracioso* presente nas curvas sensuais da obra de Oscar Niemeyer e partilhada por parte substancial da arquitetura moderna brasileira, inclusive a de Affonso Reidy.

Ao se postar a favor da liberdade criativa e do uso de elementos tradicionais, Lúcio Costa explica a peculiaridade do modernismo brasileiro: ao mesmo tempo em que segue fielmente os princípios básicos da doutrina de Le Corbusier, a arquitetura moderna brasileira incorpora elementos da tradição nacional. Em um "mundo ainda ferido e embrutecido pela autoflagelação da guerra",[110] chega-se à síntese entre o sentido funcional e a intenção plástica que dão fama à arquitetura brasileira. Onde Max Bill enxerga uma irresponsável distorção dos princípios modernos, principalmente pelos abandonos do compromisso social e da contenção ética na utilização dos recursos plásticos e construtivos, Lúcio Costa vê um desvio consciente e construtivo, cerne da contribuição brasileira ao desenvolvimento da arquitetura moderna mundial.

Mesmo levando em conta as objeções éticas e estéticas de Max Bill, Jorge Francisco Liernur desloca seu interesse para outra questão: como se legitima o discurso que vê na arquitetura moderna brasileira um ramo expressivo da arquitetura mundial. Segundo Liernur, por detrás do episódio *Brazil Builds*, cuja existência se dá pelos interesses estratégicos norte-americanos, estão os pressupostos teóricos de Lúcio Costa, mas que o catálogo do evento aplaina as complexidades e incongruências de suas ideias em prol de uma visão mais sintética e harmônica da arquitetura nacional. "Ainda que em alguns aspectos os enfoques evidenciem sua influência, o livro não reproduz exatamente a posição de Lúcio Costa. *Brazil Builds* recolhe as linhas dominantes do debate reduzindo suas contradições a uma aparente unidade e constitui um primeiro passo na imposição de uma ideia – o 'barroquismo' como particularidade da arquitetura moderna brasileira – que não estava plenamente aceita em 1942".[111] Liernur defende que Lúcio Costa somente integrará os excessos barrocos à sua síntese teórica alguns anos depois e que, nos idos do "caminho norte-americano" de nossa arquitetura, sua prioridade é conciliar a arquitetura moderna de extrato corbusiano e a arquitetura rotineira dos mestres de obras do período colonial. "Ali, nas respostas encontradas e continuadas pelos construtores anônimos do povoado, era onde se podia verificar a ininterrupta linha de identidade que conectaria a arquitetura moderna ao eterno e imutável espírito do Brasil".[112]

Em seu texto publicado um ano antes do Pavilhão do Brasil na Feira Mundial de Nova York – "Documentação necessária", de 1938 –, Lúcio Costa faz a defesa de estudos sistemáticos sobre a produção anônima da arquitetura portuguesa acomodada à cena colonial, ressalta a escassez de estudos sobre as arquiteturas religiosa e civil e reserva palavras positivas a Aleijadinho: "Se já existe alguma coisa sobre as principais igrejas e conventos – pouca coisa, aliás, e girando, o mais das vezes, em torno da obra de Antônio

Francisco Lisboa, cuja personalidade tem atraído, a justo título, as primeiras atenções –, com relação à arquitetura civil e particularmente à casa, nada ou quase nada se fez".[113] Mesmo assinalando os poucos estudos sobre o tema, Lúcio Costa se sente à vontade para afirmar, logo à frente, que nesta arquitetura "se observa o amolecimento notado por Gilberto Freyre, perdendo-se, nos compromissos de adaptação ao meio".[114] Segundo ele, a simplicidade dos costumes evitou na cena colonial "certos maneirismos preciosos e um tanto arrebatados"[115] encontráveis em Portugal. A menção ao sociólogo pernambucano traz à tona o âmbito cultural e é seguida por referências às questões raciais – negros, índios e brancos europeus – e mesológicas – a grandiosidade do território. E no texto do mesmo período sobre a Cidade Universitária do Rio de Janeiro, Lúcio Costa imagina, em diversas ocasiões, conciliar os princípios corbusianos à realidade local, com a inclusão de varandas tradicionais[116] e o uso de pilotis para criar espaços livres integrados à natureza: "vencida a entrada, a massa de alunos não está ainda dentro da escola, mas embaixo, no pátio, entre vegetação".[117] Os argumentos presentes nos dois textos de Lúcio Costa escritos na segunda metade dos anos 1930 atestam, portanto, as afirmações de Liernur sobre as preocupações do arquiteto neste período, voltadas para colocar na mesma pauta as arquiteturas moderna corbusiana e colonial anônima.

Ainda sobre o *Brazil Builds*, Liernur comenta também a incoerência de uma identidade nacional homogênea e original como o motivo fundamental do sucesso alcançado pela arquitetura brasileira exposta em Nova York: a presença de arquitetos estrangeiros, caso de Gregori Warchavchik; as influências estrangeiras difusas inevitáveis diante de tais presenças, como é o caso da *italianidade* dos pátios de Bernard Rudofsky; os diversos regionalismos surgidos dentro da arquitetura moderna, como pode ser observado na Escandinávia, Europa Central e países do Mediterrâneo; a sobrevivência de aspectos primitivos em outros locais além

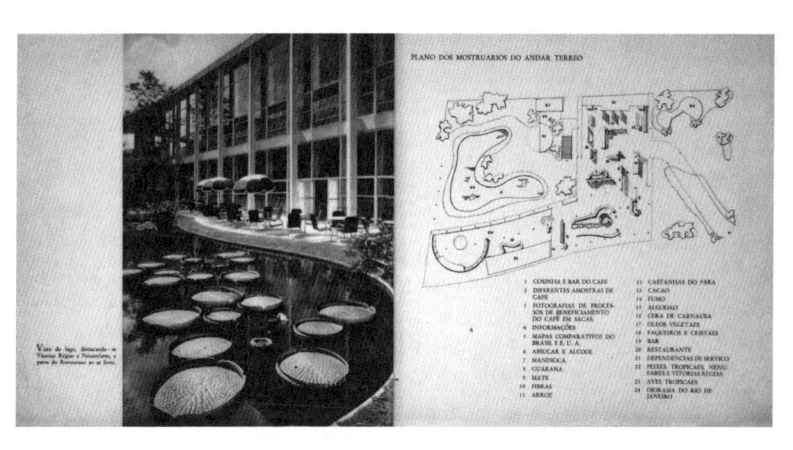

Catálogo do Pavilhão do Brasil, Feira Mundial de Nova York.
Lúcio Costa e Oscar Niemeyer, 1939. Acervo Biblioteca FAU USP

do Brasil, como é o caso de praticamente todos os países da América Latina e mesmo de regiões diversas ao redor do mundo; as ausências de obras que pudessem ser identificadas como precursoras, o que acabou provocando a impressão de que "os *modern buildings* que o livro apresentava pareciam ter surgido bruscamente, sem transição alguma, de uma fusão entre princípios internacionais e a 'alma local' finalmente recuperada";[118] o fato das características formais atribuídas genericamente aos arquitetos brasileiros serem encontradas quase somente nas obras de Oscar Niemeyer... No conjunto, tais objeções dizem muito sobre a generalização indevida e ideologicamente comprometida. Em sua conclusão, a argumentação de Liernur resume as incongruências, limites e problemas da montagem intelectual em curso:

> Tratei de mostrar, em síntese, não só ou não tanto que o *topos* da 'arquitetura brasileira' foi construído entre 1939 e 1943, mas que a imagem dessa arquitetura 'brasileira' estava associada em sua maior parte ao

extraordinário talento individual de Oscar Niemeyer. Por esse motivo, o que viria depois devia ter inevitavelmente a marca da *maneira*, e por esse mesmo motivo não podia apresentar, em longo prazo, nenhuma continuidade, mas frustração. Como a identificação da totalidade da arquitetura no Brasil com a arquitetura de Niemeyer era artificial, seria necessário forçar a realidade para processá-la nesse esquema. Em consequência, foi preciso deixar de lado uma grande quantidade de fermentos, ideias e experiências de enorme valor – inclusive as do próprio Costa –, as quais, por terem surgido sem ter de suportar o peso da *construção monumental* instalada pela operação do MoMA, seguramente teriam podido florescer em tantas novas e múltiplas propostas como as que ao longo de sua complexa e rica história, e como não podia deixar de ser, havia produzido até então o Brasil real.[119]

Liernur detecta uma questão chave para o entendimento do encaminhamento posterior da arquitetura brasileira. A redução das contradições presentes no discurso em processo de montagem operada por *Brazil Builds* tem como

Catálogo do Pavilhão do Brasil, Feira Mundial de Nova York.

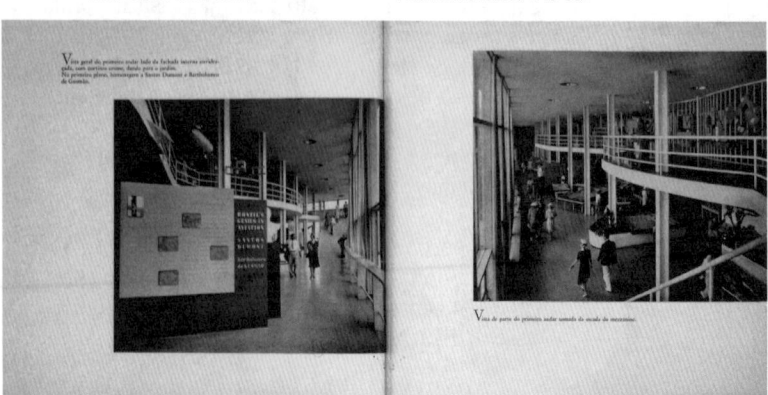

Lúcio Costa e Oscar Niemeyer, 1939. Acervo Biblioteca FAU USP

consequência imediata a difusão de uma versão simplificada da visão teórica de Lúcio Costa em detrimento de sua versão pessoal de arquitetura moderna incorporadora da tradição. As diferenças gritantes entre a Vila Monlevade e o Park Hotel de Nova Friburgo, projetos de Costa, em relação à Pampulha ou a Casa das Canoas, de Niemeyer, são apaziguadas como produtos de uma mesma linhagem arquitetônica, a *Brazilian School*. O próprio Lúcio Costa vai ser capturado pela armadilha discursiva e vai cada vez mais conferir a Oscar Niemeyer um protagonismo central, ao ponto de elevá-lo à condição de gênio em equivalência a Aleijadinho.[120] Seu discurso fica mais ambíguo para acomodar as diferenças, em busca de inclusão, em uma mesma definição de arquitetura moderna brasileira, a linhagem de Niemeyer, herdeira do barroquismo, e a sua própria versão, mais alinhada com a arquitetura dos mestres de obra anônimos. A herança cultural de caráter distinto vai se desdobrar em obras modernas igualmente distintas, mas englobadas por um discurso unitário e contraditório.

A análise aguda de Jorge Francisco Liernur, que escarafuncha de forma metódica os diferentes encaminhamentos que são abrigados dentro do mesmo conceito de brasilidade – mesmo quando esta é claramente inexistente – não apresenta uma resposta satisfatória para uma questão fundamental: qual o motivo, diante de um cardápio tão vasto à disposição, da adoção por parte dos ideólogos do modernismo brasileiro, em especial Lúcio Costa, do receituário de Le Corbusier como o elemento externo a ser sintetizado à tradição nacional? A rápida alusão de Liernur à questão – "a reivindicação de um papel plástico específico para a arquitetura localizava Costa na corrente representada por Le Corbusier e oposta à encabeçada pelos alemães da chamada *linha dura* funcionalista"[121] – é correta, mas excessivamente genérica. Há algo a ser desenvolvido aqui.

O bárbaro tecnizado

Retorno de Le Corbusier à França a bordo do navio Lutetia, 1929. Acervo Foundation Le Corbusier

> *O céu é de um azul cru*
> *O muro em frente é de um branco cru*
> *O sol cru me bate na cabeça*
> *A negra no pequeno terraço frita peixinhos no fogareiro*
> *feito de uma velha lata de biscoitos*
> *Dois pretinhos chupam um pedaço de cana de açúcar*
> Blaise Cendrars, Peixinhos, 1929[122]

No mesmo número da revista *Block* na qual sai o artigo de Jorge Francisco Liernur, é publicado texto de Carlos Alberto Ferreira Martins que nos interessa de perto por sua importante contribuição na compreensão da montagem intelectual que conforma a arquitetura moderna brasileira. Martins também aponta o papel relevante do catálogo/exposição *Brazil Builds* promovidos pelo MoMA de Nova York em 1943: "O trabalho de Goodwin é importante pela projeção internacional que dá à arquitetura brasileira, mas também porque inaugura uma matriz de leitura que se tornará recorrente na historiografia".[123] Se Liernur centra sua análise nos eventos norte-americanos, Martins foca a vinculação entre as motivações intelectuais do episódio e as ideias anteriormente difundidas por Lúcio Costa:

> Sabe-se que o livro de Goodwin foi o detonador de uma onda de divulgação internacional da arquitetura brasileira. Mas sua contribuição fundamental foi, sem dúvida, inaugurar um argumento narrativo que se tornaria recorrente na historiografia e se apoiaria essencialmente na ideia de indissociabilidade entre a 'originalidade' – e o consequente reconhecimento internacional – da arquitetura brasileira e sua identificação com um projeto de articulação entre modernidade e tradição, sustentado e apoiado na expansão e na necessidade de afirmação ideológica do aparato estatal varguista. Os vínculos ao esquema teórico proposto e desenvolvido por Costa,

desde seu famoso texto 'Razões da nova arquitetura', não são, como se sabe, simples coincidências.[124]

Martins estabelece a filiação dos argumentos de Goodwin aos de Lúcio Costa e demonstra a propagação, ao longo do tempo, das mesmas convicções. Os livros de Henrique Mindlin e Yves Bruand, os principais seguidores e divulgadores, partem dos mesmos pontos e chegam às mesmas afirmações quanto à existência de uma arquitetura moderna específica, de caráter regional, desenvolvida no Brasil, e cuja principal característica é a síntese entre modernidade e tradição. O enredamento de tal trama narrativa, como designa o autor, não se faz sem o apagamento de elementos desestabilizadores que colocam em risco a limpidez e coerência da argumentação. Como exemplos, menciona o menosprezo às manifestações de extrato neoclássico, a pouca atenção dada a Gregori Warchavchik e Flávio de Carvalho, e outras evidências já abordadas no correr deste livro.

As revelações de contradições e omissões dos autores estudados mostram-se ferramentas eficazes nas mãos de Martins. Do livro de Geraldo Ferraz sobre Gregori Warchavchik, traz um argumento precioso: em sua vinda ao Brasil, Le Corbusier faz comentários elogiosos às obras pioneiras do arquiteto russo radicado em São Paulo, e destaca a *regionalidade* dos seus projetos, sendo dele "a melhor adaptação das diretrizes da arte moderna de construir na paisagem tropical da América do Sul".[125] A caracterização de Warchavchik como autor de uma arquitetura moderna ainda não aclimatada ao solo tropical – argumento crucial para que a paternidade da verdadeira arquitetura moderna brasileira seja atribuída ao ramo carioca – se concretiza sem menção ao juízo proferido por Le Corbusier, o guru dos arquitetos modernos brasileiros. No veredito de Ferraz – corroborado por Martins apesar deste fazer questão de apontar o bairrismo paulista nas motivações do autor – o motivo da exclusão de Warchavchik da historiografia oficial deve-se à sua relativa marginalidade após retornar a São Paulo e da escala reduzida de seus edifícios quando comparada à dos edifícios oficiais construídos pelos arquitetos cariocas.

A relação entre as dimensões internacional e regional da arquitetura moderna era muito presente na visão de mundo de Warchavchik, chegando ele, no 4° Congresso Pan-americano de Arquitetura realizado no Rio de Janeiro de 1928, a fazer digressão específica sobre o tema: "Teremos talvez uma arquitetura europeia, outra sul-americana, outra americana. Finalmente, todas juntas formarão um só estilo mundial, criado pelas mesmas exigências da vida", mas essa "arquitetura será a mais regional possível, porque a sua primeira e principal exigência será a de adaptar-se à região, ao clima, aos costumes do povo".[126] No mesmo ano, em texto sobre a verticalização em curso na capital federal, Lúcio Costa relaciona o desenvolvimento arquitetônico à racialidade e à cultura, mas com inesperada visão depreciativa do homem brasileiro: "Toda arquitetura é uma questão de raça. Enquanto nosso povo for essa coisa exótica que vemos pelas suas e nossa criatura será forçosamente uma coisa exótica. Não é essa meia dúzia que viaja e se veste na *rue de La Paix*, mas essa multidão anônima que toma trens da Central e Leopoldina, gente de caras lívidas, que nos envergonha por toda parte. O que podemos esperar em arquitetura de um povo assim?"[127] O juízo depreciativo e pouco circunstanciado presente nesse texto de 1928 demonstra o desentrosamento temporal de Lúcio Costa não só em relação a Warchavchik, mas também em relação ao modernismo paulista, pois no mesmo período Mário de Andrade, Oswald de Andrade e Raul Bopp publicam rapsódia, manifesto e poesia modernistas excepcionais valorizando os aspectos positivos do homem brasileiro. Há uma assincronia de mais ou menos uma década entre os projetos nacionalistas de Mário de Andrade e Lúcio Costa, o que impede uma completa simetria entre ambos.

Retomando o fio argumentativo, Martins destaca um segundo ponto de interesse: a quantidade significativa de boa arquitetura moderna disseminada pelo país, de autoria de muitos arquitetos, referida no prefácio de *Brazil Builds* e no texto introdutório de *Arquitetura moderna no Brasil*. As obras que serão posteriormente canonizadas por suas qualidades geniais, projetadas por um seleto grupo de arquitetos, é um recorte estreito das listas de Giedion e Mindlin. Merece esclarecimentos tal predileção da historiografia pelas exceções e, segundo Martins, "compreender a lógica de montagem da narrativa historiográfica é reconstituir o processo de construção hegemônica de um projeto particular que se converteu em *projeto brasileiro*. Por consequência, é importante para evitar o aprisionamento num discurso baseado na aceitação da suposta naturalidade do percurso".[128] A visão de mundo de Lúcio Costa, diluída em sua difusão, não só se sobrepõe às demais manifestações modernas no Brasil, como também sua repetição constante se enrijece em uma versão indiscutível.

O terceiro ponto destacado por Martins – e que tem importância estratégica nos argumentos desenvolvidos ao longo deste trabalho – é Yves Bruand ver na predileção dos arquitetos modernos brasileiros pelo ideário corbusiano a sintonia de visões de mundo. O discurso profético de Le Corbusier, seu entusiasmo visionário, mantém consonância com o individualismo anárquico típico do brasileiro, assim como o autoritarismo latente no suíço-francês era naturalmente assimilável em um ambiente de extremo respeito à hierarquia social. Segundo Martins, Bruand salienta a indicação de Le Corbusier para a utilização de azulejos e palmeiras imperiais na arquitetura moderna brasileira, de resto fato sempre lembrado por Lúcio Costa: "acatamos as suas recomendações no sentido do emprego de *azulejôs* nas vedações térreas e do gnaiss nos enquadramentos e nas empenas, bem como a preferência assinalada no seu risco por outra escultura de Celso Antonio que não a escolhida por nós, – o *Homem sentado*".[129] Ou seja, a síntese com a tradição – tão cara aos nossos arquitetos – era compartilhada pelo mestre, o que revela uma insuspeita aceitação e promoção, por parte deste, de soluções regionais na produção moderna local.

O artigo de Martins é um compêndio dos argumentos e ideias expostas na dissertação de mestrado, trabalho pioneiro na compreensão do engendramento da trama histórica hegemônica na interpretação da arquitetura moderna brasileira. Martins menciona na dissertação a *convergência ideológica* entre "alguns princípios e concepções doutrinárias básicos do movimento moderno no Brasil e as características fundamentais do que convencionou chamar de pensamento autoritário no Brasil".[130] Nesse sentido, os pressupostos corbusianos, onde se observa traços de um positivismo despótico, são adequados aos arquitetos brasileiros, que forjam um projeto de ação convergente sob a tutela do Estado de caráter autoritário. O papel da arquitetura e do próprio arquiteto na obtenção e gestão do bem-estar social está impregnado de uma visão autoritária e simplificadora da sociedade:

> Em parte já em Corbusier, mas de forma acabada nos teóricos brasileiros que enfocamos, temos uma concepção de sociedade basicamente estruturada a partir da relação entre quatro setores ou agentes sociais: os proprietários da terra, os industriais, a *massa* e os intelectuais. Entre os últimos e o Estado se estabelece uma relação particular baseada, por um lado no *caráter benefactor* do Estado, erigido em agente social capaz de superar a irracionalidade decorrente do descompasso entre a produção técnica e a distribuição injusta de seus benefícios e, por outro, no caráter específico desse setor de intelectuais, cujos interesses se identificariam com os do conjunto da nova sociedade.[131]

As premissas de Martins desembocam numa conclusão importante: o advento da arquitetura moderna brasileira não é um milagre, como quer Lúcio Costa, nem irracional como advoga Giedion. Tampouco a opção por Le Corbusier é um acaso ou fruto de uma preferência pessoal, mas resultante de uma aprofundada identidade de valores e discursos, além de uma empatia subjetiva provocada pela forte personalidade do suíço. A visão profética de Le Corbusier, que imagina uma nova cidade planejada para a civilização na era da máquina, faz muito sentido em uma sociedade como a brasileira, que passa por profundas modificações com os rearranjos políticos e culturais emanados do episódio histórico da chamada Revolução de 1930. "Era um renovamento permanente", afirma Lúcio Costa, "com uma segurança total. Na época, nós todos estávamos convencidos que essa nova arquitetura que nós estávamos fazendo, essa nova abordagem, era uma coisa ligada à renovação social. Parecia que o mundo, a sociedade nova, assim como a arquitetura nova, eram coisas gêmeas, uma coisa vinculada à outra".[132] E os motivos da predileção de Lúcio Costa por Le Corbusier, ao menos os mais presentes na consciência, se evidenciam na comparação feita com Walter Gropius:

> Gropius era uma figura excepcional e de uma qualidade excepcional também. Muito culto, era casado com uma mulher muito inteligente e bonita. Durante a primeira guerra ele foi da cavalaria, foi ulano, ele mesmo me contou. Era uma figura esplêndida. Estive longamente com ele em Paris, e depois aqui, lá em casa. Gostou muito de Leleta, que o levou ao Jardim Botânico. Mas Le Corbusier era o único que encarava o problema de três ângulos: o sociológico – ele dava muita importância ao social –, a adequação à tecnologia nova e a abordagem plástica. Isso é o que mais me marcou, que o diferenciava de todos, embora Gropius lá na Bauhaus tivesse organizado uma coisa estupenda. Muita gente vê hoje aquele movimento da Bauhaus como uma coisa muito rígida e restritiva, mas não podemos esquecer a estrutura fabulosa que foi, na época, a Bauhaus, – Kandinsky, Klee etc. Mas a abordagem de Le Corbusier seduzia mais. Depois ele

tinha o dom da palavra e o texto das publicações, com diagramação diferente, aliciava. Era aquela fé na renovação no bom sentido, aquela força que se comunicava com as pessoas jovens.[133]

A argumentação de Carlos Alberto Ferreira Martins atesta não só a existência da montagem discursiva, mas também as motivações políticas e ideológicas que a insufla. Este livro tenta se enveredar por um caminho distinto, mas não contraditório. Leva em conta que tão importante quanto se saber da existência e dos motivos de um fenômeno histórico é compreender a materialidade do seu engendramento, ter claro como discursos dispersos no âmbito cultural são processados, transformados, adaptados e/ou deturpados para que se ajustem a um determinado fim. A eficácia do discurso não se encontra em sua veracidade, mas em sua capacidade de evocar, quase sempre inconscientemente, forças latentes no seio de uma coletividade. Os discursos dão forma ao informe, transformam pulsões dispersas em energia operativa com a criação de cenários mentais onde elas ganham significado e sentido. A montagem discursiva da arquitetura moderna brasileira atende a uma finalidade histórica para onde convergem interesses diversos, mas passíveis de uma acomodação. Entender como isso é possível pode ser a contribuição particular deste trabalho.

Acompanhar as viagens de Le Corbusier ao Brasil é outra forma de se compreender a simpatia com que foi recepcionado no país e a identificação intelectual e afetiva com os arquitetos modernos brasileiros que se consolida ao longo do tempo. O Le Corbusier que tão profundamente inebriou os jovens intelectuais modernistas não é o do pensamento lapidado e estabilizado. É o jovem arquiteto – naquela ocasião muito mais um prosélito das promessas modernistas na ausência de grandes realizações a oferecer – que veio à América Latina no final da década de 1920 para se deslumbrar com a imensidão do território e o esplendor da mata virgem.[134] A tradição dos viajantes europeus, que durante os períodos colonial e imperial aqui aportaram para nos retratar, foi retomada pelos modernistas paulistas que trazem para cá, entre outros, Filippo Tommaso Marinetti, um tanto esnobado por Mário de Andrade, e Blaise Cendrars (1887-1961), que manteve contato com os intelectuais paulistas por largo tempo. É na viagem de 1924 ao Brasil que Cendrars descobre a disposição do governo brasileiro em construir uma nova capital para o país, boa nova que faz questão de comunicar ao amigo Le Corbusier.[135] Este de pronto entra em contato com Paulo Prado (1869-1943) – modernista promotor da Semana de Arte de 1922, amigo e principal responsável pela vinda do poeta belga ao Brasil –, oferecendo-se para a empreitada e se dispõe a uma visita de imediato ao Brasil. Prado parece ter estimulado tal possibilidade, pois a correspondência entre ambos prossegue, sendo a vinda do arquiteto ao Brasil e o projeto da nova capital os assuntos principais. Formal, mas sincero em seus interesses, Le Corbusier escreve assim para Paulo Prado: "Prezado Senhor, saí de Paris sem ter tido o prazer de encontrá-lo. Retornarei por volta do dia 20 de agosto. Será que o senhor ainda estará por aqui? De qualquer modo, gostaria muito de poder fixar as bases de minha viagem ao Brasil. [...] Efetivamente, o sonho de 'Planaltina' não me sai da cabeça: gostaria de poder construir nesses seus países novos alguns dos grandes trabalhos de que tenho me ocupado aqui, cuja realização a letargia continental certamente jamais permitirá".[136]

A vinda de Le Corbusier pelas mãos de Paulo Prado em 1929 demonstra que o modernismo paulista ainda tem a hegemonia na luta pela renovação cultural no país, quadro que muda de forma radical logo a seguir, com a subida de Getúlio Vargas ao poder em 1930, a forte centralização do poder político no Rio de Janeiro e o consequente deslocamento do eixo cultural. O arquiteto suíço-francês chega no Brasil em 1929, após estadia na Argentina e no Uruguai, para fazer apresentações públicas em São Paulo e no Rio de

Janeiro. Teve depois a oportunidade de descrever a magnífica sensação da viagem entre Buenos Aires e a capital paulista: "do avião presenciei espetáculos que poderia chamar de cósmicos. Que convite à meditação, que evocação das verdades fundamentais de nossa terra!"[137] Diferentemente dos viajantes do passado, Le Corbusier nos vê de sobrevoo, o que, em se tratando de um urbanista, significa abranger a imensidão territorial do Brasil.[138] A profusão de riscos, croquis, esboços, anotações, desenhos, cartas, textos é testemunha do vertiginoso embate intelectual que Corbusier se propôs, impulsionado por um "olhar estrangeiro" que observa a realidade tropical como se esta estivesse ainda envolta em uma atmosfera primordial:

> A Terra não é uniformemente verde, ela tem todas as manchas e diferenças de cor de um corpo em putrefação. Palmeiras elegantes, campos floridos, rios majestosos, ou riachos encantadores, floresta virgem, – grandeza que nos dão lá embaixo e à queima roupa, as sensações de nobreza, de exuberância, de opulência, de vida – *tu* árvore, vocês todos, vistos do céu, não passam de um bolor aparente. E tu Terra, oh! Terra desesperadoramente úmida, não passas de bolor! E tua água, em forma de vapor ou líquido, manobrada por um astro de fogo tão distante, traz tudo a ti ao mesmo tempo, a alegria ou a tristeza, a abundância ou a miséria.[139]

> Tudo é conforme as escrituras: a floresta virgem, os Pampas. [...] Há serpentes imensas [...]. Não as vemos. A represa está cheia de crocodilos. Não os vemos.[140]

Esse universo aquático, úmido, noturno, cheios de répteis, prenhe de vida originária que surge da pena de Le Corbusier, tão exótico e primevo que pode ser comparado à criação bíblica, mantém similitudes enormes com as considerações de Hermann Keyserling, filósofo alemão que visitou a

América do Sul entre os anos 1929 e 1930, mesmo período do arquiteto suíço-francês. Ancorado na visão histórica de matiz romântica desenvolvida por Oswald Spengler,[141] Keyserling defende, em 1926, que "todas as culturas anteriores tinham seu centro de gravidade no irracional, no impulsivo, no sensitivo, no ilógico, no erótico".[142] O livro em questão, *Le monde qui nait*, empolgou Mário de Andrade e Oswald de Andrade e é referência fundamental na obra dos dois a partir de 1928.[143]

Um segundo livro de Keyserling – *Meditações sul-americanas*,[144] publicado em 1932 – possui semelhanças surpreendentes com o debate em curso no Brasil nesse período. Para o autor alemão, a América do Sul era o continente do terceiro dia da criação, a encarnação desse mundo primordial onde o meio cósmico e as energias telúricas conformam a vida ainda precária. Um mundo originário prenhe de vida, onde a extensão ilimitada está à espera de uma acomodação satisfatória da cultura e da civilização humanas. "O continente do terceiro dia da criação", título do primeiro capítulo do livro, é frase recorrente para designar a América do Sul. Segundo a gênesis bíblica, no terceiro dia Deus apartou as águas das terras e criou os continentes e os mares. Em seguida, sobre o solo firme, criou ervas que davam sementes e árvores frutíferas que davam frutos contendo as próprias sementes. Antes do terceiro dia, Deus já havia criado a luz, o firmamento, a noite e o dia; contraditoriamente, não havia criado nem o sol, nem a lua. O terceiro dia é o da criação específica da terra, uma terra noturna e aquática. A imagem bíblica, usada por Keyserling como alegoria para exprimir a ideia de um mundo nos primórdios da evolução, é substituída em outra passagem por uma outra imagem, agora onírica, para ilustrar o mundo primordial:

> Quando, já na Europa, me absorvi na contemplação das primeiras almas sul-americanas, fui assaltado por visões de serpentes: vi dorsos atigrados e aleopardados

de enormes serpentes pythons, parcialmente iluminadas pela luz filtrada através das copas das árvores, emergindo e fluindo em ondas serpentinas de um lago turvo e sem fundo. Em sua paisagem natal, este mundo abismal que a realidade externa fez surgir como correspondência em mim, adquiriu logo seu selo original e primordial. Todas as cores empalideceram e se desvaneceram os contornos precisos. Me senti cercado por uma confusão de larvas verminóticas e ressoou em meus ouvidos a música macabra da dança das sombras no Orfeu de Gluck, como se fosse o acompanhamento necessário daquelas imagens. E efetivamente o é. Só no ritmo se equivocou o grande visionário. A fauna abissal rasteja desliza com os movimentos de uma projeção cinematográfica em câmera lenta ou como os do camaleão de nossos dias, em um espaço infinito e sem dúvida fechado. E estas larvas a nada mais se assemelham do que a sombras humanas. Não são precisamente serpentes, mas seres serpentinos parecidos sobretudo às enguias imediatamente posterior à situação larvar, só que não são translúcidas, mas, por assim dizer, transparentes às trevas. Quando pela primeira vez vi rastejar até mim aqueles corpos frios e viscosos e vi aqueles inumeráveis olhos de basilisco, fixos e vítreos, cravados em meus olhos, me intimidei e me senti entregue sem defesa ao Mal. Porém não demorei a perceber que nem rastejavam até mim nem me miravam. Se moviam incessantemente sem direção precisa e, apesar de seus dilatados olhos fosforescentes, não enxergavam, e então se revelou a mim que aquilo que a princípio havia acreditado como o Mal não era outra coisa que a Vida Primordial, pois minha primeira associação provinha de haver visto refletida a imagem em um espelho deformante. E então compreendi também porque a vida abissal reflete-se na consciência diurna sob a forma de uma serpente, dando assim razão aos caldeus, que tinham

uma só palavra para os conceitos 'vida' e 'serpente'.
Nossa consciência não pode pensar senão aquilo que
participa da luz, e o mundo abissal é irremediavelmente
tenebroso. E assim, quando por acaso emerge, aparece
projetado na superfície como contra-sombra, como
o contrário de uma sombra: o que é cego se mostra
vidente; o inerte, ágil; o invisível, brilhante e preciso; e
o que 'em si' é o verme primordial do mundo abissal,
impotente para elevar-se, mostra-se como uma serpente
astuta, perversa e brilhante como uma joia.[145]

Mesmo que *an passant*, vale a pena mencionar o
quanto esta descrição aproxima-se da floresta gestacionária
presente nos textos amazônicos de Euclides da Cunha e na
obra antropofágica de Tarsila do Amaral (1886-1973). Se no
primeiro caso podemos atribuir a parecença a uma curiosa
comunhão de visões de mundo, a comprovada influência
causada pela obra de Keyserling dentro das hostes do modernismo paulista leva-nos a supor que, no caso de Tarsila, a
influência se deu por mecanismos mais diretos e conscientes.
O "bárbaro tecnizado de Keyserling" referido por Oswald de
Andrade no "Manisfesto antropófago" de 1928,[146] período de
grande parceria amorosa, intelectual e artística entre ele e
Tarsila, sai diretamente do livro *Le monde qui nait*, do autor
germânico.[147] E Telê Porto Ancona Lopez, em texto seminal
sobre a obra de Mário de Andrade, trata especificamente da
profunda impressão causada pelas considerações do alemão
na obra do brasileiro:

> Por essa razão, em 1927, é fora de um caminho marxista que [Mário de Andrade] procura conceituar o
> homem brasileiro em seu destino chamando Keyserling
> (*Le monde qui nait*) em seu auxílio. Nesse ano, aliás, sai
> de São Paulo para uma permanência de três meses no
> norte do país. É quando põe em contato a sua visão
> crítica sobre o povo brasileiro, esboçada para o romance

> *Macunaíma*, com a realidade e a problemática de uma verdadeira ambiência tropical. Descobre a Amazônia, onde o homem poderia viver sem contradições com sua geografia, liberto de uma civilização importada, realizando-se como o *Sein* de Keyserling. A Amazônia lhe reforça a certeza da legitimidade da preguiça enquanto ócio criador, que vinha bebendo desde suas leituras de juventude dos clássicos gregos, de Virgílio a Horácio.[148]

O ponto de contato entre as visões do Brasil presentes em Mário de Andrade, Tarsila do Amaral, Le Corbusier e Keyserling – a natureza luxuriante, impenetrável, primordial e imponente – é a base para um sem número de desconfianças sobre as possibilidades do estabelecimento satisfatório do homem no Brasil, ao menos nos mesmos moldes estabelecidos pelos europeus.[149] Com um temperamento de arquiteto e urbanista, Le Corbusier elege como grande questão o enfrentamento do território, como ultrapassar um destino, produto de forças brutais comandadas pelo acaso, e tomar as rédeas do processo civilizatório.

Tal como viajantes estrangeiros anteriores, Le Corbusier manifesta sérias dúvidas sobre a possibilidade de o homem vencer a natureza tropical. Ao chegar no Rio de Janeiro, teve a sensação de que "tudo seria absorvido por esta paisagem violenta e sublime".[150] Alguns dias antes em São Paulo, em encontro com o grupo de Oswald de Andrade, Tarsila do Amaral e Raul Bopp, ele já havia falado sobre o enorme desafio que os esperava: "Os jovens paulistanos, autodenominando-se antropófagos, querem expressar por isto que pretendem lutar contra a dissolução internacional, aderindo aos princípios heroicos cuja memória ainda está presente. Um tal sobressalto de coragem não é negligenciável na América. Disse-lhes muitas vezes: vocês são tímidos e temerosos, têm medo. Nós, componentes da equipe de Paris, somos muito mais intrépidos que vocês e vou lhes explicar porque: no seu país os problemas são tão numerosos, tão

Hermann Keyserling, ilustração
da coluna "Panorama literário".
Vamos Ler!, n. 37, Rio de Janeiro,
15 abr. 1937, p. 23

imensos, os interiores a colonizar tão grandes, que suas energias diluem-se imediatamente nas dimensões, quantidades e distâncias".[151] A enormidade de nosso território e a violência selvagem de nossa natureza merecem um esforço civilizador diretamente proporcional. A timidez medrosa que observa em nossos modernistas lhe parece destituída do gigantismo e da radicalidade necessários à empreitada.

A convergência dos discursos de Keyserling e Le Corbusier – tão semelhantes e tão próximos historicamente – em nosso ambiente modernista periférico, mais do que uma feliz coincidência, aponta para um nódulo incômodo de nossa existência social. O tema da prodigiosa natureza tropical está presente nas visões do Brasil desde sua descoberta. Associada originalmente ao paraíso, nas metamorfoses discursivas de séculos, acaba se circunscrevendo, no final do século 19, ao papel de uma das assertivas negativas presente nas teorias sobre nossa inviabilidade civilizacional. Associada ao determinismo mesológico, predomina uma visão bem pouco edificante do caráter do povo brasileiro, resultado da fusão racial degradante ocorrida em meio inóspito. Ao

Raul Bopp, ilustração da coluna "Panorama literário". *Vamos Ler!*, n. 286, Rio de Janeiro, 22 jan. 1942, p. 15

retomarem o tema, tanto Keyserling como Le Corbusier, mesmo reproduzindo em parte o vaticínio pessimista, introduzem possibilidades redentoras – compartilhadas por nossos jovens modernistas – ao identificarem no primitivo o potencial do novo. O quanto a visão pessimista está introjetada na mentalidade local se mostra nessa passagem de Le Corbusier: "Altos personagens brasileiros ficaram furiosos ao saber que no Rio eu tinha subido os morros habitados pelos negros: 'É uma vergonha para nós, pessoas civilizadas!' Expliquei serenamente que, para começar, achava esses negros fundamentalmente bons; de bom coração. Além de belos, magníficos". Para surpresa de sua plateia atônita, Le Corbusier vai além dos elogios sobre a cordialidade nativa para apontar qualidades civilizatórias advindas do caráter terno do povo simples: "sua despreocupação, o limite que sabiam impor às suas necessidades, sua capacidade interior de fantasia, sua candura, faziam que suas casas fossem sempre admiravelmente bem assentadas sobre o solo, a janela surpreendentemente aberta para espaços magníficos, a exiguidade das peças abundantemente eficaz".[152]

A cidade e a roça são fatos estéticos

Desenho de Le Corbusier, com a dedicatória "Rio, 14 de agosto de 1936. Para a senhora Tarsila, fraternalmente, Le Corbusier". AMARAL, Aracy. *Tarsila: sua obra e seu tempo*, p. 254

Drogaria
Injeções hipodérmicas contra a estética atrasada
Vacina contra a nova...
Laboratório químico
Cadinhos retortas balões vidros copos termômetros tubos
Vasos e alambiques
Grande fábrica de produtos químicos sobre o rio Tietê
Grandes conduções de água com reservatórios e tanques especiais
Pontes que se fecham e se abrem
Elevadores e chaminés
Volantes roldanas caldeiras carretilhas
Vagonetes turbinas canos máquinas e aparelhos elétricos
Chave especial de uma estrada de ferro
Trens internos para uso exclusivo da indústria
Os fios telefônicos e elétricos são uma rede sobre a fábrica...
O mundo é estreito para minha instalação industrial!...
Luis Aranha, Drogaria de éter e sombra, 1922[153]

Em 1936, durante sua segunda viagem ao Brasil, Le Corbusier presenteou Tarsila do Amaral com um desenho de próprio punho, um registro de cena cotidiana do Rio de Janeiro. O croqui, intitulado "Panorama da cidade" e datado de 14 de agosto de 1936, apresenta em primeiro plano uma negra de costas, com volume indefinido na cabeça, quem sabe uma trouxa de roupa para lavar ou um farnel cheio de produtos para vender; ao fundo, a paisagem carioca, Pão-de-açúcar, o mar e um coqueiro. Na estilização rápida, a presença do casario homogêneo e simples, assentadas pacatamente no território.[154] O cotidiano da favela carioca foi documentado por Le Corbusier por duas vezes em sua primeira visita ao Brasil, em 1929. No primeiro desenho ("Favela", 1929), três negras levam algo na cabeça – uma delas, uma lata d'água, as outras duas, volumes indefinidos.

O segundo ("A favela", 1929) mantém semelhanças ainda mais flagrantes com o mimo oferecido a Tarsila. Um negro (negra?) de costas em primeiro plano, cortado na altura dos ombros pela margem inferior do desenho, volta-se para o casario baixo e homogêneo; ao fundo, descortina-se o litoral e o Pão-de-açúcar. Nas três cenas, um microcosmo em comum: a vida tranquila da gente simples em um habitat precário, mas sossegado, ameno e harmonioso.[155]

Mais do que uma cópia do que os olhos veem, os desenhos corbusianos registram uma reelaboração estrutural da realidade, ou, em outras palavras, uma espécie de mundo novo em potência. Nela estão ausentes tanto as péssimas condições de vida do ex-escravos como os edifícios e espaços simbólicos do poder político e religioso – palácios, jardins e parques imperiais. Contudo, emana dos registros um certo esquematismo formal que se pode tributar à persistência de convenções culturais. Não há realmente uma *descoberta* formidável nas cenas registradas por Le Corbusier em sua primeira vinda ao Brasil. Parece mais uma *revelação* para si próprio de pensamentos e convicções arraigados em seu espírito. A excessiva artificialidade da civilização ocidental e os males decorrentes na sua economia psíquica já tinham sido esboçados em textos e palestras anteriores, mas nada se compara ao diagnóstico visceral de seus textos sul-americanos:

> Se penso em Arquitetura 'casas dos homens' torno-me rousseauista: 'o homem é bom'. Mas se penso em Arquitetura 'casa de arquitetos' torno-me cético, pessimista, voltairiano, e digo: 'tudo vai mal, no mais detestável dos mundos' (Cândido). Eis onde conduz a exegese arquitetônica, a arquitetura sendo o resultado do estado de espírito de uma época. Chegamos a um impasse, os mecanismos sociais e morais estão desorganizados. Temos a sede de um Montaigne e de um Rousseau empreendendo uma viagem para ir questionar o *homem nu*. A reforma a empreender é profunda, é a hipocrisia

que reina: amor, casamento, sociedade, morte; estamos inteira e totalmente falsificados, somos *falsos!*[156]

Há alguma conformidade do pensamento de Le Corbusier com a tradição romântica, especialmente na sua valoração positiva da pureza e da simplicidade pré-industrial, o que justifica sua avaliação ambígua da sociedade moderna e de suas promessas de satisfação material ilimitada. Porém, depois da experiência tropical, as contradições se acentuam na sua obra, dando novo rumo aos encaminhamentos teóricos e formais. Os já comentados três desenhos de Le Corbusier, frutos das primeiras visitas ao Brasil em 1929 e 1936, mantêm surpreendente vínculo com a produção intelectual e artística do modernismo paulista. A proximidade não é apenas temática – natureza tropical, racialidade e civilização – mas aponta para um parentesco das visões de mundo, o que justifica a valoração ambígua da modernidade por ambos os lados. A radicalidade maior da produção brasileira, no caso, possibilita considerar uma inesperada influência sofrida pelo arquiteto durante sua primeira estadia no Brasil, quando convive e se surpreende com as ideais do grupo liderado por Oswald de Andrade.[157] Uma pesquisa mais acurada poderia dirimir a dúvida aventada por Kenneth Frampton quando comenta a guinada da obra de Le Corbusier: "Por alguma razão cujos fundamentos últimos desconhecemos, o fato é que elementos técnicos primitivos começaram a aparecer em sua obra com uma frequência e uma liberdade de expressão cada vez maiores a partir de 1930".[158] A comprovação da hipótese enfrentará a quase omissão, nos textos críticos e históricos, sobre o arquiteto suíço-francês, do intercâmbio pessoal, epistolar e de trabalho que travou com intelectuais, artistas e arquitetos brasileiros desde a década de 1920 e que perdura por toda a sua vida.[159] Ao invés de uma influência de mão única, se aceitaria o intercâmbio bilateral, com mútuo benefício.[160]

Na genealogia dessa visão de mundo compartilhada, estão as obras dos dois filósofos, citadas por ambos: os *Ensaios*, publicado por Michel de Montaigne em 1580 – em especial o capítulo 21, "Dos canibais"[161] –, e o *Discurso sobre a origem e os fundamentos da desigualdade entre os homens*, que Jean-Jacques Rousseau publicou em 1754.[162] É muito surpreendente que Le Corbusier tenha convocado para seus argumentos no "Prólogo americano" de 1929 os mesmos autores presentes no "Manifesto antropófago" de 1928, de autoria do grupo que o ciceroneou em São Paulo.[163] As obras dos filósofos franceses incendeiam a imaginação de Oswald de Andrade e seus manifestos estimulam seus companheiros, artistas plásticos e literatos, que expressam em textos e imagens a relação harmoniosa do homem com o meio ambiente, a idealização do estado natural, lugar de liberdade e igualdade, virgem de repressões e interditos, cenário paradisíaco onde vive o homem primitivo.[164] O conceito de "homem nu" referido por Le Corbusier em seu "Prólogo americano" será radicalizado antropofagicamente dois anos depois por Flávio de Carvalho no texto-manifesto de 1930, *A cidade do homem nu*,[165] um descolamento da visão urbanística do arquiteto suíço-francês reiterado pelo comentário irônico de Oswald de Andrade.[166]

Os discursos de Le Corbusier e do modernismo brasileiro da década de 1920 creem possível uma dissociação entre os aspectos técnicos e sociais da sociedade moderna, possibilitando desenvolvimentos desencontrados. No caso do arquiteto europeu, torna possível o elogio da técnica e a denuncia da falsidade dos "mecanismos sociais e morais". No caso brasileiro, os manifestos oswaldianos, tanto o *Pau-Brasil*[167] de 1924 como o *Antropófago* de 1928, operam a distinção entre *cultura* e *civilização*, conceitos europeus em voga no Brasil desde o final do século 19. De um lado, o acúmulo de tradições, hábitos e costumes; de outro, as conquistas materiais frente à natureza. O saque antropofágico proposto por Oswald se volta para o âmbito civilizacional – em especial os aspectos técnico-científicos –, desprezando a dimensão cultural, cheia de interditos. Já tínhamos a cultura própria para somar na nova síntese: "Obuses de elevadores, cubos de arranha-céu e a sábia preguiça solar. A reza. O carnaval. A energia íntima. O sabiá. A hospitalidade um pouco sensual, amorosa. A saudade dos pajés e os campos de aviação militar. Pau-Brasil".[168]

Se aposta com desinibição nas conquistas técnicas do mundo moderno – o automóvel, o transatlântico, a autoestrada, o arranha-céu... –, Le Corbusier receia que seu avanço ilimitado coloque em risco a dimensão humana do progresso. Entre as respostas que propõe ao longo da vida está o apelo à *Autoridade* para amainar e controlar o poderio anônimo e irracional das forças produtivas: "bastaria que uma autoridade – um homem – suficientemente lírico, desse a partida na máquina, promulgasse uma lei, uma regulamentação, uma doutrina: e então o mundo moderno começaria a deixar a negritude de suas mãos e de seu rosto de trabalho e sorriria, poderoso, contente, esperançoso".[169] Tal apreço pela personalização do poder o leva, ao longo da vida, a flertar com governos extremistas de direita e de esquerda, esperançoso que o ditador de plantão fosse *suficientemente lírico* para conduzir a sociedade à ordem e ao equilíbrio com o meio ambiente. O quanto se tem de oportunismo e ingenuidade é difícil precisar, mas é certo que a subtração das questões político-ideológicas do discurso resulta em uma militância visionária e voluntarista, que promete um mundo organizado onde estão ausentes os conflitos. Um mundo idealizado, que pode ser ofertado à sociedade pela obra e graça do arquiteto: "Arquitetura? Mas é nisso que se vê e sente que está toda a moral da arquitetura: a verdade, a pureza, a ordem, os instrumentos... e a aventura".[170]

O historiador e crítico de arquitetura Kenneth Frampton se apercebe da ambivalência com que o arquiteto suíço-francês trata as questões essenciais da sociedade da era da máquina. Recorta com felicidade, para comprovar sua argumentação, uma passagem de Robert Fishman, que se reproduz aqui:

> Nos anos 1930, a busca da Autoridade por Le Corbusier reflete, finalmente, sua atitude de profunda ambivalência com respeito à industrialização. Seu pensamento social e sua arquitetura repousavam sobre a crença de que a sociedade industrial tinha a capacidade inerente de criar uma ordem genuína e prazenteira. Por trás dessa crença, porém, havia o medo de que a industrialização pervertida e descontrolada pudesse destruir a civilização. Ainda jovem, em La Chaux-de-Fonds, ele havia visto a relojoaria ser literalmente varrida do mapa por feios cronômetros alemães produzidos em série, uma lição que não seria esquecida.[171]

O trecho de Fishman é precioso. O receio que a soberba científica produzisse uma "industrialização pervertida" que se elevasse contra seu criador é um dos grandes mitos do romantismo, que lega à cultura ao menos uma obra prima: o *Frankenstein*, de Mary Shelley, publicado em 1818. As grandes distopias do século 20 vão agregar ao tema novecentista o pavor do totalitarismo. *Metrópolis*, filme alemão dirigido pelo austríaco Fritz Lang e lançado em 1927, inaugura no cinema sua abordagem futurista-gótica. A história se passa em 2026, na grande cidade de Metrópolis. A cisão social entre ricos industriais, beneficiários dos prazeres e da fartura da sociedade tecnológica, e pobres operários, responsáveis pela produção de bens e energia, se reproduz na própria materialidade da urb, com arranha-céus banhados por luz em meio à natureza e o mundo subterrâneo infernal da produção. É curioso que a suspeita de Le Corbusier em relação à industrialização não é acompanhada pelo temor frente ao extremismo político.

A ambivalência com que era vista a industrialização na Europa tem outros contornos no Brasil. O modernismo paulista nos anos iniciais da década de 1920 vê a tecnologia com otimismo ou como fenômeno inevitável. Mesmo tardio, dos últimos de sua lavra, o poema "A meditação sobre o rio Tietê" de Mário de Andrade contém, banhado por uma melancolia difusa, o deslumbre ingênuo diante da cidade moderna tão característico dos rapazes da Semana de Arte Moderna de 1922:

> É noite. E tudo é noite. Debaixo do arco admirável
> Da Ponte das Bandeiras o rio
> Murmura num banzeiro de água pesada e oliosa.
> É noite e tudo é noite. Uma ronda de sombras,
> Soturnas sombras, enchem de noite de tão vasta
> O peito do rio, que é como si a noite fosse água,
> Água noturna, noite líquida, afogando de apreensões
> As altas torres do meu coração exausto. De repente
> O óleo das águas recolhe em cheio luzes trêmulas,
> É um susto. E num momento o rio
> Esplende em luzes inumeráveis, lares, palácios e ruas,
> Ruas, ruas, por onde os dinossauros caxingam
> Agora, arranha-céus valentes donde saltam
> Os bichos blau e os punidores gatos verdes,
> Em cântico, em prazeres, em trabalhos e fábricas,
> Luzes e glória. É a cidade...[172]

No âmbito do modernismo paulista, o tema da industrialização vai merecer especial atenção de Tarsila do Amaral. Sua passagem europeia a coloca em contato direto com os renovadores da pintura. Sua maior afinidade é com o cubismo de Fernand Léger. Em sua longa estadia na Europa em 1923, a maior parte do tempo em Paris, já como companheira de Oswald de Andrade, Tarsila visita com frequência o ateliê do pintor francês. Segundo Carlos Zílio, "a obra de Léger, na sua ligação com o modelo da máquina, produz imagens objetivas ou não objetivas que representam uma nova mitologia da industrialização".[173] A cidade industrial e suas máquinas ajustadas ao novo cronômetro do cotidiano é modelo para o pintor francês. Não como registro naturalista, mas como representação racional da sociedade industrial. "Neste procedimento, Léger elimina uma relação com a aparência, procurando integrar na pintura a própria lógica do funcionamento das máquinas, como engrenagens capazes de, através de uma relação precisa, produzir determinado efeito que no caso da arte seria estético".[174] Tarsila, além da obra de Léger, toma ciência das experiências primitivistas de Matisse e Picasso nos rastros de Gauguin. Neste contexto, o primitivismo cumpre o papel de contrariar o egocentrismo europeu ao empreender uma aventura subjetiva no mundo selvagem, uma busca de essencialidades da experiência humana. Em certo sentido, é partícipe do processo de desaurificação da arte e valorização da cultura popular.

No contexto brasileiro, o popular e o primitivo confundem-se como não se vê na Europa, o que explica, mesmo com as mudanças no seio do modernismo, a fidelidade ao

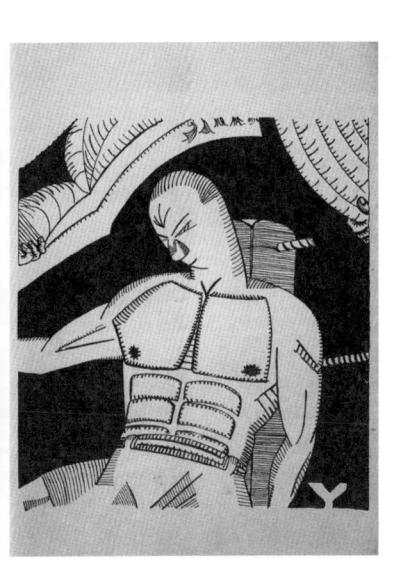

Ilustrações: Alberto Cavalcanti. *Klaxon*, n. 3, 15 jul. 1922; Zina Aita. *Klaxon*, n. 4, 15 ago. 1922; Yan de Almeida Prado. *Klaxon*, n. 6, 15 out. 1922

homem comum – senão como forma expressiva, ao menos como intenção intelectual. Mesmo no momento mais internacionalista de valorização dos elementos maquínicos, o início da década de 1920, observa-se o apelo da cultura popular: "molhados, resfriados, reumatizados por uma tradição de lágrimas artísticas, decidimo-nos. Operação cirúrgica. Extirpação das glândulas lacrimais. Era dos 8 Batutas, do Jazz-Band, de Chicharrão, de Carlito, de Mutt & Jeff. Era do riso e da sinceridade. Era de construção. Era de Klaxon".[175]
A bem-humorada convocatória de 1922 parece anciã no ano seguinte, quando Tarsila e Oswald retornam ao Brasil em dezembro de 1923. Em cena, o novo personagem, o primitivo, agora contextualizado à cena brasileira, aliando-se ao popular para fazer o jogo dialético com o moderno. "A poesia existe nos fatos. Os casebres de açafrão e de ocre nos verdes da favela, sob o azul cabralino, são fatos estéticos",[176] diz Oswald de Andrade em 18 de março de 1924 ao inaugurar o movimento Pau-Brasil. No segundo momento

do modernismo brasileiro, com os manifestos oswaldianos ocupando posição estratégica, a inclusão das temáticas nativista e primitivista se somam ao compromisso modernizador inicial das vanguardas modernistas. Klaxon dá carona ao Tupi.

A pintura de Tarsila, alimentada pelos afluentes nacional e vanguardista, codifica a nova pintura, ao mesmo tempo brasileira e moderna. Tanto as pinturas com cenas tipicamente urbanas – *E.F.C.B.* e *Gazo*, de 1924; *São Paulo (135831)* e *A gare*, de 1925 – como as eminentemente rurais – *O mamoeiro*, *Paisagem com touro* e *Vendedor de frutas*, todas de 1925 – entrelaçam elementos industriais e campestres, onde o equilíbrio de cores e formas se compraz em representar a harmonia social. Noutras pinturas do período, os polos opostos se equilibram com justeza. Em *Palmeiras* (1925), os trilhos e as pontes da estrada de ferro contestam a calmaria da cena rural cheia de morros e palmeiras imperiais. Em *Lagoa Santa* (1925), o primeiro plano com formas vegetais ocupa a metade inferior do quadro, enquanto na metade superior é disposto o casario e igreja. As cores alegres em contraste caipira buscadas nas suas memórias de infância, as palmeiras fazendo pares com postes de transmissão de eletricidade, os caminhos rústicos interrompidos por pontes metálicas, as construções populares singelas fazendo pares com gares e gasômetros, os meios de transporte maquinizados levando pessoas para feiras públicas ou festividades – enfim, todo um jogo de acomodação de contrastes que resulta em um habitat humano intermediário entre o rural e o urbano. Talvez a que melhor encarna esse recorte de paraíso terreal seja *Morro da favela*, de 1924, onde as casas simples largadas no terreno natural, sem terrapleno ou calçamento, a vegetação variada nas formas e tons, os animais domésticos. A gente local – adultos e crianças negras –, sem pressa ou aflição, conversam ou se divertem no cenário feito de sossego e simplicidade.[177] Os efeitos sugerem inocência e candura, mas são conquistados com talento por Tarsila do Amaral, hábil na tradução de seu aprendizado francês para a exigência local. No seu mundo anímico particular, habitam a cultura de origem e a cultivada:

> A relação de Tarsila com a obra de Léger demonstra bem a inteligência com a qual analisa a arte francesa. O que ela irá absorver de determinante no sistema de Léger é a utilização do modelo da máquina. Mas a metáfora segundo a qual Léger irá desenvolver seu trabalho tem por objeto a sociedade industrial. Tarsila fará da 'brasilidade' o seu traço distintivo desta formulação, adotando a 'linguagem de máquina' (assim como Oswald de Andrade se utiliza da linguagem telegráfica) como um desejo de atualização, no sentido de situar a percepção do Brasil a partir da ótica aberta pela industrialização. [...] Existe, no entanto, na ingenuidade liberada da pintura de Tarsila, uma identificação entre sua infância e o populismo do modernismo, isto é, a canalização do vivido no mundo da fazenda, com sua vegetação, a mitologia dos escravos, as cores das habitações interioranas e a sua intenção de elaborar esses elementos em signos.[178]

Ao abrir o baú das memórias de infância, Tarsila se distancia de Léger o suficiente para demarcar o território de sua poética. Segundo Zílio, "a presença deste universo infantil é o que acrescentará, ao rigor do olhar industrial de Léger, o lado ingênuo e desconcertante da caipirice infantil de Tarsila".[179] Ao mesmo tempo em que se afasta da referência francesa, a pintora brasileira se aproxima da simplicidade popular e do mundo infantil do universo poético de Oswald de Andrade. Se a poesia Pau-Brasil é "ágil e cândida" "como uma criança",[180] as sensibilidades individuais do casal são compartilhadas. Mas não fica restrito ao ambiente familiar; a ingenuidade da pintura de Tarsila é deliberada e se filia diretamente ao modernismo paulista, agora voltado para a busca das raízes nacionais. Na pintura Pau-Brasil de Tarsila,

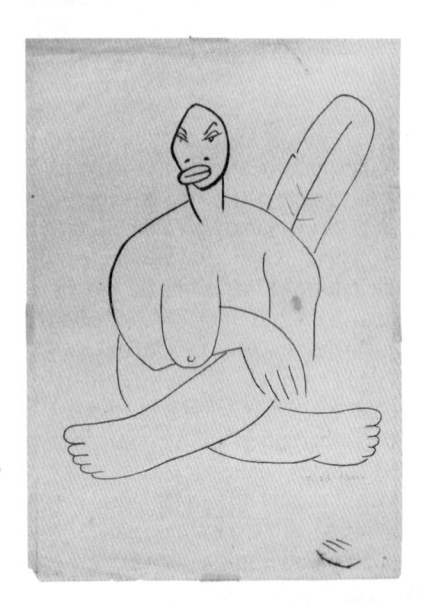

A negra, estudo, nanquim sobre papel, 25,5 x 18,4. Tarsila do Amaral, 1923. Foto Rogério Emílio. Acervo FAMA Museu

há então uma "canalização do vivido no mundo da fazenda, com sua vegetação, a mitologia dos escravos, as cores das habitações interioranas e a sua intenção de elaborar esses elementos em signos"[181] em acordo com a nova agenda estética e ideológica.

A mesma relação de vasos comunicantes ocorre durante o período antropofágico, sob o impacto de *Totem e tabu* de Sigmund Freud. No "Manifesto antropófago", além de citado nominalmente por três vezes,[182] o texto freudiano é graciosamente parodiado por Oswald: "Tínhamos a justiça codificação da vingança. A ciência codificação da Magia. Antropofagia. A transformação permanente do Tabu em totem".[183] A visão culturalista da psicanálise – que traça analogias entre os universos primitivo e infantil – é matéria-prima para obras de Mário de Andrade (*Macunaíma*, 1928) e Raul Bopp (*Cobra Norato*, 1931) no mesmo período. Idem

Favela, Rio de Janeiro (B4_91). Le Corbusier, 1929. Acervo Fondation Le Corbusier

A favela, Rio de Janeiro (Carnet B4_107). Le Corbusier, 1929. Acervo Fondation Le Corbusier

Alcebíades de Araújo em Paquetá, Rio de Janeiro (Carnet B4_95). Le Corbusier, 1929. Acervo Fondation Le Corbusier

Família negra e São Paulo (Carnet B4_65). Le Corbusier, 1929. Acervo Fondation Le Corbusier

Homens e violão (Carnet B4_75).
Le Corbusier, 1929. Acervo Fondation
Le Corbusier

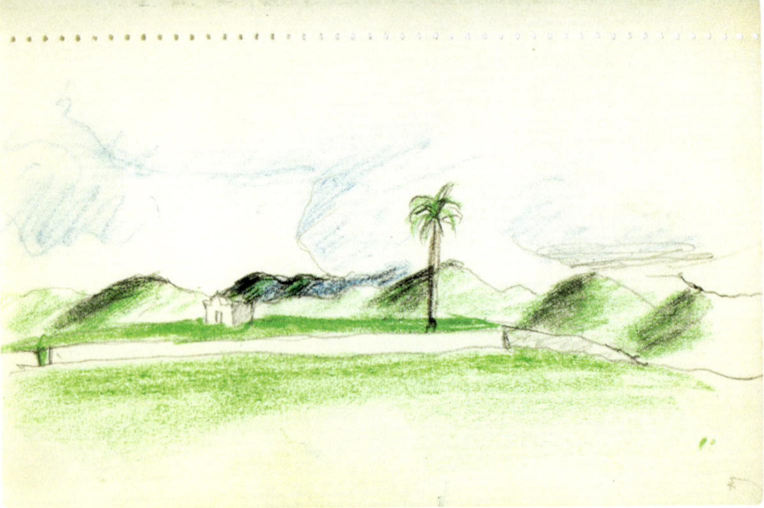

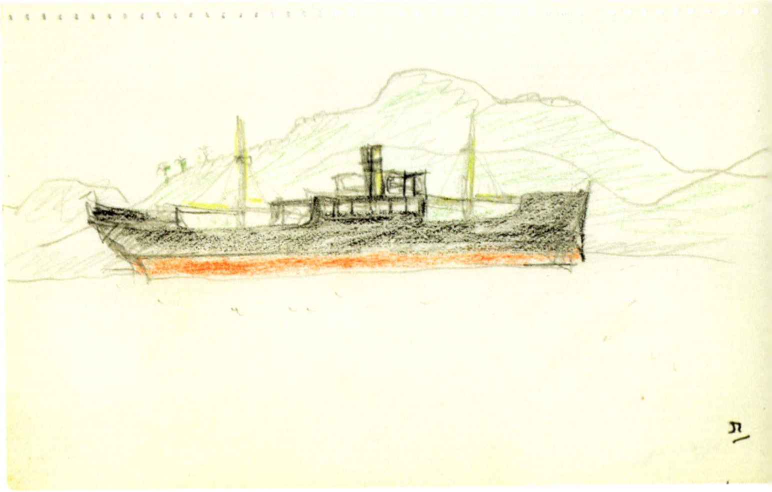

Fazenda São Martinho (Carnet B4_77B); Porto de Santos (Carnet B4_51); Abertura de via em São Paulo (Carnet B4_59). Le Corbusier, 1929. Acervo Fondation Le Corbusier

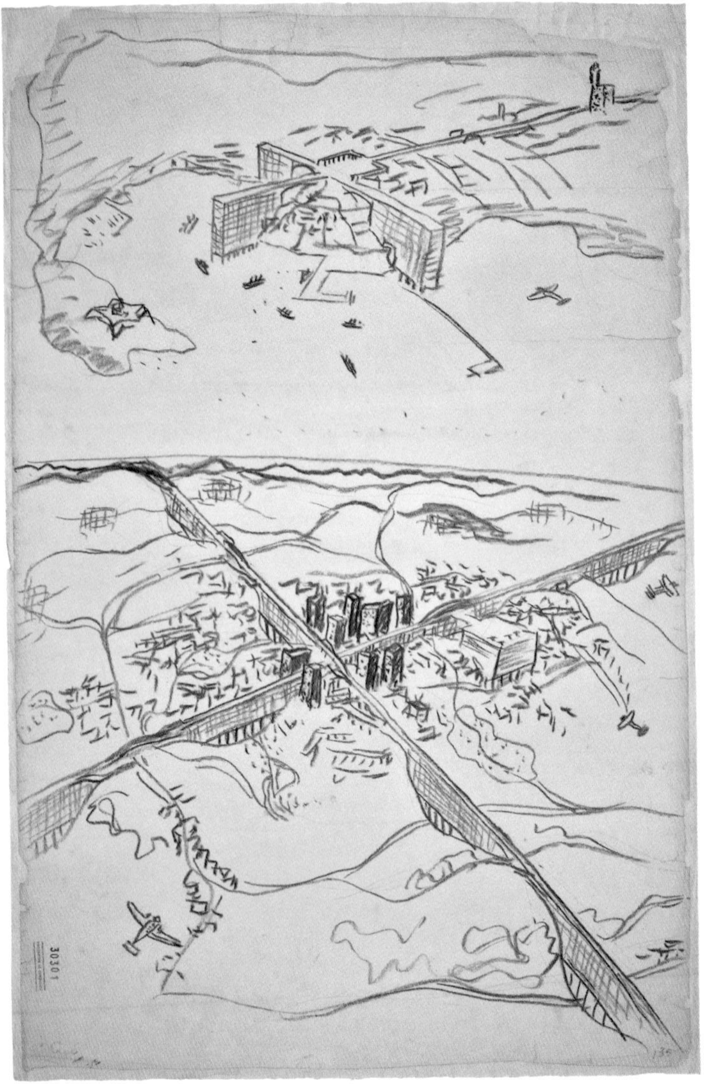

Le Corbusier, projetos urbanos para Montevidéu, São Paulo (FLC 30301) e Rio de Janeiro (FLC 32091).
Le Corbusier, 1929. Acervo Fondation Le Corbusier

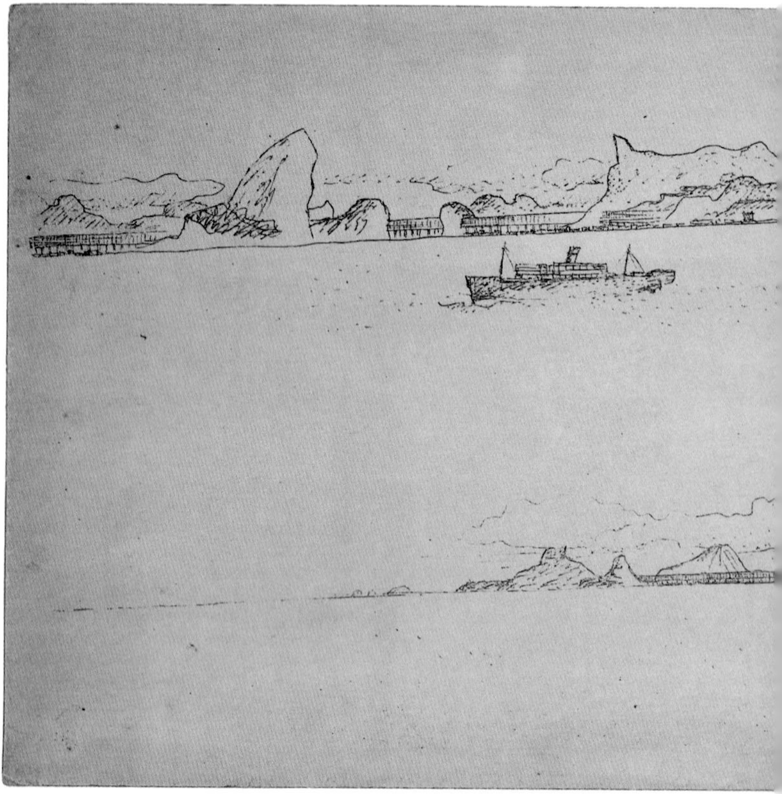

Baía do Rio de Janeiro (FLC 31879).
Le Corbusier, 1929-1930. Acervo
Fondation Le Corbusier

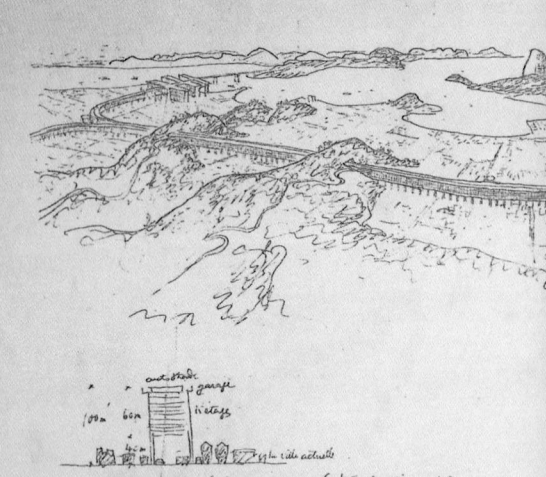

Si l'on continue 6 kilomètres d'autostrade,
on a : 6 km × 15 étages d'appartements = 90 kilomètres d'appartem[ents]
90 km à 20 m de large = 1.800.000 m² de surface "b[âtie]"
Si l'on affecte 20 m² de surface habitable par habitant on loge
Ceci dans les conditions les plus favorables qui se pr[ésentent]
Si on loue le m² habitable à raison de 80 francs
qui représentent à 10% un capital de 1½ Milliard
Voilà comment on peut gagner de l'argent en c[...]

Rio dec 1929
Paris juillet 1930
Le Corbusier

= 90 000 habitants
tiendra 144 millions de revenu annuel
et non pas en dépenses !
appartements du Boulogne = 160 frs le m²

$$\frac{1800\,000}{15} = 120\,000\ habitants$$

× 288 millions

29 juillet 1936

Nas duas páginas anteriores
Edifício autoestrada serpenteando
pela paisagem carioca (FLC 31878).
Le Corbusier, 1929-1930. Acervo
Fondation Le Corbusier

Ministério da Educação e Saúde,
projeto para o terreno de Santa Luzia,
perspectiva externa e perspectiva
do hall do pavimento térreo, Rio de
Janeiro RJ. Le Corbusier, 1936. Acervo
Museu Nacional de Belas Artes

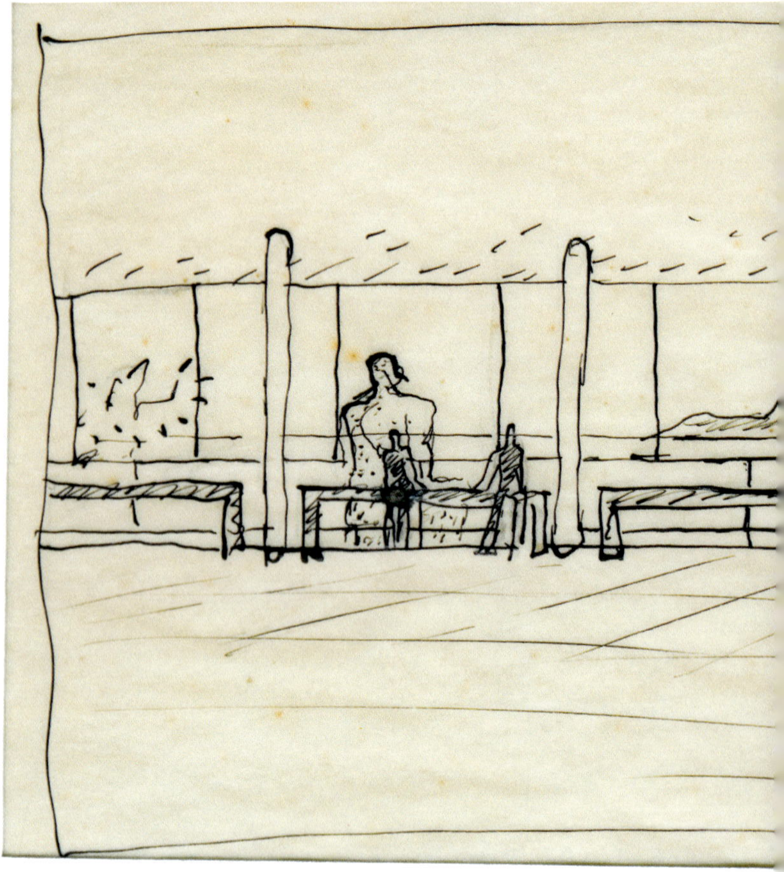

Ministério da Educação e Saúde, projeto para o terreno de Santa Luzia, perspectiva do hall do segundo pavimento, Rio de Janeiro RJ. Le Corbusier, 1936. Acervo Museu Nacional de Belas Artes

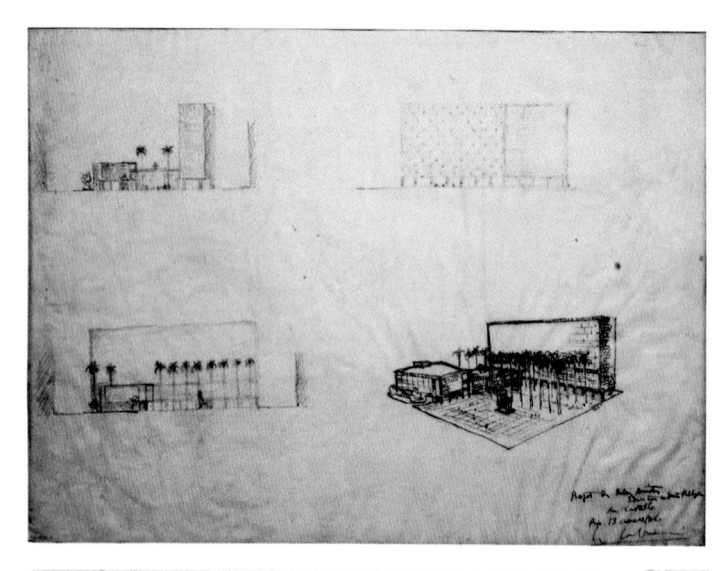

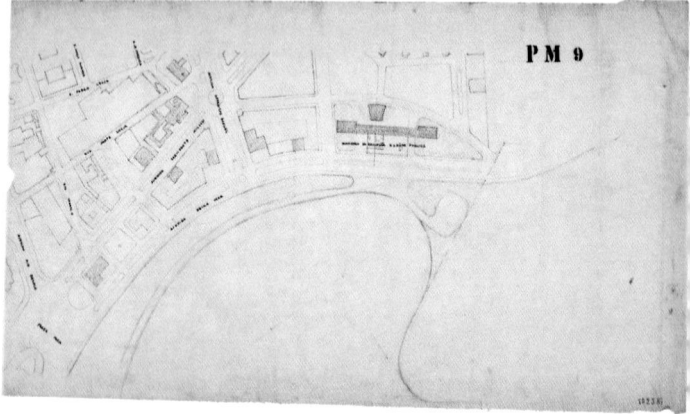

Ministério da Educação e Saúde, projeto para a Esplanada do Castelo, elevações e perspectiva, Rio de Janeiro RJ. Le Corbusier, 1936. Acervo Museu Nacional de Belas Artes

Ministério da Educação e Saúde, projeto para o terreno de Santa Luzia, implantação, Rio de Janeiro RJ. Le Corbusier, 1936. Acervo Museu Nacional de Belas Artes

Oswald de Andrade, desenho de Nonê de Andrade, filho do escritor. *Correio Paulistano*, São Paulo, 3ª seção, 26 jun. 1949, p. 1; Tarsila do Amaral, desenho de Di Cavalcanti. *Para Todos!*, n. 554, Rio de Janeiro, 27 jul. 1929, p. 14

no caso de Tarsila, que resultam em duas de suas obras-primas: *Abaporu* ("homem que come gente" em tupi-guarani) de 1928; e *Antropofagia*, de 1929. Em ambas, a noção de primórdios se expande por todos os elementos em cena, os humanos, a vegetação, o planeta, o cosmo.[184] A estilização da forma com o abaulamento dos contornos, o universo resumido a céu e sol, as cores simplificadas determinando o orgânico e o inorgânico, os corpos desnudos solidamente assentados no solo, a desproporção dos corpos grandes e pesados e a cabeça pequena, absolutamente tudo insinua os primórdios. A origem da vida é sugerida de formas distintas em cada pintura: em *Sol poente* (1929), as plantas informes e as larvas rastejantes; em *Urutu* (1928), o ovo sendo chocado; em *Floresta* (1929), os ovos sobrepostos e as árvores em formação; n'*O lago* (1928), a flora no início da diferenciação. A solidão ensimesmada, de alto teor psicológico, aparece em

A lua, de 1928, e *Figura só*, de 1930, um universo metafísico inesperado aos moldes de De Chiricco.

A arte comprometida de Tarsila do Amaral transcende os limites estéticos estritos e torna-se parte importante de um projeto cultural maior. Suas telas do período Pau-Brasil, habitadas por cenas cotidianas do universo popular, sugerem a constituição do *habitat utópico brasileiro*: ali os homens vivem felizes na sua simplicidade cotidiana, seus hábitos e costumes se ajustam à perfeição no modo específico de se acomodar no território. O campo e a cidade deixam de existir isoladamente, fundem-se em um único cenário onde coexistem harmonicamente as positividades da "escola" e da "floresta". A experiência humana torna-se assim possível nos trópicos com a integração da origem humana retomada no insondável tempo da natureza. O período antropofágico de Tarsila, com pinturas notáveis em suas soluções formais, tem menor conexão com a argumentação em curso, mas o tema da primitividade vista como relação primordial entre a humanidade e a natureza terá desdobramentos significativos para os interesses que conduzem esse livro.

Os temas e as abordagens apresentados não são restritos à pintura de Tarsila do Amaral.[185] Outros pintores do período retratam a alma brasileira, a mescla de brancos, negros e índios. O jovem Alfredo Volpi, em obra imatura ainda presa na pintura impressionista, apresenta uma mulher negra maquiada e vestida para festa ("Sem Título", 1920). Emiliano Di Cavalcanti exalta a sensualidade e a ginga malemolente do caldeamento racial em cena popular de alegria e alguma melancolia residual ("Samba", de 1925), antecipando a visão sociológica de Gilberto Freyre e a literatura de Jorge Amado. O migrante Lasar Segall aparta sua condição judaica e o apelo do expressionismo introspectivo que trouxe da Europa e traz a luz e as cores da vegetação tropical para agasalhar o menino e o homem de tez escura, sérios e seguros em sua elevação moral ("Menino com lagartixas", de 1924; "Bananal", de 1927). Os negros e mestiços de Cândido Portinari, em

Rio com três palmeiras e casario, grafite sobre papel, 16,5 x 22,8 cm. Tarsila do Amaral, 1924. Foto Rogério Emílio. Acervo FAMA Museu

meio à faina da agricultura, elevam-se majestosos, com olhos orgulhosos postados no horizonte ("Mestiço" e "O lavrador", ambos de 1934). Vicente Rego Monteiro coloca seus personagens em cenas de pequenos heroísmos cotidianos, como o índio caçando seu sustento ou o sertanejo conduzindo sua produção agrícola no terreno agreste sobre o lombo de uma mula ("O atirador de arcos", de 1925; "Sem título", 1922). Dentre as obras nativistas de sua primeira fase há uma preciosidade, "O antropófago", um desenho à lápis sobre papel de 1921, que antecipa a temática antropofágica de Oswald de Andrade: "esta imagem nos revela um índio escultural, recostado na placidez de um ócio paradisíaco, perdido com

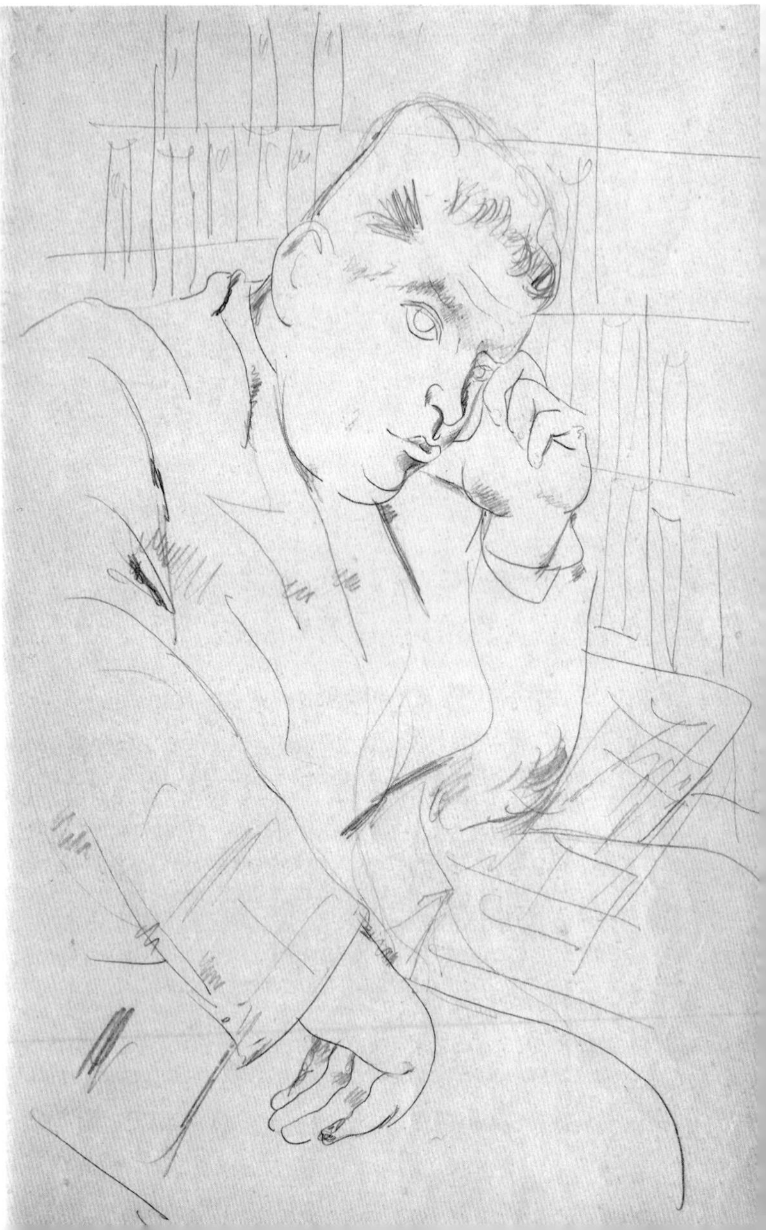

Retrato do escritor Oswald de Andrade, c.1940, grafite sobre papel, 50,0 cm x 33,0 cm. Lasar Segall (Vilnius, Lituânia, 1889 – São Paulo, Brasil, 1957). Acervo Museu Lasar Segall/Ibram/Ministério do Turismo

Mário na rede, 1929, gravura, ponta seca sobre papel, 25,5 cm x 32,0 cm. Lasar Segall (Vilnius, Lituânia, 1889 – São Paulo, Brasil, 1957). Acervo Museu Lasar Segall/Ibram/Ministério do Turismo

a chegada dos primeiros português ao Brasil, e saboreando um fêmur".[186] São diversos os artistas brasileiros que, nos anos 1920 e 1930, desenvolvem obras afinadas com o primitivismo Pau-Brasil ou antropofágico, munindo-se de técnicas estilísticas buscadas às vanguardas europeias, com a predileção pelo cubismo diluído. Mas a obra de Tarsila parece encarnar com maior coerência e substância a busca da brasilidade segundo o ideário forjado durante a década de 1920.

Os caminhos levam ao campo

Maison Loucher, perspectiva interna, projeto não construído (FLC 18253). Le Corbusier, 1929. Acervo Fondation Le Corbusier

Pobre alimária
O cavalo e a carroça
Estavam atravancados no trilho
E como o motorneiro se impacientasse
Porque levava os advogados para os escritórios
Desatravancaram o veículo
E o animal disparou
Mas o lesto carroceiro
Trepou na boleia
E castigou o fugitivo atrelado
Com um grandioso chicote
Oswald de Andrade, Postes da Light, 1925[187]

Em artigo de 1984, onde tematiza a pertinência da discussão teórica pós-moderna no Brasil, o arquiteto e crítico de arquitetura Luis Espallargas causa algum incômodo no meio arquitetônico, pouco afeito ao debate e – principalmente – à crítica. Alertando que "não se pode adiantar a eficácia dos remédios sem um diagnóstico das misérias a curar",[188] Espallargas aponta para as enormes contradições existentes no desenvolvimento de nossa arquitetura, cuja montagem intelectual em torno da ideia de uma peculiaridade nacional se estabelece com palavras de ordem e valores culturais que pouco ou nada têm em comum com a atividade arquitetônica. O talento inato do arquiteto brasileiro, que teria nacionalizado a arquitetura internacional europeia, não passa – no argumento de Espallargas – de um discurso que acoberta o fato incontestável de que a arquitetura moderna que se começa a fazer no Brasil foi totalmente pautada pelo modelo exótico. A brasilidade advogada mantém contatos vagos ou inexistentes com os traços autóctones da arquitetura tradicional brasileira, e sua presença constante e compulsória nos discursos só pode ser entendida a partir dos compromissos ideológicos que compartilha. E resume a tautologia onde está enredada a arquitetura moderna brasileira:[189]

Acentuando alguns aspectos, distorcendo algumas
regras e apoiando-se na poética de alguns personagens,
consolidou-se a *arquitetura brasileira*, cujo suporte era
a cultura virtual daquilo que se queria ser, e não daquilo
que se havia sido. [...] A arquitetura do movimento
moderno se torna brasileira quando passa a citar seus
próprios exemplos modernos, congelando o estilo e
vivendo de estereótipos e de correções caligráficas.[190]

Espallargas atribui a Lúcio Costa o papel central na constituição da ideologia da brasilidade arquitetônica. A recorrência de temas e conceitos nos textos de Costa – "gênio nacional", "caráter nacional", "brasilidade", "arquitetura moderna brasileira" etc. – o tornam alvo preferencial das acusações de manipulação intelectual. Se o diagnóstico é acertado – dentre outras coisas, este livro pretende apontar como se deu a montagem discursiva na obra de Lúcio Costa, que dá substância às experimentações locais da arquitetura moderna –, o entendimento dessa montagem como uma deliberação consciente e restrita a um pequeno grupo de homens, ou mesmo a um único, se mostra limitado. A constituição de um discurso operativo, que seja compreendido, aceito e compartilhado, torna-se historicamente possível quando ganha expressão dentro de um dado grupo social. A solidez histórica de uma *mentira* convertida em *verdade* não é apenas tributária da convicção ou da má fé de quem a profere pela primeira vez, mas da capacidade de seus argumentos se repetirem e se espraiarem pelo tecido social, o que, evidentemente, só é possível se tiver sentido para a coletividade e atender demandas abrangentes e coletivas. O sucesso da visão de Lúcio Costa torna-se viável por se misturar a um caudal intelectual vigoroso e com ele manter um profícuo intercâmbio de significados e valores.

Mas há uma argúcia premonitória no argumento de Espallargas e a denuncia que faz da montagem discursiva de Lúcio Costa em 1984 anteceder em anos a dissertação

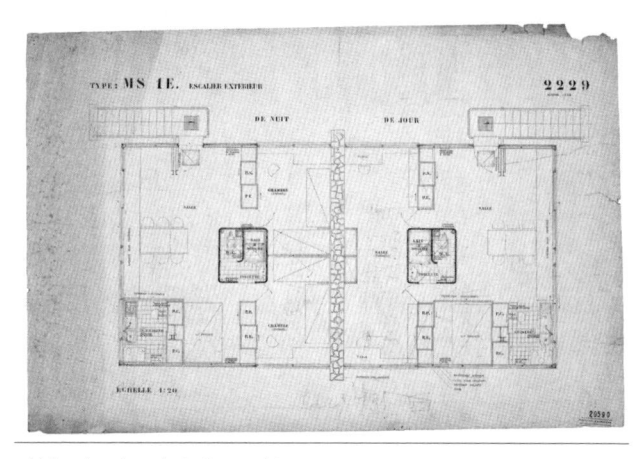

Maison Loucher, planta tipo, projeto
não construído (FLC 20590).
Le Corbusier, 1929. Acervo Fondation
Le Corbusier

de mestrado de Carlos Alberto Ferreira Martins, de 1987. O
artigo tem ainda o mérito de apresentar pela primeira vez
uma filiação possível para a vila operária de Monlevade,
projeto de Lúcio Costa, mesmo que suas observações não
enfrentem o cerne onde se radica os propósitos do arquiteto
carioca:

> Nem a função, nem a técnica, nem a sociedade, tripé
> do movimento moderno, visitam espontaneamente
> a cultura. Lúcio Costa deve sentir este drama com as
> operações de adaptação que se vê obrigado a fazer em
> Monlevade, para conciliar seu fascínio pelo novo com
> seu respeito pelo tradicional. As *Maisons Loucheurs*
> sofrem todas as transgressões necessárias e dolorosas
> para ajustar o sistema Dom-ino a nossa realidade, e o
> resultado é a modernidade possível e o testemunho da
> confusão entre cultura nacional e cultura arquitetônica:
> barro e taquara sobre pilotis de concreto.[191]

Maison Loucher, perspectiva externa, projeto não construído (FLC 18.252). Le Corbusier, 1929. Acervo Fondation Le Corbusier

Espallargas não considera que a síntese almejada por Lúcio Costa se dá dentro de um contexto cultural específico e não deveria ser medido com um tacão de medida que lhe seja externo. A operação intelectual de Lúcio Costa sempre será vista como um empobrecimento se levarmos em conta os princípios modernos originários da Europa (e mesmo a homogeneidade no contexto europeu é mais suposta do que real, pois são flagrantes as gramáticas nacionais de suas arquiteturas modernas). Supondo a diversidade como norma, aonde se enxerga uma transgressão pode-se apontar um desvio. Desvio, no caso brasileiro, limitado na sua invenção formal e espacial original, mas fértil no futuro, quando Lúcio Costa realiza suas obras-primas – Parque Guinle e Park Hotel São Clemente em Nova Friburgo –, seguido por Oscar Niemeyer, Affonso Eduardo Reidy, Rino Levi, Oswaldo Bratke, Francisco Bolonha e tantos outros. Assim, talvez seja melhor chamar a *modernidade possível* de *modernidade desejada*. Independente de sua veracidade, as premissas de Lúcio Costa viabilizam uma experimentação estética que, passado o tempo, lapidadas sobras e arestas, desagua em obras significativas da arquitetura brasileira.

Luis Espallargas considerada as *Maisons Loucheurs*, concebidas por Le Corbusier em 1929, matriz da casa operária de Vila Monlevade de 1934, argumento convincente pelas datas e parecença entre os projetos. Similitudes que existem também entre Monlevade e a Comuna de Piacé, projeto urbanístico e arquitetônico de Le Corbusier e Pierre Jeanneret realizados no mesmo ano,[192] portanto desconhecido por Costa na ocasião. A Comuna de Piacé propõe implantar no meio rural uma coletividade com acesso aos benefícios do mundo moderno. Um estratagema de manter, e mesmo devolver, o homem ao campo, ao levar até ele os bens que o atraem para as grandes cidades. Ideada como unidade de produção cooperativa, associada a pequenas propriedades familiares, a vila rural requer nova forma de organização da produção e o estado como fomentador. Os equipamentos previstos são: silo, celeiro, armazém, oficina, garagem, unidade habitacional para quarenta famílias com serviços comuns, correio, escola, administração, clube, sala de conferências, salão de festas, biblioteca etc. Para as glebas menores foram previstas casas unifamiliares. Tudo seria construído com elementos estruturais de ferro e concreto pré-fabricados em usinas e posterior montagem no canteiro.

As vilas de Lúcio Costa e Le Corbusier têm tamanhos semelhantes, com algumas centenas de habitantes reunidos para o exercício de um trabalho específico (operários siderúrgicos, em Monlevade; camponeses agricultores, em Piacé). A simplicidade das construções denota adequação total entre meios e fins, sem desperdício de qualquer tipo. A disposição dos equipamentos no território obedece aos princípios da setorização por funções. As casas unifamiliares da vila corbusiana – derivadas das *Maisons Loucheurs* –, dispostas ao longo de arvoredos, permitem uma vivência parecida à propiciada pelas casas geminadas de Monlevade. Mesmo os croquis dos arquitetos, onde a casa é associada ao ócio e ao

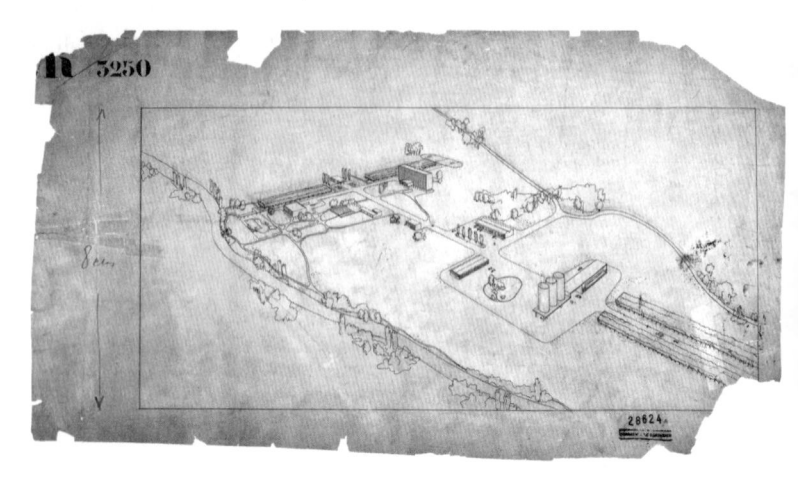

Reorganização agrária, perspectiva do conjunto, sem localização, não construída (FLC 28624B). Le Corbusier e Pierre Jeanneret, 1934. Acervo Fondation Le Corbusier

descanso, possuem semelhanças surpreendentes. Os equipamentos coletivos – cinemas, clubes etc. – atendem às diversas necessidades cotidianas e conferem às pequenas aglomerações, em dose reduzida, os prazeres da cultura e do lazer. Os edifícios muito simples em ambas têm um parentesco ainda mais acentuado: a cobertura em quatro abóbadas dos celeiros da vila francesa é muito parecida com a cobertura de quatro águas do armazém da vila brasileira, nas proporções e na estrutura com cinco renques de pilotis.

Contudo, diferenças são flagrantes: enquanto Monlevade se caracteriza pela dispersão dos edifícios pelo território, com percursos apenas enunciados ou insinuados, o plano urbanístico corbusiano é mais lógico, funcional e integrado, estruturado por estradas e caminhos de diversos gabaritos, uma visão de conjunto evidenciada nos desenhos e maquetes. Veículos utilitários como automóveis e tratores pululam nos desenhos de Le Corbusier, mas Lúcio Costa não os registra, nem em desenho, nem em texto – aparece apenas

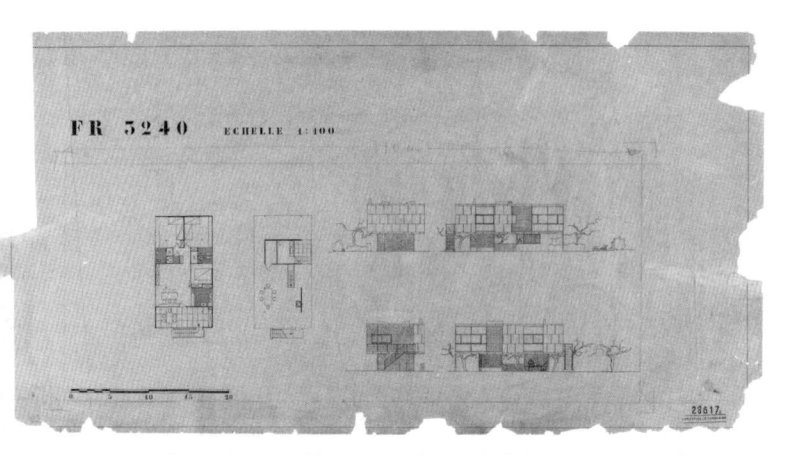

Reorganização agrária, plantas e elevações da habitação, sem localização, não construída (FLC 28617A).

Le Corbusier, 1938. Acervo Fondation Le Corbusier

um automóvel estacionado ao lado do mercado, fazendo o contraponto *moderno* aos cavalos presos ao pilotis do outro lado da edificação; as menções a ruas e caminhos sempre se dão como ambiência, não como circulação. Na Comuna de Piacé, os pomares formados por árvores plantadas com regularidade no solo e a disposição cartesiana das casas unifamiliares ao longo da estrada estampam o planejamento rígido, que atende à típica ocupação territorial do interior da França – predominância das pequenas propriedades e domínio extensivo e intensivo da natureza. Monlevade, ao contrário, surge como uma clareira no meio da vegetação compacta e irregular, sem preocupação em controlar ou dominar a natureza. Expressa o desejo regressivo de ocupação harmônica do meio local: "aquela fila de casas que serpenteia *ombro a ombro* ao longo das ruas e que tão bem caracteriza as cidades do nosso interior, foi voluntariamente quebrada, para permitir maior intimidade, relativo isolamento".[193]

Reorganização agrária, perspectivas da habitação, sem localização, não construída (FLC 28621). Le Corbusier, 1934.
Acervo Fondation Le Corbusier

As diferenças entre os dois projetos de vilas refletem distinções ainda maiores entre os contextos socioeconômicos onde se originam. Enquanto o Brasil vive o primeiro surto de industrialização e início da mudança hierárquica entre campo e cidade, a França enfrenta problemas decorrentes das grandes concentrações urbanas e o esvaziamento do ambiente rural. Le Corbusier vai atribuir à revolução industrial e à disseminação dos artefatos da vida moderna – trem, automóvel, jornal – o fim do isolamento do campo. As técnicas urbanísticas de alto teor funcionalista regulam a velocidade de deslocamento do homem no território: a anterior, de 4 km/h, restringia a vida camponesa "a um raio de quinze quilômetros: trinta quilômetros, ida e volta, marcavam o alcance, portanto o território explorável";[194] a atual, com a mecanização, pode se elevar em torno de 50 a 100 km/h, o que permite uma reestruturação do território. A reestruturação fundiária precisa do poder público pois a partilha atual é inadequada à mecanização: "Os poderes supremos sentem a necessidade de revelar a nova unidade administrativa camponesa de *tamanho apropriado* que permitirá a um prefeito, ou qualquer outro administrador, assumir suas responsabilidades, desde que um complexo suficiente de terras, gente e acontecimentos lhe seja confiado".[195] O "centro cooperativo" da nova unidade de exploração agrícola – "instrumento moderno que deve ser inserido na vida camponesa"[196] – é o elemento mais importante a ser projetado devido seu papel de instrumento da transformação social sem tumultos ou sobressaltos:

> O *centro cooperativo* aparece então como o dispositivo técnico portador de segurança e esperança no mundo camponês. Ferramenta a ser confiada e somente a espíritos alerta, informados e tecnicamente desenvolvidos. Ferramenta destina a forjar uma nova consciência feita

de exatidão e de entusiasmo, de confiança e de perseverança. Virtudes técnicas e virtudes morais que devem ser extraídas da alma camponesa onde elas estão sempre latentes. Tarefa do instrutor e do educador. Camponês na sua maneira de ser própria ao camponês, mas alimentado pelas contribuições de uma civilização generalizada. A escola rural fará estes ensinamentos, uma escola calcada sobre um programa nitidamente escrito e exatamente medido sobre a escala das necessidades presentes.[197]

A centralização do poder que se desdobra em preocupação pedagógica é um ponto comum entre a Comuna de Piacé e a Vila Monlevade. Na vila rural de Le Corbusier, busca-se ativar a exatidão dos objetos e o entusiasmo dos habitantes a serviço de uma sociedade mecanizada, voltada para o trabalho e para o controle abrangente da natureza. Uma comunidade que reflete a lógica da velocidade, a clareza funcional, a vida como expressão do trabalho e da civilização mecanizada. Na aproximação que se promove entre civilização tecnológica e arcaísmo rural, o ajuste dos relógios descompassados de presentes com ritmos opostos se fará com a transformação do modo de vida camponês. Contudo, a sobriedade e contenção do conjunto e a economia de esforços nas soluções formais nos remete ao comentário de Kenneth Frampton sobre um crescente primitivismo na obra de Le Corbusier após 1930.

Na solução dada por Lúcio Costa, os moradores da vila operária são obrigados a concessões – cumprir as prescrições relativas ao uso da casa, dos equipamentos e do território, conforme explicitadas no memorial do arquiteto – para tornar possíveis os benefícios da civilização moderna. Contudo, há lugar para o improviso, para a irregularidade, para a dispersão. É valorizada a introspecção e a contenção, adequadas ao convívio harmônico com a natureza. À semelhança da religiosidade singela da pintura Pau-Brasil de Tarsila do

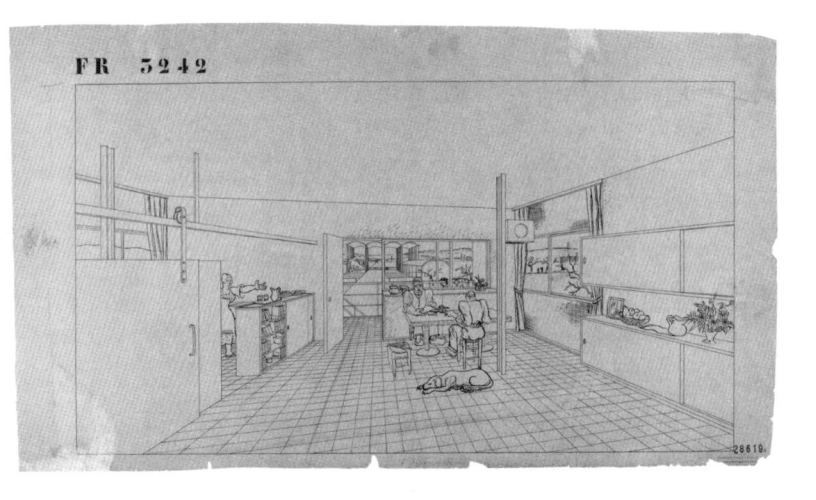

Reorganização agrária, perspectiva interna da habitação, sem localização, não construída (FLC 28619A).

Le Corbusier, 1938. Acervo Fondation Le Corbusier

Amaral ("Anjos", 1924), a presença destacada da igreja em Vila Monlevade – que se implanta em parte elevada do terreno, como que se vê nas cidades históricas mineiras – ilustra a preocupação de identificar, codificar e preservar os elementos culturais preexistentes e que exercem papel estratégico na coesão social. Dentro de um sistema econômico cuja lógica e valores não são sequer mencionados, Lúcio Costa desenha um cenário paradisíaco para os homens longe do trabalho, onde estão assegurados o descanso físico e o sossego da alma: "a única felicidade possível daqueles que, certamente, nela terão de viver todos os seus dias, contribuindo em silêncio ao bem-estar de tantos outros e colaborando, de maneira decisiva, para a prosperidade sempre crescente da Companhia Siderúrgica Belgo-Mineira SA".[198]

O projeto da Vila Monlevade, de 1924, é o mais importante do período de grande transformação nas convicções de Lúcio Costa, anos em que projeta sem construir, algumas vezes sem cliente, para si próprio. A viagem que faz à Europa durante o ano de 1926 põe fim a sua ilusão sobre o neocolonial como saída para a renovação da arquitetura brasileira. Sua passagem por Portugal e o conhecimento in loco da arquitetura tradicional portuguesa revela a distância profunda entre a técnica construtiva original e a cópia estilizada e decorativa que se dissemina na antiga colônia. A negação de sua formação tradicional e de suas antigas crenças acadêmicas, e também de sua mais recente adesão ao movimento regionalista do neocolonial, culmina com sua descoberta do movimento moderno, narrada por Lúcio Costa como uma *revelação*.[199]

Interessante estudo de Fernando Aliata e Claudia Shmidt[200] relaciona o projeto da Vila Monlevade a projetos de Auguste Perret (1874-1954) e tem como pressuposto a sobrevivência de antigas convicções intelectuais na conversão de Lúcio Costa ao moderno, em especial a definição acadêmica da arquitetura como expressão de um caráter regional a partir da "conformação de particularidades locais, filhas naturais das condições geográficas distintas".[201] Segundo Aliata e Shmidt, o desencanto de Costa com o neocolonial não implica em ruptura com a visão acadêmica; ao contrário, ele se atualiza do debate entre grupos acadêmicos pela liderança do processo de renovação da arquitetura francesa nas décadas iniciais do século 20. Coube à "Nova Tradição" – que defende a "alternativa do primitivismo, mas com a ideia preconcebida de encontrar ali as formas puras e primárias, os materiais em estado bruto e a exaltação do caráter artesanal dos sistemas construtivos que pudessem unificar *particularidade* e *classicismo*"[202] – a hegemonia durante a década de 1930, uma espécie de arquitetura oficial do Estado. A arquitetura de Auguste Perret se estabelece nessa pauta: dar forma em *linguagem modernista* aos *valores clássicos* consagrados pela tradição. Filiada à visão de história de Viollet-le-Duc e Choisy, o estilo perretiano se pretende resultante da verdade estrutural – o estilo é a própria racionalidade construtiva – e propõe, como acerto da arquitetura com a atualidade técnica, o uso dos novos sistemas construtivos, especialmente o concreto armado.

Adaptar essas ideias às condições locais é, na opinião de Aliata e Shmidt, a saída para o dilema enfrentado por Lúcio Costa: impossibilitado de defender o descaracterizado neocolonial, mas ainda crente das convicções clássicas agora renovadas, o arquiteto brasileiro se dispõe a adaptar os argumentos europeus ao panorama cultural distinto da ex-colônia, operação intelectual que permite, agora sob novas proposições, continuar a defender uma arquitetura que expresse o caráter nacional. Como a tradição colonial brasileira se distancia irremediavelmente do modelo clássico francês, o caminho de Perret – que busca uma síntese entre *particularidade* e *classicismo* expressa tecnologicamente em concreto armado – ganha no caminho de Costa um contorno próprio, onde os elementos da cultura local – práticas vernáculas diversas – ocupam na equação o lugar de particularidade.

Para comprovar a ascendência de Auguste Perret sobre Lúcio Costa, os historiadores argentinos apresentam os armazéns construídos na Argélia em 1915 e a Igreja Notre-Dame du Raincy, de 1924. Os primeiros, também base para as Casas Monol de Le Corbusier (e, ao que tudo indica, para os celeiros com cobertura em quatro abóbadas da vila francesa de Piacé), são o ponto de partida para praticamente todos os edifícios institucionais de Monlevade – clube social, escola, cinema e armazém; a segunda seria o modelo para a igreja de Monlevade, único edifício onde a massa construída se sobrepõe à verdade construtiva do concreto armado. Construídos na colônia africana – portanto em condições culturais e climáticas análogas às do Brasil –, os edifícios utilitários de Perret são adequados como modelo para Monlevade. Tanto nos armazéns argelinos como em Monlevade, os elementos vazados e treliçados na parte superior das paredes, para melhor ventilar o ambiente interno, são apropriações de técnicas locais vernáculas. O protótipo de habitação geminada sob pilotis de Monlevade, adaptação das Casas Loucheur, seria, no entendimento de Aliata e Shmidt, a única influência direta de Le Corbusier sofrida por Lúcio Costa nesse projeto, observação que confirma a filiação anteriormente proposta por Luis Espallargas.

Por fim, dois comentários feitos por Aliata e Shmidt sobre os mecanismos de transmissão cultural são úteis para a argumentação geral em curso. O primeiro acompanha os passos seguintes de Le Corbusier, que se dão com a incorporação de ideias formalistas desenvolvidas pelos grupos vanguardistas no âmbito das artes plásticas; no caso, a busca de maior liberdade formal se dá em simetria ao distanciamento das determinações construtivas e tecnológicas buscadas a Perret. Mas isto ainda não estava claro no início da década de 1930 e a Monlevade de Lúcio Costa surge como uma adesão prática ao ideário de Perret, em simultâneo a um alinhamento ideológico (mais retórico do que teórico) ao discurso corbusiano. O segundo é a constatação que inexiste na vila operária Monlevade qualquer traço de transformação da estrutura social, em contraste com a cidade industrial de Tony Garnier,[203] ideação mais significativa daquela época para um programa equivalente, onde as transformações urbanísticas implicam em radical mudança no modo de vida. A postura de Lúcio Costa é reformista e aposta em uma vida comunitária descentralizada, onde a ocupação harmônica do território resulta de uma síntese entre arte, natureza e planificação.[204] Assim, Monlevade prevê a continuidade do modo de vida local em novos equipamentos construídos em concreto armado.

O alinhamento entre as ideias acima e os argumentos em curso nesse trabalho não dispensa algum reparo. A aderência de Lúcio Costa à defesa feita por Quatremère de Quincy de um estilo nacional forjado ao longo do tempo por uma produção anônima é verossímil, contudo, ao longo dos anos, mesmo que tivesse a oportunidade de rever e refazer argumentos, Costa se manteve coerente na defesa tanto da produção dos anônimos artesãos do período colonial como da obra elevada do barroco brasileiro. Sua reiterada versão de uma filiação espiritual entre Aleijadinho e Oscar Niemeyer é face mais visível desta questão. Também é certo que Lúcio Costa defende, como já se disse antes, que a cultura local prevalente sofreria ajustes graças às imposições de comportamentos novos pela pedagogia moderna. Assim, ao tributarem as decisões do projeto de Monlevade quase que exclusivamente à formação clássica do arquiteto, Fernando Aliata e Claudia Shmidt enrijecem em excesso a explicação.

O ambiente cultural moderno onde Lúcio Costa está mergulhado é tão eclético como suas ideias e nesse caldo cultural é possível buscar justificativas tão ou mais decisivas. Como já dito anteriormente, a formação clássica do arquiteto brasileiro é uma condição necessária, mas não suficiente, para explicar suas ideias e decisões. A Vila Monlevade pode ser considerada, sem exagero, uma primeira manifestação do urbanismo Pau-Brasil, considerando Pau-Brasil, antes de tudo, uma atitude intelectual que aposta na fusão entre modernidade e tradição aliada a uma dada subjetividade emotiva e delicada. A arquitetura moderna de Perret e Le Corbusier, feita de concreto armado e gerenciada pelo apuro técnico, controle geométrico e estandardização, contribui com os elementos formais, devidamente amolecidos pela presença do barro, da taquara e dos muxarabis. Os argumentos, fatos e discursos apresentados até aqui comprovam não só a proximidade intelectual existente entre Lúcio Costa e o ambiente modernista de São Paulo, mas também as circunstâncias pessoais e históricas que justificam tal relação. Na segunda parte, com entrada em cena de novos personagens e ideias, serão aprofundadas as proximidades intelectuais existentes entre o arquiteto carioca e o ambiente vanguardista de São Paulo, em especial com as ideias de Mário de Andrade, de quem Lúcio Costa torna-se um êmulo exemplar.

Notas da parte 1

1. ANDRADE, Mário de (1928). *Macunaíma: o herói sem nenhum caráter* (op. cit.), p. 23. Na rapsódia de Mário de Andrade, a rede – presença constante ao longo da história – é suporte para atos simbólicos (enterro; resguardo anterior à morte) e do cotidiano (sexo e ócio).
2. COSTA, Lúcio (1936). Vila Monlevade, p. 90-99. Publicação original na *Revista da Diretoria de Engenharia da Prefeitura do Distrito Federal*, de maio de 1936. O texto foi republicado em *Sobre arquitetura*, coletânea organizada por Alberto Xavier em 1962, e em *Registro de uma vivência*, livro-testamento de Lúcio Costa, de 1995. As citações foram feitas a partir dessa última publicação. Curiosamente, a primeira edição é a mais ilustrada, com 49 desenhos; a segunda, de Xavier, conta com apenas dezesseis desenhos, enquanto a última edição tem 34 desenhos.
3. Ver: COSTA, Lúcio (1957). Memória descritiva do plano piloto, p. 283-297.
4. "Até fins de 1935 [...] Lúcio Costa permaneceu no ostracismo, com pouco serviço no escritório e com participação malsucedida em concursos, como o projeto da cidade de Monlevade em Minas Gerais, classificado em último lugar". SEGAWA, Hugo. *Arquiteturas no Brasil 1900-1990*, p. 79.
5. COSTA, Lúcio (1938). Documentação necessária, p. 459.
6. COSTA, Lúcio (1936). Vila Monlevade (op. cit.), p. 99. O desvio do moderno corbusiano em busca de uma conciliação com a arquitetura vernácula colonial foi bem notada por Carlos Martins em sua dissertação de mestrado: "uma demonstração projetual da sempre afirmada compatibilidade entre arquitetura tradicional brasileira e as propostas da vertente corbusiana ao nível da racionalidade dos sistemas construtivos". MARTINS, Carlos Alberto Ferreira. *Arquitetura e estado no Brasil: elementos para uma investigação sobre a constituição do discurso moderno no Brasil – a obra de Lúcio Costa (1924-1952)*, p. 162.
7. COSTA, Lúcio (1936). Vila Monlevade (op. cit.), p. 94.
8. Uma boa definição da *Maison Dom-Ino* pode ser encontrada em dissertação de mestrado sobre o tema, desenvolvido poucos anos depois da tese de doutorado que dá origem a este livro: "Jeanneret [Le Corbusier], junto aos engenheiros Max Du Bois e Juste Schneider, em 1914, elaborou o Projetos das Maison Dom-ino, no qual o elemento fundamental era a estrutura em concreto armado. O sistema Dom-ino ficou conhecido pela divulgação da célebre perspectiva mostrando um módulo básico constituído por elementos estruturais em concreto armado"; "O Dom-ino pode ser definido como sistema construtivo constituído por lajes planas, pilares e fundações em concreto armado, que propõe uma ordem racional entre seus elementos e sua construção, através da

aplicação de subsistemas de organização, visando dotar os edifícios que a empregam de atributos formais modernos, concretos (pisos em balanço, planta e fachadas livres, pilotis, etc.) e abstratos (como economia de meios, rapidez, rigor e precisão na construção, universalidade)". PALERMO, Humberto Nicolás Sica. *O sistema Dom-ino*, p. 43; 7.

9. COSTA, Lúcio (1936). Vila Monlevade (op. cit.), p. 94-95.
10. Idem, ibidem, p. 95.
11. "Nos primeiros três anos de sua existência, a Bauhaus foi dominada pela presença carismática do pintor e professor suíço Johannes Itten, que chegou no outono de 1919. Três anos antes, ele havia criado sua própria escola de arte em Viena, sob a influência de Franz Cizek. Num ambiente extremamente carregado, matizado pelas atividades anárquicas anti-secessionistas do pintor Oskar Kokoschka e do arquiteto Adolf Loos, Cizek desenvolvera um sistema único de instrução baseado no estímulo da criatividade individual através da produção de colagens de diferentes texturas e materiais. Seus métodos haviam amadurecido numa atmosfera cultural impregnada pela teoria educacional progressiva, desde os sistemas de Froebel e Montessori até o *aprender fazendo*, movimento iniciado pelo norte-americano John Dewey e vigorosamente difundido na Alemanha, a partir de 1908, pelo reformador educacional Georg Kerschensteiner". FRAMPTON, Kenneth. *História crítica da arquitetura moderna*, p. 148.
12. COSTA, Lúcio (1952). O arquiteto e a sociedade contemporânea, p. 272.
13. HOLANDA, Sérgio Buarque de (1959). *Visão do paraíso: os motivos edênicos no descobrimento e colonização do Brasil*, p. 170.
14. COSTA, Lúcio (1936). Vila Monlevade (op. cit.), p. 99.
15. ALMEIDA, Guilherme de. *Raça*, p. 3-4.
16. Em 1947, organizado pela revista *Anteprojeto* dos estudantes da Faculdade Nacional de Arquitetura, é publicado um álbum – *Arquitetura contemporânea no Brasil* – que reúne fotografias de projetos e obras construídas, procurando, em linhas gerais, mostrar o trabalho dos arquitetos brasileiros, principalmente a partir de 1940. É dedicado ao "arquiteto Lúcio Costa, mestre da arquitetura tradicional e pioneiro da arquitetura contemporânea no Brasil". Ver: GRAEFF, Edgar; JAIMOVITCH, Marcos; DUVAL, José; SELTER, Slioma. *Arquitetura contemporânea no Brasil*.
17. FERRAZ, Geraldo (1948). Falta o depoimento de Lúcio Costa, p. 119-122. Com o título "Falta o depoimento de Lúcio Costa: quem é o pioneiro da arquitetura moderna brasileira", artigo foi publicado originalmente no jornal *Diário de São Paulo* no dia 1 de fevereiro de 1948 e republicado em 15 de fevereiro de 1948 em *O Jornal*, do Rio de Janeiro.

18. Poucos anos depois, em artigo de jornal, Tarsila se mostra muito à vontade para falar de vários aspectos da arquitetura de Warchavchik, inclusive sobre as dificuldades que o arquiteto enfrentou no início de carreira: "Warchavchik foi o primeiro que implantou desassombradamente arquitetura moderna no Brasil, numa luta corajosa quanto ambiente hostil: guerra por parte dos colegas, dificuldade para encontrar material apropriado à nova arquitetura, incompreensão por parte do público. Era um trabalho insano descobrir o marceneiro que compreendesse o que era uma porta inteiramente lisa; era preciso uma paciência louca para conseguir um trinco, uma fechadura, uma dobradiça fora dos modos comuns. Para o operário, a complicação passara a ser simplicidade, e agora, para voltar ao ponto de partida na simplicidade real, era preciso uma reeducação da sensibilidade. Warchavchik tinha, portanto, que pensar em tudo, nos seus mínimos detalhes". AMARAL, Tarsila (1936). Gregorio Warchavchik.
19. FERRAZ, Geraldo (1948). Falta o depoimento de Lúcio Costa (op. cit.), p. 120.
20. COSTA, Lúcio (1948). Depoimento, p. 199, ambas.
21. "Contudo, o marco definitivo da nova arquitetura brasileira, que se haveria de revelar igualmente, apenas construído, padrão internacional e onde a doutrina e a soluções preconizadas por Le Corbusier tomaram corpo na sua feição monumental pela primeira vez, foi, sem dúvida, o edifício construído pelo ministro Gustavo Capanema para a sede do novo Ministério". COSTA, Lúcio (1951). Muita construção, alguma arquitetura e um milagre, p. 168. O artigo foi publicado originalmente no jornal carioca *Correio da Manhã*, em 15 de junho de 1951.
22. ANDRADE, Mário de (1944). Brazil Builds. Citações feitas a partir da publicação original do artigo no jornal paulista *Folha da Manhã*, de 23 de março de 1944.
23. Cf. LEITE, Rui Moreira. Flávio de Carvalho: o arquiteto modernista em três tempos. Os três artigos de Mário de Andrade são os seguintes: "Arquitetura moderna I", "Arquitetura moderna II" e "Arquitetura moderna III", publicados originalmente no jornal carioca *Diário Nacional*, nos dias 2, 3 e 4 de fevereiro de 1928.
24. ANELLI, Renato; GUERRA, Abilio; KON, Nelson. *Rino Levi: arquitetura e cidade*, p. 28.
25. FARIAS, Agnaldo. Gregori Warchavchik: introdutor da arquitetura moderna no Brasil, p. 15.
26. Ver: LIRA, José Tavares Correia de. *Warchavchik: fraturas da vanguarda*; VARGAS, Jayme. *Gregori Warchavchik: design e vanguarda no Brasil*. Em um vídeo disponibilizado na internet pela Festa Literária Internacional de Paraty – Flip é possível ver a presença de Mário de Andrade na inauguração em 1930 da Casa Modernista da rua Itápolis, projeto do arquiteto Gregori Warchavchik. O fragmento foi recortado do documentário

"Architectura modernista em S. Paulo", restaurado pela Biblioteca da FAU USP: Raro registro de Mário de Andrade em vídeo, Flip. Mário de Andrade aparece a partir de 1'08". Ver também: ANDRADE, Mário de. O trem azul.
27. COSTA, Lúcio (1948). Depoimento (op. cit.), p. 199.
28. Idem, ibidem, p. 199.
29. ARTIGAS, João Batista Vilanova (1977). Semana de 22 e a arquitetura, p. 139-141. O artigo foi publicado originalmente na revista carioca *Módulo*, em 1977. As citações foram feitas a partir da 3ª edição do livro *Caminhos da arquitetura*, de Vilanova Artigas, publicado pela editora Cosac Naify.
30. ARTIGAS, João Batista Vilanova (1952). Os caminhos da arquitetura moderna, p. 35-50. O artigo foi originalmente publicado na revista paulista *Fundamentos*, em janeiro de 1952, e as citações foram feitas a partir da 3ª edição do livro *Caminhos da arquitetura*, já citado.
31. Idem, ibidem, p. 48.
32. Aracy Amaral comenta que a produção estética dos modernistas paulistas da década de 1920 – "aristocracia modernista, que convivia em salões elegantes, navios ingleses, cafés de Paris, no circo do Piolim em São Paulo, entre objetos e quadros importados da França em viagens regulares" – era ponta-de-lança da hegemonia exercida no país pela aristocracia rural e pela burguesia do capital, hegemonia essa abalada profundamente com a Revolução de 1930. A partir daí os principais intelectuais do grupo, que estavam à frente do movimento de renovação das artes no país, passariam a falar "da margem, não mais do centro da arena". AMARAL, Aracy. *Tarsila: sua obra e seu tempo*, p. 63.
33. ARTIGAS, João Batista Vilanova (1977). Semana de 22 e a arquitetura (op. cit.), p. 139.
34. Idem, ibidem, p. 140. A expressão "raízes brasileiras do universo" é atribuída por Artigas ao poeta Moacyr Félix.
35. COSTA, Lúcio (1934). Razões da nova arquitetura, p. 116. A citação foi retirada do *post scriptum* de 1991.
36. COSTA, Lúcio (1970). Sphan: Serviço do Patrimônio Histórico e Artístico Nacional, p. 437.
37. ARTIGAS, João Batista Vilanova (1952). Os caminhos da arquitetura moderna (op. cit.), p. 45.
38. ARTIGAS, João Batista Vilanova (1977). Semana de 22 e a arquitetura (op. cit.), p. 139.
39. "Jovens arquitetos. Ao sairdes da nossa querida Faculdade para enfrentar a vida profissional, tão cheia de lutas mas ao mesmo tempo tão fértil em alegrias e estímulos do trabalho criador, abrem-se diante de vós as avenidas de um futuro radioso e feliz. Tende a certeza de que o vosso futuro se confunde com o do nosso povo e da nossa pátria – futuro de progresso e de felicidade". ARTIGAS, João Batista Vilanova. Aos formandos da FAU USP, p. 63. Publicação original do discurso de paraninfo na colação de grau dos arquitetos formados pela FAU USP em 1955 ocorreu no ano seguinte, no número de maio/junho da revista paulista *AD – Arquitetura e Decoração*.

40. ARTIGAS, João Batista Vilanova (1977). Semana de 22 e a arquitetura (op. cit.), p. 140.
41. Idem, ibidem, p. 140.
42. ANDRADE, Oswald de (1924). Manifesto da poesia Pau-Brasil (op. cit.), p. 10.
43. BRUAND, Yves (1981). *Arquitetura contemporânea no Brasil* (op. cit.), p. 140.
44. Idem, ibidem, p. 140.
45. Idem, ibidem, p. 143.
46. Esta questão de ordem historiográfica foi desenvolvida por nós em outros textos publicados posteriormente, com destaque para: GUERRA, Abilio. O estranho ao Sul do Rio Grande.
47. BRUAND, Yves (1981). *Arquitetura contemporânea no Brasil*, p. 142. Bruand, na mesma página, refere-se também à "fusão espiritual" obtida por Lúcio Costa entre técnicas antigas e modernas.
48. "Os primeiros passos para a criação de uma arquitetura moderna de 'caráter local' são creditados, nas publicações recentes, a Lúcio Costa. No entanto, a despeito de seus escritos serem tão influentes quanto suas obras, e de ele ser repetidamente louvado como o teórico do movimento e mesmo como pioneiro em alguns setores da pesquisa do patrimônio artístico nacional, ninguém até agora reconheceu, salvo engano, que boa parte dos estudos da arquitetura brasileira deriva do modelo de análise histórica por ele elaborado. Não por acaso são estes estudos que insistem na importância do arquiteto para a criação de uma arquitetura moderna 'autenticamente' nacional". PUPPI, Marcelo. *Por uma história não moderna da arquitetura brasileira*, p. 17
49. COSTA, Lúcio. Salão de 31, p. 71.
50. MINDLIN, Henrique E. *Arquitetura moderna no Brasil*.
51. SEGAWA, Hugo. *Arquiteturas no Brasil 1900-1990* (op. cit.), p. 102.
52. MINDLIN, Henrique E. *Arquitetura moderna no Brasil* (op. cit.), p. 21.
53. Idem, ibidem, p. 32.
54. Idem, ibidem, p. 33.
55. Idem, ibidem, p. 32-33.
56. "O Brasil é um país de contrastes, resultado de um período de especulação febril. Barracos toscos pululam como cogumelos nas áreas livres das grandes cidades e nos terrenos, ridiculamente caros, de sua periferia. Nenhum equilíbrio da estrutura social e nenhum planejamento urbano em grande escala serão possíveis antes que esse caos financeiro seja controlado. Apesar disso, o prodígio da arquitetura brasileira floresce como uma planta tropical". GIEDION, Sigfried (1956). O Brasil e arquitetura contemporânea, p. 17.
57. Idem, ibidem, p. 17. Se em Giedion a ausência de uma base política, social e tecnológica necessária à introdução da arquitetura moderna em nosso país é uma questão mencionada *an passant*, posteriormente foi um dos argumentos mais fortes para a sedimentação de uma visão mais ácida da crítica internacional em relação à arquitetura moderna brasileira.

58. Idem, ibidem, p. 17.
59. Idem, ibidem, p. 17, destaques do autor. Já tivemos oportunidade de comentar em nossa dissertação de mestrado, depois convertida em livro, o quanto a metafórica orgânica é parte integrante de uma visão de mundo atrelada à matriz intelectual romântica e como ela serve para expressar variadas crenças em uma relação profunda entre homem, meio natural e cultura. Ver: GUERRA, Abilio. *O primitivismo em Mário de Andrade, Oswald de Andrade e Raul Bopp: origem e conformação no universo intelectual brasileiro* (op. cit.).
60. "Segundo Gilberto Freyre, os portugueses foram os primeiros europeus a fazer da família, e não das companhias de comércio, a base de sua obra civilizatória. Em contraste com os anglo-saxões, a tradição portuguesa sempre se mostrou favorável à mistura com outras raças. O conde Keyserling observou que a unidade do Brasil se fez a despeito das diferenças raciais". GIEDION, Sigfried (1956). O Brasil e arquitetura contemporânea (op. cit.), p. 17.
61. Idem, ibidem, p. 17.
62. MINDLIN, Henrique E. *Arquitetura moderna no Brasil* (op. cit.), p. 26.
63. Idem, ibidem, p. 26.
64. Discurso pronunciado na Escola de Engenharia do Mackenzie, em 30 de agosto de 1945: MINDLIN, Henrique E. A nova arquitetura e o mundo de hoje, p. 105.
65. Segundo Segawa, Bruand "assimilou todos os preconceitos modernistas contra a arquitetura do ecletismo". SEGAWA, Hugo. *Arquiteturas no Brasil 1900-1990* (op. cit.), p. 15.
66. Idem, ibidem, p 16.
67. ANDRADE, Oswald de (1937). *O rei da vela*, p. 49. Trata-se de fala do personagem Abelardo I.
68. Idem, ibidem, p. 178-179. As fotos do edifício e da "casa simples" estão, respetivamente, nas páginas 118 e 99.
69. FARIAS, Agnaldo Aricê Caldas. Gregori Warchavchik: introdutor da arquitetura moderna no Brasil (op. cit.), p 15. A casa modernista e o enorme jardim são tombados nos níveis federal, estadual e municipal pelo Iphan, Condephaat e Conpresp. Hoje constituem o Parque Modernista, inaugurado em 2008 e gerido pela Secretaria do Verde e Meio Ambiente da cidade de São Paulo.
70. Mesmo considerando a discordância entre os Andrades, há nos três autores uma consciência na relação entre os princípios da nova arquitetura, presentes no projeto de Warchavchik, e mudanças estruturais da sociedade moderna. "Ora a Arquitetura também possui um destino, que não consiste nela ser bonita, mas agasalhar suficientemente, não um corpo, mas um ser humano, com corpo e também alma. As almas florentinas se agasalharam bem na Renascença. E as gregas e as chinesas. E ainda os mamelucos e emboabas da Ouro Preto setecentista, que jamais não cogitaram de construir uma São Francisco em estilo gótico ou manuelino. Pois nós também, si almas atuais, temos

que agasalhar nossas almas nas casas atuais a que chamam de 'modernistas'. Tudo mais é desagasalho, é desrespeito de si mesmo e só serve pra enganar. É o 'falso'". ANDRADE, Mário de. Exposição duma casa modernista (considerações). "A casa modernista de Warchavchik não se poderá nunca perder, como não se perderá Le Corbusier, na massa de construção de estilo geométrico, que inundarão sem dúvida São Paulo, a América, Sidney, Jaboticabal e Rouen, dentro de alguns anos". ANDRADE, Oswald de. A casa modernista, o pior crítico do mundo e outras considerações. "A casa de Warchavchik representa para São Paulo uma mudança: ela é extra-normal, em relação ao nosso ambiente construído". CARVALHO, Flávio de. Modernista Warchavchik, p. 9.
71. FARIAS, Agnaldo. Gregori Warchavchik: introdutor da arquitetura moderna no Brasil (op. cit.), p 18.
72. Ver: COSTA, Lúcio (1938). Documentação necessária (op. cit.), p. 457-462.
73. COSTA, Lúcio. Gregori Warchavchik, p. 72.
74. WARCHAVCHIK, Gregori. A primeira realização da arquitetura moderna em São Paulo.
75. SEGAWA, Hugo. *Arquiteturas no Brasil 1900-1990* (op. cit.), p. 101.
76. "Admirável também é a coleção de fotografias 'Brazil Builds' que o Museu de Arte Moderna, de Nova York, acaba de publicar, com excelentes comentários do arquiteto Philip L. Godwin. Eu creio que este é um dos gestos de humanidade mais fecundos que os Estados Unidos já praticaram em relação a nós, os brasileiros. Porque ele virá, já veio, regenerar a nossa confiança em nós, e diminuir o desastroso complexo de inferioridade de mestiços, que nos prejudica tanto. Já escutei muito brasileiro, não apenas assombrado, mas até mesmo estomagado, diante desse livro que prova possuirmos uma arquitetura moderna tão boa como os países mais avançados do mundo. Essa consciência de nossa normalidade humana só mesmo os estrangeiros é que podem nos dar. Porque nós, pelo mesmo complexo de inferioridade, ou reagimos caindo num por-que-me-ufanismo idiota, ou num jeca-tatuísmo conformista e apodrecente". ANDRADE, Mário de. Brazil Builds. Apud SEGAWA, Hugo. *Arquiteturas no Brasil 1900-1990* (op. cit.), p. 100. A transcrição da citação foi feita a partir do artigo original.
77. COSTA, Lúcio (1936-1937). Cidade Universitária, p. 186.
78. Idem, ibidem, p. 105.
79. BRUAND, Yves (1981). *Arquitetura contemporânea no Brasil* (op. cit.), p. 105.
80. COMAS, Carlos Eduardo. Arquitetura moderna, estilo Corbu, Pavilhão brasileiro, p. 208.
81. Idem, ibidem, p. 207.
82. Idem, ibidem, p. 210.

83. Idem, ibidem, p. 210.
84. Idem, ibidem, p. 221.
85. Idem, ibidem, p. 221.
86. Idem, ibidem, p. 219.
87. Como é recorrente nas suas interpretações da arquitetura de Lúcio Costa, Comas relaciona o jardim tropical à tradição clássica em outro artigo sobre o Pavilhão: "o maior espírito de brasilidade de Lúcio parece estar associado à abertura da sua planta térrea, animada por elementos evocativos, o espelho d'água e os painéis de treliça. Seguindo a tradição clássica romântica, o espelho d'água se opõe à ortogonalidade dominante, como em muitos parques e praças brasileiras, entre eles o parque da Quinta da Boa Vista com paisagismo de Auguste Glaziou no Rio de Janeiro (1880) e a Praça João Mendes em São Paulo (1880). A treliça dá ares coloniais às formas modernas". COMAS, Carlos Eduardo. A Feira Mundial de Nova York de 1939: o pavilhão brasileiro, p. 66.
88. Uma nota no boletim mensal do IAB/SP de janeiro de 1954 dá uma boa ideia de como essa discussão se disseminou, muitas vezes com excessivo esquematismo, em outras tantas com contornos ideológicos variados: "Arquitetura e nacionalidade. Realizou-se a tão esperada mesa redonda sobre o tema em epígrafe à qual compareceu bom número de arquitetos e estudantes, tendo-se prolongado o debate por várias horas. Iniciaram a discussão os arquitetos convidados para fazerem parte da mesa, a saber: Flávio de Carvalho, Eduardo Kneese de Mello, Corona, Luiz Saia, Artigas, tendo-se depois alargado o debate. Inicialmente Flávio de Carvalho falou nos fatores internacionalistas da arquitetura (cálculo, materiais etc.) e nos fatores nacionalistas (ambiente, clima, realidade social); julga que a arquitetura será totalmente transformada pelo novo cálculo de concreto, cálculo em três dimensões, que plasmará novas formas. Artigas interveio dizendo que o que dá caráter nacional à arquitetura é o seu aspecto humano. O arq. Corona não considera que nossa arquitetura contemporânea tenha sido importada, pois não considera as primeiras obras de Warchavchik e mesmo de Flávio de Carvalho como obras que tenham tido em seu tempo uma influência definitiva; a nova fase da arquitetura iniciou-se no Brasil em 1934, no tempo em que se iniciaram os projetos do Ministério da Educação. O arq. Artigas é de opinião que essa arquitetura moderna tinha um conteúdo cosmopolita declaradamente importado, mas que se revestiu de detalhes nacionais, tirados da arquitetura do passado; depois desta importação, sempre houve um esforço em se continuar revestindo deste modo aquele conteúdo. Isto não é suficiente para definir nacionalmente uma arquitetura". WILHEIM, Jorge; CRISTOFANI, Telésforo Giorgio. Arquitetura e nacionalidade. O boletim do IAB onde está publicado o texto é datado de 1954, mas está encartado na revista *Acrópole* de janeiro de 1955. A opinião de

Eduardo Corona, relevando-se o equívoco ao adiantar em dois ou três anos a data do início do projeto do MES, é exatamente o argumento apresentado por Lúcio Costa em sua polêmica com Geraldo Ferraz em 1948.

89. COMAS, Carlos Eduardo. Arquitetura moderna, estilo Corbu, Pavilhão brasileiro (op. cit.), p. 218.
90. FREYRE, Gilberto (1933). *Casa-grande e senzala.*
91. HOLANDA, Sérgio Buarque de (1936). *Raízes do Brasil.*
92. GOODWIN, Philip L. *Brazil Builds: Architecture New and Old 1652-1942*, p. 194.
93. MINDLIN, Henrique E. *Arquitetura moderna no Brasil* (op. cit.), p. 202.
94. BRUAND, Yves (1981). *Arquitetura contemporânea no Brasil* (op. cit.), p.107.
95. COMAS, Carlos Eduardo. Arquitetura moderna, estilo Corbu, Pavilhão brasileiro (op. cit.), p. 207.
96. SEGAWA, Hugo. *Arquiteturas no Brasil 1900-1990* (op. cit.), p. 93.
97. LARA, Fernando Luiz. Espelho de fora: arquitetura brasileira vista do exterior.
98. LIERNUR, Jorge Francisco. *The south american way*: o milagre brasileiro, os Estados Unidos e a Segunda Guerra Mundial – 1939-1943, p. 179-180. O artigo foi originalmente publicado na revista argentina *Block*, em 1999. As citações foram feitas a partir do livro.
99. Idem, ibidem, nota 24, p. 212-213.
100. No livro *Pavilhões de exposição* – que traz, segundo seu autor, os cinquenta mais importantes pavilhões realizados no século 20 – figura o Pavilhão do Brasil para a Feira Internacional de Nova York de 1939, demonstrando que, caso tenha havido realmente uma montagem retrospectiva, ela se alastrou vigorosamente. Ver: PUENTE, Moisés. *Pavilhões de exposição: 100 anos*, p. 94-97. O livro comete um erro ao atribuir o projeto de paisagismo de Thomas Price a Roberto Burle Marx.
101. "O interesse do Estado Novo de Vargas pelo Pavilhão era considerável, tanto no plano econômico quanto no diplomático. A participação do Brasil na Feira, decidida em novembro de 1937, se inscrevia no marco da política de boa vizinhança de Roosevelt". COMAS, Carlos Eduardo. Arquitetura moderna, estilo Corbu, Pavilhão brasileiro (op. cit.), p. 207-208. "O calendário de eventos de 1939 teria dois pontos altos por conta do esforço dos Estados Unidos em promover um *encontro* de nações, no delicado panorama político internacional, que acabou desembocando na Segunda Guerra". SEGAWA, Hugo. *Arquiteturas no Brasil 1900-1990* (op. cit.), p. 92. Uma nova perspectiva sobre a relação Brasil e Estados Unidos durante esse período foi estabelecida por Fernanda Critelli, ao investigar o quanto a arquitetura moderna brasileira influenciou a arquitetura de Richard Neutra. As pesquisas de iniciação científica, mestrado e doutorado, todas orientadas por Abilio Guerra, resultaram no seguinte livro: CRITELLI, Fernanda. *Richard Neutra e o Brasil.*

102. LIERNUR, Jorge Francisco. *The south american way*: o milagre brasileiro, os Estados Unidos e a Segunda Guerra Mundial – 1939-1943 (op. cit.), p. 177.
103. Idem, ibidem, p. 179.
104. BILL, Max. Report on Brazil. Apud FRAMPTON, Kenneth. *História crítica da arquitetura moderna* (op. cit.), p. 313-314. Ciam é a sigla para os Congressos Internacionais da Arquitetura Moderna (tradução do original francês Congrès Internationaux d'Architecture Moderne), organização que abriga os mais importantes arquitetos modernos da época e promovia uma série de eventos para discutir princípios e procedimentos nos vários domínios da arquitetura e urbanismo. O primeiro dos dez congressos internacionais que organiza foi em 1928, em La Sarraz, Suíça, quando foi fundada a instituição; o último, em 1956, em Dubrovnik, Iugoslávia.
105. BILL, Max. Report on Brazil. Apud SEGAWA, Hugo. *Arquiteturas no Brasil 1900-1990* (op. cit.), p. 109.
106. Outra interessante nota no Boletim mensal do IAB, também assinada por Jorge Wilheim e Telésforo Giorgio Cristofani, dá uma boa medida do quanto a crítica internacional reverteu, nos anos 1950, a avaliação positiva que prevaleceu na segunda metade da década de 1940, motivada provavelmente pelas críticas de Max Bill e Bruno Zevi: "Sob este título [O irracional na obra de Niemeyer], a revista Metron (Itália) publicou um artigo assinado por Natalio David Firszt. [...] O autor exprime a opinião que a obra de Niemeyer encontra suas razões mais profundas no caráter egocêntrico e na sua concepção racionalista da arquitetura – e não tanto na tradição barroca. Niemeyer, diz-nos o autor, cria com extrema facilidade. Em suas soluções mais ousadas, dominadas por uma espécie de frenesi assimétrico, percebe-se com clareza que seu objetivo final é tão somente a forma. Forma esta aumentada por um egocentrismo sensual mesmo em prejuízo de outros valores. É inútil, afirma Firszt, tentar explicar esta arquitetura como de costume: sua psicologia foge às regras, pois ela procura como única razão de ser, o desenvolvimento de uma extraordinária capacidade plástica". WILHEIM, Jorge; CRISTOFANI, Telésforo Giorgio. O irracional na obra de Niemeyer.
107. COSTA, Lúcio (1953). Desencontro, p. 202.
108. Max Bill considera o conjunto habitacional de Pedregulho "um notável êxito, não somente de arquitetura, mas ao mesmo tempo de urbanismo, e de todos os problemas sociais. Para mim, Pedregulho é o mais importante exemplo neste domínio e eu estaria contente se na Suíça existissem muitas realizações como esta. Infelizmente, há poucas. O sentido humano em Pedregulho parece-me perfeito, de primeira ordem, pois cada vez que entro em uma residência, pergunto-me: desejaria eu morar neste apartamento? Pois bem, minha resposta,

logo que visitei um daqueles apartamentos, foi a seguinte: amanhã mesmo, se alguém me convidasse, eu me mudaria com grande prazer para tão confortáveis apartamentos". Apud BONDUKI, Nabil Georges. *Affonso Eduardo Reidy*, p. 18.
109. COSTA, Lúcio (1953). Desencontro (op. cit.), p. 202.
110. Idem, ibidem, p. 201.
111. LIERNUR, Jorge Francisco. *The south american way*: o milagre brasileiro, os Estados Unidos e a Segunda Guerra Mundial – 1939-1943 (op. cit.), p. 190.
112. Idem, ibidem, p. 192.
113. COSTA, Lúcio (1938). Documentação necessária (op. cit.), p. 457. Há grande simetria entre as propostas de documentação da arquitetura colonial por Lúcio Costa e das manifestações populares defendida por Mário de Andrade desde os meados dos anos 1920.
114. Idem, ibidem, p. 458. Em artigo de 2003, Telma de Barros Correia aponta, como já havíamos feito em nossa tese de doutorado, a influência das ideias de Gilberto Freyre sobre Lúcio Costa, como é o caso dos valores de pureza, despretensão, adaptação ao meio ambiente, elasticidade ou elasticidade. CORREIA, Telma de Barros. O modernismo e o núcleo fabril: o anteprojeto de Lúcio Costa para Monlevade.
115. Idem, ibidem, p. 458.
116. "Esta é uma das interessantes particularidades do projeto: aproveitar, em determinados casos, soluções ainda comuns entre nós há trinta anos e agora em desuso, banidas inexplicavelmente – como essas varandas empregadas aqui para circulação de massa". COSTA, Lúcio (1936-1937). Cidade Universitária (op. cit.), p. 177.
117. Idem, ibidem, p. 177.
118. LIERNUR, Jorge Francisco. *The south american way*: o milagre brasileiro, os Estados Unidos e a Segunda Guerra Mundial – 1939-1943 (op. cit.), p. 195.
119. Idem, ibidem, p. 206.
120. Idem, ibidem, p. 199.
121. Idem, ibidem, p. 191.
122. CENDRARS, Blaise. Peixinhos. Apud EULALIO, Alexandre. *A aventura brasileira de Blaise Cendrars*, p. 31.
123. MARTINS, Carlos Alberto Ferreira. "Há algo de irracional...": notas sobre a historiografia da arquitetura brasileira, p. 137. O artigo foi publicado originalmente na revista argentina *Block* em 1999. As citações são feitas a partir do livro em português.
124. Idem, ibidem, p. 139.
125. FERRAZ, Geraldo. *Warchavchik e a introdução da nova arquitetura no Brasil: 1925 a 1940*. Apud MARTINS, Carlos Alberto Ferreira. "Há algo de irracional...": notas sobre a historiografia da arquitetura brasileira (op. cit.), p. 148.
126. WARCHAVCHIK, Gregori. Decadência e renascimento da arquitetura. Apud MARTINS, Carlos Alberto Ferreira. "Há algo de irracional...": notas sobre a historiografia da arquitetura

brasileira (op. cit.), p. 148. Há algumas pequenas diferenças entre a passagem aqui citada e a presente no artigo referido na nota, pois preferimos reproduzir diretamente do original publicado no jornal *Correio Paulistano*, em 5 de agosto de 1928.
127. COSTA, Lúcio. O arranha-céu e o Rio de Janeiro. 'O País', em prosseguimento da sua 'enquete', ouve os arquitetos construtores Preston & Curtis e Lúcio Costa, p. 4. Tomamos conhecimento desse artigo na coletânea de textos de Lúcio Costa não publicada, organizada por Alberto Xavier, em volume datilografado e sem paginação geral. Com título provisório *Trabalhos escritos*, o volume não foi publicado.
128. MARTINS, Carlos Alberto Ferreira. "Há algo de irracional...": notas sobre a historiografia da arquitetura brasileira (op. cit.), p. 159.
129. COSTA, Lúcio (1975). Relato pessoal, p. 137. Muitos anos depois, Lúcio Costa confirmou novamente em entrevista a afirmação de Bruand. Perguntado se o uso dos azulejos e do granito no Edifício do MES tinha sido uma sugestão de Le Corbusier, o arquiteto brasileiro respondeu o seguinte: "É, foi sugestão dele". CZAJKOWSKY, Jorge; BURLAMARQUI, Maria Cristina; BRITO, Ronaldo (1987). Presença de Le Corbusier: entrevista de Lúcio Costa, p. 146.
130. MARTINS, Carlos Alberto Ferreira. *Arquitetura e estado no Brasil: elementos para uma investigação sobre a constituição do discurso moderno no Brasil – a obra de Lúcio Costa (1924-1952)* (op. cit.), p. 89. Os argumentos presentes no artigo podem ser encontrados em especial no capítulo "Arquitetura moderna no Brasil: uma trama recorrente".
131. Idem, ibidem, p. 97.
132. CZAJKOWSKY, Jorge; BURLAMARQUI, Maria Cristina; BRITO, Ronaldo (1987). Presença de Le Corbusier: entrevista de Lúcio Costa (op. cit.), p. 151.
133. Idem, ibidem, p. 144-145.
134. Os três textos frutos da viagem à América do Sul – disponíveis hoje em português graças ao importante trabalho de pesquisa de Margareth Silva Pereira e companheiros, que resultou no livro *Le Corbusier e o Brasil* – são muito reveladores do impacto provocado pelo território sul-americano na visão de mundo de Le Corbusier. Ver: LE CORBUSIER (1929). Corolário brasileiro; LE CORBUSIER (1929). O espírito sulamericano; LE CORBUSIER (1929). Prólogo americano.
135. "*Atenção*: informo-lhe que o governo brasileiro acaba de pedir ao Congresso a verba necessária para a construção da capital federal prevista na Constituição. Construção de uma cidade de um milhão de almas: *Planaltina*, numa região ainda hoje virgem! Creio que isto deva lhe interessar! Se for mesmo o caso, colocarei você em contato com quem de direito". Carta de Blaise Cendrars a Le Corbusier, 13 jul. 1926. IN PEREIRA, Margareth da Silva; PEREIRA, Romão Veriano da Silva; SANTOS, Cecília Rodrigues dos; SILVA, Vasco Caldeira da. *Le Corbusier e o Brasil*, p. 42. Este livro

acompanha, com ampla documentação primária, as diversas tentativas de Le Corbusier em receber a encomenda para o projeto urbanístico da nova capital do Brasil.
136. Carta de Le Corbusier a Paulo Prado, 28 jul. 1929. In PEREIRA, Margareth da Silva; PEREIRA, Romão Veriano da Silva; SANTOS, Cecília Rodrigues dos; SILVA, Vasco Caldeira da. *Le Corbusier e o Brasil* (op. cit.), p. 44.
137. LE CORBUSIER (1929). Prólogo americano (op. cit.), p. 74.
138. Os autores de *Le Corbusier e o Brasil* supõem uma influência invertida, com Le Corbusier sendo condicionado pela paisagem brasileira ao desenvolver suas ideias urbanísticas: "Nessa viagem o arquiteto realimenta também a noção de cidade moderna imaginada como parque, como *cidade verde*, como lugar da luz. Diversas passagens no 'Espirito Sul-americano' e no 'Corolário brasileiro' mostram a recorrência dessas noções nas reflexões de 1929 a que inspiram a doutrina da *Ville Radieuse*. Reconquistar o ar, a luz e o verde por todo lado. Dar à cidade um grande designio, um grande desenho, um grande destino. As cidades são vistas de avião: amanhã o avião será nosso. O carro, o aço, o cimento estarão nas nossas casas*. A *ville radieuse* é uma *cidade verde*: sem o contato deslumbrado com a natureza do Rio de Janeiro, sem a aquiescência da imaginação ante o desafio de tamanha força e beleza, talvez não lhe fosse possível elaborar a doutrina subjacente à *Ville Radieuse*". PEREIRA, Margareth da Silva; PEREIRA, Romão Veriano da Silva; SANTOS, Cecília Rodrigues dos; SILVA, Vasco Caldeira da. *Le Corbusier e o Brasil* (op. cit.), p. 19.
139. LE CORBUSIER (1929). Prólogo americano (op. cit.), p. 76.
140. Texto escrito na Fazenda S. Martinho durante a viagem ao Brasil. In PEREIRA, Margareth da Silva; PEREIRA, Romão Veriano da Silva; SANTOS, Cecília Rodrigues dos; SILVA, Vasco Caldeira da. *Le Corbusier e o Brasil* (op. cit.), p. 49.
141. Spengler desenvolve uma historiografia que considera os ciclos vitais – nascimento, vida e morte – que fazem parte de todas as civilizações. Ver: SPENGLER, Oswald. *A decadência do ocidente*.
142. KEYSERLING, Hermann (1926). *El mundo que nace*, p. 32. A primeira edição espanhola foi publicada pela *Revista de Occidente*, em 1926, mesmo ano de sua publicação original em alemão (*Die neuentstehende Welt*). A primeira edição francesa (*Le monde qui nait*), de 1927, é a que foi consultada por Mário de Andrade e Oswald de Andrade.
143. Tratamos longamente desse assunto e da presença de Keyserling na obra de Mário de Andrade em nossa dissertação de mestrado, posteriormente convertida em livro: GUERRA, Abilio. *O primitivismo em Mário de Andrade, Oswald de Andrade e Raul Bopp: origem e conformação no universo intelectual brasileiro* (op. cit.). Ver especialmente o subcapítulo "O primitivismo em Mário de Andrade", p. 246-264.

144. O original *Südamerikanische Meditationen* foi publicado em 1932. Um volume da tradução para o francês, *Méditations sud-américains*, do mesmo ano, compõe a biblioteca de Mário de Andrade. Cf. FARIA, Daniel. As meditações americanas de Keyserling: um cosmopolitismo nas incertezas do tempo, p. 915.
145. KEYSERLING, Hermann (1933). *Meditaciones suramericanos*, p. 26-28. Tradução do autor.
146. ANDRADE, Oswald de (1928). Manifesto antropófago, p. 14. O texto foi originalmente publicado no primeiro número da *Revista de Antropofagia*, em maio de 1928.
147. Após mencionar que se aponta falsamente o "caráter barbarizador da técnica", Keyserling propõe um novo tipo histórico: "o chauffeur. Este é o tipo primitivo de nossa época de multidões, como foram em outras épocas o sacerdote e o cavaleiro. O chauffeur é o homem primitivo preparado pela técnica. O talento técnico é qualidade afinada com essa faculdade de orientar-se que tem os selvagens; a técnica, como tal, é o evidente e seu domínio desperta no homem sentimentos de liberdade e poder, tanto mais enérgico quanto mais primitivo é o homem". KEYSERLING, Hermann (1926). *El mundo que nace* (op. cit.), p. 34; 40.
148. LOPEZ, Telê Porto Ancona. *Mário de Andrade: ramais e caminho*, p. 51.
149. Em nosso livro baseado na dissertação de mestrado tratamos do pessimismo inerente ao nosso modernismo derivado da discussão sobre as possibilidades civilizacionais do homem brasileiro, principalmente na versão marioandradiana. Ver: GUERRA, Abilio. *O primitivismo em Mário de Andrade, Oswald de Andrade e Raul Bopp: origem e conformação no universo intelectual brasileiro* (op. cit.).
150. LE CORBUSIER (1929). Corolário brasileiro (op. cit.), p. 96.
151. LE CORBUSIER (1929). Prólogo americano (op. cit.), p. 83-84.
152. Idem, ibidem, p. 78.
153. ARANHA, Luis (1921). Drogaria de éter e sombra, p. 35.
154. Aracy Amaral publica o desenho em livro de 1975, que traz a seguinte legenda: "Desenho de Le Corbusier oferecido a Tarsila em 1936, quando de sua vinda ao Rio: Panorama da cidade. A esquerda, 'Rio / 14 août 936 / À Madame Tarsila / Amicalement / Le Corbusier'". AMARAL, Aracy. *Tarsila: sua obra e seu tempo* (op. cit.), p. 254.
155. A visão positiva de Le Corbusier em relação ao negro e à sua acomodação no território pode ser confirmada no próprio texto do arquiteto: "Quando escalamos as 'Favelas' dos negros, os morros altos e inclinados onde prendem suas casas de madeira e taipa pintadas com cores vivas, pregadas como os mariscos nos rochedos do porto: – os negros são limpos e de estatura magnífica, as negras estão vestidas com um tecido de florzinhas brancas, sempre limpo; acabado de lavar; não há nem rua, nem caminhos – tudo é muito inclinado – mas veredas que são ao mesmo tempo enxurrada e esgoto; desenvolvem-se ali cenas de vida popular animadas por uma tão magistral dignidade

que uma escola de grande pintura de gênero encontraria no Rio um grande futuro; o negro faz sua casa quase sempre a pique, empoleirada sobre pilotis na parte da frente, a porta do lado de trás, do lado da colina; do alto das 'Favelas' vê-se sempre o mar, a bacia, os portos, as ilhas, o oceano, as montanhas, os estuários; o negro vê tudo isso; o vento reina, útil sob os trópicos; há uma altivez no olho do negro que vê tudo isso; o olho do homem que vê vastos horizontes é mais altivo, os vastos horizontes conferem dignidade". LE CORBUSIER (1929). Corolário brasileiro (op. cit.), p. 88.

156. LE CORBUSIER (1929). Prólogo americano (op. cit.), p. 79.

157. "Os jovens de São Paulo expuseram-me sua tese; somos 'antropófagos'; a antropofagia não era um hábito glutão; era um rito esotérico, uma comunhão com as melhores forças. A refeição era frugal; havia de cem a quinhentos guerreiros comendo a carne do guerreiro capturado. Esse guerreiro era valoroso. Comera a carne dos próprios guerreiros de sua tribo. Logo, comendo sua carne, assimilava-se a carne mesma de seus ancestrais". Idem, ibidem, p. 83.

158. FRAMPTON, Kenneth. *História crítica da arquitetura moderna* (op. cit.), p. 222.

159. E após a morte também. Coube a Lúcio Costa levar o corpo do amigo falecido de Roquebrune, onde morreu afogado, para Paris. No meio do caminho, parada no convento de La Tourette onde ocorre a cena mais pungente narrada no seu livro-testamento: "Ao anoitecer chegamos a Lyon, tomando a direção do convento dominicano de La Tourette construído por ele e onde deveríamos pernoitar. Chuviscava. O convento fica no declive da encosta, à beira da estrada. Quando os carros pararam, os religiosos, nas suas vestes branco e preto tradicionais, já estavam à espera e foram chegando vagarosos. Carregaram sobre os ombros o ataúde coberto com a bandeira, e desceram lentamente até a estrada, – o vão lateral que rasga a nave, de alto a baixo. A igreja é bela e solene; alta, severa, conventual, o oposto de Ronchamp. Depositaram o corpo na parte central da nave e se foram alinhando em silêncio, assim permanecendo até que a voz grave do superior iniciou o elogio fúnebre do arquiteto". COSTA, Lúcio. Roquebrune, p. 585.

160. Em sua soberba, Le Corbusier enxerga apenas sua ascendência sobre os brasileiros: "Fico feliz de ter tido uma influência tão forte no Brasil e de ter podido desencadear, através de minha primeira viagem de 1929, e de minha segunda viagem de 1936, um movimento de arquitetura brasileira absolutamente admirável de invenção criadora e de intensidade". Carta de Le Corbusier a Francisco Matarazzo Sobrinho, presidente da Bienal de São Paulo, 4 fev. 1952. In PEREIRA, Margareth da Silva; PEREIRA, Romão Veriano da Silva; SANTOS, Cecilia Rodrigues dos; SILVA, Vasco Caldeira da. *Le Corbusier e o Brasil* (op. cit.), p. 211.

161. MONTAIGNE, Michel de (1580). *Ensaios*. Capítulo 21 – Dos canibais, p. 100-106.
162. ROUSSEAU, Jean-Jacques (1754). *Discurso sobre a origem e os fundamentos da desigualdade entre os homens*, p. 201-320.
163. "Com Le Corbusier em São Paulo, ponto obrigatório era festa em casa de Tarsila e Oswald". AMARAL, Aracy. *Tarsila: sua obra e seu tempo* (op. cit), p. 237.
164. "Em Montaigne, Rousseau e suas derivações românticas rebeldes – idealizadores de um cenário paradisíaco para o homem primitivo, onde a liberdade, a igualdade e a ausência de repressões existem ainda como condição natural – Oswald de Andrade foi buscar sua noção do homem primitivo". GUERRA, Abilio. *O primitivismo em Mário de Andrade, Oswald de Andrade e Raul Bopp: origem e conformação no universo intelectual brasileiro* (op. cit.), p. 270. Neste livro, baseado na dissertação de mestrado, pudemos desenvolver a genealogia cultural do primitivismo modernista, concepção tributária dos encaminhamentos discursivos do evolucionismo e do romantismo no Brasil. As relações entre o modernismo artístico brasileiro dos anos 1920 e a arquitetura moderna brasileira, onde estão presentes a miscigenação racial, a natureza tropical e a cultura ingênua do homem brasileiro, foram desenvolvidas posteriormente. Ver: GUERRA, Abilio. *Arquitetura brasileira: tradição e utopia*.
165. Trabalho apresentado no IV Congresso Pan-Americano de Arquitetura e Urbanismo e publicado no jornal paulista *Diário da Noite*, em 1 de julho de 1930. In DAHER, Luiz Carlos. *Flávio de Carvalho: arquitetura e expressionismo* (op. cit.).
166. "Como Flávio disse hoje aos jornais, Le Corbusier não é para nós, senão o último grande arquiteto burguês. [...] Le Corbusier tem no seu 'Urbanisme' trechos demonstrativos do mais estreito espírito burguês cristão. E note-se que nós admiramos muito Le Corbusier. [...] Sua intenção psicológica em urbanismo seria estandardizar a pavorosa vida medíocre dos hotéis. A tese que Flávio de Carvalho lê hoje no Congresso Pan-Americano de Arquitetos, intitulada 'A cidade do homem nu', traz a contribuição do ponto de vista antropofágico para o problema. Nela não falta o critério climatérico que já produziu no Brasil a grande arquitetura colonial dos tempos idos". ANDRADE, Oswald de. *Antropofagia e arquitetura*.
167. Sobre a origem da expressão "poesia Pau-Brasil", explica Oswald de Andrade: "Blaise Cendrars teve influência no surgimento 'Pau-Brasil'. Em 1925 eu trouxe impresso de Paris, com prefácio de Paulo Prado e ilustrações de Tarsila, o livro *Pau-Brasil*, de que decorreu um movimento dentro do nosso modernismo. O primitivismo, que na França aparecia como exotismo, era para nós, no Brasil, primitivismo mesmo. Pensei, então, em fazer uma poesia, de exportação e não de importação, baseada em nossa ambiência

geográfica, histórica e social. Como o pau-brasil foi a primeira riqueza brasileira exportada, denominei o movimento Pau-Brasil. Sua feição estética coincidia com o exotismo e o modernismo 100% de Cendrars, que, de resto, também escreveu conscientemente poesia Pau-Brasil". RAMOS, Péricles Eugênio da Silva (1949). Depoimento de Oswald Andrade.

168. ANDRADE, Oswald de (1924). Manifesto da poesia Pau-Brasil (op. cit.), p. 9.
169. LE CORBUSIER (1929). Prólogo americano (op. cit.), p. 84.
170. Idem, ibidem, p. 85.
171. FISHMAN, Robert. *Urban Utopias in the Twentieth Century*, 1977. Apud FRAMPTON, Kenneth. *História crítica da arquitetura moderna* (op. cit.), p. 221.
172. ANDRADE, Mário de (1945). A meditação sobre o Tietê (*Lira Paulistana*), p. 305.
173. ZÍLIO, Carlos. *A querela do Brasil: a questão da identidade da arte brasileira – a obra de Tarsila, Di Cavalcanti e Portinari*, p. 79.
174. Idem, ibidem, p. 80. Em artigo de 1936, Tarsila relembra uma cena ocorrida no ateliê de Fernand Léger, elucidativa de seu método: "O ateliê particular de Léger ficava perto da academia, no terceiro andar de um casarão velho. Era só subir as escadas e bater à porta do mestre. Um salão imenso, um mundo de telas espalhadas. Pelas mesas, catálogos de máquinas de todo jeito. Léger já se achava num período de segurança, não hesitava sobre o caminho a seguir. Entretanto, procurava sempre melhorar a expressão. Um dia, tomou a fotografia de um clássico nu de mulher e, colocando-a junto às engrenagens de um catálogo de máquinas disse: *Ficarei satisfeito quando conseguir a verdadeira fusão destas duas coisas*". AMARAL, Tarsila do. Fernand Léger.
175. REDAÇÃO (1922). Klaxon. *Klaxon*, p. 1-3. Republicado em: TELES, Gilberto Mendonça. *Vanguarda europeia e modernismo brasileiro*, p. 294-296. A citação encontra-se no último parágrafo das duas versões.
176. ANDRADE, Oswald de (1924). Manifesto da poesia Pau-Brasil (op. cit.), p. 5.
177. O quadro paradisíaco presente na pintura de Tarsila do Amaral, onde as condições precárias de sobrevivência não são impeditivas de uma vida simples e feliz, bem adaptada ao meio tropical, ganha inesperada chancela de Gilberto Freyre, mesmo que com tinturas mais realistas: "O contraste da habitação rica com a pobre no Brasil não se pode dizer que foi sempre absoluto, através do patriarcalismo e do seu declínio, com toda a vantagem do lado do sobrado, e toda a desvantagem do lado do mucambo ou da palhoça. Pode-se até sustentar que o morador de mucambo construído em terreno seco, enxuto, a cobertura dupla protegendo-o bem da chuva, foi e é indivíduo mais higienicamente instalado no trópico que o burguês e sobretudo a burguesa do antigo sobrado. Ou que o pequeno-burguês de casa térrea". FREYRE, Gilberto (1936). *Sobrados e mucambos*, p. 301.

178. ZÍLIO, Carlos. *A querela do Brasil. A questão da identidade da arte brasileira – a obra de Tarsila, Di Cavalcanti e Portinari* (op. cit.), p. 81-82.
179. Idem, ibidem, p. 83.
180. ANDRADE, Oswald de. Manifesto da poesia Pau-Brasil (op. cit.), p. 6.
181. ZÍLIO, Carlos. *A querela do Brasil: a questão da identidade da arte brasileira – a obra de Tarsila, Di Cavalcanti e Portinari* (op. cit.), p. 82.
182. "Freud acabou com o enigma mulher e com os sustos da psicologia impressa"; "a antropofagia carnal, que traz em si o mais alto sentido da vida e evita todos os males identificados por Freud, males catequistas"; "Contra a realidade social, vestida e opressora, cadastrada por Freud". ANDRADE, Oswald de (1928). Manifesto antropófago, p. 13; 18-19; 19, respectivamente.
183. Idem, ibidem, p. 15.
184. Benedito Nunes aponta o quanto o pensamento Pau-Brasil está próximo da filosofia e da psicanálise. A visão de primitivo não se funda no índio historicamente real, mas é positivada a partir da suposta potência energética da origem: "Oswald interiorizou na antropofagia o índio, mas como imagem do primitivo vivendo numa sociedade outra, e movendo-se no espaço etnográfico ilimitado, que se confundia com o inconsciente da espécie. Por esse lado, seu primitivismo reproduziu o distanciamento crítico do antropólogo moderno relativamente aos padrões da sociedade que se acha vinculado e dos quais se dessolidariza; por outro lado, aliou-se, recuando a um pensamento selvagem, ao desnudamento do homem que a psicanálise empreendia. Dessa forma, o tupi, ou caraíba, longe de representar a alma comum sedimentada, conota as energias psíquicas que animam impulsionam o desenvolvimento humano". NUNES, Benedito. Antropofagia ao alcance de todos, p. XXXVIII.
185. Outros grupos se articulam nos anos 1920 e operam no registro da vanguarda. Dentre eles, talvez o mais próximo nas questões temáticas é o Movimento Verde-Amarelo – também chamado de Verde-Amarelismo –, grupo literário fundado por Cassiano Ricardo, Menotti Del Picchia e Plínio Salgado em 1926. Movimento conservador nos âmbitos político e comportamental, algumas de suas obras podem ser incluídas no rol de obras primitivistas, como contraponto ou mesmo como confirmação das interpretações apresentadas.
186. SCHWARTZ, Jorge. *Tupi or not Tupi: o grito de guerra da literatura do Brasil moderno*, p. 146.
187. ANDRADE, Oswald de. *Postes da Light*, p. 115.
188. Idem, ibidem, p. 43.

189. A epígrafe do artigo é muito elucidativa da intenção desmistificadora do autor: "O vasto domínio da imaginação é semelhante ao da mentira [...] quando se abusa da imaginação se cai na loucura. É uma faculdade nobre enquanto reconhece sua idealidade; quando cessa de reconhecê-la, se converte em demência". RUSKIN, John. *A lâmpada da verdade*. Apud Idem, ibidem, p. 35.
190. Idem, ibidem, p. 46.
191. Idem, ibidem, p. 90.
192. Ver: LE CORBUSIER. *Oeuvre Complète*. Volume 3, p. 186 e seguintes.
193. COSTA, Lúcio (1936). Vila Monlevade (op. cit.), p. 99.
194. LE CORBUSIER (1943). *Os três estabelecimentos humanos*, p. 92. O original francês foi publicado em 1943 e discute as três formas modernas de estabelecimento do homem no território segundo o pensamento corbusiano daquele momento – "a unidade de exploração agrícola", "o centro linear industrial" e a "cidade radiocêntrica de trocas" –, considerando, portanto, um território antrópico em sua extensão. As considerações sobre "a unidade de exploração agrícola" são feitas a partir do projeto da Comuna de Piacé, desenvolvido na década anterior.
195. Idem, ibidem, p. 93.
196. Idem, ibidem, p. 96.
197. Idem, ibidem, p. 102.
198. COSTA, Lúcio (1936). Vila Monlevade (op. cit.), p. 99.
199. Lúcio Costa destacou, em várias oportunidades, a pouca importância que deu a Le Corbusier durante sua palestra de 1929 no Rio de Janeiro. Em carta para Le Corbusier, datada de 26 de janeiro de 1936, Lúcio Costa conta o desdém com que tratou a primeira visita de Corbusier ao Brasil: "Por ocasião de sua visita ao Rio de 1929, fui escutá-lo: a conferência estava no meio, a sala repleta – 5 minutos mais tarde saía escandalizado, acreditando sinceramente ter me deparado com um *cabotino*". In PEREIRA, Margareth da Silva; PEREIRA, Romão Veriano da Silva; SANTOS, Cecília Rodrigues dos; SILVA, Vasco Caldeira da. *Le Corbusier e o Brasil* (op. cit.), p. 142. Em outra entrevista, concedida em 1987, Lúcio Costa reafirma a história, com versão muito semelhante: "Eu era inteiramente alienado nessa época, mas fiz questão de ir até lá. Cheguei um pouco atrasado e a sala estava toda tomada. As portas do salão da Escola estavam cheias de gente e eu o vi falando. Fiquei um pouco depois desisti e fui embora, inteiramente despreocupado, alheio à premente realidade". CZAJKOWSKY, Jorge; BURLAMARQUI, Maria Cristina; BRITO, Ronaldo (1987). Presença de Le Corbusier: entrevista de Lúcio Costa (op. cit.), p. 144. No mesmo ano, em entrevista a Hugo Segawa, Lúcio Costa cristalizou a história: "Em 1929 era o tal período em que eu estava alheio. Naturalmente, como essa conferência foi muito badalada,

fui para o Salão Nobre da Escola de Belas-Artes. Cheguei lá e já tinha começado. O salão estava cheio e as portas – as três portas que dão para o *hall* da escada – estavam abarrotadas de pessoas olhando e querendo participar. Cheguei, olhei e vi aquele vulto no grande quadro – pregaram folhas grandes que ele ia arrancando na medida em que ilustrava a palestra com desenhos. Só fiquei pouco tempo porque não via quase nada. Fui pegar meu trem para voltar para Correias, onde eu morava". SEGAWA, Hugo. Lúcio Costa: a vanguarda permeada com a tradição (entrevista), p. 148. Lúcio Costa também lembra de um contato com a norte-americana Mary Houston, que atesta seu desconhecimento de Le Corbusier em 1927: "Brincando de *forca* ela propôs um nome começado por L, e a coisa foi indo até que me enforcou: tratava-se, simplesmente, de 'Le Corbusier'. E pensar que, três anos depois, na minha reforma do ensino, aconteceria o que aconteceu". COSTA, Lúcio. Mary Houston: registro de viagem, p. 48.
200. ALIATA, Fernando; SHMIDT, Claudia. Lúcio Costa, o episódio Monlevade e Auguste Perret, p. 239-258.
201. ALIATA, Fernando; SHMIDT, Claudia. Lúcio Costa, o episódio Monlevade e Auguste Perret (op. cit.), p. 241. O trabalho de Fernando Aliata e Claudia Shmidt está em sintonia, provavelmente devido à proximidade de ambientes intelectuais, com linha de pesquisa histórica que já há décadas se desenvolve no Rio Grande do Sul sob a liderança de Carlos Eduardo Comas e que busca trazer à luz os vínculos da arquitetura moderna brasileira de extração carioca com a tradição acadêmica e com o ensino das Belas Artes no Rio de Janeiro.
202. Idem, ibidem, p. 243. Grifos do autor.
203. GARNIER, Tony. Una ciudad industrial: estudio para la construcción de ciudades.
204. Ao contrário da transformação estrutural da sociedade prevista por Garnier, a proposta de transformação de Lúcio Costa "passava por incorporar a arte e a natureza ao planejamento de novas cidades em um plano geral de descentralização e ocupação harmônica do território". ALIATA, Fernando; SHMIDT, Claudia. Lúcio Costa, o episódio Monlevade e Auguste Perret (op. cit.), p. 250.

parte 2
A história de uma utopia

Ostium anydri

Varanda caipira para a burguesia carioca

Parque Guinle, Rio de Janeiro RJ. Lúcio Costa, década de 1940. Foto Nelson Kon

Nas duas páginas anteriores
Ilha de Utopia, gravura de Ambrosius Holbein para a edição de 1518 do livro de Thomas Morus. The British Library

Ouro Preto
Vamos visitar São Francisco de Assis
Igreja feita pela gente de Minas
O sacristão que é vizinho da Maria Cana-Verde
Abre e mostra o abandono
Os púlpitos do Aleijadinho
O teto do Ataíde
Oswald de Andrade, Roteiro das Minas, 1925[1]

No final dos anos 1940 – com o edifício do MES já inaugurado e, portanto, mais experiente como arquiteto e como construtor – coube a Lúcio Costa a oportunidade de projetar um conjunto habitacional de alto padrão. A situação não poderia ser mais caseira: um amigo o procurou para contar que "os herdeiros de Eduardo Guinle – o visionário e gastador – encaravam a contingência de ter que abrir uma rua no parque da mansão para obter renda, e já estavam com um projeto de prédios de estilo *afrancesado* para *combinar* com o palácio".[2] Lúcio comenta em tom brincalhão, mas sério, o quanto a possibilidade de se construir um casario num estilo francês qualquer poderia se tornar uma alegoria grotesca da relação escravocrata *casa-grande* e *senzala*. Sua resposta desloca o foco principal: "aconselhei então uma arquitetura contemporânea que se adaptasse mais ao parque do que à mansão".[3] Assim, um aristocrata em decadência, movido pelas agruras econômicas e pelo instinto de sobrevivência, estava prestes, dessa maneira anedótica e involuntária, a se tornar mola propulsora de um dos mais bem-sucedidos conjuntos arquitetônicos construídos no Brasil.

O terreno de 400 x 400 metros do Parque Guinle tem uma topografia acidentada, em aclive quando se caminha da entrada para o interior da gleba, com a depressão na área central. A acessibilidade se limita à entrada única na rua Gago Coutinho, que tangencia por alguns poucos metros um dos seus lados; os limites restantes do terreno são fronteiriços a outras propriedades. A entrada é marcada pelo portão que data do início do século 20, tal como a mansão da família, construída em estilo eclético entre 1910 e 1913 – hoje Palácio das Laranjeiras, residência oficial do governador do Estado do Rio de Janeiro –, e que fica logo à esquerda, no ponto mais alto da propriedade. Como o terreno ali é muito íngreme, o caminho que vai da entrada até a mansão faz um longo percurso em forma de círculo imperfeito por dentro do terreno, circundando a área de cota mais baixa, destinada aos "jardins de gosto romântico, com córrego e lagos artificiais".[4]

Onde posicionar os seis edifícios originalmente encomendados não era uma equação simples. A melhor localização do ponto de vista da paisagem – na borda, junto ao caminho, com vista para o parque – colocaria as faces principais dos edifícios orientadas para oeste, com a indesejável incidência do sol da tarde e suas decorrências climáticas deletérias. A solução urbanística adotada – "em forma de anfiteatro",[5] tendo como ponto focal o palacete, como bem define um crítico – cobraria resposta criativa para barrar o sol sem obliterar o olhar; caso isto ocorresse, a implantação perderia sentido. Nas palavras de Lúcio, era importante que os "prédios alongados, de seis andares, fossem soltos do chão e dispusessem de *loggias* em toda a extensão das fachadas, com vários tipos de quebra-sol, já que davam para o poente".[6] Todo o cuidado na concepção e apuro na construção não foi suficiente para o conjunto ser bem recebido pelo público alvo. Os apartamentos levaram muito tempo para ser vendidos, devido ao custo elevado do imóvel, à falta de hábito da burguesia em habitar edifícios de apartamentos e mesmo à inabilidade dos corretores que tinham em mãos um produto totalmente novo.

Página ao lado
Parque Guinle, Rio de Janeiro RJ.
Lúcio Costa, década de 1940.
Foto Nelson Kon

Abaixo
Parque Guinle, Rio de Janeiro RJ.
Lúcio Costa, década de 1940.
Foto Nelson Kon

Dos seis previstos, apenas três blocos foram construídos;[7] os dois localizados no interior da propriedade – Bristol e Caledônia – têm os cômodos principais, quartos e salas, voltados para bela vista do parque. Entre o vidro que fecha os ambientes e o limite externo do edifício, há varandas de climatização – as *loggias*, segundo Lúcio Costa – cuja face externa é fechada por painéis de bloqueio do sol, que alternam lâminas retangulares de madeira, os brise-soleil corbusianos, e elementos vazados de cerâmica com desenhos variados, de uso tradicional no Brasil. As diferentes texturas, formas e colorações dos elementos utilizados compõem um conjunto onde, tal como numa colcha de retalhos, se combinam numa unidade vibrante e íntegra. Carlos Eduardo Comas afirma que a solução em retícula vazada mantém vínculos com a tradição arquitetônica brasileira e com a modernidade europeia: "as referências ao *mucharabi* lusobrasileiro são óbvias, mas deveria registrar-se também a empatia com o Terragni da Casa del Fascio".[8] Contudo, Lúcio Costa diz que seu interesse pelo elemento vazado foi despertado em um passeio por Nova Friburgo.[9]

O elemento vazado usado por Lúcio Costa é conhecido em várias regiões do país como "cobogó". A expressão mereceu discussão e controvérsia sobre sua origem, mas o Geraldo Gomes comprova a naturalidade regional do nome, e o uso moderno pioneiro em obra de Luiz Nunes no Recife[10] – a caixa d'água do Alto da Sé, em Olinda, de 1936, projeto encartado no catálogo *Brazil Builds*. O objetivo de Nunes – obter com elementos preexistentes uma parede permeável à luz e ao vento – já está sugerido em Monlevade, onde os treliçados de madeira cumprem a mesma função – além da "preservação de certa intimidade", no entender de Lúcio Costa. Como Luiz Nunes foi aluno da Escola de Belas Artes no Rio de Janeiro na geração de Niemeyer e Reidy, o plano vazado pode ser um desdobramento do ajuste da arquitetura moderna ao clima tropical, mas a solução formal, a partir de elementos preexistentes, é uma primazia da arquitetura moderna pernambucana. Além do Parque Guinle, construído no início dos anos 1940, o elemento vazado – ou o cobogó –, marca a fachada de formidáveis exemplares da arquitetura brasileira ao longo do tempo, como o Pavilhão do Brasil na Feira Mundial de Nova York, de Lúcio Costa e Oscar Niemeyer (1939), o Pavilhão de Anatomia Patológica no Recife, de Saturnino Nunes de Brito (1940), o Sedes Sapientiae, de Rino Levi (1942), o Instituto Vital Brazil em Niterói, de Álvaro Vital Brazil e Adhemar Saldanha Marinho (1942), o conjunto habitacional de Pedregulho, de Affonso Reidy (1947), as vilas Amazonas e Serra do Navio, de Oswaldo Bratke (1955).[11]

A *loggia* do Parque Guinle é uma atualização das tradicionais varandas das casas rurais e urbanas do período colonial. Contudo, na disposição em renque junto à face mais

Parque Guinle, Rio de Janeiro RJ.
Lúcio Costa, década de 1940. Foto
Nelson Kon

Vila Serra do Navio AP. Oswaldo
Bratke, 1956. Foto Nelson Kon

exposta ao sol, observa-se um procedimento funcionalista. Um crítico brasileiro sugere que a solução se inspira em tipologia desenvolvida por Le Corbusier: "o edifício se estrutura a partir do módulo espacial das varandas – as *loggias* brise-soleil de Le Corbusier – que se repete em toda a fachada da zona noite/dia".[12] Há alguma proximidade entre as soluções, em especial a dupla função que cumprem – proteger os cômodos internos da incidência dos raios solares e permitir ampla visão da paisagem –, mas divergem no aspecto construtivo e no âmbito psicológico. A delicadeza dos elementos vazados cerâmicos resulta em muxarabi renovado, "furado" de quando em quando por aberturas retangulares aonde é possível se apoiar para o desfrute da paisagem. À transparência da visão do interior para o exterior se opõe a opacidade do olhar no sentido contrário, garantindo algo muito caro ao arquiteto brasileiro: *intimidade e relativo isolamento*. Em contraste, a *loggia* brise-soleil corbusiana, com elementos vazados de cimento no fechamento do guarda-corpo, expressa a rudeza crescente da obra do arquiteto suíço-francês no segundo pós-guerra. O quadro superior acima do guarda-corpo fica desimpedido, abrindo uma ampla visão da paisagem. A face externa escavada por volumes em toda sua extensão, quando exposta ao sol, tem como efeito de conjunto um vibrante contraste de claros e escuros.

Um episódio revela o quanto a *loggia* brise-soleil está longe do vocabulário arquitetônico de Lúcio Costa. Em 1952 ele recebe a incumbência do governo brasileiro para projetar a casa do estudante brasileiro – a *Casa do Brasil*, como gostava de dizer –, na cidade universitária de Paris. Na ocasião, passando longa temporada na Europa devido a problemas pessoais, ele envia seu estudo para Rodrigo Mello Franco de Andrade, seu superior no Sphan, para que o encaminhasse ao ministro. Na carta que acompanha as folhas de desenho, Lúcio Costa comunica o compromisso assumido em Paris para a construção do projeto: "já deixei a coisa apalavrada em princípio com o sr. Wogenscky do atelier Le Corbusier pois me pareceu justo caber a incumbência ao velho atelier da rua de Sèvres 35, onde nasceram as ideias que foram

Unidades de habitações transitórias, balcão brise-soleil, sem localização, não construída. Le Corbusier, 1944. Acervo Fondation Le Corbusier

dar vida nova à arquitetura brasileira contemporânea".[13] A gentileza busca retribuir Le Corbusier pelo enorme impulso ao desenvolvimento da arquitetura moderna brasileira e, principalmente, propiciar-lhe o tão almejado projeto brasileiro, mesmo que não fosse no nosso território (a obra no Brasil nunca ocorreu, apesar das tentativas de Lúcio Costa e companheiros).

O despojado estudo inicial do arquiteto, feito com material escolar da filha, mostra uma volumetria muito próxima da que foi posteriormente construída, mas com duas mudanças significativas, que alteraram o caráter do projeto. Em primeiro lugar, a detalhada prescrição de cores e texturas por Lúcio Costa para fachada e interiores, e o painel artístico em área comum dos estudantes, recomendações não respeitadas no projeto final:

> Quanto à cor, estabeleci o esquema seguinte a fim de garantir a variedade sem prejuízo da uniformidade: os tetos e a parede da janela, inclusive cortina, serão brancos; as paredes do lado de quem entra serão cinza ou havana; quando a parede for cinza o chão será havana e vice-versa; as paredes opostas poderão ser azul, rosa, verde água ou amarelo limão; quanto às capas das camas e poltroninhas serão todas cinza ou havana por conveniência de conservação e troca; serão cinza como a parede onde o piso for havana, e havana no caso contrário; nos corredores a parede dos quartos será sempre cinza e a parede oposta, bem como a do patamar, mudarão de cor conforme o andar, porque fica mais agradável e ajuda a identificar o piso de chegada. Previ igualmente um painel de 3,20m por 7,00m mais ou menos, na sala de estar, para nosso Portinari.[14]

Em segundo lugar, o fechamento da fachada que corresponde aos quartos em todos os andares: "As janelas só terão 1,05m de altura, mas vão de fora a fora, sendo metade

Unidade de Habitação, Marselha, França. Le Corbusier, 1945. Foto Victor Hugo Mori

de abrir, metade fixa com vidro opaco; na metade de abrir haverá uma pequena persiana externa de enrolar para fora, do tipo econômico e muito prático de uso corrente aqui em Lisboa e que nunca vi noutro lugar; na parte fixa haverá cortina. No peitoril estão a estante e o radiador".[15] Conforme se imagina a partir de descrição tão precisa, a fachada alternaria faixas horizontais: o peitoril pintado com as "cores que são predominantes na França" e as faixas de vidros transparente e opaco.

A equipe corbusiana desconsidera a escolha de cores feita por Lúcio Costa e opta pela rudeza hegemônica do concreto aparente. Na face correspondente aos quartos, são adotadas as *loggias* brise-soleil, com as paredes laterais das varandas pintadas, de forma alternada e sem ordem aparente, em cores vivas – vermelho, verde, azul e amarelo –, mas com o concreto armado aparente absoluto em todos os elementos em primeiro plano: pilares, vigas, elemento vazado e pingadeiras. Nesse momento da obra de Le Corbusier, a *loggia* brise-soleil é uma solução padrão, adotada nas *unités*[16] e na fachada correspondente às celas individuais do Convento de La Tourette.

Lúcio Costa não se pronuncia contra o produto final, muito dissonante em relação à arquitetura delicada que pratica durante a vida, mas se desvencilha da autoria do projeto, atribuindo-a quase de forma integral aos arquitetos de Paris: "tendo em vista a próxima inauguração, desejava definir a parte de cada um, para efeito de inscrição de praxe, onde se deverá ler, entre outras coisas, '... construído sob direção do Atelier da rua de Sèvres, 35, segundo risco inicial de Lúcio Costa e projeto de Le Corbusier', tal como sugiro".[17] A decisão é, em geral, vista – e diversas atitudes semelhantes tomadas em momentos cruciais de sua vida corroboraram essa visão – como um gesto honesto e despojado do velho mestre. No entanto, é necessário olhar com alguma cautela para esse desfecho pois ele parece conter um significado que vai além da conhecida correção ética de Lúcio Costa.

Um entrevero entre os dois arquitetos joga luz sobre a questão. Quando Le Corbusier reclama a autoria do projeto do MES a Pietro Maria Bardi, em 1949, Lúcio Costa lhe envia uma carta em tom áspero, lembrando-o de carta anterior, de 1937, onde o arquiteto suíço-francês deixa claro que considerava o projeto de autoria dos brasileiros. E continua: "envio junto foto da inscrição gravada no revestimento de pedra da parede do vestíbulo, assinalando apenas que a antiga palavra portuguesa *risco* tem o mesmo significado da palavra inglesa *design*, diferente de *drawing*, desenho".[18] E na foto do vestíbulo do Ministério da Educação e Saúde se lê: "Projetado pelos arquitetos Oscar Niemeyer, Affonso Reidy, Jorge Moreira, Carlos Leão, Lúcio Costa e Hernani Vasconcelos, segundo risco original de Le Corbusier. 1937-1945". Como se vê, a frase que ele quer gravada em pedra na Casa do Brasil na Cidade Universitária de Paris é adaptação fiel da que foi inscrita na parede do edifício-sede do Ministério da Educação em Saúde, inaugurado menos de uma década antes, em 1945. Nos dois casos, o estudo preliminar torna-se *risco*, um ponto de partida, uma inspiração. Ao tomar a iniciativa de designar claramente a quem cabia os louros do projeto

Unidade de Habitação, balcão brise-
-soleil, Marselha, França. Le Corbusier,
1945. Foto Victor Hugo Mori

parisiense – à equipe de Le Corbusier –, Lúcio Costa reitera a autoria do projeto do Rio de Janeiro – a equipe brasileira.

Nas faces principais dos prédios do Parque Guinle, o cobogó é o elemento tradicional que se soma ao projeto moderno – as lâminas horizontais com 65 metros de comprimento por 15 metros de largura, e seis pisos úteis, que seguem os princípios previstos na *Maison Dom-Ino* de Le Corbusier: esqueleto estrutural de concreto independente suspenso por pilotis, cobertura em laje plana, circulação vertical com escadas e elevadores em estrutura independente, parcialmente externa ao volume, garagem no subsolo. Também na escala maior se vê a preocupação de Lúcio Costa em equilibrar os elementos internacionais e os nacionais.

O primeiro sinal de integração é a relação intensa entre vegetação e edifícios. Nestes, Carlos Eduardo Comas identifica a presença da tradição na estruturação dos apartamentos "uma qualidade de casa esparramada, muito de acordo com a tradição brasileira de residência rural. Inclusive nos duplex, sugestivamente dispostos na seção intermediária dos blocos, Costa prefere conectar-se com os sobrados coloniais – casas em fita de dois pavimentos – e abster-se de qualquer efeito dramático nas secções, que fosse comparável aos de Le Corbusier em seus *immeubles-villa*".[19] O próprio Lúcio Costa menciona uma tipologia específica no seu esforço de estabelecer um vínculo com a tradição: "eu tinha imaginado que teriam sempre, junto da entrada, uma espécie de sala, um ambiente aberto – uma espécie de jardim de inverno que seria um ambiente de receber, uma coisa independente da sala. E um outro espaço, entre a cozinha e os quartos, que corresponderia a uma 'varanda caseira'. Então o apartamento teria duas varandas digamos, embora meio fechadas – porque incorporadas ao prédio –, respeitando assim as proposições originais do século 17 das casas paulistas, chamadas 'bandeiristas', aquelas casa bonitas, de taipa de pilão, que sistematicamente debaixo do mesmo telhado têm um salão central, dois corpos laterais com os quartos e duas *loggias*, ou varandas entaladas no corpo da casa".[20]

    Descrevendo de forma mais sistemática o conjunto, os seis pisos dos três edifícios são ocupados por quatro apartamentos por andar, simples nas pontas, duplex no meio, resultando em áreas e número de cômodos variáveis. Na área frontal – que nos edifícios Caledônia e Bristol corresponde às faces voltadas para o parque e no edifício Nova Cintra, para o arruamento – temos dispostos, em fileiras, os quartos e salas, enquanto os espaços destinados aos serviços ficam na outra face. A circulação vertical em cada edifício se concentra em dois lugares, caracterizando dois edifícios autônomos no mesmo bloco, cada qual com dois apartamentos por pavimentos. Os elevadores internos e a escada em caracol externa se abrem para um mesmo hall, que se divide em social e de serviço com o estrangulamento provocado pela estrutura dos elevadores. Nos dois edifícios internos, o térreo é livre e integrado ao parque, conformando áreas coletivas de estar, além de se prestar a um elegante ajuste das cotas do terreno que desce no sentido longitudinal dos prédios. No edifício Nova Cintra, o caráter bucólico é contradito por seu caráter urbano, situado na pequena faixa de terreno frontal à via publica: o piso térreo e a sobreloja, destinados ao comércio, dão valor comercial ao edifício conectado à vida urbana. Em compensação, sua escadaria externa é vedada por vidro transparente, permitindo aos usuários a vista desobstruída do parque.

O resultado geral do projeto de Lúcio Costa é surpreendente. Alia com segurança insuspeita aspectos diversos: integração exemplar entre os volumes construídos e os espaços livres, visuais maravilhosas para praticamente todas as áreas nobres dos apartamentos dos blocos internos ao parque, racionalidade na climatização correta, apuro estético na composição dos planos de fechamento, simplicidade no uso dos elementos, adequação da tipologia tradicional ao uso contemporâneo, engenhosidade na tradução da treliça colonial em enormes gelosias de cerâmica, um grande senso no equilíbrio da aparência artesanal dos fechamentos e o aspecto técnico verificado na reprodutibilidade das grandes estruturas.

O Parque Guinle de Lúcio Costa é um grande remanso no meio do burburinho constante e intenso da metrópole, conveniente ao recolhimento espiritual e à contemplação da natureza. Sem ostentação no uso dos materiais, na composição formal ou nos recursos tipológico, expressa no controle da *medida*, no senso de *adequação*. O espírito do projeto foi esboçado em 1934, nos croquis e no memorial para a Vila Monlevade. Ao que tudo indica, foi uma dádiva não ter sido construído na ocasião. Sem os recursos técnicos e a enorme experiência arquitetônica e cultural que permitiram o Parque Guinle, Lúcio Costa poderia ter chegado a um resultado imaturo e desinteressante, fracasso que, provavelmente, teria abortado de forma prematura o desenvolvimento de um dos mais ricos filões da arquitetura moderna brasileira.

O segundo suíço-francês nos trópicos

Ministério da Educação e Saúde, Rio de Janeiro RJ. Lúcio Costa e equipe, 1936-1945. Foto Nelson Kon

Na verde espessura
Do fundo do mar
Nasce a arquitetura.
Da cal das conchas
Do sumo das algas
Da vida dos polvos
Sobre tentáculos
Do amor dos pólipos
Que estratifica abóbadas
Da ávida mucosa
Das rubras anêmonas
Que argamassa peixes
Da salgada célula
De estranha substância
Que dá peso ao mar.
Concha e cavalo-marinho.
Vinicius de Moraes, *Azul e branco*, 1946[21]

Sobre o edifício do Ministério da Educação e Saúde, os episódios extraordinários ocorridos desde o concurso de 1935 até sua inauguração em 1945 já foram narrados por diversos estudiosos. Yves Bruand dá ao episódio um papel decisivo no encaminhamento da arquitetura moderna no Brasil, "especialmente pela visita de Le Corbusier".[22] A presença do arquiteto suíço-francês, convidado pelo ministro Gustavo Capanema (1900-1986) após ingerência de Lúcio Costa, ganha dimensão épica, inaugural de um novo estado das coisas. A narrativa de Bruand consolida as falas dos protagonistas, em especial as de Lúcio Costa, em *verdade histórica* a ser repetida ao longo do tempo. Em 1995, o pesquisador carioca Lauro Cavalcanti aprofunda a pesquisa e apresenta uma versão mais detalhada da evolução dos fatos nos bastidores, esclarecendo o debate entre grupos intelectuais distintos e antagônicos.[23] No alinhamento dos fatos, é possível capturar a complexa e contraditória montagem narrativa que confere ao edifício do MES o dístico de primeiro exemplar da moderna arquitetura brasileira. Bruand advoga que, mesmo diante da ascendência do mestre suíço-francês sobre os discípulos brasileiros, "é preciso reconhecer uma indiscutível contribuição autóctone no domínio da plástica"[24] no projeto final construído, que conta com diversas interferências decisivas por parte dos jovens arquitetos brasileiros:

> Essas, modificações introduzidas no estudo de Le Corbusier transformavam-no num projeto inteiramente novo, embora integralmente baseado nas propostas iniciais do arquiteto consultor e aplicando os princípios por ele ditados. Não cabe negar a contribuição fundamental de Le Corbusier, plenamente reconhecida pelos jovens brasileiros, que consideravam uma honra o fato de terem podido trabalhar sob a direção do mestre que tanto admiravam. Mas não se deve cair no extremo oposto, atribuindo exclusivamente ao seu talento o Ministério da Educação e Saúde. O projeto definitivo, como se viu, foi obra da equipe brasileira, que lhe deu um desenvolvimento e um encanto peculiares, de que não cogitava o arquiteto consultor.[25]

Yves Bruand corrobora a versão de Lúcio Costa para o episódio: "baseado em risco original do próprio Le Corbusier para outro terreno, motivado pela consulta prévia, a meu pedido, tanto o projeto quanto a construção do atual edifício, desde o primeiro esboço até sua definitiva conclusão, foram levados a cabo sem a mínima assistência do mestre, como espontânea contribuição nativa para a pública consagração dos princípios por que sempre se bateu".[26] Em 1980, contrariando Lúcio Costa, Oscar Niemeyer atribui os méritos do MES a Le Corbusier, requisitando para os arquitetos brasileiros apenas o desenvolvimento do projeto executivo e interferências localizadas que apenas acentuaram o conceito original.[27] Nas opiniões antípodas, um conflito de interesses: Lúcio quer demarcar o edifício do MES como a origem da

Ministério da Educação e Saúde, Rio de Janeiro RJ. Lúcio Costa e equipe, 1936-1945. Foto Nelson Kon

verdadeira arquitetura moderna brasileira; Oscar quer diminuir a importância do episódio e ampliar o valor de sua carreira solo, que se inicia com a Obra do Berço e Pampulha.

Defensor das ideias de Lúcio Costa, Bruand se vê na obrigação de explicar o que na participação da equipe brasileira justifica a autoria, e – o mais importante – onde reside a diferença dos locais em relação a Le Corbusier que legitimasse ser uma linhagem à parte o projeto do MES e toda a série de projetos que o sucedeu. Segundo Bruand, as modificações operadas pelos arquitetos brasileiros – auditório assentado diretamente no solo, o aumento dos pilotis de 4 metros para 10 metros no bloco principal, a duplicação deste dos sete originalmente previstos para quatorze andares – conferiram ao conjunto um caráter especial quando aliadas a outros determinantes: "dinamismo, leveza, riqueza plástica". Estas são "contribuições indiscutíveis a crédito dos arquitetos brasileiros, e foi justo ter a opinião pública visto no Ministério uma expressão do gênio nacional, apesar da contribuição fundamental que inicialmente proporcionou Le Corbusier".[28]

A "opinião pública" na realidade se restringe ao meio arquitetônico, que aceita como inconteste a versão de Lúcio Costa. Ao legalizar, dentro da historiografia, essa visão parcial e interessada, Yves Bruand difunde a pretensa relação umbilical entre a arquitetura moderna brasileira e as raízes da nacionalidade, da qual o MES torna-se expressão histórica. Considerando que o edifício materializa de forma categórica os princípios corbusianos – estrutura de concreto armado independente da vedação, possibilitando uma grande versatilidade das plantas; brise-soleil como artefatos arquitetônicos controlando a insolação; pilotis elevando o edifício e permitindo o uso público do solo; panos de vidro resultando em grande integração psicológica dos usuários com o meio circundante – e que a utilização no conjunto de pedras locais e azulejos, palmeiras e obras de artes de brasileiros foi sugestão de Le Corbusier, Bruand é obrigado a uma ginástica argumentativa para demonstrar sua autonomia autoral:

> Le Corbusier sempre colocou seus edifícios solidamente plantados no chão, mesmo quando emprega pilotis; nunca lhes deu um caráter francamente aéreo e sua evolução prosseguiu sem cessar no sentido da massa e solidez; sua plástica sempre foi baseada na pujança e não na elegância. Ora, o Ministério da Educação, com suas delgadas colunas, alia essas duas qualidades, deixando transparecer uma preocupação que irá tornar-se uma das características dominantes da arquitetura contemporânea no Brasil.[29]

Nem as colunas são tão delgadas assim, nem se sustenta a alegação de falta de "caráter aéreo" aos projetos de Le Corbusier; o projeto urbanístico para o Rio de Janeiro, de 1929, com os edifícios ondulando sobre a cidade histórica, apoiados em pilotis gigantes, desautoriza a alegação. A dificuldade em caracterizar o edifício do MES como o primeiro exemplar da arquitetura moderna brasileira é tão flagrante que Lúcio Costa nunca se estendeu muito sobre o assunto, preferindo chamar a atenção para o fato de ter sido o momento do desabrochar de um talento: "foi durante esse curto mas assíduo convívio de quatro semanas que o gênio incubado de Oscar Niemeyer aflorou".[30] De forma furtiva, o elogio ao papel do mestre traz consigo uma afirmação categórica: Le Corbusier não ensina, mas "desperta" algo preexistente e adormecido. Não está em jogo apenas a autoria do ministério, mas a própria possibilidade de existir uma arquitetura moderna brasileira. Bruand e, antes dele, Lúcio Costa, apontam para questões externas à arquitetura – a genialidade individual ou coletiva – ou se munem de adjetivações imprecisas – *dinamismo, leveza, riqueza plástica* – na busca de legitimação da almejada especificidade estética no domínio das artes.

Abre-se aqui um parágrafo de digressão para atender uma sinapse que insiste em se manifestar. Já apareceu nessa narrativa elíptica um personagem que mais à frente ganhará proeminência – Blaise Cendrars, que alerta seu amigo Le Corbusier sobre Planaltina. São muitas as coincidências que os unem: tanto Frédéric-Louis Sauser como Charles-Edouard Jeanneret, conhecidos por apelidos, nascem no burgo suíço La Chaux-de-Fonds, cantão francês de Neuchâtel, no mesmo ano de 1887, em casas que distam poucas centenas de metros uma da outra. Segundo Alexandre Eulalio, o "intrigante sistema de ressonâncias" entre os amigos chega aos textos e pode-se estabelecer relações entre os escritos de "respiração poemática", como "Une Nuit dans la Fôret" de Cendrars e "Corolário brasileiro" de Le Corbusier.[31] Essa relação de espelhamento de trajetórias de vida se consagra com o papel que desempenham no meio cultural brasileiro. Cendrars veio ao Brasil três vezes, em 1924, 1926 e 1927-1928 (duas outras viagens evocadas por ele, em 1934 e 1935, não têm provas documentais além do seu testemunho). Le Corbusier também veio em três ocasiões, em 1929, 1936 e 1960. E, na primeira viagem, ambos foram convidados por Paulo Prado. E – paralelismo ainda mais impressionante – ambos são as alavancas da renovação vanguardista na literatura e arquitetura brasileiras, para a seguir terem seus papéis contestados, ou relativizados, pelos filhos ingratos e, principalmente, historiadores e crítico nacionalistas. Finda a digressão, retoma-se o texto no ponto que parou.

Gustavo Capanema foi o quarto ministro à frente do Ministério da Educação e Saúde e fica à frente da pasta por longo período, de 1934 a 1945, portanto durante todo o Estado Novo, período mais autoritário da primeira era Vargas. O dinamismo de Capanema dá outro estatuto ao ministério, que passa a exercer papel destacado na consolidação ideológica do poder. Seu chefe de gabinete durante toda a gestão, o poeta mineiro Carlos Drummond de Andrade, coloca-o em contato direto com a *intelligentzia* modernista. Diversos de seus membros – dentre eles, Mário de Andrade, Cândido Portinari, Manuel Bandeira, Heitor Villa-Lobos, Cecília Meireles, Lúcio Costa, Gilberto Freyre, Joaquim Cardozo, Vinicius de Morais, Affonso Arinos Melo Franco e Rodrigo Mello Franco de Andrade – colaboram direta ou indiretamente com o novo Ministério.[32] Os estudiosos interpretam de forma variada a relação entre os artistas e o ministro, mas é ponto comum entender que a adesão não ocorreria sem a identidade de propósitos: a crença difundida do papel formador do Estado Nacional. O *staff* de Capanema não se resume ao time modernista, mas este é decisivo em deliberações futuras do ministro.

Ainda em 1935, a prefeitura cede ao MES uma quadra inteira na Esplanada do Castelo, resultante do desmonte de morro de mesmo nome. O edital do concurso de projetos, ao exigir a submissão às leis urbanísticas municipais, induz à opção por projetos convencionais. Como diz depois Lúcio Costa, "a lei exigia o limite de sete pavimentos alinhados em quadra com área interna".[33] É essa imposição que leva o júri – formado por arquitetos de formação neoclássica, outra evidência da inexistência de uma opção prévia pelo moderno – a desclassificar "33 projetos com ocupação 'não--convencional' do terreno",[34] dentre eles, os de inspiração moderna. Os três projetos selecionados para a segunda fase são reapresentados quatro meses depois e a ata do julgamento final justifica o vencedor não por qualidades próprias, mas pelas deficiências dos outros. Com apenas dois votos, a vitória cabe ao projeto de estilo *marajoara* de Archimedes Memória (1893-1960). Com uma indicação cada para a primeira colocação, em segundo lugar fica o projeto de Raphael Galvão, uma composição *art decó*, e em terceiro, o de Gerson Pinheiro, o único com alguns preceitos da arquitetura moderna – pilotis, formas ortogonais e ausência de elementos decorativos. Gustavo Capanema, como quinto membro do Júri, se esquiva em dar seu voto de Minerva em favor de Memória, e atribui o primeiro lugar a Pinheiro, forçando a segunda fase.

À falta de convicção do júri e à insatisfação do ministro somam-se reações externas dos modernos. Logo após a primeira fase, em manifestação de desagrado com o encaminhamento adotado, a revista da Diretoria de Engenharia da Prefeitura do Distrito Federal, dirigida por Carmen Portinho, publica dois projetos desclassificados – de Affonso Reidy e da dupla Jorge Moreira e Ernani Vasconcelos – ambos modernos. Outro foco de descontentamento surge dentro do gabinete do ministro, junto aos intelectuais modernos. Insatisfeito com o resultado e respaldado pelos aliados, Capanema premia os finalistas, mas cancela a construção do projeto vencedor. Para se amparar legalmente, solicita de diversas áreas técnicas pareceres sobre o projeto de Archimedes Memória; estes, quando chegam, são unânimes na sua condenação.

Abre-se assim a oportunidade para o convite feito a Lúcio Costa que, talvez incomodado com a decisão arbitrária,[35] ao invés de tocar sozinho a empreitada, forma uma equipe com seguidores que estiveram ao seu lado na frustrada tentativa de renovação do ensino de arquitetura na Enba, ou como alunos – Jorge Machado Moreira (1904-1992), Ernani Vasconcelos (1912-1988), Carlos Leão (1906-1983) e Oscar Niemeyer –, ou como professor, caso de Affonso Eduardo Reidy, assistente de Gregori Warchavchik na cadeira de Composição Arquitetônica.[36] Outro ponto em comum é a "alta extração social de suas famílias"[37] – três deles nasceram na França (Costa, Machado e Reidy) e todos eles, com exceção de Niemeyer, são fluentes em francês, fato que facilita o contato com a obra de Le Corbusier. Preterido por Capanema, o ganhador Archimedes Memória, membro destacado da elite carioca e um dos mais eminentes arquitetos do ecletismo neoclássico, tenta indispor o grupo modernista com o Presidente da República, insinuando vínculos com o comunismo. Mesmo reverberando pelo tempo, o golpe baixo não reverte a situação.

A equipe de Lúcio Costa elabora um primeiro projeto, com uma planta com três corpos em forma de "U", com o auditório em anexo do lado externo do corpo central. A planta deriva diretamente do projeto apresentado por Jorge Moreira e Ernani Vasconcelos no concurso cancelado. Na sua concepção, como na de Affonso Reidy, transparece o impacto causado nos jovens arquitetos brasileiros pelo projeto não construído de Le Corbusier para o concurso internacional do Palácio dos Sovietes, em Moscou, de 1929. O ministro Capanema, para se proteger de futuras acusações de privilegiar o grupo escolhido, solicita novos pareceres técnicos para o projeto do grupo liderado por Lúcio Costa. Os relatórios retornam com aprovações, mas com restrições e ressalvas que, colocadas em prática, descaracterizariam os princípios modernos do projeto. Segundo Yves Bruand e Lauro Cavalcanti, frente ao impasse, Lúcio Costa propõe, primeiro para Capanema, depois para o próprio Vargas, a vinda de Le Corbusier como consultor. A ousada solicitação de Lúcio Costa é compreensível diante da rede de intrigas tecida pelos grupos que se batem por preferências ideológicas e estéticas. No mesmo momento em que o projeto de Archimedes Memória para o MES é barrado, Marcello Piacentini, arquiteto oficial de Benito Mussolini, disputa o projeto da cidade universitária, mais importante e significativo do que o ministério.[38]

A vinda de Corbusier e sua chancela ao projeto do grupo modernista é uma forma de Lúcio Costa fortalecer sua posição e seu poder de pressão junto aos seus superiores. "Para o arquiteto brasileiro e seu grupo" – afirma Lauro Cavalcanti – "o apoio do mestre europeu era fundamental no sentido de legitimar sua atuação junto ao ministro Capanema e, com isso, assegurar a autoria das obras da sede do MES e da cidade universitária, na disputa com os acadêmicos e 'neocoloniais' que, por seu turno, cortejavam o arquiteto italiano Marcello Piacentini".[39] Contudo, a vinda do arquiteto suíço-francês não era algo simples, como assevera a troca de correspondência entre ele e Monteiro de Carvalho, arquiteto brasileiro que residia em Paris e que recebeu de Carlos Leão a missão de contatá-lo. Na primeira carta, de 21 de março de 1936, o intermediário menciona alguns fatos da celeuma – a encomenda a uma equipe de jovens arquitetos modernos, a participação em suspenso de Piacentini no projeto da cidade universitária e a nova lei que impedia a contratação de arquitetos estrangeiros – e apresenta um convite um tanto vago:

> Os dois (Lúcio Costa e Carlos Leão) assim como um grupo de camaradas modernistas à la Corbusier, entre os quais Affonso Reidy, Jorge Moreira, Oscar Niemeyer, Ernani Vasconcelos, etc. pensam que o Ministro poderia convidá-lo para dar um curso de dois a três meses na

Escola de Belas Artes e, uma vez aqui, provavelmente o Ministro pedirá também o seu parecer sobre a Cidade Universitária e será mais fácil arrumar as coisas para que você possa ao menos dirigir o projeto aproveitando os jovens brasileiros.[40]

No dia 25 de março do mesmo ano, quatro dias após a carta de Monteiro de Carvalho, o ministro Gustavo Capanema convida oficialmente Lúcio Costa para elaborar um novo projeto para o edifício sede de seu ministério.[41] A data anterior da carta de Monteiro de Carvalho comprova que Lúcio Costa foi convidado extraoficialmente ao menos alguns dias antes, o que sugere a seguinte situação: a equipe de jovens modernos ainda não havia desenvolvido o novo projeto e não havia como ter recebido os pareceres com objeções; portanto, o convite para Le Corbusier não diz respeito ao MES, projeto assegurado e promissor, mas ao plano da cidade universitária, ainda pendente e muito próximo dos adversários.[42] A carta de Monteiro de Carvalho é muito clara quanto a isso: a menção ao MES é para que Le Corbusier tenha em conta a importância dos futuros anfitriões. Não há sequer a mais leve insinuação sobre uma possível participação dele na obra já reservada aos jovens brasileiros. Em sua quase imediata resposta, o arquiteto europeu demonstra enorme entusiasmo pela participação não só no projeto da cidade universitária, mas também no do MES – "o essencial é a minha eventual participação na construção do novo Ministério da Educação"[43] –, propondo-se inclusive a trabalhar no anonimato para driblar a lei impeditiva. Quanto ao curso, ele o descarta por ser muito extenso e propõe algo mais expedito.

Na carta subsequente, Monteiro de Andrade reitera, e de forma mais enfática, o convite anterior para participar da Comissão do Plano da Universidade do Brasil: "nossos amigos Lúcio Costa e Carlos Leão disseram-me, ainda ontem, estarem certos de que uma vez aqui, você conseguirá convencer o Ministro, que é jovem e inteligente, e que certamente encontrará um meio de aproveitá-lo, que dizer, de colocá-lo na comissão. O projeto do Ministério da Educação eles já o estão fazendo".[44] O que merece um comentário maledicente do arquiteto suíço-francês: "seus amigos Lúcio Costa e Carlos Leão parecem ter reservado só para eles o estabelecimento do projeto do Ministério da Educação. É isso mesmo? E não há nenhuma esperança para mim, como você me escrevera na sua primeira carta, onde parecia que eu devia colaborar com os dois colegas?"[45] Infelizmente abre-se uma lacuna na correspondência e duas das cartas de Monteiro de Andrade estão desaparecidas. Nas mensagens seguintes, Le Corbusier fala explicitamente sobre os honorários para dar os "pareceres sobre os projetos do Ministério e da Cidade Universitária",[46] mas não se sabe se é uma insistência esperta ou uma rendição de Lúcio Costa frente à pressão vinda de Paris. De qualquer modo, não se confirma documentalmente a versão de Yves Bruand para o episódio – "decidiu-se que seria ele convidado como arquiteto consultor, não só para opinar sobre os planos do futuro ministério, bem como para elaborar o primeiro esboço da Cidade Universitária, que se pretendia construir no centro do Rio de Janeiro"[47] –, segundo ele, baseada nos depoimentos de Lúcio Costa e Le Corbusier.

Os fatos a seguir são mais conhecidos. Le Corbusier, a bordo do *Graf Zepelim*, chega no dia 12 de junho de 1936 no Rio de Janeiro, onde permanece por quatro semanas. De imediato coloca-se contra o projeto elaborado pelos brasileiros para o MES – ao qual apelida de "Múmia" –, ironia frente à simetria clássica e a utilização de alas, esquecendo-se que ele próprio havia usado as mesmas em seu projeto para a cooperativa dos soviets. Discorda também da localização do terreno e opta por outro frente ao mar.[48] Ao assumir o comando da equipe, elabora "com extrema espontaneidade" para a nova área "o belo risco de um edifício de partido baixo e alongado que serviu depois de base ao projeto definitivo".[49] A Prefeitura, que já havia doado outro terreno para a construção do Ministério, indefere a nova solicitação. Antes de partir, Le Corbusier faz um estudo derradeiro, adaptando o projeto da praia para a quadra na Esplanada do Castelo, mas as limitações do terreno, da legislação e da pressa "resultou numa composição algo contrafeita, que não agradou nem a ele nem a nós".[50] O croqui final de Le Corbusier – que prevê um edifício laminar principal sob pilotis, com seus anexos dispostos ortogonalmente a ele – torna-se a referência, cabendo à equipe brasileira manipular as proporções da lâmina, a disposição dos anexos e a implantação do conjunto na quadra. Os princípios corbusianos determinam as principais decisões de projeto, o que torna difícil aceitar que a autoria chegue a algo tão novo a ponto de caracterizar a obra como outra coisa que não seja um edifício corbusiano. Contudo, os croquis deixados eram por demais esquemáticos e as modificações muitas e significativas, então a autoria do projeto final construído cabe realmente à jovem equipe brasileira, o que não impede, passados alguns anos, a constrangedora polêmica sobre o assunto.

Ao ser inaugurado em 1945, o edifício-sede traz inscrito em pedra a seguinte frase: "Projetado pelos arquitetos Oscar Niemeyer, Affonso Reidy, Jorge Moreira, Carlos Leão, Lúcio Costa e Hernani [sic] Vasconcelos, segundo risco original de Le Corbusier. 1937-1945".[51] A creditação de Niemeyer à frente de todos – ignorando a ordem alfabética, a hierarquia dentro da equipe e mesmo a escala das idades – evidencia o quanto Lúcio Costa atribui ao jovem arquiteto o papel mais importante no desenvolvimento do projeto. O chefe da equipe entende ser justo o crédito dado ao mestre suíço –autor do "risco" inspirador –, mas toma o cuidado de colocá-lo na "pré-história" do projeto – Lúcio Costa data o projeto de 1937 a 1945, enquanto a vinda de Le Corbusier ocorre em 1936... O esgarçamento dos contatos entre brasileiros e o arquiteto suíço-francês, separados por um oceano durante a Segunda Guerra Mundial, e diante das notícias esparsas que chegam na França sobre a inauguração do edifício, leva Le

Corbusier a reclamar a autoria do projeto. O primeiro passo foi publicar um croqui do MES em suas obras completas, no volume correspondente à produção dos anos de 1934 a 1938.[52] O desenho tem notável semelhança com o edifício construído e seria prova contundente de autoria, não fosse ele apócrifo e provavelmente feito a partir de foto do edifício em construção. O passo seguinte foi a carta para Pietro Maria Bardi, diretor do Museu de Arte de São Paulo – Masp, onde o missivista chama a si a autoria do projeto: "em 1936, desenhei eu mesmo, e fiz desenhar por uma equipe charmosa e devotada do Rio, as plantas do Ministério da Educação Nacional [sic], plantas inteiramente revolucionárias no Rio como, aliás, nas três Américas".[53] Le Corbusier comenta ainda o não pagamento dos honorários correspondentes à autoria do projeto[54] e do esquecimento a que foi legado por parte dos arquitetos e autoridades brasileiros.[55] Bardi entra em contato com Lúcio Costa, que prontamente responde a Le Corbusier, lembrando-o de mensagem anterior, onde o arquiteto suíço-francês atribui, de forma pacífica, a autoria aos brasileiros:

> Falaram-me ontem à noite de sua atitude insólita com um jornalista a respeito do caso do edifício do Ministério da Educação e Saúde Pública, e gostaria muito de saber de que se trata, pois sua interpretação atual dos fatos, segundo o que me dizem, não é mais aquela de 1937. De fato, em 13 de setembro de 1937, depois de haver tomado conhecimento das plantas definitivas do novo projeto, você me escrevia: 'Seu palácio do Ministério da Educação e Saúde Pública me parece excelente. Quero dizer com isso: animado de um espírito clarividente, consciente dos objetivos – servir e emocionar. Ele não tem esses hiatos ou barbarismos que frequentemente, nas obras modernas alhures, revelam que não se sabe o que seja harmonia. Ele se constrói, este palácio? Sim? Tanto melhor, então; e ele será belo. Será como uma

pérola em meio à mediocridade agáchica. Meus parabéns, meu ok (como vocês pedem)".[56]

Na mesma carta, Lúcio Costa, rebate o esquecimento ao lembrar que "na inauguração do edifício, durante a guerra, quando não tínhamos notícias suas, fizemos questão de vincular o projeto finalmente construído àquele que você tomou a iniciativa de conceber e esboçar para outro terreno, nas proximidades do aeroporto, e que nos serviu de bússola e ponto de referência".[57] A passagem omite, consciente ou inconscientemente, as tentativas feitas por Le Corbusier para adequar o edifício concebido à quadra do centro da cidade, fortalecendo o lado brasileiro. No *post scriptum*, a estocada mais aguda: "o esboço feito a posteriori, baseado em fotos do edifício construído, e que você publicou como se se tratasse de proposição original, nos causou a todos uma penosa impressão".[58] Le Corbusier, de seu lado, mostra-se esquecido dos fatos e apela para sua lisura ética: "É me absolutamente impossível saber se meus croquis foram feitos a partir da maquete como você parece dizer; não tenho a menor sombra de uma lembrança de ter tido a intenção de instalar os marcos de uma polêmica nesta história. [...] Meu caro Lúcio Costa, você não deve neste *post scriptum* tão pequeno, sugerir que tenha sido eu que tenha feito um plágio. Isto não está nos meus hábitos".[59] E no seu próprio *post scriptum*, *lembra-se* repentinamente de olhar a documentação: "O instinto da verdade conduz minha mão: no momento em que releio esta página, vem-me a ideia o número especial Brasil, de *Architecture d'Aujourd'hui*, pág. 13, encontro o croqui, e sua carta. É então deste croqui que você fala? Não tenho nada com isso; as pág. 12 e 13 são dos redatores da revista. Referem-se (é evidente) à Obra Completa L.C. – III volume. Penso que a questão esteja esclarecida agora".[60] Não estava. O croqui publicado pela revista francesa foi retirado das obras completas de Le Corbusier. De diferente, apenas as legendas: enquanto no livro está omissa a autoria,[61] a revista atribui o desenho ao arquiteto suíço-francês.⁶² Mas o livro induz ao erro, pois o breve texto de apresentação do trabalho, ao mesmo tempo em que fala que o projeto em construção no Rio de Janeiro era decorrente do segundo projeto corbusiano, sequer menciona os arquitetos brasileiros, que aparecem apenas na quarta e última página, em legenda, como "equipe do projeto". Desde 1956, quando Henrique Mindlin publica em seu livro a sucessão de croquis, torna-se pública a evolução correta das ideias, mas Le Corbusier, por muito tempo, insiste na insídia.⁶³

A evidente má fé de Le Corbusier no episódio não muda o cerne da questão: a presença irrefutável dos princípios corbusianos no projeto do MES. A posição de Lúcio Costa é ambígua e oscila entre o tributo ao mestre e o culto da *brasilidade* manifesta no edifício. Em sua carta para Le Corbusier, ele dá, num primeiro momento, os méritos ao arquiteto estrangeiro: "nós queríamos associar definitivamente o seu nome a este edifício, doravante histórico, que se deve principalmente a Oscar N. Soares, mas onde se aplicavam, pela primeira vez em escala monumental e com nobreza de execução, os princípios construtivos que você soube estabelecer e ordenar como fundamentos da técnica arquitetônica e urbanística nova, criada por você".⁶⁴ Em pelo menos outras três ocasiões reitera esta opinião, quando salienta a filiação corbusiana do projeto e sua condição de primeiro exemplar a se realizar no mundo na escala monumental.⁶⁵

Na mesma carta para Le Corbusier, Lúcio Costa reafirma a filiação: "nunca deixamos de vincular diretamente a você o admirável impulso da arquitetura brasileira: se a floração é bela, deveria lhe dar prazer, pois o tronco e as raízes, – são você".⁶⁶ O uso da metafórica orgânica – que será tratado com maior acuidade à frente - é comprometido com a tradição romântica ainda presente, mesmo que de forma difusa, no ambiente cultural brasileiro. Ela pressupõe a íntima relação entre arte e cultura nacionais, cuja manifestação estética no seu grau mais puro é dependente do *gênio nacional* (que pode ser entendido como uma individualidade – Oscar Niemeyer, Aleijadinho... – ou como um atributo coletivo disperso na coletividade e ativado por uma elite de intelectuais). A metáfora usada, ao mesmo tempo em que filia a arquitetura brasileira aos princípios corbusianos, aponta para uma autonomia posterior, própria dos seres viventes. Para confirmar a hipótese, a palavra de Lúcio Costa:

> Este prédio, esta nobre *casa*, este *palácio*, concebido em 1936 – há, portanto, mais de meio século – é duplamente simbólico: primeiro que mostrou que o gênio nativo é capaz de absorver e assimilar a inventiva alheia, não só lhe atribuindo conotação própria, inconfundível, como antecipando-se a ela na realização; segundo, porque foi construído lentamente, num país ainda subdesenvolvido e distante, por arquitetos moços e inexperientes mas possuídos de convicta paixão e de fé, quando o mundo, enlouquecido, apurava a sua tecnologia de ponta para arrasar, destruir e matar com o máximo de precisão.[67]

Há aqui um deslocamento, onde o objeto central da especulação não é mais o estrangeiro e sim o nacional: o *gênio nativo* é capaz de *absorver* e *assimilar* a *inventiva alheia*, termos usados na mesma acepção de Oswald de Andrade, que defende a *devoraração* da civilização europeia.

A *conotação própria* que Lúcio Costa dá à arquitetura moderna brasileira é justamente a expressão material das qualidades espirituais presentes no *gênio nacional*, virtualidades à espera de situações históricas concretas para sua materialização. Essa visão de caminho particular – que os brasileiros acreditam ser uma derivação autônoma dos princípios arquitetônicos externo e que Le Corbusier tem a certeza de ser uma apropriação – parece ser a fonte do enorme descontentamento do arquiteto suíço-francês, no imediato pós-guerra, em relação aos jovens arquitetos liderados por Lúcio Costa. O real pomo da discórdia não é a autoria do projeto do MES, mas a própria autoria dos princípios modernos em arquitetura, o que, em certa medida, justifica a indignação do arquiteto suíço-francês. A mordaz ironia com que narra a conferência proferida por um brasileiro não identificado durante uma exposição de arquitetura moderna patrocinada pela Embaixada do Brasil e montada na Escola de Belas Artes de Paris é muito sintomática do seu estado de espírito:

> A exposição comporta trabalhos de Niemeyer e Reidy, todos de uma série de trabalhos marcados pela minha influência: pilotis, *brise-soleil*, fachadas de vidro, andar corrido, cidade verde, etc. O conferencista, que explica diante das autoridades convidadas as fotografias expostas (este conferencista é professor brasileiro da nova geração, vindo especialmente do Rio) anuncia ser esta a arquitetura brasileira e a invenção própria do Brasil. E eu, presente ao lado dele, divertindo-me loucamente em ver uma tão fulminante nacionalização do meu pensamento. Digo ao conferencista: 'fiquei prodigiosamente interessado no que o sr. disse', palavras que toma por cumprimento.[68]

A façanha de um projeto tão complexo ser realizado em um país periférico e subdesenvolvido quando o mundo se convulsiona com a Segunda Guerra é reiterada nos depoimentos de Lúcio Costa. Contudo, a paternidade de Le Corbusier em vários momentos é ofuscada pelo elogio eloquente da capacidade nativa. A oscilação do discurso de Lúcio Costa é sintoma de dois pontos divergentes com os quais ele e os modernos têm que lidar. O primeiro, de ordem intelectual, é a defesa da *integração entre modernidade e tradição* que o compromisso histórico com o modernismo paulista os obriga. O segundo, de ordem instrumental, diz respeito à guerra intelectual em curso, na qual grupos se digladiam para ocupar posições dentro do cenário político-ideológico. O alinhamento do MES aos postulados de Le Corbusier não é muito adequado à defesa da capacidade nacional, mas a excepcionalidade do edifício impossibilita que seja descartado. A transparência com que podemos ver a ambiguidade e a oscilação do discurso de Lúcio Costa nesse momento é fruto da enorme dificuldade em conferir ao palácio da educação o estatuto desejado. Mas, conforme os novos edifícios vão surgindo – frutos de experiências formais mais compatíveis com o discurso de integração e autonomia –, a transparência metamorfoseia-se em opacidade.

Apesar das incoerências, a vinda de Le Corbusier ao Brasil a convite de Lúcio Costa ganha uma carga simbólica significativa ao expressar a culminância de um processo de renovação estético-cultural lastreado na síntese entre *modernidade* e *tradição* e o fortalecimento da posição estética do grupo moderno dentro de um novo cenário político. No contexto cultural mais largo, trata-se da atualização de princípios gestados por uma visão cultural aristocrática voltada para o popular da primeira República – o populismo modernista – na nova pauta estabelecida pelos anos 1930 pós-revolucionários – a cultura moderna nacional. O Estado varguista se propõe a elevar o Brasil ao patamar superior de país tecnologicamente avançado ao mesmo tempo em que, com clara inspiração fascista, volta-se para a constituição da nacionalidade.

Os prosélitos dos valores acadêmicos e neocoloniais desde o início do governo Vargas competem entre si e com os modernos pela preponderância de seus princípios no que diz respeito aos vínculos necessários com a tradição e os compromissos fundamentais com o futuro, ou seja, as concepções próprias de *tradição* e *modernidade*. É dentro desse quadro estratégico da luta cultural que deve ser entendido o convite de Lúcio Costa para Le Corbusier vir ao Brasil. O discurso corbusiano, grandiloquente e visionário, permite sua associação a elementos do ideário do Estado Novo: a fé de que à nova era corresponde um homem novo; a certeza do papel essencial do Estado na transformação social sem conturbações; a percepção da pedagogia oficial na educação dos hábitos e costumes compatíveis à nova realidade; o gosto pelo monumental e pelo grandiloquente; a busca da homogeneidade fundada na simplicidade redentora do primitivo. É uma jogada decisiva dos *modernos* dentro de um cenário político e cultural belicoso.

Le Corbusier é o homem certo na hora certa. A postura respeitosa e filial frente ao mestre é uma constante nos momentos iniciais da arquitetura brasileira e perdura por muito tempo, mas com arrefecimento paulatino de sua intensidade e de sua sinceridade, conforme os "filhos" constroem suas *obras maravilhosas*. Se o vínculo com Le Corbusier é adequado para o consumo externo, pois os incluía na cena internacional como legítimos modernos, a postura frente ao mestre é desgastante no cenário interno, em especial no confronto com os adversários, que a enxergam como subserviência ao estrangeiro. O conflito pela autoria do MES tem como ponta do iceberg o gênio irascível e o temperamento tortuoso de Le Corbusier, mas seu gélido corpo submerso, enfiado no negrume do oceano profundo, é formado de interesses políticos e compromissos ideológicos do grupo moderno. Com algumas exceções,[69] apesar dos compromissos com a estrutura de poder, os modernos brasileiros mantêm alguma independência ao não disfarçar as divergências com o ideário proto-fascista entronado. Não há como negar, no entanto, o enorme senso de oportunidade dos protagonistas, que conciliam com inteligência os pontos comuns de posicionamentos distintos, tornando possível a materialização histórica de suas propostas estético-culturais.[70]

O presente construindo o passado

Ministério da Educação e Saúde, desenho da construção, Rio de Janeiro RJ. Gèza Heller, 1938. Acervo família Heller

Congonhas do Campo
Há um hotel novo que se chama York
E lá em cima na palma da mão da montanha
A igreja no círculo arquitetônico dos Passos
Painéis quadros imagens
A religiosidade no sossego do sol
Tudo puro como o Aleijadinho
Um carro de boi canta como um órgão
Oswald de Andrade, Roteiro das Minas, 1925[71]

A atenção peculiar que os arquitetos modernos brasileiros dedicam à arquitetura tradicional está em desacordo com o movimento originário na Europa, onde os estilos antigos eram criticados por sua obsolescência. Há no cenário europeu a clara divisão prática e teórica entre aqueles que promovem a arquitetura nova e aqueles que se dedicam aos estudos e à preservação do patrimônio arquitetônico anterior. Na cena nacional, os mesmos personagens atuam nas duas áreas, em consonância com a visão estratégica de Lúcio Costa, que pretende a síntese das duas materialidades históricas.[72] Em termos culturais mais largos, não se trata de uma iniciativa original, pois está em consonância com o desenvolvimento modernista de São Paulo. Costa, em entrevista a Hugo Segawa, mostra-se muito consciente disso: "no Brasil eram as mesmas pessoas que propunham a retomada do antigo e a renovação com o moderno. O movimento paulista de 22 até chegou à antropofagia, que era uma forma mais dramática de devorar o europeu, para assimilar o novo. Era um movimento cosmopolita e 'antropófago' ao mesmo tempo".[73] A clareza de Lúcio será decisiva nos próximos passos dados por ele e seu grupo.

Além de construir o edifício-sede do seu ministério, Capanema toma outra decisão de enorme repercussão no destino da arquitetura brasileira: a criação de um órgão responsável pelo patrimônio histórico nacional. A encomenda do projeto do Serviço do Patrimônio Histórico e

Artístico Nacional – Sphan é feita a Mário de Andrade, artista reconhecido e intelectual com grande ascendência sobre os jovens modernistas de diversos estados, com os quais mantém estreita relação e assídua correspondência. Dentre eles, Carlos Drummond de Andrade, chefe de gabinete de Capanema. Nos motivos da opção por Mário de Andrade, deve-se computar a indicação do amigo, as ideias de alguma forma compatíveis com o ideário nacionalista que se irradia do Palácio do Catete e ao fato nada desprezível de ser católico atuante,[74] dado importante para Capanema, que desde a juventude em Minas Gerais mantém laços estreitos com o catolicismo tradicional, cujos líderes passam a ter preponderância em sua política educacional.[75] Além do Sphan, as constantes solicitações do ministro – conceituar as reformas de ensino da Escola Nacional de Belas Artes e da Escola Nacional de Música, e produzir a *Enciclopédia brasileira* e o *Dicionário da língua nacional* – comprovam a elevada consideração que o autor de *Macunaíma* merece do mandatário.

Como atesta a correspondência trocada, mesmo sendo cordial e respeitosa, a relação entre Mário de Andrade e Capanema não se dá de forma tranquila e as ideias mais radicais do modernista paulista ficam circunscritas às áreas mais cultas, pouco influindo na base educacional forjada para formar as futuras gerações. Os autores de *Tempos de Capanema* registram a tensão existente entre os dois e a própria ambiguidade do modernismo paulista:

> O modernismo, do qual Mário de Andrade foi um dos principais representantes, era suficientemente amplo e ambíguo para permitir interpretações bastante variadas, e não se colocar em contradição frontal com o programa político e ideológico do Ministério da Educação. Em algumas versões, o modernismo se aproximaria perigosamente do irracionalismo nacionalista e autoritário europeu, e não é por acaso que Plínio Salgado seja identificado com uma das vertentes deste movimento. O que

preponderou no autoritarismo brasileiro, no entanto, não foi a busca das raízes mais populares e vitais do povo, que caracterizava a preocupação de Mário de Andrade, e sim a tentativa de fazer do catolicismo tradicional e do culto dos símbolos e líderes da pátria a base mítica do Estado forte que se tratava de constituir. Capanema estava, seguramente, muito mais identificado com esta vertente do que com a representada pelo autor de *Macunaíma*.[76]

Tensão que não impede uma relação de conveniências, onde os dois lados obtêm benefícios:

> Era sem dúvida no envolvimento dos modernistas com o folclore, as artes, e particularmente com a poesia e as artes plásticas, que residia o ponto de contato entre eles e o ministério. Para o ministro, importavam os valores estéticos e a proximidade com a cultura; para os intelectuais, o Ministério da Educação abria a possibilidade de um espaço para o desenvolvimento de seu trabalho, a partir do qual supunham que poderia ser contrabandeado, por assim dizer, o conteúdo revolucionário mais amplo que acreditavam que suas obras poderiam trazer.[77]

Na visão de Lauro Cavalcanti, o projeto de Mário de Andrade para a criação do Sphan tem ao menos três focos de resistência institucional, para onde confluem grupos interessados em conceituar e gerir o patrimônio nacional. O primeiro deles encontra-se no Museu Histórico Nacional, cuja Inspetoria de Monumentos Nacionais era dirigida por Gustavo Dodt Barroso, antissemita assumido e ardoroso admirador do arianismo e do Estado forte nazifascista. Barroso era também um fervoroso defensor do "culto de nossas tradições", entendendo isso como a preservação para as futuras gerações dos "objetos gloriosos" e dos "monumentos nacionais" do nosso passado comum. Apesar da atuação destacada na área de Museologia, "Barroso não desenvolveu um corpo específico de ideias ou práticas em relação ao Patrimônio, o que foi exatamente o caso dos modernista, em especial Mário de Andrade, Lúcio Costa e Rodrigo Mello Franco".[78] Chega a lutar pela liderança na criação do Sphan e, após o fracasso, contenta-se com a versão mistificadora de que o novo órgão havia nascido dentro de sua instituição: "Foi essa Inspetoria de Monumentos Nacionais que o Ministro Gustavo Capanema transformou em Serviço do Patrimônio Histórico e Artístico Nacional, ampliando seus quadros e atribuições".[79]

O segundo foco, o mais articulado intelectualmente, é a corrente neocolonial. O estilo – no caso brasileiro, surgido em São Paulo com os arquitetos Victor Dubugras, francês, e Ricardo Severo, português, dois estrangeiros – alcança sua maioridade no Rio de Janeiro[80] pelas mãos de seu líder indiscutível, o médico José Marianno Filho (1881-1946). Professor de Lúcio Costa na Escola Nacional de Belas Artes, Marianno o tomava como seu legítimo herdeiro e jamais o perdoou por ter se bandeado para a trincheira moderna. Por ocasião do episódio do concurso do MES, vai às páginas da imprensa defender Archimedes Memória e denunciar o golpe dado pelos modernos. Com muita influência no meio arquitetônico – além de diretor da Escola Nacional de Belas Artes, foi o fundador, em 1921, do Instituto Brasileiro de Arquitetos e da Sociedade Central de Arquitetos e, em 1924, propõe vitoriosamente a fusão das duas no Instituto Central dos Arquitetos –, Marianno luta para tornar o neocolonial o estilo oficial do Estado, campanha que chega a vingar por algum tempo após o sucesso popular dos edifícios construídos para a Exposição Internacional do Centenário, em 1922. Quatro anos depois, confirmando a hegemonia nesse período, o projeto vitorioso para o Pavilhão do Brasil na Exposição de Filadélfia é de Lúcio Costa, em estilo neocolonial.[81]

Segundo Lúcio Costa, a decepção com a superficialidade do movimento neocolonial provoca sua conversão ao moderno. Suas viagens a Portugal e às cidades mineiras de Sabará, Mariana e Ouro Preto lhe abriram os olhos para a apropriação desproposital dos elementos construtivos e formais do período da colônia: "comecei aí a perceber o equívoco do chamado neocolonial, lamentável mistura de arquitetura religiosa e civil, de pormenores próprios de épocas e técnicas diferentes, quando teria sido tão fácil aproveitar a experiência tradicional no que ela tem de válido para hoje e para sempre".[82] E reitera, em outro documento, a ignorância dos elementos tradicionais e a incapacidade em instrumentar o passado, duplo erro do neocolonial: o "desconhecimento das verdadeiras características da arquitetura tradicional e consequente incapacidade de lhe saber aproveitar convenientemente aquelas soluções e peculiaridades de algum modo adaptáveis aos programas atuais, do que resultou verdadeira salada de formas contraditórias provenientes de períodos, técnicas, regiões e propósitos diferentes".[83] Ao pastiche que enxerga no neocolonial, Lúcio Costa opõe uma incorporação dos elementos da arquitetura tradicional à arquitetura moderna. Discordando a fundo do seu ex-seguidor, José Marianno, polemista nato, usa seu poder e seu acesso aos jornais para criticar reiteradamente o poder crescente dos modernos na estrutura burocrática do Ministério da Educação de Capanema: "essa gente que induziu o ministro Capanema a encampar doutrinas antinacionalistas de Le Corbusier..."[84]

Por fim, o terceiro foco de resistência à criação de um órgão de proteção ao patrimônio sob inspiração moderna pode ser detectado dentro do Museu Nacional de Belas Artes, na época dirigida pelo "pintor acadêmico Oswaldo Teixeira", mas "tendo em Carlos Maul o seu principal ideólogo e divulgador".[85] Em um meio onde o ecletismo neoclássico impera, os principais acadêmicos balizam suas preferências estéticas por ideias de pensadores como Tobias Barreto, Oliveira

Vianna e Nina Rodrigues,[86] defensores do branqueamento da raça brasileira.[87] Dentro dessa perspectiva, a visão do que seria o patrimônio significativo a ser conservado passava ao largo das materializações estéticas que pudessem ser associadas de alguma forma às máculas da fusão racial, o que, de imediato, já colocava de fora parte substancial da produção estética colonial.

Mesmo com as elevadas posições institucional e social que ocupam nesse momento, os opositores dos modernos não conseguem impedir que o novo órgão seja fundado em 1937 com as diretrizes de Mário de Andrade. O Serviço do Patrimônio Histórico e Artístico Nacional – Sphan apresenta uma visão abrangente sobre os elementos relevantes do passado a merecer as atenções das pesquisas e os cuidados da preservação. Seu escopo ultrapassa a somatória dos interesses dos grupos perdedores, abrigando a produção culta e popular dos mais variados extratos e períodos. Os quatro livros de tombo propostos expressam a largueza da visão cultural de Mário de Andrade: "Belas Artes; Arqueológico, Etnográfico e Paisagístico; Histórico e, o último, aquele das Artes Aplicadas".[88] Nessa altura da vida, Mário de Andrade já tinha levado a cabo diversas pesquisas e levantamentos e já havia publicado artigos e revistas sobre áreas variadas da cultura, com especial interesse na música popular e no folclore. Seu livro *Ensaio sobre a música brasileira*, publicado em 1928, é um dos mais importantes registros de sua teoria de uma arte organicamente articulada às raízes da nacionalidade.[89]

O Sphan começa a funcionar em 1938 com Rodrigo Mello Franco de Andrade como diretor e a equipe formada pelos arquitetos Lúcio Costa, Oscar Niemeyer, Carlos Leão, José de Souza Reis, Renato Soeiro, Alcides Rocha Miranda (1909-2001) e Paulo Thedin Barreto, este último o único não moderno. Uma vez em funcionamento, o Sphan vai, na prática, simplificar o projeto original. A equipe formada por arquitetos e o direcionamento conceitual dado por Lúcio

Costa priorizam o tombamento de edifícios arquitetônicos e sítios urbanísticos identificados por uma visão excludente, que não considerava as manifestações exóticas, caso do neoclássico, dos ecletismos e mesmo do neocolonial. O patrimônio histórico imaterial – hábitos e tradições em geral transmitidos pela oralidade e encenações – fica marginalizado e somente décadas depois voltará a ser considerado.

A construção do Grande Hotel em Ouro Preto é um dos primeiros episódios da instrumentação do ideário *marioandradiano* pela equipe técnica do Sphan.[90] Em 1938, visando a exploração econômica do turismo, o governo mineiro solicita ao órgão as diretrizes para um edifício compatível com a arquitetura colonial da ex-capital do Estado. O órgão assume o projeto e atribui a responsabilidade a Carlos Leão, cuja "preocupação fundamental foi a de seguir as linhas tipológicas básicas da arquitetura local, de modo a obter o mínimo de contraste e o máximo de integração".[91] Ao ficar pronto, o projeto – com forte teor neocolonial – merece restrições dentro do próprio órgão por sua exagerada submissão à ambiência local e à arquitetura tradicional. O projeto, contudo, agrada ao diretor do Sphan, Rodrigo Mello Franco de Andrade, e às autoridades mineiras, que imediatamente se mobilizam para obter os recursos para sua construção. O conflito interno se intensifica e Lúcio Costa, mesmo estando em Nova York para a construção do Pavilhão Brasileiro na Feira Mundial de Nova York, assume a responsabilidade. De imediato, envia Oscar Niemeyer, que o acompanha, de volta para o Brasil com a incumbência de realizar novo estudo para o Hotel. Em simultâneo, Renato Soeiro, arquiteto da equipe técnica, propõe como alternativa a adaptação de edifícios existentes para o uso hoteleiro.

O projeto de Oscar Niemeyer é antípoda ao de Carlos Leão. Volume laminar sobre pilotis, com cobertura em laje plana, despojado de referência direta à tradição, tendo na altura baixa a única obediência às diretrizes de não afrontar a arquitetura local. Em defesa do seu projeto, Niemeyer argumenta "que o novo hotel, em seu aspecto simples e despretensioso" se destacaria "o menos possível na paisagem ouropretana",[92] cabendo à grama plantada na cobertura o papel de dissimular sua presença à distância. Lúcio Costa, de Nova York, mesmo aprovando-o em linhas gerais, indica a incorporação de referências à arquitetura tradicional para melhor se integrar ao contexto urbano. A primeira revisão de Niemeyer já adota telhado em duas águas – no projeto final, resumida a uma – e varandas com peitoril treliçado. Quanto ao volume e à técnica construtiva, Costa aceita a proposta de Oscar devido à semelhança entre as estruturas tradicional e moderna, com o uso de pilares e vigas, em madeira ou concreto armado.[93] Suas opiniões, manifestas em carta que ganha mais tarde o estatuto de documento norteador,[94] são decisivas. Costa não faz cerimônia e usa a autoridade do cargo para enquadrar Oscar Niemeyer e Carlos Leão, onde a modernidade exagerada de um, e o passadismo superficial de outro, são substituídos por um compromisso de conciliação entre modernidade e tradição. A atitude não deixa de provocar fissuras e desagrados – Carlos Leão vai se desvincular quase de imediato do Sphan e Oscar Niemeyer, ao montar escritório particular para realizar o projeto de Ouro Preto, escapa do controle intelectual direto exercido pelo mestre e jamais mencionará o Grande Hotel dentre suas predileções.

Sob influência direta de Lúcio Costa, o Grande Hotel de Ouro Preto é um projeto que pode ser contabilizado, em sua fatura, como um exemplar da linhagem particular. Yves Bruand não tem um nome especial para esse veio precioso da arquitetura brasileira, mas, depois de elogiar a síntese buscada entre as arquiteturas moderna e colonial, lista elementos tipológicos e construtivos, e materiais tradicionais mais apropriados à incorporação: "1) os desenhos de telhas canal com grandes beirais; 2) as venezianas e muxarabis; 3) as varandas e galerias de circulação externas; 4 os revestimentos de azulejos".[95] Como são elementos em alguma medida determinados pelo meio ambiente, Bruand tem uma visão bem restrita do que Lúcio Costa chama de tradição ou cultura brasileira. Talvez ciente dessa limitação, o autor francês menciona, em uma ou outra passagem, o difuso espírito colonial a ser perseguido.

Iniciado com a Vila Monlevade em 1934 e com um ponto alto no Parque Guinle dos anos 1940, o encaminhamento proposto por Lúcio Costa – que se pode alcunhar de arquitetura e urbanismo Pau-Brasil – ganha companhia de outros projetos de sua autoria – dentre eles, as obras-primas Casa do Barão Saavedra (Correias, 1942) e Park Hotel São Clemente (Nova Friburgo, 1944) – e de outros arquitetos, como a Colônia de Férias na Tijuca dos Irmãos Roberto (Rio de Janeiro, 1944), a Casa de campo de Hildebrando Acioly de Francisco Bolonha (Petrópolis, 1949), a Casa do Arquiteto (Manaus, 1971) e o Centro de Proteção Ambiental de Balbina (Presidente Figueiredo, 1988) de Severiano Porto, dentre tantos outros. Oscar Niemeyer, além do hotel em Ouro Preto, projeta ao menos duas residências com as características defendidas por Lúcio Costa: a Residência Francisco Peixoto (Cataguazes, 1941) e uma das três casas que fez para si (Mendes, 1949). Mas é uma estrangeira tornada brasileira por conta própria, a italiana Lina Bo Bardi, que se aproxima da fórmula de Lúcio Costa com interpretação muito particular, enriquecendo de sobremodo as possibilidades formais exploradas pelo mestre e seguidores. A intervenção nas edificações preexistentes no Solar do Unhão (Salvador, 1959) e no Sesc Pompeia (São Paulo, 1977), e a obra comunitária Igreja Espírito Santo do Cerrado (Uberlândia, 1976-1982) expressam a busca de conciliação entre espacialidade moderna e técnicas construtivas híbridas, onde tudo transpira a simplicidade e a autenticidade das comunidades que as usufruem.[96]

O Park Hotel São Clemente[97] pode ser considerado a mais perfeita tradução do ideário ambicionado por Lúcio Costa. Segundo Bruand, "o hotel do parque de São Clemente é integralmente moderno tanto no espírito quanto no tratamento",[98] mas é necessário frisar qual o caráter programático

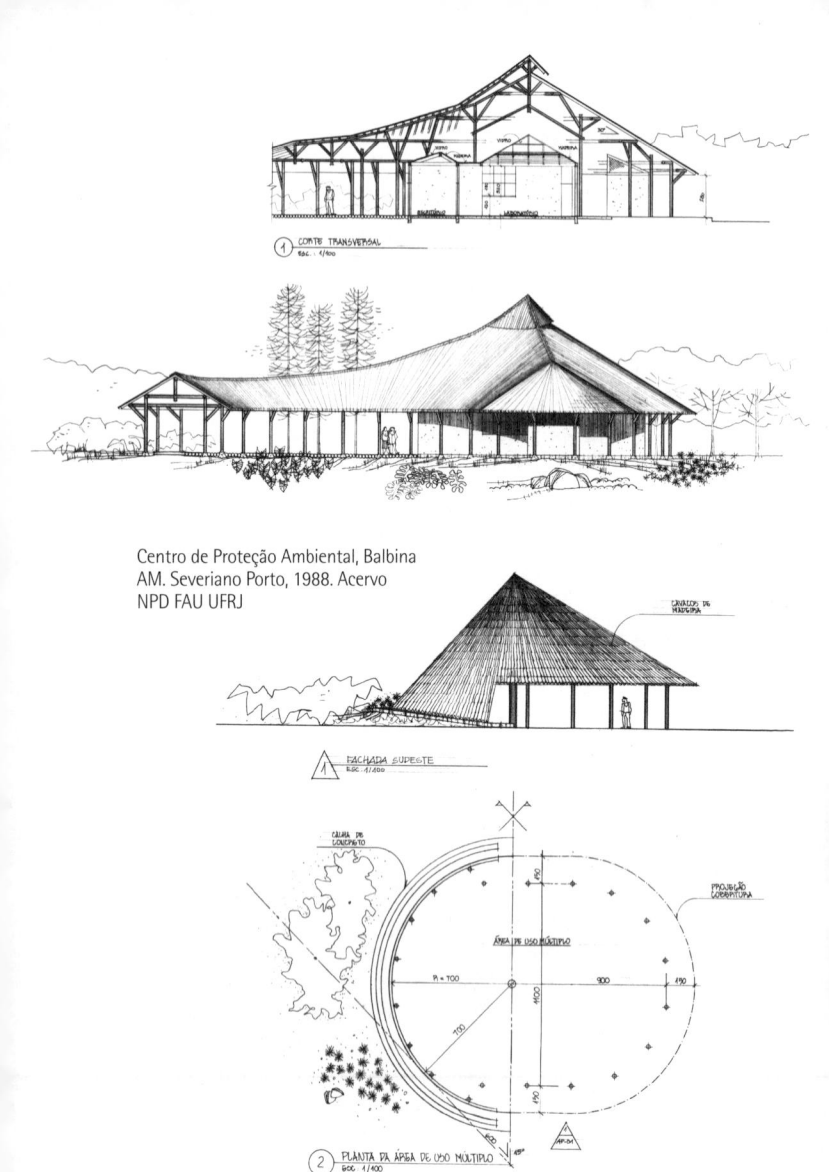

Centro de Proteção Ambiental, Balbina
AM. Severiano Porto, 1988. Acervo
NPD FAU UFRJ

desse moderno. Alcides Rocha Miranda, comentando a atuação dos arquitetos modernos no Iphan, grupo do qual fazia parte, afirma que "as raízes da arquitetura moderna já estavam na nossa arquitetura do século 18. As estruturas de madeira deixavam as paredes livres, podendo até ser de vidro, e nas cidades montanhosas terminavam em palafitas. Os pilotis estão era para nós uma coisa normal. Nós, que estávamos lidando com coisas antigas, estávamos vendo no antigo a estrutura moderna".[99] Tal entendimento se amolda perfeitamente à visão de Lúcio, de resto presente em vários textos de sua autoria dos anos 1940. No hotel de Nova Friburgo, as decisões de projeto se escoram nessa ambivalência, onde o novo e o antigo se equivalem. A estrutura de madeira, aos moldes de uma estrutura de concreto armado, ancora-se em sólidas paredes de pedra, estabilidade ampliada com o contraventamento feito de troncos de madeira inclinados e cruzados; a vedação leve e translúcida em vidro que abriga área de uso comum flete elegantemente para o interior, resultando na varanda coletiva do térreo; a disposição funcionalista dos quartos em renque, com orientação única, que se abrem para o exterior com varandas individuais cobertas por telhado e protegidas com guarda-corpo com treliçado em madeira. O projeto resume os elementos que caracterizam o selo particular de Costa, desenvolvido desde Vila Monlevade: a arquitetura fusionada (moderno e tradicional), a ambiência bucólica (área suburbana envolta por um parque) e o modo de vida (questão que será aprofundada mais à frente).

O episódio acima narrado – os vai-e-vem do projeto e da construção do Grande Hotel de Ouro Preto – nos coloca diante de algumas incongruências do território intelectual montado por Lúcio Costa. Seus princípios teóricos se apoiam numa visão histórica da evolução da arquitetura como processo orgânico resultante da interação homem-meio ambiente. A arquitetura colonial, vista dessa perspectiva, deveria ser um árduo processo de acomodação da arquitetura ibérica ao meio tropical, uma vitória frente às dificuldades de assentamento em um meio inóspito. Contudo, ele tem clareza do quanto, dentro do contexto da história ocidental, é recente a arquitetura portuguesa aclimatada aos trópicos:

> Arquitetura regional autêntica tem as suas raízes na terra; é produto espontâneo das necessidades e conveniências da economia e do meio físico social e se desenvolve, com tecnologia a um tempo incipiente e apurada, à feição da índole e do engenho de cada povo; ao passo que aqui a arquitetura veio já pronta e embora beneficiada pela experiência africana e oriental do colonizador, teve de ser adaptada como roupa feita, ou de meia confecção, ao corpo da nova terra.[100]

Contudo, a contradição não impede que Lúcio Costa busque a seiva interna que dá vida à arquitetura tradicional – evitando o pastiche falsificado de sobrevivências recuperadas sem critério, caso do neocolonial – para estabelecer uma arquitetura contemporânea organicamente relacionada ao passado. Há aqui uma certa redundância: a proposição de continuidade de uma tradição só ganha inteligibilidade por estar a própria tradição sendo forjada, retroativamente, como passado nobre – portanto aceito e necessário – pelos próprios autores do presente moderno. O desdobramento é ainda mais contraditório: herdeiro de princípios vitalistas românticos, o nacionalismo modernista entende o presente como um desabrochar do passado, como algo necessário devido sua condição orgânica, portanto em claro desacordo com a construção artificial do passado. Lúcio Costa e companheiros de jornada – especialmente seus subordinados no Sphan – passam a resgatar do passado justamente aquilo que poderia justificar o presente. Os mesmos protagonistas estão nos dois lados da questão – produzem uma nova arquitetura que se legitima pelo cordão umbilical com a arquitetura tradicional e o valor desta é atestada pelos estudos realizados pelos mesmos profissionais. Coincidentemente, as arquiteturas colonial e moderna são tidas como únicas e verdadeiras expressões da brasilidade, aquelas que devem ser protegidas.

O que distingue em essência a teoria e a prática do Sphan em relação à produção modernista paulista da década de 1920 – em especial a de Mário de Andrade onde busca suas principais orientações – é a contaminação ideológica do Estado Novo e, principalmente, o poder de eleição e transmissão que a oficialidade permite (situação muito distinta da atuação tímida dos modernistas paulistas junto ao poder público, e que têm suas maiores conquistas no âmbito privado[101]). Assim, não causa estranheza os imediatos tombamentos de ícones da arquitetura moderna – a igreja da Pampulha, em 1947, o edifício-sede do Ministério da Educação e Saúde, em 1948, e a Catedral Metropolitana de Brasília, em 1967 –, todos eles sacralizados poucos anos após o término de suas construções ou até mesmo logo após a inauguração.[102]

Ao buscar no passado a legitimidade do presente, a equipe do Sphan desencadeia "uma ação preservacionista que, privilegiando nitidamente um fragmento de nossa história, dignifica a *tradição* como *patrimônio*, não sem lhe atribuir uma função cívica enquanto portadora de uma verdade na qual estaria abrigada a nossa própria essência como Nação – essência essa que seria anterior à suposta contaminação da arquitetura pelas veleidades do ecletismo".[103] As obras ecléticas e neocoloniais não merecem maior atenção no surto preservacionista dos primeiros momentos pós-fundação do Sphan. O desprezo é tão grande que importantes edifícios históricos do Rio de Janeiro – como é o caso do Teatro Municipal, Museu Nacional de Belas Artes e a Biblioteca Nacional – só foram tombados na década de 1970 e alguns outros – Palácio Monroe e o Solar Monjope, residência de José Mariano Filho – foram demolidos sem qualquer interferência do Iphan. O descaso se explica pela visão histórica hegemônica, que não vê nos edifícios ecléticos o testemunho material da *boa* tradição.[104] A "vilanização" do ecletismo, expressão usada por Marcelo Puppi,[105] não chega a gerar um vácuo na pesquisa, mas a quantidade insuficiente de estudos sobre os estilos se deve ao interdito original resultante do ideário de Lúcio Costa. Paulo Santos, Carlos Lemos, Mário Barata e Giovanna del Brenna, alguns dos historiadores que tratam das arquiteturas malditas, esbarram, direta ou indiretamente, na hegemonia dessa visão instrumental da história:

> Partidário confesso da arquitetura moderna, [Lúcio Costa] estava sempre muito mais interessado na defesa de sua causa que no estudo efetivo da história da arquitetura. Esta lhe valia menos como objeto de conhecimento que como meio para a demonstração de suas ideias. A forma de estudo histórico reveste de autoridade o programa de arquitetura moderna: Lúcio Costa projeta-o na história, reinterpretando-a e reescrevendo-a única e exclusivamente para comprovar a universalidade do programa de partida – na condição de força motriz da arquitetura em todos os tempos, de seus primórdios aos dias atuais. Tal estratégia revela-se eficaz, e o arquiteto militante fará larga fortuna como historiador.[106]

Puppi relaciona as ideias de Lúcio Costa a Mário de Andrade: "É justamente nos anos 1928-30 [...] que Mário de Andrade publica, em São Paulo, seus artigos sobre arquitetura, traçando um paralelo entre o funcionalismo moderno e a 'simplicidade lógica' da arquitetura colonial do Brasil. Toda a interpretação dos primeiros textos de Lúcio Costa, veremos, fundamenta-se nesse paralelo. As reservas deste em relação à arquitetura moderna, expressas em 1928, não fazia prever, no contexto carioca, a virada funcionalista: esta parece estar no impacto das ideias do escritor paulista sobre o arquiteto carioca, ou pelo menos uma proximidade muito grande

Mário de Andrade, desenho de Belmonte. *D. Quixote*, n. 292, Rio de Janeiro, 13 dez. 1922, p. 13

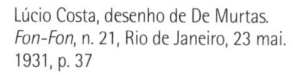

Lúcio Costa, desenho de De Murtas. *Fon-Fon*, n. 21, Rio de Janeiro, 23 mai. 1931, p. 37

entre eles nesses anos".[107] A guinada brusca de Lúcio Costa, que abandona a trincheira do neocolonial e migra para a ponta-de-lança do movimento moderno no Brasil, está umbilicalmente ligada à semelhança apontada por Mário de Andrade entre a simplicidade da arquitetura colonial e do funcionalismo moderno europeu. Mais do que um termo, esta palavra – *simplicidade* – vai ganhar em Lúcio Costa o estatuto de conceito.

Marcelo Puppi não estende a simetria entre os pensamentos de Mário de Andrade e Lúcio Costa quando trata do *método histórico* desse último: "o método não está, portanto, no que é dito, mas no que fica subentendido: a necessidade da correspondência funcional entre forma e sociedade. Em outras palavras, para o autor, a constituição de um estilo na arquitetura só ocorre quando esta expressa as imposições históricas e sociais sob a qual é produzida. O 'verdadeiro' estilo da arquitetura colonial brasileira está na grande massa da arquitetura anônima que atende às imposições do meio, e não no Aleijadinho, que lhe é exceção".[108] Puppi descarta a arquitetura culta barroca, mas não esmiúça a mudança de opinião de Lúcio Costa sobre Aleijadinho ocorrida ao longo dos anos, nem o papel estratégico que vai ocupar na sua definição de "gênio artístico".

Outra questão descartada por Puppi é a origem do axioma que defende a arte culta como derivação necessária da arte popular. Tal ideia – amplamente debatida, desenvolvida e conceituada na década anterior pelos intelectuais modernistas – se origina em Graça Aranha (1868-1931),[109] mas com Mário de Andrade ganha a radicalidade e o dinamismo impensáveis no pensamento conservador do intelectual maranhense. O paulista incentiva os músicos eruditos, em especial Villa-Lobos, ainda no final da década de 1920, a garimparem nos ritmos regionais populares a base para sua produção *erudita*, e na década seguinte, já sob o regime de Vargas, na condição de funcionário do Departamento de Patrimônio Histórico da Prefeitura de São Paulo e de consultor do Ministro da Educação Gustavo Capanema, fomenta a pesquisa etnográfica com a justificativa de que esta constituiria a base onde se erigiria uma arte moderna nacional.[110]

No *Ensaio sobre a música brasileira*, publicado no mesmo ano de *Macunaíma*, Mário de Andrade defende que a única música erudita relevante de uma dada época era a música nacional composta a partir da música popular. Nesta poderia ser encontrada, entranhada, a verdadeira essência de uma raça ou de um povo.[111] Contudo, arte e folclore não se confundem, pois "se de fato agora que é período de formação devemos empregar com frequência e abuso o elemento direto fornecido pelo folclore, carece que a gente não se esqueça que música artística não é fenômeno popular porém desenvolvimento deste".[112] Na visão de Mário, a música erudita é qualitativamente superior à música popular,[113] mas é nesta que estão presentes as características essenciais da racialidade. O trabalho de composição da *verdadeira* música conta, portanto, com dois momentos: um primeiro, da coleta de ritmos, melodias e instrumentações populares; um segundo, de elaboração erudita a partir do material coletado. O valor de uma obra de arte não está em sua *originalidade*, mas na sua *autenticidade* e o músico deve sacrificar sua individualidade e se engajar na arte interessada.[114]

Os conceitos e, em especial, a concepção de arte defendidos por Mário de Andrade, ao ser transladados para o âmbito da arquitetura, legitimam duas ações conjugadas de Lúcio Costa: em primeiro lugar, propor a fusão entre a *tradição* e o *moderno*; em segundo lugar, justificar os critérios de salvaguarda do patrimônio em sua ação à frente do Serviço do Patrimônio Histórico e Artístico Nacional. A *autenticidade* e a *simplicidade* – atributos destacados por Mário de Andrade como base para as artes em geral por serem a própria essência nacional – passam a ser advogadas por Lúcio Costa como características da arquitetura verdadeiramente brasileira.

Entre o paraíso e a utopia

Uiara
No país do sol
onde só havia sol
(noite não havia)
havia uma mulher
verde olho de ouro
vestida de sol
imagem da manhã
sem noção do amanhã
verde sem ideia
do que se diz verde
(que não se alcança)
ouro sem noção
do que seria o ouro
sol sem solução
mulher gravada a ouro
num friso marajoara
cabelo muito verde
olhos-muito-ouro
chamava-se Uiara.
Cassiano Ricardo, *Martim Cererê*, 1928[115]

Uma das principais questões colocada por Margareth da Silva Pereira, Romão Veriano da Silva Pereira, Cecília Rodrigues dos Santos e Vasco Caldeira da Silva, autores do formidável livro *Le Corbusier e o Brasil*, é a compreensão dos motivos que levam Le Corbusier a ser o escolhido pelos jovens arquitetos brasileiros como o farol que os guiará na implantação da nova arquitetura no país. Os motivos comuns apresentados pelos críticos e historiadores – questão já apresentada

au portuguesa navegando para o
ovo Mundo. STADEN, Hans. *Warhaf-
g Historia und beschreibung eyner
ndtschafft der Wilden*, 1557,
20. Acervo Biblioteca Brasiliana
ita e José Mindlin

anteriormente, sendo a fluência no francês pela maioria
dos membros do grupo de Lúcio Costa a mais corriqueira –
ganham aqui mais precisão no âmbito cultural:

> Se as ideias corbusianas foram tão bem recebidas pelos
> brasileiros foi porque, antes de serem modernas, elas
> captaram e reforçaram alguns dos grandes mitos cultu-
> ados nessa parte da América desde o seu descobrimento,
> dando-lhes nova formulação e uma proposta capaz
> de torná-los realidade. Mitos como, por exemplo, o da
> assimilação da imagem do Brasil a um paraíso tropical,
> e o da busca, que ainda nos acompanha, nesse paraíso
> natural, de uma Utopia: a construção de uma sociedade
> ideal num mundo inteiramente novo.[116]

Em artigo de 1990 publicado na revista *Gávea*,
Margareth da Silva Pereira aprofunda ainda mais a questão e
apresenta o desenvolvimento do tema *natureza* – ou *paisagem*, quase sempre seu sinônimo – nas matrizes intelectuais
europeias da Renascença até o início do século 20, demonstrando o quanto a sensibilidade frente ao meio natural
foi afetada pela colonização da América. A dificuldade do
estabelecimento do homem europeu em um meio adverso
e hostil se reflete na produção intelectual nos mais variados
âmbitos – literatura, filosofia, arquitetura etc. – registros
diretos ou indiretos das metamorfoses sofridas pela sensibilidade. O artigo faz longo percurso, entretecendo duas visões
distintas que se propagam a partir da descoberta e ocupação
do Novo Mundo – a retomada do mito do paraíso terreal
originário, agora a ser redescoberto em meio à floresta tropical; e a utopia a ser construída como triunfo do artifício
civilizacional frente à potência da natureza –, visões que se
enfraquecem durante a hegemonia da crença na "longa e
evolutiva estrada que retira os homens da barbárie e os enca-
minha à civilização",[117] que corresponde ao período imperial.
A presença de Le Corbusier no Rio de Janeiro traz à luz as

Indígenas recepcionam nau portuguesa. STADEN, Hans. *Warhaftig Historia und beschreibung eyner Landtschafft der Wilden*, 1557, p. 94. Acervo Biblioteca Brasiliana Guita e José Mindlin

antigas visões. Diante da paisagem magnífica, evoca as palavras de seu amigo Blaise Cendrars frente ao mesmo cenário: "o que quer que eles façam com seu pequeno urbanismo, serão sempre esmagados pela paisagem".[118] No entendimento do arquiteto suíço-francês, frente às forças telúricas da natureza original, o arquiteto é convocado à sua artificialização: "no Rio de Janeiro, cidade que parece desafiar radiosamente toda colaboração humana com a sua beleza universalmente proclamada, somos possuídos por um desejo violento, louco talvez, de tentar, aqui também, uma aventura humana – o desejo de jogar uma partida a dois, uma partida *afirmação-homem* contra ou com *presença-natureza*".[119] "Contra", tomando às mãos as ferramentas de correção do território. "Com", usando com astúcia as possibilidades de convivência com o meio ambiente.

Segundo Margareth da Silva Pereira, Le Corbusier "soldava velhos mitos sufocados durante mais de um século pelo peso da história e que reexplodiam agora com toda potência. Desejo de construção do novo e desejo de desfrute de um jardim – secularmente tidos como antagônicos – se aliavam nas mãos de um homem, de um arquiteto, para desenhar uma história nova".[120] Nesse desejo de síntese e integração, parece residir um dos principais motivos da grande aceitação de Le Corbusier pelo meio arquitetônico local. Ao associar o primitivo e o civilizado, a natureza e a cidade, o arquiteto suíço-francês diz, sem o saber, o que os arquitetos brasileiros compreendem e gostam de ouvir. Uma sintonia fundada num conjunto de valores sobre o papel específico da arquitetura na relação entre homem e paisagem, mas que, no caso brasileiro, avança em direção a um campo mais amplo e ambicioso que resulta na década anterior em uma agenda para a cultura nacional. A localização do paraíso terreal nos trópicos – cuja antiga e vasta tradição será desenterrada nos anos 1950 pelo modernista de primeira hora Sérgio Buarque de Holanda em seu fabuloso livro *Visão do paraíso*[121] – já se encontra insinuada no "Manifesto antropófago" de Oswald de Andrade: "Já tínhamos o comunismo. Já tínhamos a língua surrealista. A idade de ouro".[122] Como já está também explícita no "Manifesto da poesia Pau-Brasil", a ideia de síntese entre o desejo de pertencimento à terra e a disposição de usar a potência da civilização maquínica: "Temos a base dupla e presente – a floresta e a escola. A raça crédula e dualista e a geometria, a álgebra e a química logo depois da mamadeira e do chá de erva-doce. Um misto de 'dorme nenê que o bicho vem pegá' e de equações".[123] E é possível entrever, nas palavras de Oswald, uma inversão de sinais, muito bem sacada nas palavras de Antônio Risério:

> O projeto oswaldiano tinha a sua originalidade. Reimaginava, em termos brasileiros, a aventura cultural europeia. Antes de ir a uma civilização distante, Oswald

mergulhou em nossas realidades. E foi nessa viagem de volta, superando interdições da cultura dominante, que seu pensamento floresceu. Em vez da negação *futurista* da trindade étnica, que implicava o degredo de matrizes não-lusitanas aos subterrâneos da cultura, aflorou então a *formação étnica rica*. Oswald descobria que nossa questão não era uma *questão futurista*, no sentido do seu paulistocentrismo novidadeiro. Começa-se então a promover o desrecalque dos elementos culturais que nos formaram, com disparos modernistas ferindo a fachada europeia de nossa vida social. E o projeto oswaldiano nada tinha de museológico. Distinguia forças em ação no ambiente contemporâneo. '*Temos a base presente – a floresta e a escola*', dizia ele. Parte-se então do que é *bárbaro e nosso* e da atualidade tecnológica.[124]

A visão Pau-Brasil é uma busca de síntese entre a cultura multirracial brasileira e a base civilizatória europeia. Das antigas metrópoles econômicas e culturais nos interessaria em especial o conhecimento científico e a tecnologia. Nada da religião, de filosofia, da justiça *brancas*. O radicalismo de Oswald – não destituído de uma certa ingenuidade romântica que Antônio Risério atribui ao seu desconhecimento do índio verdadeiro[125] – teve o grande mérito de operar uma enorme mudança na visão culta citadina sobre nossa origem. A mácula da fusão étnica foi enfrentada cara a cara, assim como a grande ignorância que se tem do Brasil no período. O turismo erudito dos modernistas paulistas, que percorre regiões ignotas e escondidas pelo país, foi logo seguido pelas descobertas de um passado colonial soterrado, trabalho levado à frente pelas equipes técnicas do Sphan. A elevação de Aleijadinho à condição do grande artista do Brasil colonial, os desenhos magníficos de Tarsila do interior mineiro,[126] os diários de viagem, os estudos etnográficos sistemáticos de Mário de Andrade sobre a música e o folclore regionais, os estudos históricos e sociológicos de Sérgio Buarque de

Chegada dos europeus no Novo Mundo e o cotidiano dos tupinambás. STADEN, Hans. *Warhaftig Historia und beschreibung eyner Landtschafft der Wilden*, 1557, p. 115, 131, 140. Acervo Biblioteca Brasiliana Guita e José Mindlin

Holanda e Gilberto Freyre: o inventário se acumulava e, de uma hora para outra, a mestiçagem, a ingenuidade, a simplicidade, a primitividade deixam de ser aspectos vergonhosos de nossa existência coletiva e tornam-se ativos na formatação de uma cultura e de uma arte condizentes com o estágio civilizacional do país: "Na teoria modernista – então – primitivismo é aquele valor normativo e metodológico que permite a revisão da cultura nacional a partir da total tomada de consciência da realidade brasileira. Particularmente do seu subdesenvolvimento".[127]

Oswald de Andrade vai mais longe. Sua ousadia chega ao limite de atribuir as principais transgressões estéticas e políticas libertárias da história moderna europeia ao contato com os indígenas brasileiros: "Filiação. O contato com o Brasil Caraíba. *Ori Villegaignon print terre*. Montaigne. O homem natural. Rousseau. Da Revolução Francesa ao Romantismo, à Revolução Bolchevista, à Revolução Surrealista e ao bárbaro tecnizado de Keyserling. Caminhamos".[128] Não bastava atribuir ao primitivo brasileiro o início da genealogia, era necessário retomar o protagonismo: "Queremos a Revolução Caraíba. Maior que a Revolução Francesa. A unificação de todas as revoltas eficazes na direção do homem. Sem nós a Europa não teria sequer a sua pobre declaração dos direitos do homem".[129]

A frase telegráfica e um tanto enigmática de Oswald de Andrade é esclarecida quase uma década depois, por Affonso Arinos de Mello Franco, no interessante livro *O índio brasileiro e a Revolução Francesa: as origens da teoria da bondade natural*, de 1937.[130] Soterrada pelo tempo e hoje praticamente esquecida, a publicação persegue as peripécias do índio brasileiro – tanto em carne e ossos, como em sua versão imaginária – na cena europeia, em especial na França. *São muitos os textos analisados*, mas Arinos não se furta em revelar os elementos principais da trama que se propõe reconstituir: "A voz discreta de Michel de Montaigne, e o seu eco ampliado a séculos de distância, nos brados dolorosos de Jean-Jacques Rousseau, constituem, de fato, os mais importantes elos desta cadeia de ideias que procuramos reconstituir".[131] E, dezenas de páginas à frente, revela o motivo: "A influência da opinião de Montaigne sobre o índio brasileiro foi decisiva para as conclusões psicológicas e sociológicas a que chegou Rousseau, na parte revolucionária da sua obra".[132]

Com boa formação histórica e hábil na manipulação do material primário – tanto as narrativas de conquistadores e viajantes, como os textos de artistas e filósofos –, o autor demonstra a relação direta entre o índio brasileiro e a constituição da imagem do homem primitivo, simples e ingênuo, habitante de um locus ameno e agradável, que lhe permite viver nu[133] e em plena harmonia com a natureza, recostado em uma rede sob a copa frondosa de uma árvore.[134] O selvagem passa a encarnar a bondade originária, própria do estado de natureza, deixando em segundo plano, de forma residual, a figura arcaica do bárbaro animalesco, deformado e violento, que será retomada ao longo do século 19 pelas visões degradantes sobre o Brasil. Arinos verifica os rastros deixados pelos índios brasileiros na cena cotidiana portuária e nas solenidades da corte, e restabelece, de forma persuasiva, os mecanismos de transmissão desse *constructo* artificial, que cumpre demandas sociais, religiosas, psicológicas e políticas da civilização europeia. Com um esquematismo exagerado para os padrões atuais, o autor periodiza as peripécias sofridas pela "ideia da bondade natural" em três momentos distintos, correspondentes aos séculos 16, 17 e 18: "No primeiro, o seu conteúdo era o de um princípio filosófico e moral; no segundo, o de uma doutrina jurídica; no terceiro, o de uma teoria política".[135]

Dentre as diversas apresentações públicas de silvícolas brasileiros durante o século 16 na França, sempre cercadas de curiosidade intensa que atravessa as camadas sociais, a segunda festa brasileira de Rouen[136] merece especial atenção. Em novembro de 1562, durante o festejo que conta com a presença do rei Carlos IX – filho de Henrique II e Catarina de Médici, então com doze anos de idade –, ocorre a *célebre* conversa entre Michel de Montaigne e três índios tupinambás levados à corte por Nicolas Durand de Villegaignon, em 1558. O encontro resulta no ensaio "Dos canibais", publicado em 1580, onde Montaigne desdobra o impacto emocional e intelectual do encontro em considerações filosóficas acerca da natureza humana. Montaigne faz uso das lembranças de seu serviçal, que teria sido marinheiro da frota de Villegaignon,[137] mas Arinos afirma que o filósofo se apoia também nas descrições presentes nas narrativas de dois religiosos, André Thevet[138] e, principalmente, Jean de Lery,[139] que visitam, em seus primeiros momentos, a "França Antártica" (1555-1570), enclave francês na Guanabara.

A construção conceitual do bom selvagem por Montaigne se opera na valorização da simplicidade primitiva

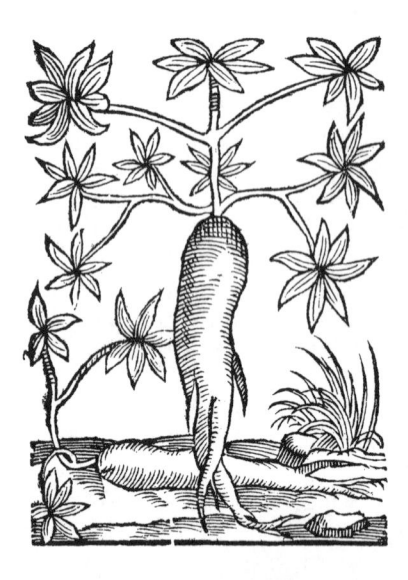

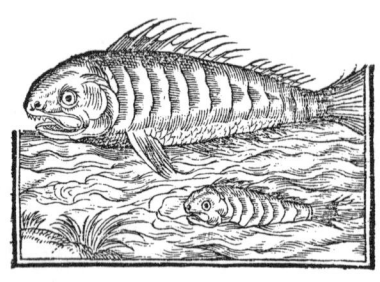

Mundo natural e habitantes do Novo Mundo. STADEN, Hans. *Warhaftig Historia und beschreibung eyner Landtschafft der Wilden*, 1557, p. 250, 122, 253, 225. Acervo Biblioteca Brasiliana Guita e José Mindlin

em contraste com a degradação dos costumes civilizados. "Esses povos não me parecem" – diz o filósofo – "merecer o qualificativo de selvagens somente por não terem sido senão muito pouco modificados pela ingerência do espírito humano e não haverem quase nada perdido de sua simplicidade primitiva. As leis da natureza, não ainda pervertidas pela imisção dos nossos, regem-nos até agora e mantiveram-se tão puras que lamento por vezes não as tenha o nosso mundo conhecido antes, quando havia homens capazes de apreciá-las".[140] A visão abstrata do bom selvagem se encarna em uma visão paradisíaca graças à imaginação fantasiosa de Rousseau: "Vejo-o fartando-se sob um carvalho, refrigerando-se no primeiro riacho, encontrando seu leito ao pé da mesma árvore que lhe forneceu o repasto e, assim, satisfazendo a todas as suas necessidades".[141] E Rousseau não deixa dúvidas sobre o ponto comum que aproximam filósofos apartados por dois séculos: "Os costumes simples dos primeiros tempos".[142] Confirmando a hipótese de transmissão de ideias e descrições suposta por Arinos, no intermediário século 17, temos a opinião de Hugues Grotius, que valoriza a "grande simplicidade de vida"[143] do homem primitivo.

Oswald de Andrade leva às últimas consequências seu mito de origem: mergulhada na selva em estado quase de natureza, preservada da infecção católica e de outros interditos civilizados, regrada pelo comunismo primitivo, o Matriarcado do Pindorama lega à civilização ocidental as possibilidades de sua própria redenção. Ao se reencontrar com o vigoroso caldal cultural que corre na Europa durante os séculos 16, 17 e 18, o mito regenerador de Oswald sublima as insuficiências e os defeitos atávicos imputados ao homem da terra pelo estrangeiro e vira de ponta-cabeça a hierarquia civilizado-primitivo. A síntese entre "desejo de construção do novo e desejo de desfrute de um jardim", vista por Margareth da Silva Pereira como proposição de Le Corbusier, pode ser colocada em um quadro teórico mais amplo, presente nas culturas brasileira e francesa, que se irrigam mutuamente. A *Utopia* de Thomas Morus ("desejo de construção do novo") nasce do Paraíso vislumbrado no Novo Mundo pelos navegantes do século 16 ("desejo de desfrute de um jardim"). Segundo Affonso Arinos, "Morus aproveitou, da figura do selvagem brasileiro, aqueles traços que lhe davam a fisionomia de bondade natural e integrou-os, com outros, tirados ao homem civilizado, para conseguir a síntese ideal da civilização aliada à natureza. Imaginou um homem que se servisse dos progressos da civilização, sem perder os seus atributos e virtudes humanas".[144] Curiosamente, a tensão entre polos atratores antípodas – o mítico mundo edênico originário e o mundo perfeito do futuro – legaria à cultura ocidental uma obra literária revisitada pelos pensamentos filosóficos tão distintos como os de Jean-Jacques Rousseau e Karl Marx:

> Utopia é um livro profundamente complexo. Participa do frio racionalismo revolucionário e do sentimentalismo expresso na ideia da bondade natural do homem. O seu sistema é como que um divisor de águas. Para um lado

correm aquelas que, mais tarde, serão representadas na torrente política da luta de classes. Para o outro as águas que se transformarão no prato saudosista dos românticos, dos que iriam chorar o desaparecimento da idade de ouro e do paraíso perdido.[145]

Assim, a tese de Margareth da Silva Pereira sobre o pensamento de Le Corbusier tem surpreendente lastro no quadro histórico-cultural franco-brasileiro, o que explica ter suas palavras impactado tanto a nova arquitetura brasileira. A historiadora busca a ambiguidade presente no quadro mais amplo da importação do modernismo no Brasil na própria atitude de Lúcio Costa frente ao desafio, detectando – nas ideias e ações do arquiteto carioca – tanto o entusiasmo da ambição pelo novo, como a melancolia do reencontro com a natureza. O Lúcio proativo e confiante se revela de forma notável no edifício-sede do Ministério da Educação e Saúde, no plano piloto de Brasília, no plano urbanístico para a Barra da Tijuca e nas residências dos anos 1940. Contudo, "mais complexa de se entender é uma certa melancolia entrevista em algumas de suas obras. Melancolia capaz de conceber a arquitetura como uma sucessão de fronteiras que vão anulando os limites do artifício frente à paisagem até recolocar o homem em pura contemplação da natureza".[146] Uma natureza entendida na sua versão paradisíaca, que solicita "arquiteturas que declinam qualquer ambição à permanência", "deliberadamente *não acabadas*".[147] Elementos da arquitetura, da paisagem controlada, dos objetos selecionados – varandas, vedações permeáveis com treliças, palmeiras, redes... –, presentes no Parque Guinle, como já estiveram na Vila Monlevade, que incitam à contemplação, à dissolução frente à natureza. A antinomia que Margareth da Silva Pereira vê na obra de Lúcio Costa é muito oportuna, pois a limpidez e a clareza de alguns projetos de sua lavra – em especial o MES, do qual já falamos – reafirmam uma filiação direta ao modernismo europeu. Como também é sugestiva a alusão à melancolia, que estaria alimentando as "arquiteturas minuciosamente construídas para evocar o paraíso".[148] Na definição da historiadora, o sentimento melancólico resulta da interação homem-natureza, quando o espírito humano se paralisa ao compreender a transitoriedade da vida.[149]

A oscilação existente na obra de Lúcio Costa, expressão de uma individualidade, já estava presente na ambivalência do projeto cultural idealizado pelos modernistas brasileiros. Atravessado por sínteses de difícil realização – modernidade e tradição, civilização e natureza, utopias progressistas e mitos regressivos –, este projeto condiciona a produção estética brasileira a uma perene ciclotimia entre a alegria e a tristeza. Em Lúcio Costa seria observável a mesma alternância de sentimentos presentes na obra-prima de seu símile na literatura, Mário de Andrade. Macunaíma, o *herói de nossa gente*, é impulsionado por um entusiasmo tão grande quanto inesgotável, o que não o impede de ser abatido pela *pregui...*, pela doença, pela sensualidade lúbrica que leva à letargia pós-coito.[150] Não há luta que não encare, o que não o impede o desenlace melancólico da rapsódia: "É mesmo o herói capenga que de tanto penar na terra sem saúde e com muita saúva, se aborreceu de tudo, foi-se embora e banza solitário no campo vasto do céu".[151] Melancolia que só não é maior do que esse pungente parágrafo do epílogo:

> A tribo se acabara, a família virara sombras, a maloca ruíra minada pelas saúvas e Macunaíma subira pro céu, porém ficara o aruaí do séquito daqueles tempos de dantes em que o herói fora o grande Macunaíma imperador. E só o papagaio no silêncio do Uraricoera preservava do esquecimento os casos e a fala desaparecida. Só o papagaio conservava no silêncio as frases e feitos do herói.[152]

Solidão, esquecimento, melancolia. Perenidade, vastidão, silêncio. Integração do homem na natureza, sonho cultural que anula a própria cultura. As coincidências das personalidades de Mário de Andrade e Lúcio Costa são muitas; a simetria de ambas as obras só não é mais assombrosa do que nossa incapacidade média de enxergar. O papel de liderança ideológica que exercem em suas respectivas áreas de atividade é análogo, assim como a importância e a qualidade da produção artística. Mas não idênticas a ponto de podermos trocá-los de posição. Além da antecedência de suas ideias e obras, Mário de Andrade leva flagrante vantagem na arte que escolheu, afinal a literatura é o mundo da imaginação, da sugestão, do sonho. As incongruências e impossibilidades podem se transformar, com a devida capacitação estética, em qualidades. Palavras driblam as leis da física, os princípios da lógica e o bom senso rotineiro. O mesmo seria difícil falar da arquitetura.

A presença dessa tristeza na obra de Lúcio Costa não escapa à observação arguta de Sophia S. Telles em artigo publicado em 1989, quando estabelece proximidades e diferenças entre os ideários de Lúcio Costa e Le Corbusier. Ao contrário de Margareth Pereira, que a vê como uma das características recorrentes nas obras do velho mestre, Sophia Telles tenta circunscrevê-la à obra de juventude de Lúcio Costa: "Em alguns de seus textos iniciais, Lúcio demonstra uma certa melancolia, quase um conformismo diante da pobreza do país, do povo inculto. Em algum momento chega a falar da precariedade da *raça* e que, no fundo, cultura é uma coisa de raça".[153] A autora menciona de passagem a ambiguidade existente entre o atavismo – portanto, desconfiança quanto à imutabilidade das coisas – e a confiança na "produção industrial e a educação impulsionada pela autoridade do Estado",[154] que agiriam como alavancas da transformação social. Temos aqui, repostos em outros termos, a mesma relação ambivalente entre o conformismo melancólico frente ao destino inevitável e a confiança no poder transformador da civilização moderna. Os elementos trocados – *natureza* e *raça* – fazem parte do mesmo universo intelectual e são, em certas circunstâncias, intercambiáveis, mas curiosamente não merecem maior atenção da autora, mesmo que se refira mais uma vez, em outra passagem, à questão da racialidade.

Um outro fio presente na argumentação de Sophia Telles pode ser usado na tessitura proposta por este livro: Lúcio Costa toma como base referencial para uma arquitetura nacional genuína a casa do colono – não as igrejas ou palácios do período colonial – por entender ser ela a expressão mais justa do *aspecto viril da raça*.[155] A beleza da descrição de Lúcio Costa, ao falar da casa prototípica da brasilidade, está envolta por um vapor embebido pela melancolia contemplativa:

> Feitas de *pau* do mato próximo e da terra do chão, como casas de bicho, servem de abrigo para toda a família – crianças de colo, garotos, meninas maiores, os velhos –, tudo se mistura e com aquele ar doente e parado, esperando... [...] e ninguém liga de tão habituado que está, pois *aquilo* faz mesmo parte da terra como formigueiro, figueira-brava e pé de milho – é o chão que continua... Mas, justamente por isso, por ser coisa legítima da terra, tem para nós, arquitetos, uma significação respeitável e digna; enquanto os *pseudomissões, normandos ou colonial*, ao lado, não passa de um arremedo sem compostura.[156]

O vínculo que Sophia Telles estabelece das convicções de Lúcio com a linhagem francesa que parte de Viollet Le Duc, que não deixa de estar correto, não invalida a aproximação com outra tradição que se inicia algumas décadas antes, e que parece relacionar de forma mais explícita os aspectos em questão. Segundo Joseph Rykwert, "a doutrina da estreita correlação existente entre a arte e o clima, a raça e a condição moral é firmemente estabelecida pelos teóricos

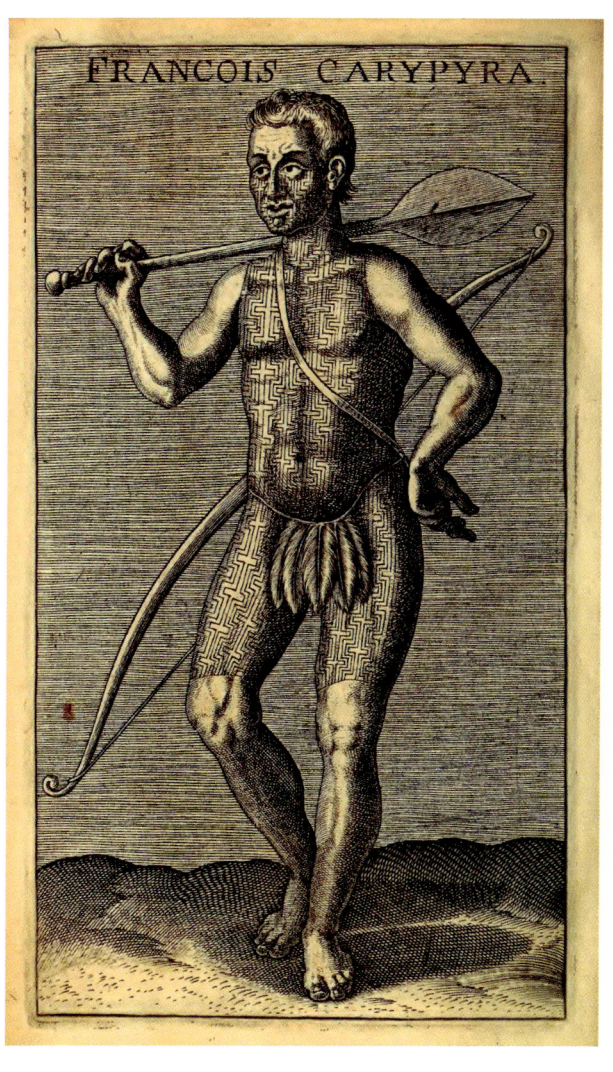

François Carypyra. D'ABBEVILLE, Claude. *Histoire de la mission des peres capucins*, 1614, p. 712.

Acervo Gallica Bibliothèque Nationale de France

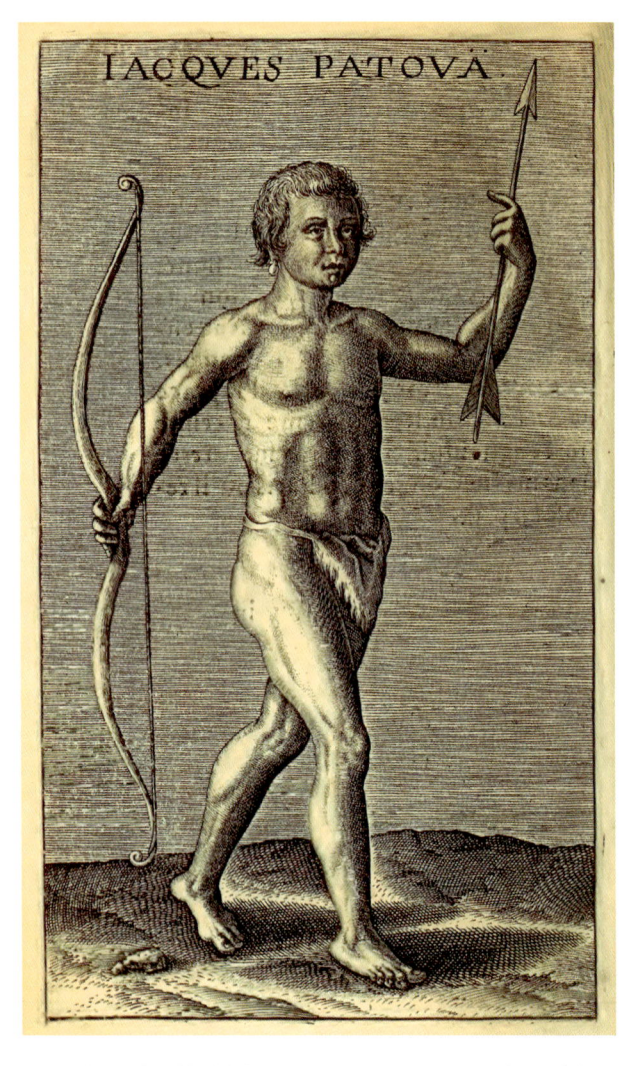

IACQVES PATOVA.

Tacques Patova. D'ABBEVILLE, Claude. *Histoire de la mission des peres capucins*, 1614, p. 728. Acervo Gallica Bibliothèque Nationale de France

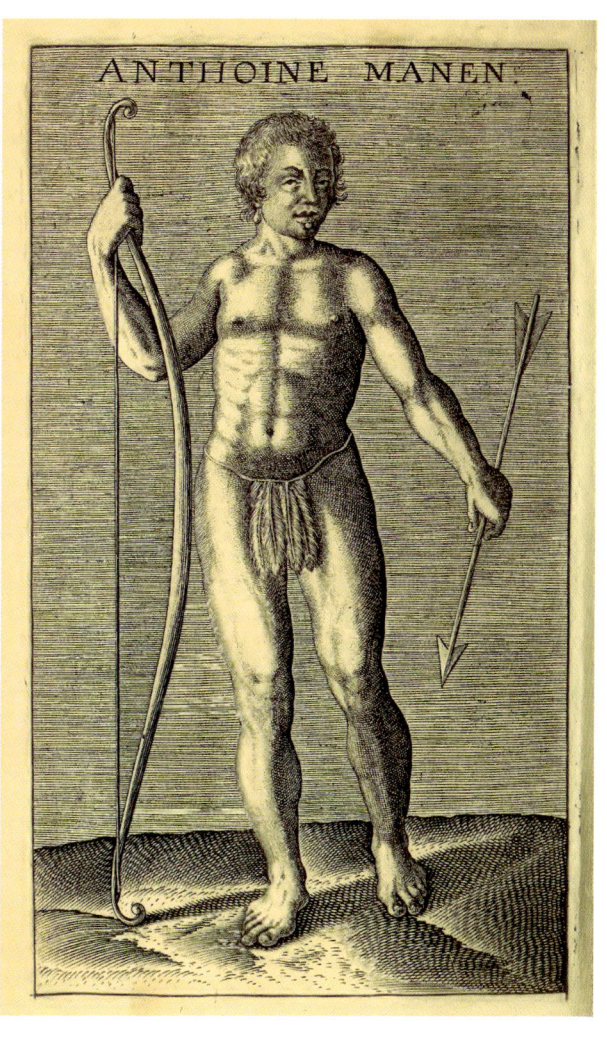

Anthoine Manen. D'ABBEVILLE, Claude. *Histoire de la mission des peres capucins*, 1614, p. 734. Acervo Gallica Bibliothèque Nationale de France

Índio Tapuia, Albert Eckhout, 1641.
Óleo sobre tela, 272 X 161 cm,
Acervo Museu Nacional da Dinamarca

Índio Tupi, Albert Eckhout, 1643.
Óleo sobre tela, 272 X 163 cm,
Acervo Museu Nacional da Dinamarca

Índia Tapuia, Albert Eckhout, 1641.
Óleo sobre tela, 264 X 159 cm.
Acervo Museu Nacional da Dinamarca

Índia Tupi, Albert Eckhout, 1641. Óleo sobre tela, 274 X 163 cm.
Acervo Museu Nacional da Dinamarca

Figure des Brisilians.

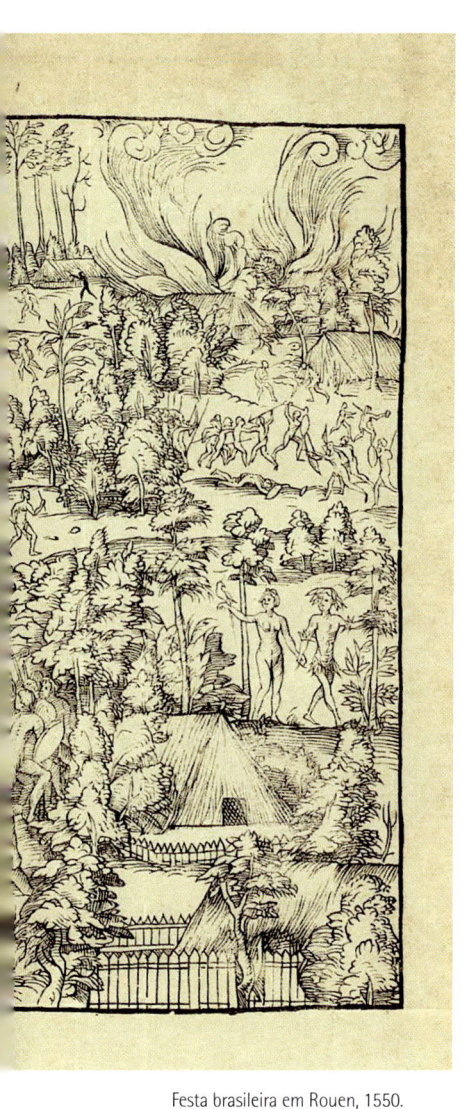

Festa brasileira em Rouen, 1550.
DENIS, Ferdinand. *Une* fête *brésilienne*, volume 2, 1850, p. 5.

Acervo Biblioteca Brasiliana Guita e José Mindlin

La Bresilienne.

Les femmes là, sont vestues ainsi
Que ce pourtrait le montre & represente,
Là des Guenons, & Perroquetz aussi,
Aux estrangers elles mettent en vente

O brasileiro. DESCERPZ, François. *Recueil de la diversité des habits*, 1567, p. 116. Acervo Biblioteca Brasiliana Guita e José Mindlin

Le Bresilien;

L'homme du lieu auquel le Bresil croist,
Est tel qu'icy, à l'oeil il apparoist,
Leur naturel exercice s'applique
Coupper Bresil, pour en faire trafique,

A brasileira. DESCERPZ, François. *Recueil de la diversité des habits*, 1567, p. 117. Acervo Biblioteca Brasiliana Guita e José Mindlin

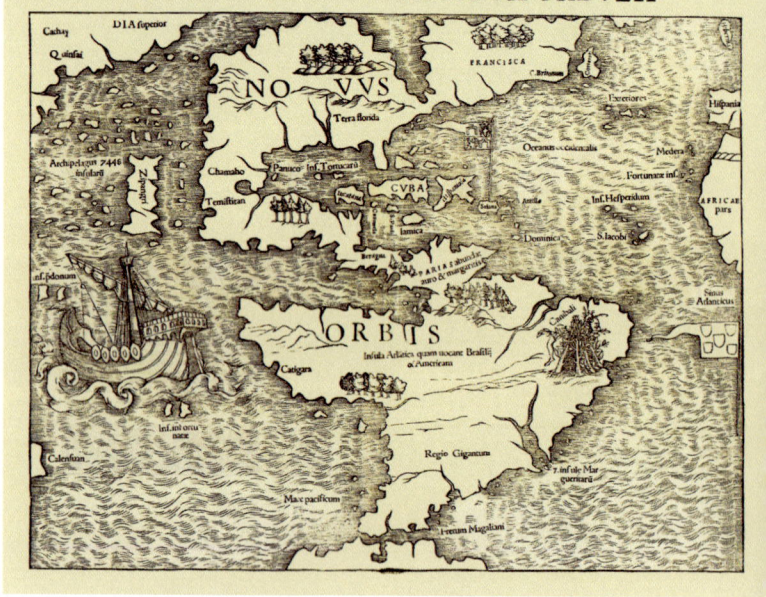

Mapa do Novo Mundo, Sebastian Munster, século 16. *La Table des Isles neusues, lesquelles on appelle isles d'occident & d'Indie pour divers regardz*. Basel, c.1544. Acervo Oxford University

Na página ao lado
Habitantes e mundo natural do Novo Mundo, 1558. THEVET, André. *Les singularités de la France Antartique*, p. 139, 205. Acervo Biblioteca Brasiliana Guita e José Mindlin

269

Abacaxi, 1558. THEVET, André. *Les singularités de la France Antartique*, p. 202. Acervo Biblioteca Brasiliana Guita e José Mindlin

Indígenas catando frutos, 1558.
THEVET, André. *Les singularités de la France Antartique*, p. 232. Acervo Biblioteca Brasiliana Guita e José Mindlin

Animais em árvore, 1558. THEVET, André. *Les singularités de la France Antartique*, p. 219. Acervo Biblioteca Brasiliana Guita e José Mindlin

do romantismo, particularmente por Madame de Stäel e Chateaubriand, e de modo mais restrito por Hazlitt e De Quincey na Inglaterra".[157] Essas correlações, que mais tarde se estabilizam na famosa tríade de Hippolyte Taine – *a raça, o meio geográfico e o momento social*[158] –, tem grande penetração no Brasil durante o século 19 e podem ser verificadas nas mais variadas manifestações culturais – por exemplo, em *Os sertões*, de Euclides da Cunha, cujos três capítulos – *a terra, o homem e a luta* – seguem regiamente os três conceitos taineanos. As referências à racialidade e à natureza tropical, longe de serem extemporâneas no seio de nosso modernismo, são noções essenciais para a compreensão da visão de mundo primitivista engendrada pelo modernismo de São Paulo. As diversas teorias de determinismos mesológicos e/ou raciais são moeda de troca na maior parte dos "retratos do Brasil" esboçados no final do século 19 e início do século 20 e são incorporadas por nosso modernismo em sua síntese antropofágica.

Lúcio Costa, por diversas vezes, refere à arte e à arquitetura como expressões da íntima correlação entre homem e meio físico, mas provavelmente nunca de forma tão explícita como no seu projeto de ensino de desenho, publicado originalmente em 1948. Segundo ele, caberia ao professor da quarta série do aprendizado "concluir, reconhecendo, juntamente com os alunos, a impossibilidade de se estabelecer um *estalão* de medida capaz de *dosar* a maior ou menor beleza artística de obras que são, como essas, expressões legítimas de épocas, raças, culturas, concepções e temperamentos *diferentes*: é que, na verdade, todas são belas, – cada qual à sua maneira".[159] Falta à citação menção à natureza, mas em outro texto da década de 1940 e publicado em 1952, Lúcio Costa trata da mesma questão, colocando o termo faltante e omitindo agora a referência explícita à raça: "pode-se então definir a arquitetura como *construção concebida com a intenção de ordenar e organizar plasticamente o espaço, em função de uma determinada época, de um determinado meio, de uma determinada técnica e de um determinado programa*.¹⁶⁰ Em um dos seus textos mais conhecidos, de 1951, Lúcio Costa volta à carga: "a origem da arte é *interessada*, pois a sua ocorrência depende sempre de fatores que lhe são alheios – o meio físico e econômico-social, a época, a técnica utilizada, os recursos disponíveis e o programa escolhido ou imposto".¹⁶¹ Segundo essa tradição intelectual que remonta ao romantismo, a raça é um produto da interação do homem com o meio físico onde está estabelecido. Por sua vez, a produção cultural produzida por esse homem específico traz em seu ventre as características básicas de seu caráter.

Lúcio Costa salienta a distinção entre a *origem* das artes – justamente os condicionantes do meio físico, da raça e do momento histórico – e a essência da arte – a sua *finalidade plástica* isenta, momento no qual o artista vai sempre poder escolher entre "duas cores, duas tonalidades, duas formas, dois partidos igualmente apropriados ao fim proposto, nessa escolha última, ela tão só – *arte pela arte* – intervém e opta".¹⁶² São justamente estes dois vetores – um condicionante, outro arbitrário – que fazem com que a arte tenha certas constantes em áreas geográficas específicas, ao mesmo tempo em que passa por contínuas transformações. Adotar a distinção entre a concepção *estática* da forma e a concepção formal *dinâmica*, concebida pelos historiadores alemães do início do século 20, em especial Heirich Wölfflin, foi um passo fácil de ser dado por Lúcio Costa. Na primeira, correspondente a uma constante verificável na arte mediterrânea, há uma "predominância dos volumes geométricos e da continuidade dos planos de contorno definido e a consequente sensação de densidade, de equilíbrio, de contenção". A segunda corresponde a uma constante particular onde "a energia concentrada no objeto parece querer liberar-se e expandir", própria das artes gótica, barroca, hindu, eslava, árabe, iraniana e sino-japonesa. E complementa Lúcio Costa: "a cada uma dessas concepções formais, tanto a estática quanto as diferentes modalidades de dinâmica, corresponde portanto, originalmente, um *habitat* natural".[163] Wölfflin, na busca do entendimento da relação entre constantes e mudanças na arte, estabelece que uma mesma obra obedece às demandas de quatro instâncias: o *estilo pessoal*, o *estilo da escola*, o *estilo do país* e o *estilo da raça*. E aconselha os estudiosos: "Deparamo-nos aqui, em todos os pontos, com as bases do sentimento nacional, onde o gosto formal entra em contato direto com os elementos espirituais e morais, e a história da arte terá diante de si gratas tarefas, tão logo passe a abordar sistematicamente a questão da psicologia nacional da forma [...] Épocas diferentes produzem artes diferentes; o espírito da época mescla-se ao espírito da raça".[164]

Retomando o fio da meada – a predileção de Lúcio Costa, mencionada por Sophia Telles, pela casa do colono como a expressão mais ajustada do *aspecto viril da raça* –, pode-se agora ter a noção da amplitude dessa escolha. O compromisso moderno de Lúcio Costa, assumido no final da década de 1920, traz consigo, de contrabando, diversos outros, muitos deles contraditórios com a nova predileção. Os termos de seu vocabulário – *melancolia*, *raça*, *natureza tropical*, *integração*, *contemplação* etc. – são importados de outras cenas culturais e amplamente utilizados pelo modernismo brasileiro. A "integração com a natureza", por exemplo, está prevista no telurismo cósmico de Graça Aranha como o principal desafio da arte brasileira e foi perseguida pela poesia Pau-Brasil e antropofagia oswaldianas, assim como pelo integralismo nativista dos verde-amarelos de Plínio Salgado: A casa do colono de Lúcio Costa, portanto, não é só feita de materialidade, mas dos índices urbanos e rurais que se somam e se infiltram nos interstícios da cultura – na linguagem, na música, na paisagem, nos hábitos e nos costumes. Com tais constatações, talvez possamos dar uma outra amplitude à constatação de Sophia Telles sobre o significado e sentido da paisagem brasileira para Lúcio Costa:

Talvez a construção colonial pertença muito menos à história da técnica, como tem sido vista nas escolas de arquitetura, do que à primeira visão propriamente moderna da paisagem brasileira. Visão modernista, que se encontra em Tarsila, mas também em Guignard, na música de Villa Lobos, na língua brasileira de Mário de Andrade, e assim vai. E são os modernistas que juntam a civilização e a mata virgem, o automóvel, o mundo rural, a cidade e a natureza, muito tempo atrás. Assim, diante dessa casa com seu ar ameno, íntimo e tranquilo, há uma visão completamente moderna da paisagem brasileira.[165]

Caberia aqui um último comentário sobre um aspecto de extrema relevância abordado por Sophia Telles: *o papel do artista dentro dessa definição de arte*. Segundo a historiadora, para Lúcio Costa, o papel ativo de configurar o espaço moderno fica reservado à racionalidade técnica, cabendo à arte o sentimento e a intuição de integrar a cultura do passado à nova civilização. Em decorrência, "o artista deve condensar as aspirações do povo, deve catalisar as emoções populares, e *comover* com sua obra *o coração das massas*. É como se o artista devesse sintetizar o sentimento do país. E é o sentimento, e não o julgamento da arte, que está em questão".[166] Tal formulação, de genealogia romântica, mas muito corrente no século 20 nas mais variadas versões – "O artista é antena de sua época", diz Ezra Pound; "O artista é antena da raça", diz Glauber Rocha –, tem uma nuance de extrema importância em nosso modernismo, que pode ser encontrada, provavelmente pela primeira vez, no *Ensaio sobre a música brasileira*, de Mário de Andrade. Já sob forte influência de *Totem e Tabu*, de Sigmund Freud, livro que acabara de ler, o intelectual modernista vai definir que o objeto ou conteúdo da poesia é o lirismo que perpassa a coletividade – "uma arte nacional já está feita na inconsciência do povo"[167]

– e define de maneira clara e precisa o papel social do artista neste contexto segundo suas qualidades inatas:

> Se um artista brasileiro sente em si a força do gênio, que nem Beethoven e Dante sentiram, está claro que deve fazer música nacional. Porque como gênio saberá fatalmente encontrar os elementos essenciais da nacionalidade (Rameau Weber Wagner Mussorgsky). Terá pois um valor social enorme. Sem perder em nada o valor artístico porque não tem gênio por mais nacional (Rabelais Goya Whitman Ocussai) que não seja do patrimônio universal. E se o artista faz parte dos 99 por cento dos artistas e reconhece que não é gênio, então é que deve mesmo de fazer arte nacional. Porque incorporando-se à escola italiana ou francesa será apenas mais um na fornada ao passo que na escola iniciante será benemérito e necessário.[168]

Para Lúcio Costa, no rastro de Mário de Andrade, os dois tipos de artistas – o gênio e o rotineiro – cumprem, dentro de suas possibilidades individuais, o mesmo papel social de forjar uma arte nacional. Os rotineiros com uma participação mais baixa e horizontal, mais próxima da base cultural popular. Os gênios, de forma mais elevada, mais artística, mais pura e por isso mesmo – paradoxalmente – mais próxima da alma do povo. Entre eles, artistas diversos, ocupando posições intermediárias, conforme o talento pessoal que possuem. Assim, ao mesmo tempo em que adota para si o resguardo e a modéstia do mestre de obras, Lúcio Costa sente-se no direito – e na obrigação – de comparar Niemeyer a Aleijadinho: "o nosso próprio gênio nacional que se expressou através da personalidade eleita desse artista, da mesma forma com já se expressara no século 18, em circunstâncias, aliás, muito semelhantes, através da personalidade de Antônio Francisco Lisboa, o Aleijadinho".[169] Os personagens ocupam o papel que lhes cabe no enredo histórico. Niemeyer e Aleijadinho cumprem, em circunstâncias culturais distintas, o mesmo papel de elevar a cultura popular brasileira ao estatuto de arte. No período colonial, se as igrejas barrocas são a expressão mais alta e erudita do lirismo nacional, a arquitetura tradicional consubstancia a praticidade rotineira da vida simples do povo. Ou seja, a arquitetura realizada pelos mestres anônimos tem seu valor derivado da *autenticidade* garantida pela maior proximidade com as manifestações populares, enquanto a qualidade da arquitetura de Aleijadinho deriva de uma triagem operada pelo artista, uma escolha, uma *intenção plástica*. E, seguindo o raciocínio de Lúcio Costa, é essa mesma intenção plástica que permite Oscar Niemeyer, em outro momento histórico, expressar a mesma brasilidade.

Contudo, se é certo que as convergências histórico-culturais estão prenhes de virtualidades, sempre há o risco de não surgir a personalidade capaz de captar as possibilidades latentes. Para que o lirismo nacional, disperso na base cultural, se materialize como obra de arte superior, é necessário o acaso de uma personalidade, o surgimento de um gênio. Está aqui o segredo, a chave do enigma: o "milagre" sugerido por Lúcio é o surgimento da personalidade de Oscar Niemeyer. Gênio da raça, sua sensibilidade superior consegue materializar o espírito coletivo nacional latente através das possibilidades virtuais da nova técnica, obtendo uma nova arquitetura, nunca antes imaginada, nunca antes vista, arquitetura que integra a mais pura essência da nacionalidade em uma forma inovadora. Formas livres, que desenham arquitetura como expressão de nossa gente e da nossa natureza.[170] Enquanto isso, no extrato logo abaixo da hierarquia cultural, entre a "muita construção" sem qualquer interesse e o "milagre" genial, é possível distinguir "alguma arquitetura" de excepcional qualidade, conformando uma arquitetura brasileira que "já se distingue no conjunto geral da produção contemporânea e se identifica aos olhos do forasteiro como manifestação de caráter local, e isto, não somente porque renova uns tantos recursos superficiais peculiares à nossa tradição, mas fundamentalmente porque é a própria personalidade do gênio artístico nativo".[171]

O enorme esforço de Lúcio Costa em elevar Oscar Niemeyer ao panteão teve como fiel da balança o movimento contrário de seu mergulho no ostracismo.[172] Mas, antes do repousante resguardo na intimidade que manteve por tantos anos, reclama para si, na já comentada Carta-depoimento de 1948 endereçada a Geraldo Ferraz, um papel muito inferior ao de Niemeyer na constituição da arquitetura moderna brasileira:

> Quanto à minha contribuição para a formação dele, foi bastante discreta. Conforme tive ocasião de esclarecer certa vez em conversa ao Sr. Barão de Saavedra, limitou-se ao jardim da infância profissional e nunca se viu professor de primeiras letras pretender participar da glória dos grandes homens. A que atribuir então o título indevido e impróprio, conferido à minha revelia, por alguns arquitetos, ex-alunos da antiga Escola Nacional de Belas-Artes, responsáveis pela publicação que dá motivo ao presente depoimento? Sem falsa modéstia, e uma vez que a lisonja deve ser desprezada, atribuo aquela iniciativa à posição um tanto especial que ocupo no quadro geral dos acontecimentos que então sucederam e ao propósito de quererem assinalar, de alguma forma, essa minha participação indireta no processo de que resultou a evidência da Arquitetura Brasileira contemporânea.[173]

Turistas em seu próprio país

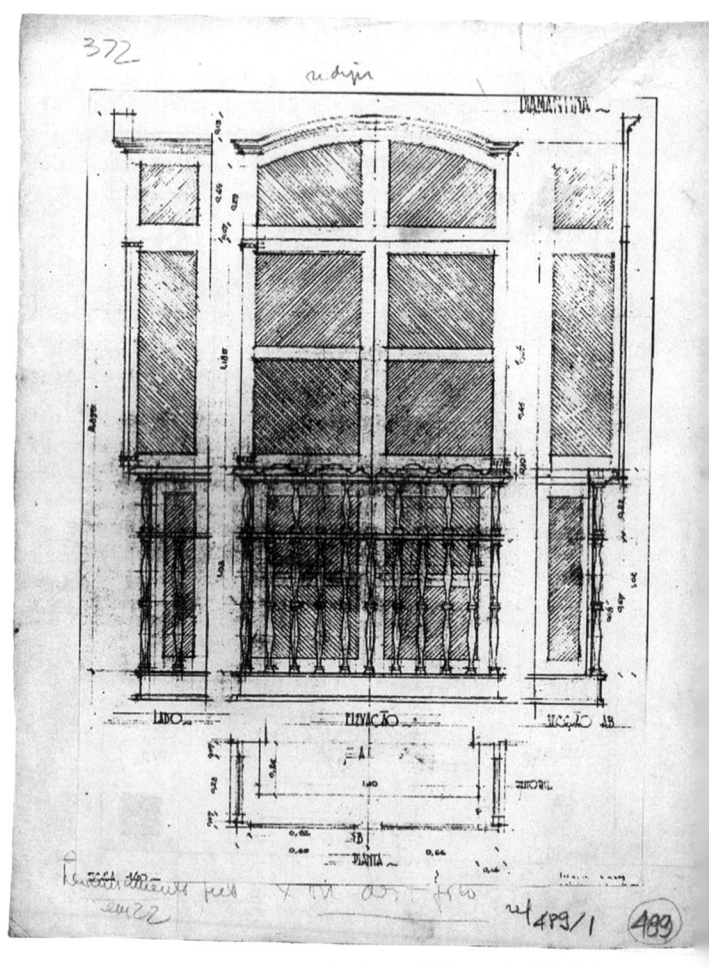

Janela colonial, Diamantina MG. Lúcio Costa, 1924. Arquivo Casa da Arquitectura

Paranapiacaba
Paranapiacaba é a Serra do Mar
Aqui é que o trem é levantado pelos cabos e transpõe
a dura montanha em várias secções
Todas as estações são suspensas no vácuo
Há muitas quedas de água e grandes trabalhos de arte
foram necessários para escorar em toda a parte
a montanha que se pulveriza
Porque a Serra é uma montanha podre como "les
Rognes" sobre Bionnasay, mas les Rognes cobertos
de florestas tropicais
As ervas más que crescem nos declives, nas valas
entre os caminhos são sempre plantas raras como
não se vê em Paris a não ser nas vitrinas das grandes
horticulturas
Numa estação, três mulatos indolentes estavam
estragando as plantas.
Blaise Cendrars, *Feuilles de Route*, 1924[174]

Em 1924,[175] usufruindo o prêmio "Heitor de Mello" – julgamento do Instituto de Arquitetos Brasileiros e outorgado pela Sociedade Brasileira de Belas Artes –, Lúcio Costa conhece a cidade mineira Diamantina. A distinção foi criada por José Mariano Filho para premiar os alunos que se destacassem no trabalho de final de curso de arquitetura da Escola Nacional de Belas Artes, a Enba, possibilitando-lhes o conhecimento in loco da arquitetura tradicional dispersa pelo interior do país, em especial no estado de Minas Gerais. A viagem, feita de trem, demora mais de trinta horas, só de ida, outras tantas de volta, e a ela o criador de Brasília se referiria assim no futuro:

> Lá chegando caí em cheio no passado no seu sentido mais despojado, mais puro; um passado de verdade, que eu ignorava, um passado que era novo em folha para mim. Foi uma revelação: casas, igrejas, pousada

dos tropeiros, era tudo de pau-a-pique, ou seja, fortes arcabouços de madeiras – esteios, baldrames, frechais – enquadrando paredes de trama barreada, a chamada taipa de mão, ou de sebe, ao contrário de São Paulo onde a taipa de pilão imperava.[176]

Não temos a data precisa desse depoimento de Lúcio Costa,[177] mas é pouco provável que registre as impressões vividas no momento. O olhar arguto voltado para os detalhes construtivos não é compatível com a pouca vivência e principalmente com o olhar específico do neocolonial ao qual se filiava naquele momento, mais preocupado com questões estilísticas e formais. A possibilidade de uma memória retroativa deformadora se acentua quando ele próprio atribui à sua segunda viagem ao interior mineiro – quando passa um longo período de convalescença em Sabará, Mariana e Ouro Preto no ano de 1927 – e às observações que foi capaz de fazer na ocasião, o início de seu desencanto com o neocolonial. Sua ruptura definitiva, portanto, só acontece no final da década de 1920 ou início da seguinte, período de autocrítica que resultou no seu primeiro texto mais encorpado sobre o moderno, *Razões da nova arquitetura*.[178]

O neocolonial – mesmo que a negação psicanalítica de "matar o pai" tenha levado os modernos em geral, e Lúcio Costa em particular, a execrá-lo posteriormente – cumpre um papel histórico equivalente à do romantismo na literatura[179] – a de olhar para dentro do próprio país: o neocolonial "foi na realidade a primeira manifestação de uma tomada de consciência, por parte dos brasileiros, das possibilidades do seu país e da sua originalidade".[180] O arquiteto e pesquisador Nestor Goulart Reis Filho enxerga em arquiteto que pratica o neocolonial procedimento análogo ao dos modernos, a busca no passado de lições essenciais que pudessem servir às aspirações de uma arquitetura atualizada com os novos tempos: "a grande lição da arquitetura colonial comum, a simplicidade construtiva, que seria um critério de norteamento da arquitetura brasileira modernista, depois de 1936, teve seu grande precedente na obra de Dubugras, que realizou um trabalho de caráter racionalista, onde outros mergulharam no decorativismo".[181] Assim, o neocolonial protagonizou significativo papel ao quebrar o preconceito arraigado na consciência nacional sobre a inferioridade da produção caseira. De forma mais abrangente, o neocolonial cumpriu a mesma finalidade cultural e ideológica nos Estados Unidos e diversos países latino-americanos, a de criar uma imagem nacional positiva.[182]

No mesmo ano de 1924 – quando Lúcio Costa faz sua viagem a Diamantina sob as rédeas nostálgicas de José Marianno Filho – uma outra trupe, esta vinda de São Paulo, também vagueia por Minas Gerais. Ciceroneando o poeta modernista Blaise Cendrars, o grupo de intelectuais e aristocratas paulistas formado por Mário de Andrade, Oswald de Andrade e seu filho Nonê, Tarsila do Amaral, Olívia Guedes Penteado, René Thiollier e Gofredo Silva Telles percorre o itinerário que passa por São João del Rei, Tiradentes, Mariana, Ouro Preto, Divinópolis, Sabará, Belo Horizonte, Lagoa Santa e Congonhas do Campo.[183] Mário de Andrade – que já havia feito uma viagem parecida em 1916, registrada em artigos para a *Revista do Brasil* – faz o papel de guia.[184] Curioso e até mesmo surpreendente é o desconhecimento do interior do país pelos intelectuais brasileiros, fato que não escapa ao comentário agudo de Brito Broca:

> O que merece reparo nessa viagem é a atitude paradoxal dos viajantes. São todos modernistas, homens do futuro. E a um poeta de vanguarda que nos visita, escandalizando os espíritos conformistas, o que vão eles mostrar? As velhas cidades de Minas, com suas igrejas do século 18, seus casarões coloniais e imperiais, numa paisagem tristonha, onde tudo é evocação do passado e, em última análise, tudo sugere ruínas. Pareceria um contrassenso apenas aparente. Havia uma lógica interior

no caso. O divórcio, em que a maior parte dos nossos escritores sempre viveu, da realidade brasileira fazia com que a paisagem de Minas barroca surgisse aos olhos dos modernistas, como qualquer coisa de novo e original, dentro, portanto, do quadro de novidade e originalidade que eles procuravam. E não falaram, desde a primeira hora, numa volta às raízes da nacionalidade, na procura do filão que conduzisse a uma arte genuinamente brasileira? Pois lá nas ruínas mineiras, haviam de encontrar, certamente, as sugestões dessa arte.[185]

Brito Broca soluciona a equação de forma simples, a partir das convicções nacionalistas assumidas por todos os modernistas brasileiros da metade dos anos 1920 em diante. Como defensores da cultura nacional, era natural que se voltem para a busca das "raízes da nacionalidade". Há, contudo, uma questão lógica de fundo que precisa ser esclarecida: o que leva um grupo de intelectuais oriundos de famílias abastadas, acostumados a longas estadias em Paris, a se voltarem bruscamente para o interior do país? Segundo Alexandre Eulalio, um ano antes da divulgação do Manifesto Pau-Brasil e da viagem do poeta suíço-francês ao Brasil, vários deles – Oswald de Andrade, Tarsila do Amaral, Di Cavalcanti, Vicente do Rego Monteiro, Victor Brecheret, Sérgio Milliet, Heitor Villa-Lobos e Souza Lima – estão em Paris em 1923 e testemunham o encontro Oswald-Cendrars. Antes dele próprio publicar *Feuilles de Route*, livro de poemas sobre sua viagem ao Brasil, ilustrado por Tarsila do Amaral, o poeta suíço-francês é figura central em vários episódios decisivos nos rumos da jovem vanguarda modernista brasileira. Foi ele quem apresentou Fernand Léger a Tarsila e propiciou outros encontros dos brasileiros com artistas modernos que se amontoavam em Paris – Picasso, Cocteau, Brancusi... Mas foi na apresentação do "espírito da época" que seu contato foi decisivo, com sua experiência em transformar experiências exóticas em construção poética, a busca já amadurecida de uma escrita despojada e coloquial, onde a racionalidade descritiva se solidariza com a ingenuidade de costumes "primitivos". Após uma pergunta genérica – "mas até que ponto Cendrars sopraria sugestões a esses jovens reunidos em Paris?" –, Eulalio faz uma segunda pergunta – esta, retórica –, que traz consigo sua opinião sobre a determinante ascendência de Cendrars sobre Oswald[186] e companheiros: "Uma arte que se aventurasse a recriar com espírito novo tais e quais realidades ora rústicas ora suburbanas, a elas atribuindo determinante carga lírica?"[187] O experiente e já maduro Cendrars dá o mapa da viagem e sugere a adoção de "diários de viagem":

> Inúmeros aspectos característicos do Brasil haviam-se conservado na sombra até aquele momento, quase invisíveis para tantos artistas de talento; nenhum deles havia ainda tratado de desvendar a sua importância. Agora, vigorosamente estilizados, a aguda incongruência do cotidiano, a sua cor exaltada, pura, o desengonço simplório, mas provocante, da cidade e da roça, a generosa singeleza dos costumes, o recorde nítido da paisagem, avaliados de maneira ao mesmo tempo perquiridora e lúcida, eram por fim tratados com lírica ternura e distanciamento irônico.[188]

Cendrar é convidado por Paulo Prado, sempre ele, a visitar o Brasil, após insistentes apelos de Oswald. A viagem de 1924 é uma mistura da disposição descompromissada de apresentar ao convidado estrangeiro em férias uma faceta desconhecida do país, e deste, com sua experiência, indicar o que deve ser notado. Assim, desproporcionalmente dividida entre os participantes, a experiência se torna uma espécie de viagem de estudos. Nas obras de Tarsila do Amaral e de Oswald de Andrade, apresentam-se no cenário singelo a religiosidade sincrética perpassada por misticismo chão, a simplicidade rotineira de homens em seus ofícios simples.[189]

A forma de olhar as sobrevivências materiais e espirituais do passado não é dirigida pela vontade nostálgica de registrar um mundo em vias de desaparição, mas pelo desejo ardente de encontrar elementos que possam fazer sentido no mundo moderno contemporâneo. A essa, outras *viagens de estudo*[190] se sucedem ao longo da década de 1920, com a participação de outros personagens, com o mesmo espírito jovial, alegre e engajado.[191] As obras de arte são desdobramentos naturais do processo.

Com a perspicácia que o caracteriza, Antônio Cândido parte da experiência de viagem de dois dos modernistas para agarrar o sentido de suas obras literárias maiores – *Macunaíma*, de Mário de Andrade; *Serafim Ponte Grande*, de Oswald de Andrade: "Os dois livros se baseiam em duas viagens, que os tornam complementares apesar de tão diferentes: viagem de Macunaíma, do Amazonas a São Paulo, com retorno à placenta mitológica; viagem de Serafim, de São Paulo à Europa e ao Oriente turístico, com um mergulho final do navio *El Durasno* nas águas do mito. E estas viagens-de-choque, propiciadoras da devoração de culturas, refletem os dois autores: Mário, que nunca saiu do Brasil e teve a sua experiência fundamental na famosa excursão ao Amazonas, narrada em *O turista aprendiz*; Oswald, que fez pelo menos quatro estadias longas na Europa".[192] Viagem dos personagens, viagem dos autores, e como cardápio a cultura do outro. Lourival Gomes Machado sintetiza muito bem a situação modernista após a inflexão nativista: "Depois do primeiro movimento de rebeldia, os modernistas põem um olho na tradição colonial e outro no movimento parisiense. A redescoberta viaja o duplo roteiro dos navios que levam ao Havre e dos trens que conduzem a Ouro Preto".[193]

À argúcia de Antônio Cândido não escapa o deslizamento do significado de "primitivo", como conceito ou como percepção relacional. Segundo Cândido, "ambos os livros promovem uma revisão de valores mediante o choque de dois momentos culturais. Mundo primitivo e amazônico dos arquétipos, em *Macunaíma*, revisto na escala urbana. Mundo burguês de *Serafim*, atirado contra a dimensão cosmopolita da Europa, que nos orienta e fascina, e ante a qual somos *primitivos*".[194] A cultura amazônica – como de resto todas as culturas do interior do país – é primitiva ante os olhos do cidadão das grandes cidades brasileiras.[195] E ante os olhos do europeu comum, são os brasileiros os primitivos, inclusive o cidadão das grandes cidades. Na interpretação de Cândido, o que realmente importa não é o confronto, mas o encontro entre as culturas, que se faz a partir de experiências específicas, que pode ser uma viagem física ou uma viagem literária. Segundo Cândido, os dois modernistas "exploraram com originalidade o tema básico do encontro cultural, manipulando o primitivismo de maneiras diferentes. Em *Macunaíma*, não apenas pela exploração do mundo primitivo, mas pela escavação do subsolo da cultura urbana, reinterpretando-a em termos primitivos. Em *Serafim*, pelo tratamento do homem urbano brasileiro como uma espécie de primitivo na era técnica, que afinal se dissolve no mito".[196] Esse *primitivo na era técnica* foi nomeado por Oswald de Andrade em outra ocasião como o "bárbaro tecnizado de Keyserling".

São as viagens dos modernistas paulistas, e não as viagens proporcionadas pelo prêmio de Marianno, que inspiram os arquitetos do Sphan para as frequentes viagens de prospecção que fazem pelo interior do país – principalmente para as cidades coloniais mineiras – a partir de 1937. As expedições ocorrem após a instauração e início de funcionamento do órgão de preservação, como bem dá a entender Lúcio Costa ao distinguir as viagens patrocinadas por José Marianno Filho das promovidas pelos jovens paulistas: "A ação do Marianno foi como presidente a Sociedade Brasileira de Belas-Artes. Foi através dessa coisa que ele financiou algumas das idas a Minas de vários arquitetos, de três arquitetos – eu fui para Diamantina. Mas você tem que levar em conta que, com todo o movimento 'modernista' em São Paulo da Semana de 1922 – todas aquelas grandes figuras: Mário de Andrade, Oswald de Andrade, Tarsila –, nesse mesmo ano em que se criava a Semana organizavam excursões a Minas e ao norte para retomar as raízes do Brasil. Para estudar, conhecer, viagens apaixonadas".[197] Em seu estudo sobre o arquiteto Alcides Rocha Miranda, Ana Luiza Nobre faz a mesma associação: "De imediato, teria que se prestar os 'primeiros socorros' à memória nacional, tarefa que reúne um pequeno grupo de pioneiros em torno de Rodrigo Melo Franco de Andrade, ao qual Alcides Rocha Miranda logo se incorpora. Através de estradas de terra, muitas vezes em longas viagens de trem, jipe ou cavalo, esse pequeno mas fiel grupo persegue a mesma ideia norteadora das viagens etnográficas de Mário de Andrade pelo país, sem poupar esforços heroicos".[198]

A oscilação de nosso modernismo entre um discurso com tinturas futuristas, onde os elementos maquínicos da modernização ocupam papel estratégico, e um discurso nativista, onde os elementos nacionais e regionais passam a ocupar a cena principal, revela cena mais ampla de nossa história cultural, cuja dinâmica oscila entre o local e o internacional, conforme indica Antônio Cândido: "Se fosse possível estabelecer uma lei de evolução da nossa vida espiritual, poderíamos talvez dizer que toda ela se rege pela dialética do localismo e do cosmopolitismo".[199] No entender de Antônio Cândido, a condição de país de segunda linha – *colonial* e posteriormente *periférica*, após a emancipação política – sempre condicionou a vida intelectual e artística do Brasil a uma constante importação da cultura europeia, esta sempre em desacordo com a vida tropical. No âmbito estético, configura-se um conflito entre meios expressivos exóticos e o conteúdo nativo, o que resulta, no âmbito da psicologia das elites, num constrangedor sentimento de inferioridade. Para Antônio Cândido, a sensação de subalternidade cultural acaba derivando em dois sintomas antagônicos: a aceitação passiva da cultura importada, que corresponde à imitação acrítica dos modelos europeus e consequente recalque das deficiências reais ou supostas da nacionalidade; ou a rebeldia emancipadora, muitas vezes banhada por veleidades mistificadoras ao negar os laços históricos com a Europa. Entre um lado e outro da movimentação do pêndulo, sua valoração é explícita: a positividade reside no esforço particularista em busca de uma cultura nacional autônoma, mesmo que seja inevitável influência externa.

Na opinião de Antônio Cândido, o modernismo brasileiro é uma manifestação de localismo, mas que saqueia o outro: "inaugura um novo momento da dialética do universal e do particular, inscrevendo-se neste com força e arrogância, por meio de armas tomadas a princípio ao arsenal daquele".[200] O período vanguardista é, simultaneamente, uma retomada e uma ruptura. A *retomada*, que ao retomar os temas nativos, alinha espiritualmente o moderno a outro momento particularista da história cultural brasileira: o romantismo. A *ruptura*, que provoca a emersão de uma série de recalques históricos, sociais e étnicos ocultos na consciência nacional – mazelas que nos foram atribuídas pelos estrangeiros ao longo do tempo –, constitui a contribuição mais original e fecunda do modernismo à cultura brasileira. O papel psicanalítico protagonizado pelo modernismo, ao enfrentar uma série de complexos recalcados ao longo do tempo, já havia sido notado pelo crítico Lourival Gomes Machado, em 1945:

> Marquemos somente o efeito maior do modernismo na história da cultura brasileira que foi, indubitavelmente, a eliminação dos arrepelamentos azedos e do abatimento sorumbático, que revelavam um como-que-incurável complexo de inferioridade secularmente imbricado na personalidade intelectual do Brasil, e sua substituição por uma calma consciência de nossas verdadeiras e curabilíssimas inferioridades. O que – parece – é bem saudável.[201]

O paralelismo apontado entre modernismo e romantismo – esses dois "momentos decisivos que mudam o rumo e vitalizam toda a inteligência"[202] nacional –, não tem, na opinião de Antônio Cândido, uma completa equivalência, pois falta ao segundo a confiança e a sinceridade investigativa do primeiro: "Parece que o modernismo [...] corresponde à tendência mais autêntica da arte e do pensamento brasileiro. Nele, e sobretudo na culminância em que todos os seus frutos amadureceram (1930-1940), fundiram-se a libertação do academismo, dos recalques históricos, do oficialismo literário; as tendências de educação política e reforma social; o ardor de conhecer o país"[203]. A *autenticidade* apontada, e onde parece residir o selo de qualidade superior, contém duas pautas diferentes, mas complementares: contempla a aceitação da própria condição cultural – que até então era tida como inferior – e o trabalho consciente e enérgico de elevar tal condição ao patamar de arte autônoma. O intelectual brasileiro, processada a terapia cultural, está pronto para se engajar na militância emancipadora, papel historicamente cumprido pelo modernismo brasileiro. Essa reversão de expectativas leva Antônio Cândido a lançar uma hipótese que terá vida longa na cena crítica brasileira: o primitivismo defendido e difundido pelo modernismo brasileiro, mesmo sendo importado das vanguardas europeias, adequava-se melhor ao panorama cultural brasileiro do que ao próprio contexto original:

> Não se ignora o papel que a arte primitiva, o folclore, a etnografia tiveram na definição das estéticas modernas, muito atentas aos elementos arcaicos e populares comprimidos pelo academismo. Ora, no Brasil as culturas primitivas se misturam à vida cotidiana ou são reminiscências ainda vivas de um passado recente. As terríveis ousadias de um Picasso, um Brancusi, um Max Jacob, um Tristan Tzara, eram, no fundo, mais coerentes com nossa herança cultural do que com a deles. O hábito em

Blaise Cendrars e Oswald de Andrade, desenhos de Carlo Rim. FRANK, Nino. Retour du Brésil: Blaise Cendrars; FRANK, Nino. São Paulo-Paris: Oswald de Andrade

que estávamos do fetichismo negro, dos calungas, dos ex-votos, da poesia folclórica, nos predispunha a aceitar e assimilar processos artísticos que na Europa representavam ruptura profunda com o meio social e as tradições espirituais. Os nossos modernistas se informaram pois rapidamente da arte europeia de vanguarda, aprenderam a psicanálise e plasmaram um tipo ao mesmo tempo local e universal de expressão, reencontrando a influência europeia por um mergulho no detalhe brasileiro.[204]

Elevada à altura superior devido sua capacidade crítica e teórica, a hipótese de Antônio Cândido não é original. Oswald de Andrade, em 1949, já havia alegado que "o primitivismo, que na França aparecia como exotismo, era para nós, no Brasil, primitivismo mesmo".[205] De qualquer forma, a visão oswaldiana, transformada em tese explicativa do primitivismo modernista por Antônio Cândido, só se sustenta abstraindo-se as reais condições de produção intelectual no país. As viagens de redescobrimento do Brasil – modo tão tipicamente modernista de conhecer nossas raízes – só viraram rotina em 1924, após a primeira visita de Blaise Cendrars ao país. Naquele momento, o Brasil primitivo era tão desconhecido dos nossos intelectuais modernistas como dos vanguardistas europeus. Trata-se de uma clivagem não só entre culturas urbana e rural, mas também entre classes sociais. Exemplo significativo da precariedade da organicidade cultural brasileira suposta por Antônio Cândido e Oswald de Andrade é o capítulo "Macumba", de Macunaíma, que parodia uma visita que Mário de Andrade e amigos fazem, pela primeira vez na vida, a um terreiro carioca. Também parte substancial dos hábitos, costumes e crenças presentes no livro é buscada por Mário de Andrade nas pesquisas realizadas pelo etnógrafo Theodor Koch-Grünberg e publicadas apenas em sua língua pátria, o alemão, com o título *Vom Roraima zum Orinoco*.[206]

As clivagens entre culturas urbana e rural, e entre classes sociais, acima apontadas, conduz a argumentação em curso neste livro a uma questão espinhosa, mas à qual não é possível fugir. E é o texto de um dos mais importantes discípulos de Antônio Cândido, o crítico de literatura Roberto Schwarz, que conduzirá por instantes a montagem narrativa deste livro. Tratando do mal-estar presente no nosso cotidiano, onde é generalizada a sensação do caráter postiço de nossa vida cultural, Schwarz destaca a positividade da troca de sinais operada pelo modernismo, especialmente em Oswald de Andrade, de quem mimetiza a verve:

> Voltando porém ao sentimento de cópia e inadequação causado no Brasil pela cultura ocidental, está claro que o programa de Oswald lhe alterava a tônica. É o

primitivismo local que devolverá à cansada cultura europeia o sentido moderno, quer dizer, livre da maceração cristã e do utilitarismo capitalista. A experiência brasileira seria um ponto cardeal diferenciado e com virtualidade utópica no mapa da história contemporânea (algo semelhante está insinuado nos poemas de Mário de Andrade e Raul Bopp sobre a preguiça amazônica). Foi profunda portanto a viravolta valorativa operada pelo modernismo: pela primeira vez o processo em curso no Brasil é considerado e sopesado diretamente no contexto da atualidade mundial, como tendo algo a oferecer no capítulo. Em lugar de embasbacamento, Oswald propunha uma postura cultural irreverente e sem sentimento de inferioridade, metaforizada na deglutição do alheio: cópia sim, mas regeneradora.[207]

O elogio não finaliza sem um senão: "a distância do tempo torna visível a parte da ingenuidade e também do ufanismo nestas propostas extraordinárias".[208] No entendimento de Schwarz, o sentimento difuso sobre a presença de um caráter imitativo na cultura brasileira é uma falsa consciência que resulta da percepção equivocada da realidade. Tal sensação só teria surgido após a independência política do país, quando o problema de uma cultura nacional autônoma se coloca. Durante o longo período da colônia ao Império a adoção dos cânones estéticos e valores culturais europeus não era considerada um demérito, mas sinal de distinção. A busca de uma cultura nacional autêntica é a fonte da consciência de inadequação, pois não há um conjunto de ideias e valores coletivos que reflitam a realidade nacional e no qual possa haver uma plena identificação por parte dos brasileiros. Tal constatação – origem do mal-estar – e a busca de sucedâneos para o problema estariam enredadas em um falso problema: aonde se enxerga um problema "cultural" de falta de organicidade entre cultura popular e cultura de elite, existe de fato uma brutal desigualdade social. "O sentimento aflitivo da civilização imitada" – diz Schwarz – "não é produzido pela imitação, presente em qualquer caso, mas pela estrutura social do país".[209]

O falso problema, segundo Roberto Schwarz, se revela no fracasso ou na mistificação que resultam das tentativas de se evitar a imitação em prol de uma autenticidade nacional. O paradoxo maior pode ser encontrado justamente naqueles que foram mais radicais: a negativa "Pau-Brasil" dos valores culturais europeus se desdobra na busca de valores positivos dispersos na vida colonial, mas praticamente tudo aquilo que pode encontrar é fruto da condição colonial fundada na exploração escravagista. Ao alternar a chave do negativo para o positivo, o modernismo brasileiro não se esquiva do acobertamento ideológico, apenas troca o pessimismo de nossa inviabilidade civilizacional pelo otimismo de uma redenção inviável nos âmbitos psicológico, metafísico, cultural e artístico. Assim, quem fosse buscar a seiva da nacionalidade no "interior longínquo do território, distante da costa atlântica e de seus contatos estrangeirizantes",[210] daria de cara com um formigueiro, como acontece com o personagem de Quarup, de Antônio Callado.

Seguindo a mesma linha de Schwarz a respeito dos modernistas, Otília Arantes afirma que o esquema narrativo de Lúcio Costa busca conciliar o compromisso com o Estado modernizador de Getúlio Vargas – como, aliás, acontecerá posteriormente com o governo desenvolvimentista de Juscelino Kubitschek – e o respeito pelo patrimônio histórico nacional, síntese que resulta em uma espécie de modernização conservadora que silencia a iniquidade social. Numa segunda volta no parafuso explicativo, Otília adverte que *graça*, *sensualidade* e *leveza* – qualidades em geral atribuídas à nossa arquitetura – têm sido tratadas por louvadores nacionais e detratores internacionais como características oriundas da falta de base material para a implantação da arquitetura moderna em solo tropical. Para os primeiros, uma prova cabal de nossa originalidade, que consegue milagrosamente converter uma deficiência em qualidade; para os segundos, um desvio irracional que leva à indisciplina programática e aos excessos formais, caso dos comentários ferinos de Max Bill. Segundo a autora, o sucesso internacional da arquitetura moderna no brasileiro coloca a nu a própria essência da arquitetura moderna internacional: "foi a distorção da cópia que revelou a verdade profunda do original. O viés estético enaltecido como marca nacional expunha afinal à luz (tropical) do dia o formalismo integral – abstração mesma do espaço ordenado pelo capital – contrabandeada no fundo falso do movimento moderno".[211]

A explicação de Roberto Schwarz – e, em alguma medida, também a de Otília Arantes –, com aporte materialista dialético, atribui à infraestrutura econômica uma sobredeterminação sobre a superestrutura cultural. No caso do texto de Schwarz, ele esbarra no achado oswaldiano: os valores pré-coloniais – portanto anteriores à série de interditos europeus, como a catequese cristã, a sexualidade contida, a fala erudita... –, tratados como vetores utópicos de resistência.[212] Há nas ambiguidades e contradições do movimento modernista um conjunto de valores que, no contexto específico do nacionalismo varguista onde se dissemina, constitui uma resistência real frente a inimigos igualmente reais. Dentre as variadas formulações do modernismo brasileiro, há uma convergência de suas linhagens na identificação de um problema crucial: a dependência frente ao estrangeiro. Se é certo que nos anos 1920 há uma incapacidade dos intelectuais modernistas em montar a equação a partir da luta de classes, contudo não é desprezível que tenham identificado como inimigo os mecanismos colonialistas e imperialistas. Nesse contexto específico, a autonomia cultural e estética buscada tem valor positivo. Escavar esse território pantanoso tem, portanto, alguma serventia: a compreensão de como no âmbito do discurso se monta uma compreensão do Brasil que se equilibra – em alguma medida no equilíbrio dinâmico de um pêndulo – entre o acobertamento ideológico e a promessa utópica transformadora.

Retomando as viagens, outro dentre os protagonistas principais entra em cena, Roberto Burle Marx (1909-1994), contumaz viajante pelos rincões mais recônditos do país. O paisagista cumprirá, na evolução da arquitetura moderna brasileira, um papel de estruturador, não só pelo seu reconhecido talento pessoal, que resulta numa obra inovadora, mas também pela função chave que desempenhará na legitimação dos exemplares arquitetônicos como verdadeiros *espécimes brasileiros*. Ao longo de sua extensa vida profissional – onde teve a oportunidade única de fazer dobradinha com Lúcio Costa, Oscar Niemeyer, Affonso Eduardo Reidy, Rino Levi, Vilanova Artigas e outras estrelas de primeira e segunda grandeza de nossa arquitetura[213] – Burle Marx percorre caminhos variados, faz experiências diversas, mas sempre mantendo um valor originário – o jardim é um artifício que deve reintegrar o homem à sua paisagem natural.

Os ensinamentos que recebe ainda muito jovem de Lúcio Costa se incrustam de tal forma em seu modo de ver o mundo que parece não se dar conta do fato. Nas diversas entrevistas dadas – que é o material disponível por sua atitude refratária ao texto *teórico* –, as referências de Burle Marx ao velho mestre são sempre simpáticas, mas se restringem, em geral, ao comentário do episódio de sua iniciação profissional nas artes do paisagismo e à rica experiência da convivência pessoal, mas sem entrar no mérito da ascendência intelectual. Em entrevista a Damián Bayón na década de 1970, ele recorda que "quando jovem, vivia na mesma rua que Lúcio Costa. Ele me conheceu quando eu tinha 14 ou 15 anos e esse fato contribuiu muito para minha carreira. Ele viu o jardim que eu realizava em minha própria casa e, como naquele tempo construía a residência de uma família Schwartz, convidou-me a fazer também aquele jardim".[214]

É recorrente nos textos sobre Burle Marx o papel decisivo que teve em sua vida a descoberta das plantas brasileiras expostas como espécimes exóticos em jardim berlinense. O episódio é decisivo segundo o paisagista, que se refere ao fato diversas vezes: "Fiz uma viagem à Alemanha em 1928, onde vivi um ano e meio em Berlim. Essa viagem me influenciou muito. No Jardim Botânico de Dahlem, que era um jardim extraordinário, vi pela primeira vez, uma grande quantidade de plantas brasileiras, usadas pela primeira vez com objetivos paisagísticos. Nós, brasileiros, não às usávamos, por considerá-las vulgares. Compreendi então que, em meu país, a inspiração deveria se basear, sobretudo, nas espécies autóctones".[215] O quanto essa lembrança é fidedigna não há como saber, mas é pouco provável que em 1928 as impressões de encantamento com as plantas autóctones brasileiras tenham levado Burle Marx à convicção de uma utilização necessária. Afinal, há um passo a ser dado aqui: não é uma valoração plástico-paisagística que leva a uma utilização exclusivista, mas um julgamento mais fundo de *conveniência*, que só se torna possível na sua experiência ao longo dos anos 1930.

Sua primeira obra profissional, o jardim da casa de Alfredo Schwartz, de 1932, colocou-o em contato íntimo com Lúcio Costa em um momento que o mestre se encontrava sob o influxo de Gregori Warchavchik. O arquiteto russo já havia, em projetos residenciais construídos em São Paulo, dado grande importância ao jardim, com a colaboração de sua esposa, Mina Klabin. Warchavchik, mesmo na condição de emigrante, não fica imune ao debate em curso no ambiente modernista paulista e acaba enfrentando a questão da *brasilidade*, mesmo que de forma subsidiária ao lhe faltar a vivência e a compreensão mais funda das questões envolvidas.[216] Na casa da rua Santa Cruz, de 1927, o arquiteto destaca a varanda posterior e os jardins como elementos que atestam sua preocupação com a tradição nacional e com a paisagem nativa. Segundo Agnaldo Farias,

> A fachada posterior com sua varanda formada pelo telhado esparramado, apresenta certa familiaridade com

Casa da rua Bahia, fachada e varanda com rede, São Paulo SP. Gregori Warchavchik, jardim de Mina Klabin, 1929. Acervo família Warchavchik

as construções tradicionais brasileiras, que não se pode advertir contemplando-se apenas a fachada principal. Warchavchik alega que justamente ali estaria, além do paisagismo realizado por sua esposa, Mina – paisagismo que, aliás, estaria sempre marcando uma expressiva presença nas obras futuras do arquiteto –, um exemplo da sua tentativa de construir uma arquitetura que se harmonizasse com a tradição do país.[217]

A preocupação com a tradição vai ser abandonada em suas outras obras, mas não a importância conferida aos jardins, entendidos como contraponto às formas geométricas do projeto arquitetônico. Em carta datada de 1930 e enviada ao arquiteto Sigfried Giedion, secretário geral do Ciam, Warchavchik explica a função da vegetação em seus projetos: "os nossos aliados mais eficientes, pelo menos no Brasil, são a natureza tropical que emoldura tão favoravelmente a casa moderna com *cactus* e outros vegetais soberbos e a luz magnífica, que destaca os perfis claros e nítidos das construções sobre o fundo verde escuro dos jardins".[218] A vegetação como moldura tropical para o edifício moderno tem desenvolvimento acanhado na obra conjunta do casal Warchavchik, mas, ao que tudo indica, a formulação é notada pelo jovem arquiteto Lúcio Costa, recém-saído das hostes neocoloniais e ainda sem rumo certo a seguir dentro da cena moderna.

Aos projetos não construídos desses anos incertos, chamados pelo arquiteto de *chômage*,[219] resultam, segundo imagina, do estudo sistemático que faz dos baluartes da arquitetura moderna europeia: "a clientela continuava a querer casas de *estilo* – francês, inglês, *colonial* – coisas que eu então já não conseguia mais fazer. Na falta de trabalho, inventava casas para terrenos convencionais de doze metros por trinta e seis, – *Casas sem dono*. E estudei a fundo as propostas e obras dos criadores, Gropius, Mies van der Rohe, Le Corbusier".[220] Observando tais projetos, pouco se vê de Mies van der Rohe, mas eles mostram um Lúcio Costa familiarizado com o vocabulário corbusiano, em especial os pilotis, e também com a geometria rigorosa de Gropius,[221] mas no registro dado por Warchavchik: os volumes simples e homogêneos em contraste com a vegetação tropical de suas casas paulistas. Nas casas sem dono, publicadas no livro-testamento, é visível a presença da vegetação – em dois desenhos se vê redes suspensas por pilotis, como em Monlevade, em 1934, e, três décadas depois, no Pavilhão do Brasil na 13ª Trienal de Milão, de 1964.[222] Ainda nos anos 1930 projetaria para seu cunhado a chácara Coelho Duarte segundo o mesmo encaminhamento, mas demonstra aqui maior controle dos elementos formais modernos e utiliza pela primeira vez o recuo do fechamento na planta inferior para a criação de uma varanda, fórmula repetida com grande êxito no Park Hotel São Clemente anos depois.

Convidado duplamente pelo arquiteto carioca – para professor da Escola Nacional de Belas Artes e para sócio em escritório no Rio de Janeiro –, Gregori Warchavchik exerce sobre Lúcio Costa uma ascendência momentânea, mas significativa, menosprezada por críticos e historiadores. A experimentação já em curso do arquiteto russo – a articulação arquitetura moderna e paisagem brasileira – envolve um desafio, tanto no aspecto conceitual como nos conhecimentos científicos necessários, para o qual não estava preparado e jamais viria a estar. Mas, com o contato intenso entre os dois, a intuição de Warchavchik se torna central em Lúcio Costa e é o seu jovem pupilo, Burle Marx, que que dará a seguir a solução adequada. Coincidência ou não, em seu primeiro projeto paisagístico de maior significação cultural, Burle Marx vai se valer dos cactos tão apreciado por Mina Warchavchik[223] – e, é bom lembrar, presentes em Tarsila do Amaral com seus renitentes mandacarus – para obter o tão almejado selo de brasilidade para seu jardim. Curiosamente, a relação de influência entre Warchavchik e Costa muda de sentido em 1946, quando o arquiteto ucraniano se munirá

Riposatevi, participação brasileira na Trienal de Milão. Lúcio Costa, 1964. Arquivo Casa da Arquitectura

Casa Marjorie Prado, praia de Pernambuco, Guarujá SP. Gregori Warchavchik, c.1950. Acervo família Warchavchik

de critérios nativistas mais radicais para o projeto de um pequeno pavilhão social para a fazenda à beira-mar na praia de Pernambuco, no Guarujá, de propriedade de Marjorie da Silva Prado.[224]

Em 1935, na condição de diretor de Parques, subordinado à Diretoria de Arquitetura e Construções da cidade do Recife, Burle Marx projeta o Cactário Madalena para a praça Euclides da Cunha. Esta e outras propostas de jardins causam no Recife celeuma junto às elites e simpatia nos intelectuais modernos – Gilberto Freyre, Joaquim Cardozo, Cícero Dias e outros. Os conservadores, "liderados por Mário Melo, do Instituto Arqueológico do Recife, reagem ao que entendem ser uma tentativa de devolver a cidade para a selva".[225] Na contenda onde os dois lados querem ocupar a mesma trincheira de defesa da brasilidade – repetindo curiosamente o confronto entre modernos e neocoloniais na década passada –, as armas usadas são muito distintas: enquanto Melo apela para o passado heroico local ofendido com a retirada de um monumento comemorativo, Burle Marx contra-ataca

Praça Euclides da Cunha, nanquim sobre papel, Recife PE. Roberto Burle Marx, 1935. Acervo Instituto Burle Marx

Praça Euclides da Cunha, nanquim sobre papel, 32 x 49 cm, Recife PE. Roberto Burle Marx, 1935. Acervo do Sítio Roberto Burle Marx (Unidade Especial do Instituto do Patrimônio Histórico e Artístico Nacional/Iphan)

dizendo que está "semeando a *alma brasileira* e divulgando o *senso de brasilidade*".[226]

A defesa que Burle Marx faz da utilização dos cactos no Recife se baseia em suas qualidades paisagísticas, mas também na sua adequação por ser nativa da região. Advoga a utilização quase exclusiva de espécimes locais, abrindo exceção apenas para situações onde há grande semelhança entre o clima original e o do transplante.[227] Mas no Brasil, onde o número de espécies autóctones de árvores e arbustos é infindável, não há razão para uso de plantas exóticas, cujo maior dano é transformar o *caráter da paisagem*.[228] Sua atuação no exterior muitas vezes provoca estupor, ou mesmo decepção, ao adotar o mesmo princípio de uso exclusivo de plantas da região, como é o caso do jardim que realizou em Viena em 1962[229] e os Jardins da Exposição Internacional de Caracas (futuro Parque del Este) na segunda metade da década de 1950.[230]

As reações contra os projetos de Burle Marx se fundam em gostos arraigados, que esperam de um jardim a surpresa do não conhecido, gosto cultivado pelas tradições do paisagismo que cultuam o exótico. O paisagista brasileiro em regra não faz a opção pela diferença e não se encontrará em sua obra um parque exuberante de plantas tropicais no meio de uma cidade moderna de clima temperado ou um parque com vegetação europeia disciplinada com rígida geometria em meio ao caos urbano de uma cidade de algum país pobre e populoso.[231] O que parece gosto ou arbitrariedade tem fortes motivações que não são visíveis à primeira vista, pois nada disso se encontra nas falas esparsas de Burle Marx, nem em sua prática profissional, onde o resultado não explicita a lógica da equação. Então, é necessário encontrá-las em outro lugar.

Em seu processo de criação paisagística, Burle Marx se dedica, no início, ao levantamento extensivo da variabilidade de espécies existentes em estado natural e à pesquisa aprofundada das relações que elas mantêm entre si e com o meio onde afloram. Depois, parte para a elaboração formal, a criação estética propriamente dita, aonde a matéria prima disponível se eleva ao estatuto de arte segundo valores subjetivos ou objetivos do artista. Usualmente, o paisagista faz interessante analogia do seu trabalho com a pintura e outras artes, que revela como entende a segunda etapa do seu trabalho: "Não quero fazer um jardim que seja somente pintura. Mas também não posso deixar de reconhecer que a pintura influiu muito em minhas concepções de paisagismo. Trata-se de certos princípios, princípios gerais de arte, que estão indissoluvelmente ligados entre si. Essa é a coisa mais importante. Saber como estabelecer um contraste, como utilizar uma vertical, a analogia de formas, de volumes, a sequência de certos valores. São princípios que se podem aplicar à música, à poesia. Sem esses princípios, creio que, simplesmente não se pode praticar qualquer forma de arte".[232]

São Paulo (135831), óleo sobre tela, 67 x 90 cm. Tarsila do Amaral, 1924. Acervo Pinacoteca do Estado de São Paulo. Foto Romulo Fialdini/Tempo Composto

Morro da favela, óleo sobre tela, 64 x 76 cm. Tarsila do Amaral, 1924. Coleção particular. Foto Romulo Fialdini/Tempo Composto

E.F.C.B., óleo sobre tela, 142 x 127 cm. Tarsila do Amaral, 1924. Acervo Museu de Arte Contemporânea da Universidade de São Paulo – MAC-SP. Foto Romulo Fialdini/Tempo Composto

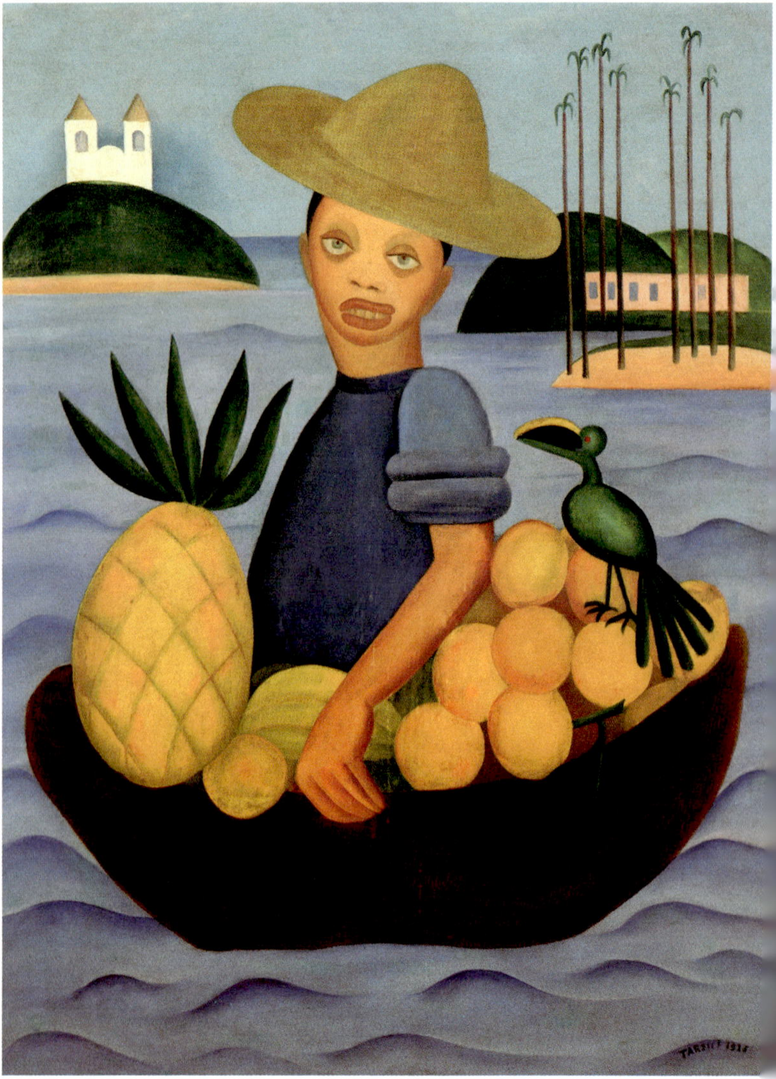

Na página ao lado
Vendedor de frutas, óleo sobre tela,
108 x 84 cm. Tarsila do Amaral, 1925.
Acervo Museu de Arte Moderna do
Rio de Janeiro. Foto Romulo Fialdini/
Tempo Composto

Palmeiras, óleo sobre tela,
86 x 73,5 cm. Tarsila do Amaral,
1925. Coleção particular.
Foto Romulo Fialdini/Tempo Composto

O mamoeiro, óleo sobre tela,
65 x 70 cm. Tarsila do Amaral, 1925.
Coleção Mário de Andrade/IEB USP.
Foto Romulo Fialdini/Tempo Composto

A Negra, óleo sobre tela, 100 x 80 cm.
Tarsila do Amaral, 1923. Coleção Museu
de Arte Contemporânea da Universidade
de São Paulo – MAC-SP. Foto Romulo
Fialdini/Tempo Composto

Abaporu, óleo sobre tela, 85 x 73 cm.
Tarsila do Amaral, 1928. Museo de Arte
Latinoamericano de Buenos Aires. Foto
Romulo Fialdini/Tempo Composto

Antropofagia, óleo sobre tela,
126 x 142 cm. Tarsila do Amaral, 1929.
Fundação José e Paulina Nemirovsky.
Foto Romulo Fialdini/Tempo Composto

Dois panoramas: Ouro Preto e Mariana, grafite sobre papel, 31,6 x 21,7 cm. Tarsila do Amaral, 1924. Foto Rogério Emílio. Acervo FAMA Museu

Rua de Sabará, detalhes de ornamentação, grafite sobre papel, 21,6 x 31,8 cm. Tarsila do Amaral, 1924. Foto Rogério Emílio. Acervo FAMA Museu

Panorama de Ouro Preto e estudos, grafite sobre papel, 31,8 x 23,6 cm. Tarsila do Amaral, 1924. Foto Rogério Emilio. Acervo FAMA Museu

Pontes em Barroso, grafite sobre papel, 24 x 23,3 cm. Tarsila do Amaral, 1924. Foto Rogério Emílio. Acervo FAMA Museu

Sede e junta de bois, grafite sobre papel, 31,2 x 23,3 cm. Tarsila do Amaral, 1924. Foto Rogério Emílio. Acervo FAMA Museu

Descarregamento, nanquim sobre papel, 15 x 21,3 cm. Tarsila do Amaral, 1924. Foto Rogério Emílio. Acervo FAMA Museu

Festa na vila, grafite sobre papel,
20 x 25,1 cm. Tarsila do Amaral,
década de 1940. Foto Rogério Emílio.
Acervo FAMA Museu

A primeira etapa do trabalho de Burle Marx é a pesquisa in loco dos biomas, que o obriga às viagens onde a seriedade se amalgama ao prazer. Ao comentar uma expedição científica realizada pelo paisagista à Amazônia – viagem que dura 53 dias e passa, entre outros lugares, por Boa Vista, Serra do Caiapó, Cuiabá, Porto Velho, Manaus e Belém – a historiadora Vera Beatriz Siqueira faz comentário entremeado por passagens retiradas do relatório da expedição: "O objetivo principal da expedição é 'ampliar o vocabulário jardinístico, através da descoberta de novas plantas', além de 'valorizar a flora brasileira', renovando o 'espírito dos viajantes europeus' oitocentistas, tais como Von Martius, Saint-Hilaire e Gardner. A rotina austera de observação, coleta de espécies, documentação e catalogação, embalagem das plantas vivas, prensagem e secagem do material de herbário, aliada aos hábitos de dormir em acampamentos nos postos de gasolina e de fazer apenas duas refeições ao dia, contribuiu para acirrar o tom científico e aventureiro da viagem".[233]

Presa à descrição do paisagista, a historiadora não se apercebe como a comparação que sugere tem tantas diferenças como as semelhanças sugeridas. As viagens dos naturalistas estrangeiros são missões científicas de levantamentos, marcadas pelo esforço de taxionomia das espécies encontradas e motivadas pelo pensamento botânico da época, voltado para a ampliação do conhecimento sobre os vegetais. Os resultados obtidos são base para trabalhos nas mais diferentes áreas, inclusive a jardinística, mas o objetivo das viagens é mais restrito. No caso de Burle Marx, a viagem é a primeira parte do seu trabalho – o trabalho de campo, dedicado à coleta; a segunda, tão ou mais importante do que esta, se dá na prancheta, com desenhos e croquis, e in loco na implantação do projeto. Do ponto de vista cultural e histórico, as expedições dos estrangeiros, patrocinadas ou fomentadas pelos governos centrais, constituem a ponta avançada do colonialismo europeu, enquanto as viagens do paisagista brasileiro ganham seu sentido no processo de projetação, do qual é parte essencial. Se nos aspectos científico e aventureiro as viagens se assemelham, o mesmo não pode ser dito dos aspectos profissional, histórico e simbólico.

Se for para fazer um paralelo, seria mais oportuno comparar suas viagens com as realizadas pelos modernistas paulistas na década de 1920 e as dos arquitetos do Sphan a partir da década de 1930, agora não mais para conhecer danças, costumes, rezas, igrejas, casas urbanas ou fazendas esquecidas nas vilas interioranas, mas para descobrir orquídeas e bromélias.[234] Vera Beatriz Siqueira não relaciona o procedimento estético de Burle Marx à defesa da brasilidade cultural e artística promovida pela elite artística e arquitetônica,[235] o que é intrigante em um texto no qual as excursões ao ar livre e a opção preferencial pela planta autóctone são presenças constantes.[236] Mas, mesmo não estabelecendo tais laços, a historiadora aponta, com outra semântica, os dois momentos do trabalho do paisagista: "articulam-se, portanto, dois procedimentos: o ecológico e o linguístico. Por um lado, observar e respeitar a relação da planta com o seu *habitat*, seus processos de crescimento, germinação e florescimento; por outro, transformar cada planta em signo de um discurso plástico coerente".[237]

Burle Marx busca em Lúcio Costa, desde o início da sua vida profissional, um conjunto de valores culturais que convergem para a brasilidade. A sua obra vai passar por mudanças no aspecto expressivo, mas o cerne vai permanecer – a predileção pela planta autóctone. A hegemonia de uma visão mais ecológica do início, e que tem no conjunto de jardins recifenses sua grande expressão, aos poucos vai cedendo espaço para as preocupações formais cada vez mais alinhadas com a evolução das artes plásticas modernas na Europa. Na primeira metade da década de 1940, quando se ocupa dos jardins do edifício-sede do Ministério de Educação e Saúde, Burle Marx abandona as formalizações mais clássicas em prol da abstração. O próprio paisagista tem consciência da transformação, mas insiste em coerências retroativas:

Acima
Parque Roberto Burle Marx, São Paulo SP. Roberto Burle Marx, 1954. Foto José Tabacow

Abaixo
Casa Hans Broos, São Paulo SP. Paisagismo de Roberto Burle Marx, José Tabacow e Haruyoshi Ono, 1975. Foto José Tabacow

"Inicialmente meus jardins tiveram um enfoque ecológico. Mas esse enfoque é bastante relativo. Eu fiz, por exemplo, o jardim do MEC[238] com umas manchas bastante abstratas, pois nessa época eu já conhecia Arp. De modo que não se pode dizer que meus jardins, mesmo nos seus inícios, tivessem uma preocupação essencialmente ecológica".[239] O paisagista Fernando Tábora, seu colaborador durante anos, faz uma avaliação mais articulada com a história da arquitetura: "Seu salto evolutivo do classicismo de Pernambuco para as 'amebas' do MEC equivale aos mesmos passos dados pelos arquitetos da época, tal como Lúcio Costa no Brasil e Villanueva na Venezuela; do academicismo para a modernidade. O valor de Burle Marx foi de ter dado o salto junto com eles".[240]

O pensamento paisagístico de Burle Marx mantém vasos comunicantes com valores éticos, estéticos e culturais do movimento moderno, que podem ser vistos em suas obras e trajetória. Seu diagnóstico sobre a nova capital do país, onde colabora com Lúcio Costa e Oscar Niemeyer, não deixa margens para dúvidas: "se compararmos Brasília com as outras cidades brasileiras, os jardins constituem a grande diferença. Em Brasília, as construções de todo o tipo – residencial, administrativo – possuem sempre áreas verdes onde as pessoas estão intimamente em contato com a vegetação".[241] Sobre o parque que ajuda a construir no aterro do Flamengo, Burle Marx salienta outra finalidade do paisagismo, a pedagógica: "para mim, o jardim deve possuir qualidades didáticas. A partir do jardim, pode-se distribuir muitos ensinamentos, estimulando o povo a viver melhor".[242] A visão ecológica estruturada torna a preservação da natureza uma bandeira a ser defendida, em especial o progresso e sua capacidade potente de destruição: "o *Bulldozzer* pode destruir, em uma hora, o trabalho que a natureza levou milhões de anos para concluir".[243] A correta estruturação das áreas livres das grandes cidades não é a reposição de uma natureza perdida, mas a elaboração de um artifício que integre paisagem projetada e homem moderno, que oferte a este paz de espírito,

Acima
Ministério do Exército, Brasília DF.
Roberto Burle Marx, 1970.
Foto Nelson Kon

Abaixo
Parque do Flamengo, Rio de Janeiro
RJ. Affonso Eduardo Reidy e Roberto
Burle Marx, 1964. Foto Nelson Kon

elevação intelectual e responsabilidade pela preservação da natureza, da qual o parque é apenas um simulacro.[244]

Mário Pedrosa, importante crítico de arte brasileiro, dedicou ao paisagismo ao menos dois artigos que interessam ao raciocínio em curso. Em *Arquitetura paisagística no Brasil*, publicado no *Jornal do Brasil* em 9 de janeiro de 1958, Pedrosa retoma temas e argumentos desenvolvidos por José Lins do Rego em seu artigo *O homem e a paisagem*: "o fato é que essa natureza natural, isto é, tropical e exuberante, não era bem vista pelos nossos ancestrais lusos nem mesmo pelos nossos avós. Dela se tinha medo, ou melhor, se tinha vergonha".[245] Durante o longo período que vai da colônia ao Império, os jardins plantados pelos portugueses no Brasil refletem a inadequação e a falta de intimidade do colonizador com a natureza tropical. Eles – os jardins – eram "pedantes e artificiais, sem raça e sem vigor, sem a alma da terra que lá fora arrebatava, pujante e luxuriante, nos arbustos e plantas locais, nas flores selvagens dos campos e das florestas, as quais por vezes vinham até a beira do caminho, ali pertinho, bem defronte das grades do jardim".[246]

Há no argumento de Pedrosa a mesma inversão valorativa observada em Lúcio Costa ao olhar a arquitetura vernácula não mais como sinal de carências de toda ordem, mas como legítima expressão da acomodação do homem brasileiro no território hostil. Agora é a vegetação, detratada ao longo da história, renegada por sua insubordinação diante do controle civilizatório, que é reabilitada como legítima por brotar na terra que abriga a sociedade brasileira. O questionável nos jardins exóticos não se encontra nas texturas, colorações, massas, volumes ou nos odores que abrigam, mas na inadequação entre homem e paisagem que expressam. O método identificado por Mário Pedrosa no trabalho de Burle Marx é similar aos adotados por Mário de Andrade e Lúcio Costa para a literatura, música e arquitetura: um primeiro momento de pesquisa da flora nativa, que envolve conhecimento prático e científico, mas fundado no conhecimento direto dos biomas só possível com expedições de exploração;[247] e um segundo momento de processamento das espécimes descobertas e coletadas, o que solicita conhecimento técnico e habilidade artística necessários à concepção artística dos jardins.

Assim como o conhecimento da língua coloquial e do folclore regional permitiu ao escritor uma expressão literária superior, o inventário de modinhas e cantos populares possibilitou ao compositor uma música elevada, e a pesquisa da arquitetura vernácula abandonada no interior do país serviu de base para uma vigorosa linhagem da arquitetura moderna brasileira – casos exemplares de Mário de Andrade, Heitor Vila Lobos e Lúcio Costa – o conhecimento sistemático e abrangente da flora brasileira e das especificidades ecológicas e climáticas constituiriam uma condição necessária, mas não uma condição suficiente, para a elaboração de uma arte paisagística relevante e adequada. O paisagismo pensado como arte pressupõe uma forma de expressão e não se restringe à aplicação de conhecimentos especializados recentes de ciências como a botânica, biologia e ecologia, ou de práticas ancestrais de horticultura e jardinagem. O paisagista, na visão de Mário Pedrosa, é a combinação adequada entre o pesquisador e o artista, um personagem que encontrou, no caso brasileiro, um herói que o encarnasse: "foi então que chegou Burle Marx, jovem, robusto, nativo, revolucionário, e acabou com todos esses preconceitos. Graças a ele, a arquitetura moderna brasileira encontrou seu ambiente, sua integração na natureza. E as plantas nacionais plebeias, como, por exemplo, os crótons nativos de que temos mais de uma dúzia de variedades, nos tons mais belos e transparentes, obtiveram carta de entrada nos novos jardins. E o pintor, em Burle Marx, viu logo, na riqueza desses tons, o material ideal para inaugurar no país uma verdadeira arte de paisagista".[248]

Forças telúricas da natureza brasílica

Parque do Flamengo, vista do jardim do Aquário, não construído, Rio de Janeiro RJ. Roberto Burle Marx, 1969. Acervo Instituto Burle Marx

Passo nas beiras de um encharcadiço
Um plasma visguento se descostura
e alaga as margens debruadas de lama

Vou furando paredões moles
Caio num fundo de floresta
inchada alarmada mal-assombrada

Ouvem-se apitos um bate-que-bate
Estão soldando serrando serrando
Parece que fabricam terra...
Ué! Estão mesmo fabricando terra

Raul Bopp. *Cobra Norato*, 1931[249]

Em 1954, uma das principais revistas de arquitetura do mundo – *L'Architecture d'Aujourd'hui* – publicou mais um número especial sobre a arquitetura brasileira.[250] Àquela altura, a arquitetura moderna brasileira – que vinha despontando com uma produção expressiva desde o início da década de 1940 – já tinha obtido o reconhecimento da crítica internacional, que via na criatividade plástica de Oscar Niemeyer e companheiros o contraponto da rudeza do período da reconstrução da Europa do segundo pós-guerra. O número da revista francesa era mais um dos diversos números especiais dedicados à nossa arquitetura pelos periódicos especializados europeus. Este número traz, curiosamente, o artigo "O homem e a paisagem"[251] do literato José Lins do Rego (1901-1975). Escritor moderno da segunda geração, quando as preocupações de simplicidade e originalidade haviam empurrado a literatura experimental da década de 1920 para as soluções mais acomodadas aos diversos regionalismos, José Lins do Rego denota em seu artigo em francês uma insuspeita convicção sobre a natureza da arte, tanto sua inserção no contexto cultural como sua finalidade social. Longe de expressar uma visão pessoal, seu texto – cuja erudição deixa evidente as conexões que em outros autores encontram-se mais diluídas – aponta para uma visão de mundo mais ampla, compartilhada não só pelos intelectuais vinculados ao movimento moderno europeu, mas também pelo mais expressivo conjunto de intelectuais brasileiros da primeira metade daquele século.

Em seu artigo, Rego explica o desabrochar da nova arquitetura no Brasil a partir do já consagrado episódio da vinda de Le Corbusier a convite de Lúcio Costa, que culmina na construção do primeiro arranha-céu corbusiano do mundo. Mesmo creditando a paternidade estrangeira, Lins do Rego reitera a *brasilidade* de nossa arquitetura moderna: "Le Corbusier foi, portanto, o ponto de partida para que a nova escola de arquitetura brasileira pudesse se exprimir com uma grande espontaneidade e chegar a soluções originais. Como a música de Villa-Lobos, a força expressiva de um Lúcio Costa e de um Niemeyer foi uma criação intrinsecamente nossa, algo que brotou de nossa própria vida. O retorno à natureza, e o valor que vai ser dado à paisagem como elemento substancial, salvaram nossos arquitetos do que se poderia considerar formal em Le Corbusier".[252] A explicação de José Lins do Rego entrelaça duas argumentações já comentadas – a de Lúcio Costa, em seu duelo com Geraldo Ferraz, quatro anos antes; e a de Oswald de Andrade e Antônio Cândido, nos seus textos de 1949 e 1950. Da primeira, vem a convicção de que nossos arquitetos, mesmo diante da influência direta do mestre suíço-francês, foram capazes de produzir algo caracteristicamente nosso; da segunda, a indicação de que os princípios estético-formais do primitivismo europeu seriam mais adequados ao contexto brasileiro. Como se vê, o "milagre" apontado por Lúcio tem também a capacidade da infinita multiplicação.

José Lins do Rego narra a acomodação do homem no território brasileiro desde a descoberta e colonização pelos portugueses até a vinda do arquiteto suíço-francês. Em sua ótica, o que temos como constante na relação homem-paisagem em toda a história do Brasil é uma reiterada impossibilidade de harmonia – "o homem se opunha à natureza";[253] "em permanente luta com a paisagem"; "nada de carinho para com a terra"; "não procuravam jamais uma intimidade fraterna com a natureza".[254] A agressividade do meio, o predomínio da imponência e exuberância da mata tropical, o temor frente ao nativo tapuia são fatores que caracterizam o habitat humano como um refúgio, uma espécie de locus apartado das avassaladoras forças naturais. "Era preciso, portanto, viver em permanente luta com a paisagem, que nos enchia de terror. A casa brasileira, no princípio, não foi uma morada, mas uma espécie de trincheira".[255] O "terror" provocado pelo ambiente hostil, uma constante na vida do colonizador, causa da sensação de perene estranhamento, desdobra-se em uma acomodação no território – sítios protegidos por paliçadas, muros e muralhas – que é reflexo fiel da dimensão psíquica.

No início do século 19, a vinda da família real com sua bagagem repleta de artificialismos amplia ainda mais a divisão estanque. A sociedade aristocrática transplantada, ao invés de se enfrentar com o meio diverso encontrado, acaba optando pela reiteração do resguardo que recalca os influxos autóctones naturais. "Permanecia ainda o medo da floresta original?", pergunta José Lins do Rego, para em seguida responder: "O nosso Segundo Reinado chegou ao auge do refinamento em matéria de jardins, mas excluía, quase sempre, o que havia de verdadeiramente original em nossa paisagem. Depois de haver vencido a floresta, o homem procura impor outra, a sua, com a mesma atitude com a qual escolhia escravos para seu serviço e prazer. Procurava-se uma solução de cima para baixo, quando a solução deveria provir da terra, das raízes profundas".[256]

A postura refratária de uma nobreza portuguesa descontente, que para cá veio para evitar o embate com a França de Napoleão Bonaparte, destoa por completo da generosidade, confiança e vigor demonstrados por Le Corbusier na sua chegada aos trópicos. Sua busca já em curso de uma regeneração da relação entre o homem e o meio ambiente com um estabelecimento humano mais harmônico no território encontrou na imensidão territorial e na virgindade do solo um palco adequado para suas especulações. Suas ideias – "a casa, para ele, não era um isolamento do mundo, um lazareto, um refúgio contra a natureza. Busca uma solução mais ecológica para a arquitetura, e por consequência, mais humana, mais poética, mais profunda" – interessam aos ouvidos atentos dos jovens arquitetos liderados por Lúcio Costa: "e aí que surge a nova Escola de Arquitetura do Rio de Janeiro. Le Corbusier havia feito discípulos no país do sol".[257]

O raciocínio do literato paraibano tem uma compreensão abrangente do âmbito discursivo onde está operando. A articulação entre dois conjuntos semânticos – a metafórica *biológica* e a terminologia *psicologizante* – explora o potencial alegórico e literal de seus sentidos, contempla coerentemente uma *noção específica de cultura* que é tributária da discussão ocorrida, no bojo do modernismo paulista, durante a década de 1920. Ao falar de nossa emergente arquitetura moderna, o literato pouco fala dos aspectos estéticos-formais; sua preocupação maior é detectar o sentido histórico e o significado cultural enraizados em nossa tradição – ou seja, o quanto ela, a arquitetura, é uma contribuição original da cultura brasileira. No que aparentemente é uma curiosa abordagem de um não especialista feita para estrangeiros, pode-se perscrutar conexões profundas com a concepção teórica que engendra o nascimento da *arquitetura moderna brasileira*.

José Lins do Rego reduz (ou estaria ampliando?) a essência da arquitetura à relação específica que cada sociedade estabelece com o território que escolhe para viver. No caso brasileiro, ele aponta o litígio secular entre homem e paisagem, que vai ser mitigado pelo surgimento de uma nova *sensibilidade* onde homem e natureza se reconciliam. Essa sensibilidade é comandada por uma psique coletiva que tem como constante, durante mais de quatro séculos, um atroz *terror* diante da natureza. Esse medo agudo teria, após a instauração da arquitetura moderna brasileira, se metamorfoseado em *intimidade* com a natureza:

> As casas, os palácios, as igrejas, tornam-se uma extensa aleia da floresta, fruto das raízes que brotam do solo. E, ao invés de agredirem a natureza ao seu redor, compõem com ela uma sinfonia. Homem e casa, homem e floresta, homem e bicho não se enfrentam como inimigos, a se defenderem uns dos outros. As praias e os coqueiros, as montanhas de ipês e quaresmas, as margens dos rios, os morros, todas essas paisagens fornecem aos arquitetos elementos que lhes permitem servir ao homem com mais beleza, mais eficácia e até mesmo com mais humanidade. Um brasileiro pode, hoje, dormir no décimo andar de um arranha-céu de portas abertas, o quarto cercado de plantas do sertão. O perfume do campo invade a casa, e ele se sente profundamente ligado ao mundo, mais criatura da terra, mesmo àquela altura. A casa se transforma num poderoso elemento vital. Ela não é mais uma fortaleza contra o meio, mas uma redução poética da natureza. A casa abre as janelas, protege-se da luz, serve-se dos rios, sobe e desce montanhas. É a casa brasileira que vai buscar na paisagem todos os elementos essenciais para ser original, agradável e bela.[258]

O desafio foi vencido, o terror cósmico derrotado. A arquitetura moderna é a culminância histórica do processo de acomodação do homem brasileiro no território tropical. A transformação abrupta tem algo de miraculoso. Seguindo o raciocínio de Lins do Rego, o *pavor abissal* – fruto da consciência originária desperta pela natureza portentosa e inclemente (e que foi apenas recalcado com o transplante artificial da sociedade aristocrática do século 19) –

é definitivamente eliminado com o enfrentamento espiritual que somente os modernos foram capazes. Um enfrentamento que pressupõe a coragem da integração, da aceitação dos limites intransponíveis das forças atávicas. O homem brasileiro, para permanecer *autêntico*, não pode se deixar "escravizar às forças telúricas, mas saber extrair das coisas uma espécie de eternidade".[259] A reconciliação conquistada abre as portas para uma utopia possível. O homem brasileiro, para ser mais humano, tem que se confundir com a paisagem. O artista brasileiro – o arquiteto, o paisagista, o pintor, o escritor –, para salvar essa paisagem, deve "fecundá-la com seu gênio criador".[260] A escrita de Lins do Rego, que descreve a tradição secular de uma esmagadora natureza brasílica, submetendo o homem amedrontado, evoca o texto lírico e emocionado de Graça Aranha:

> A floresta tropical é o esplendor da força da desordem. Árvores de todos os tamanhos e de todas as feições; árvores que se alteiam, umas eretas, procurando emparelhar-se com as iguais e desenhar a linha de uma ordem ideal, quando outras lhes saem ao encontro, interrompendo a simetria, entre elas se curvam e derreiam até ao chão a farta e sombria coma. Se por entre as folhas secas amontoadas no solo se escapa um réptil, então o ligeiro farfalhar delas corta a doce combinação do silêncio; há no ar uma deslocação fugaz como um relâmpago, pelos nervos de todo o mato perpassa um arrepio, e os viajantes que caminham, cheios de solidão augusta, voltam-se inquietos, sentindo no corpo o frio elétrico e instantâneo do pavor...[261]

São nas páginas de *A estética da vida*, publicado em 1921, que se encontra o estofo intelectual da realidade histórica descrita por José Lins do Rego. Graça Aranha, autor desse livro tão desconhecido quanto fundamental para a compreensão do universo intelectual brasileiro da primeira metade do século, escreveu no início do século o romance de imigração *Canaã*. Sucesso de público e crítica, o livro acabou por catapultá-lo para uma cadeira na Academia Brasileira de Letras, assento ao qual renuncia quando se bandeia para as hostes modernistas nas vésperas da Semana de Arte Moderna, da qual se torna uma das estrelas. Tal como o escritor e jornalista paulista Menotti del Picchia – que nas páginas do jornal *Correio Paulistano* narra passo a passo a eclosão do modernismo paulista[262] –, Graça Aranha é recebido de maneira oportunista pelos modernistas de primeira hora, pois ambos trazem consigo o reconhecimento intelectual e a penetração no grande público. O que não impede que fossem logo à frente colocados à margem do processo, corriqueiro repúdio psicanalítico dos jovens intelectuais se livrando dos pais incômodos, chamados de "passadistas".

Na passagem do ano de 1922 para 1923, Graça Aranha merece uma homenagem única dos modernistas: um número especial da revista *Klaxon*, com artigos de Ronald de Carvalho, Renato Almeida, Cândido Motta Filho, Rubens de Moraes, Luiz Annibal Falcão e poemas de Mário de Andrade, Guilherme de Almeida, Luis Aranha, Sérgio Milliet.[263] Os "Extras-textos", duas folhas soltas encartadas no exemplar, são de Tarsila do Amaral – um retrato em preto e branco do homenageado – e Heitor Villa-Lobos – uma partitura da parte primeira do "Sextetto mystico", com a dedicatória "A Graça Aranha".[264] A dedicatória, sem autoria, na última página da revista, registra o entusiasmo e respeito que lhe dedicavam os modernistas:

> Este número de Klaxon é dedicado a Graça Aranha. Significa toda a alegria de havermos encontrado em nosso caminho um espírito tão belo e tão alto, que soube sorrir para nós, emprestando-nos um pouco do seu entusiasmo para multiplicar o nosso. Graça Aranha é um companheiro delicioso, que já viajou muito pela vida e nos sabe contar as peripécias mais nossas de suas

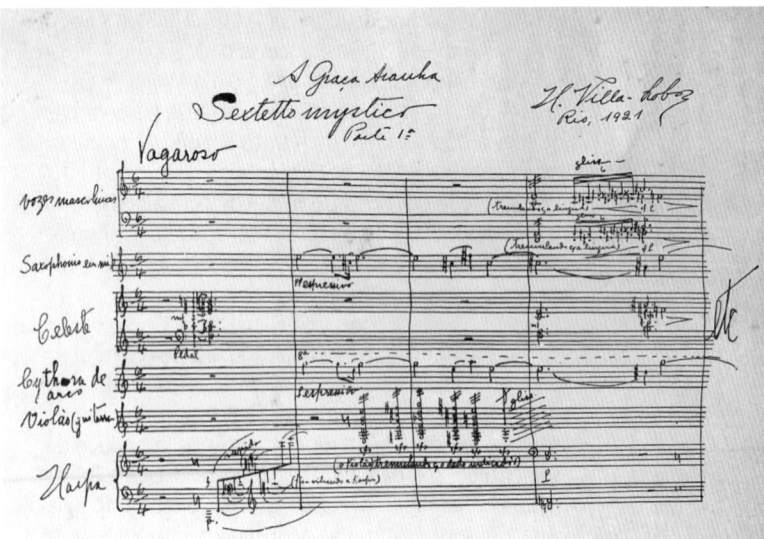

Graça Aranha. Tarsila do Amaral, 1922; Partitura de Sexteto Místico, homenagem a Graça Aranha. Heitor Villa-Lobos, 1921. *Klaxon*, n. 8-9, dez. 1922/jan. 1923

viagens. Um companheiro sempre alegre, sempre feliz, mais moço do que qualquer um de nós, alma sensível, espírito universal, cérebro de artista e de filósofo, químico do sonho brasileiro, Rouget de L'Isle da literatura brasileira. Este número de Klaxon é mais volumoso que os outros, para que o abraço dos klaxistas a Graça Aranha seja forte e mais longo.[265]

As manifestações são todas elas entusiasmadas. Nas palavras de Motta Filho, foi Graça Aranha "quem, com mais arte, maior senso filosófico, maior vigor estilístico, conseguiu exprimir, como é nas usas variadas manifestações – a alma brasileira",[266] o que dá uma certa medida de como a visão estética de Graça Aranha foi lida com atenção pelos jovens da Semana de Arte Moderna. Rubens de Moraes faz um longo recenseamento das críticas e homenagens recebidas por Graça Aranha na França, atribuindo-lhe o mérito de ter sido exceção dentre os escritores brasileiros ao "brilhar em outros países" e ter sido "o primeiro escritor brasileiro que nos trouxe, enriquecendo-nos, o pensamento, a filosofia, a ânsia metafísica no romance".[267] Renato de Almeida destaca a coalisão entre brasilidade, homem e natureza que caracteriza o escritor maranhense: "Graça Aranha arrancou do fundo da nossa alma popular a figura de Malazarte – esse demônio sutil como Mefistófeles, menos universitário e mais desabusado – e criou o símbolo da imaginação, em que justifica a unidade panteísta do Universo, no esboço da filosofia de *A estética da vida*".[268] E, em tom grandiloquente, Luiz Annibal Falcão comenta *A estética da vida*: "Fundem-se o otimismo inato no destino da raça, a magia do espetáculo grandioso, o poder sintético do seu pensamento. E o Brasil, sua natureza e sua gente, incorporam-se à obra".[269] Grandiloquência que não falta a Ronald de Carvalho: "Graça Aranha, poeta épico da Raça, Criador de Entusiasmo!"[270] E, antecipando o estilo telegráfico e a temática urbano-rural da poesia Pau-Brasil,

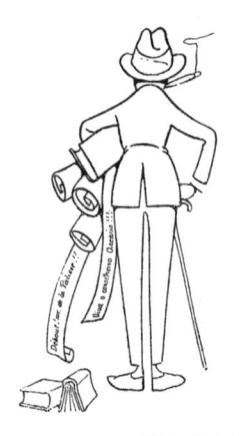

Mário de Andrade, Motta Filho e Oswald de Andrade. Desenho de Belmonte. *D. Quixote*, n. 327, Rio de Janeiro, 15 ago. 1923, p. 11

os versos de *Mormaço (para Graça Aranha)*, de Guilherme de Almeida:

> Calor. E as ventarolas das palmeiras,
> e os leques das bananeiras
> abanam devagar,
> inutilmente, na luz perpendicular.[271]

O entusiasmo dos *klaxistas* por Graça Aranha é substituído pouco a pouco pelo crescente desdém, sendo os mais ácidos dentre eles Oswald de Andrade, com sua verve sempre afiada para a polêmica, e Mário de Andrade, com sua sede de consolidar uma ascendência cada vez maior sobre os companheiros. Oswald, em 1954, publica artigo na revista *Anhembi* número 49, onde relembra com sarcasmo a figura de Graça Aranha, "geralmente confuso e parlapatão, filho duma abominável formação filosofante do século 19, mas grande homem nacional, pertencente à nossa Academia de

Letras, e autor de um livro tabu, *Canaã*, que ninguém havia lido e todos admiravam".[272] Mas, em sua visão retrospectiva, Oswald de Andrade reconhece os benefícios institucionais obtidos com tal relação: "Era evidente que para nós sobretudo o apoio oficial de Graça Aranha representava um presente do céu. Com seu endosso, seríamos tomados a sério. Do contrário, era difícil. Sem a inteligência e compreensão de Paulo Prado, nada teria sido possível. Ele foi o ativo agente de ligação entre o grupo que se formava e o medalhão Graça Aranha".[273] Mário, em geral mais justo e correto do que Oswald em suas avaliações, em carta a Manuel Bandeira escrita uma década antes, manifesta opinião muito similar, mas mais afetuosa:

> A propósito de Graça [Aranha] continuo a achar que tu e o Couto [de Barros] não tiveram razão em não homenagear o homem. Compreendes: por mais que ele se ponha na nossa frente, por mais que os coiós, daí, do Norte, do Sul até o Antônio Ferro agora em Portugal digam que ele iniciou o modernismo brasileiro, as datas estão aí. E as obras. Agora o que ninguém negará é a importância dele pra viabilidade do movimento, e o valor pessoal dele. É lógico: mesmo que o Graça não existisse nós continuaríamos modernistas e outros viriam atrás de nós, mas ele trouxe mais facilidade e maior rapidez pra nossa implantação. Hoje nós somos. Se o Graça não existisse, seríamos só pra nós, e já somos pra quase toda gente.[274]

Em 1958, o historiador Mário da Silva Brito adota a visão compartilhada por Mário de Andrade e Oswald de Andrade em seu famoso livro sobre a *História do modernismo brasileiro* e salienta que a contribuição do autor de *A estética da vida* – que retornara de Paris em 1921, quando o movimento já estava articulado – restringia-se ao endosso dado aos jovens vanguardistas. "Graça Aranha empenharia a importância do seu nome para o êxito da arremetida da

Ministério da Educação e Saúde, jardim público não construído, Rio de Janeiro RJ. Roberto Burle Marx, desenho sem data. Foto Andrés Otero. Acervo Instituto Burle Marx

juventude intelectual, e foi esse o seu principal papel nos sucessos que ocorreriam no ano em que o Brasil completava um século de autonomia política".[275] A frase foi recortada do último parágrafo do livro, do último subcapítulo intitulado "A presença de Graça Aranha": sintomaticamente, o escritor maranhense vai merecer uma rápida referência no epílogo da obra, quando tudo já aconteceu.

O papel menor de Graça Aranha na consolidação intelectual do modernismo paulista de certa forma era corroborado pelo seu afastamento do movimento durante o processo de consolidação. Somado ao fato que realmente se tratava de um intelectual formado em outro contexto cultural, se torna compreensível que a maior parte dos críticos e historiadores, adotando voluntária ou involuntariamente a versão oficial dos próprios modernistas, aceitasse a importância estratégica de Graça Aranha no eclodir do modernismo brasileiro e reduzisse – muitas vezes ao exagero de praticamente desaparecer – a sua relevância intelectual, principalmente a presença de suas ideias em desenvolvimentos posteriores. A exceção é Wilson Martins – sempre desconfiado das racionalizações perpetradas pelo inconsciente, motivadas por desejos às vezes inconfessos –, que faz um interessante comentário – no qual não falta uma insinuação do psicanalítico assassínio do pai – sobre a intrigante influência do literato sobre os modernistas, especialmente Mário de Andrade:

> Assim, *detestando* Graça Aranha pela influência inarredável que sobre ele exercia e que misteriosamente exercia sobre o grupo modernista, apesar de todas as divergências conscientes, tentando fazer com que tal hostilidade não aparecesse no seu comportamento e nos seus gestos, é possível que ela se haja manifestado psicanaliticamente e que Macunaíma, o *herói sem nenhum caráter*, tenha sido a resposta antitética e um pouco tardia ao *tipão alegre*, esportivo, sadio e cheio de *caráter*.[276]

Seria exagerado atribuir um alto estatuto intelectual à obra de Graça Aranha. *Canaã* é um livro de ideias confusas, que se transveste desajeitadamente em romance ficcional, onde impera uma verborragia derramada. *A estética da vida* é um enorme pastiche de ideias de origens diversas – etnologia de cunho darwinista, filosofia de extração romântica, mesologias diversas, sociologia positivista etc. –, fusionadas sem muita graça de estilo. Textos pretensiosos na sua abordagem e nas suas conclusões, perdem-se muitas vezes em divagações metafísicas aprisionadas em um texto hermético de difícil compreensão. Seu estilo tem cor e sabor de passado quando comparado aos escritos iniciais do modernismo seu contemporâneo.[277]

Mas a retirada forçada da influência exercida por Graça Aranha sobre os modernistas tem como resultado contraproducente a pouca visibilidade dos fortes vínculos intelectuais entre as obras de Oswald de Andrade, Mário de Andrade e outros modernistas com o contexto cultural brasileiro imediatamente anterior. O privilégio da ruptura, que no aspecto formal-expressivo é muito evidente, tem como contrapartida o apagamento de um contexto cultural dinâmico, cujo hibridismo é atestado pela curiosa convivência de visões de mundo incompatíveis, resíduo da ausência de uma tradição sedimentada. Nesse sentido, a importância de Graça Aranha não está no estatuto intelectual de sua obra – na sua relevância como filósofo, crítico ou esteta – mas na profunda inserção de suas ideias no universo intelectual brasileiro, tão profunda que um literato do porte de José Lins do Rego vai utilizá-las em 1952 para explicar o nascimento da arquitetura moderna brasileira.

A antropologia de Graça Aranha[278] pressupõe, em simultâneo, uma evolução conjunta da espécie humana e o surgimento de particularidades nacionais forjadas na relação entre os povos e os meios físicos que habitam. Reportando à hereditariedade fisiológica e psíquica, as ideias étnicas de Graça Aranha comportam tanto um evolucionismo darwinista na versão do filósofo inglês Herbert Spencer maculado por noções positivistas, como concepções românticas na linha de Herder e Madame de Stäel. Síntese ampla que incorpora ainda hipóteses explicativas novecentistas variadas, como a mesologia de Thomas Buckle, a tríade explicativa de Hippolyte Taine e o determinismo geográfico e os atavismos étnicos defendidos pelo Conde de Gobineau, no século 19. O universo de referências de Graça Aranha é matéria-prima de vários intelectuais brasileiros relevantes na virada do século, em especial os que orbitavam em torno da Escola do Recife – Silvio Romero,[279] Clóvis Beviláqua, Tobias Barreto, Artur Orlando, Martins Júnior e outros.[280] Nos estudos realizados pelo grupo, o esforço de síntese resulta em diversas visões interdisciplinares do fenômeno histórico-cultural. O esforço em questão denuncia não só as diversas orientações conceituais presentes, mas também o amplo espectro de assuntos debatidos:

> As discussões filosóficas envolviam ora crítica de religião, ora problemas de cosmologia e portanto de ciências físicas; os estudos literários se montavam sobre considerações antropológicas, etnográficas e de comparação. Os estudos jurídicos implicavam frequentemente teoria política, e a sociologia significou, por um lado, interesse pela biologia e pela história no mais largo sentido, e pelo outro lado projeções sobre economia, doutrinas sociais, problemas financeiros, demográficos, higiênicos.[281]

Em Graça Aranha, o esforço de síntese volta-se para a compreensão da *integração* do homem em seu *meio físico natural*, com todas as repercussões nos âmbitos mental, social, cultural e artístico. A produção espiritual do homem mantém um sutil liame com um nódulo profundo de sua existência mental, ou seja, com seu *caráter*. Se a inteligência caracteriza o povo francês; o sensualismo, o italiano; o espírito metafísico, o alemão; a fé transfigurada, o espanhol, "no Brasil o traço característico coletivo é a imaginação. [...] As raízes longínquas dessa imaginação acham-se na alma das raças diferentes, que se encontraram no prodígio da natureza tropical. Cada povo aí trouxe sua melancolia".[282] A *imaginação* característica do brasileiro resulta da fusão cultural e psicológica de três povos tristes no meio tropical, onde a representação trágica da natureza na alma de negros e índios delineia uma psique amedrontada e enevoada – "tudo é alucinação, pavor, melancolia na alma selvagem que os gerou".[283]

O instante fundador da humanidade, segundo Graça Aranha, é a fratura da integração harmônica do homem na natureza, momento em que o mundo assume um aspecto estranho e inexplicável, germe do surgimento da consciência, só possível quando o homem percebe a si como uma entidade distinta da extensão do mundo.[284] O *terror cósmico* do homem desamparado é a fonte de sua ânsia em compreender o mundo, o solo mais profundo de todos os modos explicativos da existência, seja a religião, a arte, a metafísica ou a ciência. Essa lógica explicativa, sistematizada por Auguste Comte, fundamental na antropologia-filosófica de Levy-Bruhl e na filogênese freudiana,[285] alia-se, no texto de Graça Aranha, a componentes naturalistas e românticos.

A expressão humana, em suas diversas modalidades, revela o caráter diferenciado das almas dos povos, reflexo dos ambientes físicos distintos onde cada um deles empreendeu sua emancipação da natureza. As mitologias, as lendas, os folclores, as artes, as línguas, os rituais e os festejos expressariam a origem diferenciada de cada coletividade. A marca original, o atavismo das raças e dos povos, que se perpetuará nas evoluções históricas particulares, conformando o caráter nacional e as expressões culturais coletivas, surge nas impressões primordiais infundidas no homem por seu *habitat* natural. Como diz Maria Cecília de Moraes Leonel sobre Graça Aranha, "cego pelo determinismo biológico que incorporara, o escritor é incapaz de buscar nos problemas políticos, econômicos e sociais o fundamento da situação do país que, segundo ele, entregue aos mestiços, definhava, invadido por estrangeiros".[286]

Na teoria antropológica de Graça Aranha, o esplendor, a magnificência e a potência da natureza tropical são a causa essencial do primitivismo intelectual do homem brasileiro; nela se origina a metafísica e a inteligência bárbaras, sob império da imaginação exaltada e melancólica. A letargia, o frenesi lúbrico e a exaltação mística são reflexos espirituais de uma natureza que se impõe invencível. Vencer a nossa metafísica e nossa inteligência bárbaras são os trabalhos essenciais do homem brasileiro para ultrapassar o fatalismo imobilizante. Mas são conquistas impossíveis sem antes conseguir sobrepujar a natureza. Não se trata, porém, de uma conquista material, do domínio maquínico-civilizatório sobre as potências telúricas; o pavor cósmico, produto maligno da cisão indivíduo-universo e da consequente formação egoica, não poderá ser extinto pela ciência; esta exerce seu domínio apenas no mundo fenomênico, o que a torna incapaz de responder as indagações mais profundas do ser. A conquista deve ser essencialmente espiritual, com a derrota do espectro assustador que habita a alma coletiva. A reconciliação homem-natureza somente se dará, no entender de Graça Aranha, com a adoção de uma concepção estética da vida e da aceitação intelectual do *fieri* incontrolável da existência. Fusão de elementos contraditórios, o projeto cultural de Graça Aranha mostra-se, acima de tudo, radicalmente estetizante.

Retomando o fio da meada, não há um paralelismo perfeito entre as ideias de Graça Aranha e a argumentação de José Lins do Rego. Ao tratar da casa brasileira no período colonial, este último fala explicitamente do colonizador português – do homem branco, de origem europeia, que se acomoda nos trópicos. Quando fala, portanto, do medo incutido neste homem pela natureza tropical, não segue o mesmo raciocínio de Graça Aranha, que atribui a negros e índios esse tipo de componente atávico de nossa formação psicológica.[287] Ao invés da utilização de uma teoria, o que temos aqui – o que, aliás, é uma constante em nossa e outras vidas intelectuais – é a apropriação livre de ideias alheias que são adequadas aos interesses do autor. As ideias ajustadas a novos contextos explicativos acabam funcionando, por seu aspecto reiterativo, como estabilizadores de uma certa visão de mundo que impera hegemonicamente na vida cultural brasileira pelo menos até meados do século 20. Três pilares estruturais dessa visão de mundo valem a pena ser destacados:

Em primeiro lugar, *o telurismo como determinante cultural*.[288] Toda e qualquer manifestação humana no âmbito do espírito humano é decorrente da relação específica homem-paisagem. Para José Lins do Rego, o fundamental para o nascimento de nossa arquitetura moderna não é a invenção de tipologias ou a adequação de técnicas inovadoras, mas a desaparição do medo coletivo frente à natureza. Só assim "a casa abre as janelas, protege-se da luz, serve-se dos rios, sobe e desce montanhas. E é a casa brasileira que vai buscar na paisagem todos os elementos essenciais para ser original, agradável e bela".[289] Quando o literato, referindo-se à nossa peculiar relação com o meio, define o Brasil como o "país do sol" não está falando sozinho. Tem ao seu lado, além de Graça Aranha, outros ilustres companheiros. Mário de Andrade, em diversos escritos, fala da "civilização solar" do "primitivo duma nova era" – o homem brasileiro – e chega, em carta de 1924 para Tarsila do Amaral, a propor o "mata-virgismo" como saída estética para os impasses do nosso modernismo. Oswald de Andrade, por seu lado, falava da "vegetação", do "país da Cobra Grande", do brasileiro como "filhos do sol" e da "poesia Pau-Brasil" como a panaceia para nossa indigência artística.

Em segundo lugar, como decorrência direta do telurismo, *a arte como produto coletivo e original de um povo*. Trata-se de uma ideia de extração romântica com profunda inserção em nosso modernismo, que se expressa por uma semântica particular. Nesse raciocínio, presente em Lins do Rego e em tantos outros intelectuais e artistas na primeira década do século passado, são visíveis a metafórica *biológica* e a terminologia *psicologizante*, que, na articulação mútua de seus sentidos, constroem uma *noção específica de cultura*. Ora, as metáforas orgânicas "provir da terra", "raízes profundas", "brotou de nossas próprias vidas" e outros termos equivalentes compõem uma linguagem que supõe o desenvolvimento natural de potências e virtualidades intrínsecas ao ser. Noção que é complementada por termos do âmbito sensível, que revelam a *espontaneidade* e a *expressão* de nosso caráter coletivo. Exprimir o que somos traduz-se por expressar nossa relação específica com o meio ambiente.

Como essa equação tem componentes múltiplos e diversificados, e como a interação homem-paisagem se dá no tempo e no espaço, a materialização cultural do espírito coletivo terá na *originalidade* seu grande dístico e na *autenticidade* sua maior qualidade.

Em terceiro lugar, em decorrência direta dos dois aspectos anteriores, o artista como catalisador de virtualidades culturais dispersas no seio da coletividade e, em última instância, como responsável pelas renovações e transformações estético-formais. Na extensa base horizontal, o caráter coletivo se constitui como resultante das manifestações espontâneas da coletividade – ritos, rezas, músicas, danças, língua. No extremo superior da estrutura social, cabe ao artista – tendo como única e exclusiva matéria-prima o caráter coletivo – dar cor, forma, volume, texturas, ritmo... enfim, criar as manifestações elevadas do espírito coletivo. O artista, incapaz de forjar a psicologia coletiva ou o caráter de um povo, tem a missão de dar forma erudita à cultura dispersa pelo tecido social. Se for incapaz de construir sua obra segundo essa verdade, por mais perfeccionista que seja o artista, o resultado obtido jamais será uma arte de valor histórico.[290]

Um acerto de contas do homem com seu meio, realizado na sua faceta culta por um grupo de intelectuais devidamente preparado para o desafio, torna-se um projeto cultural. Ao chamar os artistas brasileiros à sua responsabilidade histórica de se reencontrar com o país e consigo mesmo, Graça Aranha deixa claro que isso só seria possível com um compromisso coletivo e uma busca de uma essência e de um caráter que transcendem a subjetividade individual. No seu palavreado empolado, é possível entrever o que se tornaria o cerne do projeto cultural modernista:[291]

> Assim, nossa inteligência, para se libertar dos elementos bárbaros, fez da cultura um ato de mau gosto e um ato de covardia, produzindo uma literatura incolor, sem obras, onde o idealismo do nosso espírito metafísico

não encontra os seus símbolos, nem a vida as suas criações ideais. E no entanto aqueles elementos bárbaros da nossa formação espiritual e da nossa nacionalidade reclamam, antes do seu desaparecimento total, os seus vates e os seus escritores. O que há de grandioso, de descomunal, de monstruoso, de amorfo, de infantil, de caduco mesmo, na natureza e nas gentes, exige a sua epopeia. Alguns tentaram ser o poeta, o épico dessa selvageria. A natureza os fez bárbaros e capazes da necessária inconsciência. A cultura rudimentar, porém, que adquiriram, pô-los em desequilíbrio com a sua verdadeira *pátria*. O pedantismo matou neles a íntima selvageria. Deixaram de exprimir inconscientemente para ver e explicar. Nunca tais escritores se entenderam secretamente com as coisas de que trataram.[292]

Entre o grito primitivista de Graça Aranha – dado em pleno 1921, quando praticamente todos os nossos modernistas estavam encantados com os ícones urbanos da era da máquina, cantados em prosa e verso (sem rima!) pelos vanguardistas europeus – e a constatação serena de missão cumprida presente na retrospectiva realizada por José Lins do Rego em 1952, estão incluídos a eclosão, o desenvolvimento e a acomodação do modernismo brasileiro.[293] Em 1922, os jovens futuristas haviam apostado na cultura popular, mas a partir de 1924 essa visão se radicaliza com absorção dos "elementos bárbaros da nossa formação espiritual" presentes na relação homem e paisagem. A cultura e a natureza brasílicas são assumidas por Tarsila do Amaral, Oswald de Andrade, Heitor Villa-Lobos, Mário de Andrade, Raul Bopp, Oscar Niemeyer, Burle Marx e outros, não apenas como pano de fundo para a encenação da vida contemporânea, mas com todas as suas implicações conceituais, que envolvem racialidade e cultura.

Para além de um elemento cenográfico, a natureza tropical é a própria essência da vida do homem brasileiro nela instalado. Um homem simples, sensível e alegre, atualizando sua existência e sua acomodação no território com as novas aquisições civilizacionais. A reconciliação com o meio físico, segundo o projeto cultural montado no período, pressupunha o reencontro e o acerto de contas com os problemas históricos da racialidade e, em decorrência, à redescoberta de uma tradição soterrada. Discurso que normatiza desde então, de forma vigorosa, realizações estéticas da mais alta qualidade e nas mais variadas áreas artísticas – literatura, música, pintura, arquitetura, teatro... – mesmo considerando o risco constante de se enrijecer em fórmulas áridas, esquemáticas, de um nacionalismo estéril[294] que passa ao largo da fome antropofágica, sempre gulosa: "só me interessa o que não é meu. Lei do homem. Lei do antropófago".[295]

Fazenda Vargem Grande, jardim, Areias SP. Roberto Burle Marx, José Tabacow e Haruyoshi Ono, 1979. Acervo Instituto Burle Marx

Notas da parte 2

1. ANDRADE, Oswald de. Roteiro das Minas, p. 135.
2. COSTA, Lúcio (anos 1940). Parque Guinle, p. 205.
3. Idem, ibidem, p. 205.
4. IPATRIMÔNIO – PATRIMÔNIO CULTURAL BRASILEIRO. Rio de Janeiro: Palácio das Laranjeiras.
5. NOGUEIRA, Mauro Neves. Parque Guinle. Reinterpretação das 'unités d'habitation', p. 92.
6. COSTA, Lúcio (anos 1940). Parque Guinle (op. cit.), p. 205. Lúcio Costa afirma, em outra situação, que "eram prédios orientados para o sol, para o poente, tínhamos sol à tarde. Então se impunha uma estrutura que funcionasse como quebra-sol, que amortecesse a insolação". SEGAWA, Hugo. Lúcio Costa: a vanguarda permeada com a tradição (entrevista) (op. cit.), p. 150.
7. Posteriormente, em terreno próximo, acabou sendo construído um único edifício, de autoria do escritório MMM Roberto.
8. COMAS, Carlos Eduardo. A racionalidade da meia lua: apartamentos do Parque Guinle no Rio de Janeiro, Brasil, 1948-52.
9. "Percorrendo a cidade, um belo dia vi, num porão de prédio do século passado, uma vedação de vão térreo que dava para a rua com aquela trama, como se fosse uma treliça de cerâmica composta de 'oitos' de barro, cada peça com dois quadrados justapostos e certa profundidade". SEGAWA, Hugo. Lúcio Costa: a vanguarda permeada com a tradição (entrevista) (op. cit.), p. 150.
10. SILVA, Geraldo Gomes. Marcos da arquitetura moderna em Pernambuco, p. 21. Na introdução da edição facsimile do *Dicionário de arquitetura brasileira*, Carlos Lemos comenta mensagem recebida sobre o erro cometido na acepção do verbete na edição original: "A primeira colaboração foi enviada pelo arquiteto e professor Geraldo Gomes da Silva, do Recife. Era uma ficha pequena, preenchida na frente e atrás. O texto corrigia a origem dada por nosso dicionário para o termo cobogó ou combogó, cuja filiação erroneamente atribuímos 'aos tijolos perfurados das construções norte-africanas, como sugere a forma da palavra evidentemente negra'. Segundo Gomes, tendo como fonte o depoimento do engenheiro Antônio Bezerra Baltar, a origem do nome é muito mais prosaica, evidenciando o único erro reconhecido em nosso trabalho até o momento. A ficha encaminhada por ele contém um trecho de artigo de autoria do referido engenheiro, o qual relata as circunstâncias que resultaram na criação do termo, na verdade um acrônimo: 'Cabe destacar, em primeiro lugar, a utilização dos populares cobogós, isto é, tijolos de cimento e areia com 0,50m x 0,50m x 0,10m e orifícios quadrados em 0,05m de lado, utilizados originalmente por uma empresa pernambucana para construção de paredes. Esses elementos vazados teriam depois, conforme as necessidades, seus orifícios

cheios de argamassa. O nome cobogó é formado pela junção das iniciais dos nomes dos sócios da fábrica que produzia os referidos tijolos: 'co' de Coimbra, mestre-de-obras português, 'bo' de Boeckmann, ferreiro alemão, e 'go' de Antônio de Góis, engenheiro que viria a ser prefeito do Recifes'". CORONA, Eduardo; LEMOS, Carlos. *Dicionário da arquitetura brasileira*, p. XV.
11. Ver: SEGAWA, Hugo; DOURADO, Guilherme Mazza. *Oswaldo Arthur Bratke*; RIBEIRO, Benjamin Adiron. *Vila Serra do Navio. Comunidade urbana na serra amazônica – um projeto do arquiteto Oswaldo Arthur Bratke*.
12. NOGUEIRA, Mauro Neves. Parque Guinle. Reinterpretação das 'unités d'habitation' (op. cit.), p. 98.
13. COSTA, Lúcio (1952). Casa do estudante. Cité Universitaire, Paris, p. 231.
14. Idem, ibidem, p. 234-235.
15. Idem, ibidem, p. 234.
16. *L'Homme et l'Architecture*, n. 11-12-13-14,
17. COSTA, Lúcio (1959). Casa do Brasil em Paris, p. 291.
18. Carta de Lúcio Costa a Le Corbusier, Rio de Janeiro, 27 nov. 1949. In COSTA, Lúcio (1949). Mise au point, p. 140. O episódio será mais aprofundado a seguir, nos comentários do projeto do Ministério da Educação e Saúde.
19. Idem, ibidem.
20. SEGAWA, Hugo. Lúcio Costa: a vanguarda permeada com a tradição (entrevista) (op. cit.), p. 151.
21. MORAES, Vinícius (1946). Azul e branco, p. 172. No preâmbulo do poema, Vinícius atribui o mote "Concha e cavalo-marinho" a Pedro Nava, uma referência a um dos painéis de azulejos de Cândido Portinari no térreo do edifício-sede do Ministério da Educação e Saúde.
22. BRUAND, Yves (1981). *Arquitetura contemporânea no Brasil* (op. cit.), p. 81.
23. Ver: CAVALCANTI, Lauro. *As preocupações do belo*. Alguns anos depois da realização da tese que fundamenta nosso livro, tivemos a oportunidade de editar a monumental pesquisa do professor Roberto Segre e equipe, que resultou na mais abrangente pesquisa sobre a construção do Ministério. Ver: SEGRE, Roberto. *Ministério da Educação e Saúde: ícone urbano da modernidade brasileira – 1935-1945*. O próprio Lauro Cavalcanti publicaria a seguir um livro sobre o projeto, que mistura história e ficção. Ver: CAVALCANTI, Lauro. *Dezoito graus: a biografia do Palácio Capanema*.
24. BRUAND, Yves (1981). *Arquitetura contemporânea no Brasil* (op. cit.), p. 88.
25. Idem, ibidem, p. 89.
26. COSTA, Lúcio (1951). Muita construção, alguma arquitetura e um milagre (op. cit.), p. 168. Ou ainda, nessa passagem: "Éramos todos ainda moços e inexperientes – Oscar Niemeyer, Carlos Leão, Afonso Eduardo Reidy, Jorge Moreira, Ernani Vasconcelos; o mais velho e já vivido profissionalmente era eu. Entretanto agimos como donos da obra"; "Seja como for porém, a verdade é que depois daquelas

quatro semanas de 1936 não houve mais qualquer interferência de Le Corbusier, que só veio a conhecer o edifício já pronto poucos anos antes de sua morte, quando aqui retornou para projetar a embaixada da França em Brasília". COSTA, Lúcio (1975). Relato pessoal (op. cit.), p. 136; 138.

27. Documentário TV Cultura, São Paulo, 1987. Duração 53 min. Acervo de vídeos do Centro Audiovisual da Faculdade de Arquitetura e Urbanismo da PUC-Campinas.
28. BRUAND, Yves (1981). *Arquitetura contemporânea no Brasil* (op. cit.), p. 93.
29. Idem, ibidem, p. 92.
30. COSTA, Lúcio (1975). Relato pessoal (op. cit.), p. 136.
31. EULALIO, Alexandre (1984). Prefácio a 'Lembrança de Le Corbusier', p. 428.
32. Cf. CAVALCANTI, Lauro. *As preocupações do belo* (op. cit.), p. 205.
33. COSTA, Lúcio (1951). Muita construção, alguma arquitetura e um milagre (op. cit.), p. 169. Citado também em: CAVALCANTI, Lauro. *As preocupações do belo* (op. cit.), p. 57.
34. CAVALCANTI, Lauro. *As preocupações do belo* (op. cit.), p. 58.
35. Yves Bruand comenta o seguinte sobre o episódio: "Tratava-se de uma atitude prudente, ditada por um sentido de justiça e, talvez, por uma certa insegurança". E complementa em nota de rodapé: "Lúcio Costa agiria da mesma forma três anos mais tarde, quando do projeto do Pavilhão do Brasil na Exposição Internacional de New York". BRUAND, Yves (1981). *Arquitetura contemporânea no Brasil* (op. cit.), p. 82. A hipótese de Bruand é coerente e coloca em outro registro a tão propalada modéstia de Lúcio Costa.
36. Cf. BRUAND, Yves (1981). *Arquitetura contemporânea no Brasil* (op. cit.), p. 82.
37. CAVALCANTI, Lauro. *As preocupações do belo* (op. cit.), p. 66. A proximidade intelectual e de classe social deve ter sido fator importante de coesão do grupo. A familiaridade e laços de amizade foram, contudo, decisivos para a escolha de Lúcio Costa: "Carlos Leão, pessoa culta e fina, chamei porque era meu sócio e amigo. Afonso Reidy e Jorge Moreira, colegas na Enba, haviam apresentado bons projetos. Moreira disse que só aceitaria colaborar caso viesse também o Ernani. Oscar, colaborador meu, argumentou que também merecia estar no grupo". Apud CAVALCANTI, Lauro. *As preocupações do belo* (op. cit.), p. 66. Também em outro texto: "Inicialmente não convidara o Oscar para colaborar no projeto, mas como Jorge Moreira me solicitasse a participação de Ernani Vasconcelos, seu sócio, ele reclamou a sua inclusão também, em igualdade de condições com os demais". COSTA, Lúcio (1950). Oscar Niemeyer: prefácio para o livro de Stamo Papadaki. Em outro momento, Lúcio Costa aponta como critério a participação no concurso original do MES, para logo se desmentir: "Reuni um grupo de jovens arquitetos que

haviam participado do concurso: Affonso Eduardo Reidy, Jorge Moreira, Carlos Leão – que não concorreu mas era meu amigo. Depois foram incluídos Oscar Niemeyer e Fernando (sic) Vasconcelos". SABBAG, Haifa. A beleza de um trabalho: percurso, síntese da tradição e da modernidade (entrevista com Lúcio Costa), p. 16.

38. Em agosto de 1935, a entrevista com Gregori Warchavchik a um jornal carioca dá uma boa ideia do embate em curso. O ex-sócio de Lúcio Costa faz elogios ao arquiteto Marcello Piacentini, que viria ao Brasil em breve. O próprio IAB demonstra uma postura submissa sobre o destino do projeto da Cidade Universitária. Em box separado ao lado matéria principal, com o título "Cidade Universitária", temos o seguinte texto: "Tendo o ministro da Educação solicitado, do Instituto de Arquitetos do Brasil, uma lista de cinco arquitetos patrícios, de reconhecida cultura e competência técnica, afim de que s. ex. pudesse escolher entre eles, os colaboradores do arquiteto Marcello Piacentini, a assembleia geral, reunida a 16 do corrente, elegeu para esse fim o seguintes arquitetos: F. Fernandes Saldanha, Carlos Henrique de Oliveira Porto, Ângelo Bruhns, Lúcio Costa e Paulo Ferreira dos Santos". REDAÇÃO. A construção da 'Cidade Universitária'. A personalidade do arquiteto Marcello Piacentini na opinião do Sr. Gregorio Warchavchik.

39. CAVALCANTI, Lauro. *As preocupações do belo* (op. cit.), p. 70.

40. Carta de Monteiro de Carvalho a Le Corbusier, 21 mar. 1936. In PEREIRA, Margareth da Silva; PEREIRA, Romão Veriano da Silva; SANTOS, Cecília Rodrigues dos; SILVA, Vasco Caldeira da. *Le Corbusier e o Brasil* (op. cit.), p. 134.

41. Cf. CAVALCANTI, Lauro. *As preocupações do belo* (op. cit.), p. 75.

42. "A construção da Cidade Universitária, no entanto, não chegaria a ser iniciada na gestão de Capanema. Um decreto-lei de 1944 (nº 6.574, de 8 de junho) transfere a localização da futura Cidade Universitária para a Vila Valqueire, antiga fazenda Valqueira; outro, de 21 de maio de 1945 (nº 7.566) transfere novamente o local para a ilha do Fundão, onde a sede da futura Universidade Federal do Rio de Janeiro seria finalmente construída sem nada incorporar dos projetos de Piacentini ou Le Corbusier". SCHWARTZMAN, Simon; BOMENY, Helena Maria Bousquet; COSTA, Vanda Maria Ribeiro. *Tempos de Capanema*, p. 105. Coube a Jorge Machado Moreira, participante da equipe de arquitetos brasileiros responsável pelo MES, a coordenação geral do projeto da Cidade Universitária, o que não deixa de ser, de certa forma, uma vitória dos modernos, mesmo que tardia.

43. Carta de Le Corbusier a Monteiro de Carvalho, 30 mar. 1936. In PEREIRA, Margareth da Silva; PEREIRA, Romão Veriano da Silva; SANTOS, Cecília Rodrigues dos; SILVA, Vasco Caldeira da. *Le Corbusier e o Brasil* (op. cit.), p. 135.

44. Carta de Monteiro de Carvalho a Le Corbusier, 08 abr. 1936. In Idem, ibidem, p. 136.
45. Carta de Le Corbusier a Monteiro de Carvalho, 17 abr. 1936. In Idem, ibidem, p. 137.
46. Carta de Le Corbusier a Monteiro de Carvalho, 05 mai. 1936. In Idem, ibidem, p. 137.
47. BRUAND, Yves (1981). *Arquitetura contemporânea no Brasil* (op. cit.), p. 83. Yves Bruand alerta que a versão deveria ser considerada com cuidado pois "é bastante restrita a documentação referente às negociações que precederam a vinda e a estadia de Le Corbusier no Brasil. Os arquivos pessoais de Capanema poderiam proporcionar muitos dados, mas não são acessíveis". Idem, ibidem, nota 10, p. 82.
48. Segundo Lúcio Costa, em texto de 1975, Le Corbusier "considerou, de saída, o terreno impróprio porque estaria dentro em pouco cercado por prédios inexpressivos. Parecia-lhe que o edifício deveria ficar voltado para o mar e o Pão de Açúcar, fixando-se na área correspondente, antes do segundo aterro, àquela onde se encontra o MAM". COSTA, Lúcio (1975). Relato pessoal (op. cit.), p. 136. Segundo Lauro Cavalcanti, o terreno seria onde foram construídos a Casa di Itália e a Maison de France. CAVALCANTI, Lauro. *As preocupações do belo* (op. cit.), p. 72. Contudo, em entrevista a Haifa Sabbag, Lúcio Costa reiterou a versão de que Le Corbusier "argumentava, com razão, que ele deveria se situar em outro local, com vista à Baía de Guanabara e Pão de Açúcar, na direção onde está hoje o Museu de Arte Moderna". SABBAG, Haifa. A beleza de um trabalho: percurso, síntese da tradição e da modernidade (entrevista com Lúcio Costa) (op. cit.), p. 16.
49. COSTA, Lúcio (1975). Relato pessoal (op. cit.), p. 136.
50. Idem, ibidem, p. 136.
51. COSTA, Lúcio (1949). Mise au point (op. cit.), p. 141.
52. LE CORBUSIER. *Oeuvre Complète*, Volume 3 (op. cit.), p. 81.
53. Carta de Le Corbusier a Pietro Maria Bardi, Paris, 18 out. 1949. In PEREIRA, Margareth da Silva; PEREIRA, Romão Veriano da Silva; SANTOS, Cecília Rodrigues dos; SILVA, Vasco Caldeira da. *Le Corbusier e o Brasil* (op. cit.), p. 198.
54. Como já foi dito anteriormente, Le Corbusier veio ao Brasil como palestrante e consultor, recebendo honorários correspondentes. Sua permanência no Brasil foi de apenas quatro semanas. Sobre isso, lembrou Lúcio Costa ao próprio Le Corbusier: "Mas, se é de dinheiro que se trata, permito-me levar ao seu conhecimento que durante as quatro semanas de sua estadia aqui, recebeu mais de que nós outros durante os seis anos que durou o trabalho, pois éramos seis arquitetos, e apesar das contribuições individuais serem desiguais, os honorários sempre foram divididos igualmente entre nós". Carta de Lúcio Costa a Le Corbusier, Rio de Janeiro, 27 nov. 1949. In PEREIRA, Margareth da Silva; PEREIRA, Romão Veriano da Silva; SANTOS, Cecília Rodrigues

dos; SILVA, Vasco Caldeira da. *Le Corbusier e o Brasil* (op. cit.), p. 200; In COSTA, Lúcio (1949). Mise au point (op. cit.), p. 140. Como o original está em francês, adotamos a tradução da segunda fonte.

55. "Anos 46/48, tento fazer compreender aos brasileiros que encontro, morando em Paris ou de passagem por aqui, minha grande surpresa em ter sido deixado oficialmente na inteira ignorância da construção do edifício"; "1948 ou 1949 (?), a Embaixada do Brasil patrocina uma Exposição brasileira de arquitetura moderna no grande anfiteatro da Escola de Belas Artes em Paris. Não sou convidado pela Embaixada, mas pela Ordem dos Arquitetos Franceses". Carta de Le Corbusier a Pietro Maria Bardi, Paris, 18 out. 1949. In PEREIRA, Margareth da Silva; PEREIRA, Romão Veriano da Silva; SANTOS, Cecília Rodrigues dos; SILVA, Vasco Caldeira da. *Le Corbusier e o Brasil* (op. cit.), p. 198.

56. Carta de Lúcio Costa a Le Corbusier, Rio de Janeiro, 27 nov. 1949. In COSTA, Lúcio (1949). Mise au point (op. cit.), p. 140. É muito ambígua a participação de Pietro Maria Bardi no episódio, uma vez que no primeiro momento tomou as dores do arquiteto suíço-francês: "comecei imediatamente a fazer gestões junto a algumas pessoas com o objetivo de obter para o Sr. a satisfação moral e a compensação monetária que lhe são devidas. Não há dúvida a propósito da autenticidade de sua 'paternidade' quanto aos desenhos e croquis do Ministério... Peço-lhe, caro Le Corbusier, que nos diga, aproximadamente quais seriam seus honorários pelos serviços prestados ao governo brasileiro". Carta de Pietro Maria Bardi a Le Corbusier, São Paulo, 17 nov. 1949. Apud PEREIRA, Margareth da Silva; PEREIRA, Romão Veriano da Silva; SANTOS, Cecília Rodrigues dos; SILVA, Vasco Caldeira da. *Le Corbusier e o Brasil* (op. cit.), p. 123. Em seu livro sobre Le Corbusier, Pietro Maria Bardi omite por completo sua reação inicial de representar o arquiteto na sua briga pelos honorários e aponta para uma atuação mais comedida e cautelosa, o que evidentemente não aconteceu: "Apesar de não conhecer ainda muito bem o Brasil naquele tempo, fiquei pensando ser mais um dos absurdos do Amigo, ou pelo menos um equívoco. Todos sabiam da correção de Gustavo Capanema. De qualquer modo, através de Gregori Warchavchik, Lúcio Costa interessou-se e foi averiguar o caso. Como eu pensava, o Calculador esquecera-se de ter recebido o que fora combinado em contrato e de ter passado o recibo correspondente". BARDI, Pietro Maria. *Lembranças de Le Corbusier: Atenas, Itália, Brasil*, p. 107. Ao escrever o livro, em 1984, Bardi não considerou a possibilidade de ser desmentido, o que acabou acontecendo com a publicação de sua carta em *Le Corbusier e o Brasil* apenas três anos depois, lançado ironicamente nas dependências do próprio Masp que dirigia.

57. Carta de Lúcio Costa a Le Corbusier, Rio de Janeiro, 27 nov. 1949. In COSTA, Lúcio (1949). Mise au point (op. cit.), p. 140.
58. Idem, ibidem, p. 140.
59. Carta de Le Corbusier a Lúcio Costa, Paris, 23 dez. 1949. In PEREIRA, Margareth da Silva; PEREIRA, Romão Veriano da Silva; SANTOS, Cecília Rodrigues dos; SILVA, Vasco Caldeira da. *Le Corbusier e o Brasil* (op. cit.), p. 203.
60. Idem, ibidem, p. 203.
61. "Adaptation sur le terrain adopté en dernière heure, des aménagents du projet de la page 78". LE CORBUSIER. *Oeuvre Complète*, Volume 3 (op. cit.), p. 81. Na página 78 estava o croqui feito realmente por Le Corbusier para o terreno na praia.
62. "Second projet de Le Corbusier, adapte au terrain definitivement choisi". *Architecture d'Aujourd'hui* (número especial sobre o Brasil), n. 13-14, set. 1947, p. 13.
63. "Le Corbusier recebe o projeto final do Ministério em julho de 1937 e envia felicitações em resposta. Entre 1937 e 1939, suas gestões para conseguir algum projeto no Brasil se multiplicam sem êxito. A frustração vira ressentimento após 1945. Reivindicações de autoria e honorários do Ministério se tornam frequentes, as relações pessoais se estremecem. Mesmo em 56, reaproximado de Lúcio Costa e encarregado do projeto da Casa do Brasil em Paris, o assunto volta à baila. Lúcio recorda a diferença entre o 'edifício alongado, situado noutro terreno' e o 'projeto construído durante a guerra', sem nenhum contato entre a equipe brasileira e o arquiteto francês, e o reprepende de novo, porque o croqui publicado para sugerir a autoria do partido definitivo 'constitui um falso testemunho, realizado a posteriori, a partir das fotografias do edifício pronto ou da maquete'". COMAS, Carlos Eduardo. Le Corbusier: os riscos brasileiros de 1936, p. 31.
64. Carta de Lúcio Costa a Le Corbusier, Rio de Janeiro, 27 nov. 1949. In COSTA, Lúcio (1949). Mise au point (op. cit.), p. 140.
65. "Esse belo edifício do Ministério é, conforme já tenho dito, um marco histórico e simbólico. Histórico, porque foi nele que se aplicou pela primeira vez, em escala monumental, a adequação da arquitetura à nova tecnologia construtiva do concreto armado, inclusive a fachada totalmente envidraçada, o *pan de verre*; as experiências anteriores haviam sido todas em edifícios de menor porte. Quando, com sua estrutura já adiantada, fui com Oscar Niemeyer cuidar do Pavilhão do Brasil na Feira Internacional de 1939, não havia em Nova York *nenhum* edifício com essas fachadas translúcidas que caracterizam a cidade, as agora chamadas *curtain walls* ou *murs rideaux*. Vieram todos depois. E simbólico porque, num país ainda social e tecnologicamente subdesenvolvido foi construído com otimismo e fé no futuro, por arquitetos moços e inexperientes, enquanto o mundo se empenhava em autoflagelação". COSTA, Lúcio (1975). Relato

pessoal (op. cit.), p. 138; "Dizem que o 'International Style' nasceu nos Estados Unidos, mas não é verdade, porque o primeiro grande edifício com fachadas de vidro foi o do Ministério. Tanto Gropius como Mies já tinham empregado esses conceitos na Europa, em edificações menores. Os arquitetos americanos vinham ao Brasil para ver o Ministério, Pampulha. Depois é que passaram a adotar o estilo nos Estados Unidos. O partido da Lever House é uma réplica do Ministério, uma versão nova, mais leve. O Ministério é mais sólido, mais dórico. É perfeito". SABBAG, Haifa. A beleza de um trabalho: percurso, síntese da tradição e da modernidade (entrevista com Lúcio Costa) (op. cit.), p. 17; "Quando levei o Oscar Niemeyer comigo a Nova York, em 1938, para fazer o Pavilhão do Brasil na Exposição Internacional, não havia lá nenhum edifício com fachada envidraçada e o Ministério da Educação já estava em construção, de modo que o Brasil antecipou a aplicação inovadora da chamada *curtain wall* ou *mur rideau, pan de verre*, como os franceses dizem". SEGAWA, Hugo. Lúcio Costa: a vanguarda permeada com a tradição (entrevista) (op. cit.), p. 148.

66. Carta de Lúcio Costa a Le Corbusier, Rio de Janeiro, 27 nov. 1949. In COSTA, Lúcio (1949). Mise au point (op. cit.), p. 140.

67. COSTA, Lúcio (1936). Ministério da Educação e Saúde, p. 128. Na já mencionada entrevista a Haifa Sabbag, Lúcio diz o seguinte: "Essa arquitetura nasceu na Europa, teve o seu primeiro exemplo, de caráter monumental, aqui, num país subdesenvolvido, realizado por arquitetos jovens, inexperientes, com o apoio de um ministro que confiou neles". SABBAG, Haifa. A beleza de um trabalho: percurso, síntese da tradição e da modernidade (entrevista com Lúcio Costa) (op. cit.), p. 17-18.

68. Carta de Le Corbusier a Pietro Maria Bardi, Paris, 18 out. 1949. In PEREIRA, Margareth da Silva; PEREIRA, Romão Veriano da Silva; SANTOS, Cecília Rodrigues dos; SILVA, Vasco Caldeira da. *Le Corbusier e o Brasil* (op. cit.), p. 198-199. O número especial dedicado ao Brasil da revista francesa *L'Architecture d'Aujourd'hui*, de setembro de 1947, publicou, entre outros, os seguintes projetos: Pavilhão do Brasil na Feira Mundial de Nova York, conjunto arquitetônico da Pampulha, Obra do Berço, Park Hotel São Clemente, edifício-sede da ABI, Sedes Sapientiae. Além de Lúcio Costa, Oscar Niemeyer, Irmão Roberto e Rino Levi, autores dos projetos mencionados, estão apresentadas obras de Attílio Correa Lima, Álvaro Vital Brazil, Francisco Bolonha, Affonso Eduardo Reidy, Jorge Moreira, Eduardo Kneese de Mello, Aldary Henriques Toledo, Sérgio Bernardes, Roberto Burle Marx e outros. Se tomarmos por base esta publicação, os projetos apresentados em Paris provavelmente

conformaram um quadro muito representativo da enorme influência corbusiana no Brasil. *Architecture d'Aujourd'hui* (número especial sobre o Brasil), n. 13-14, Paris, set. 1947.

69. Cândido Portinari é um exemplo de subserviência ao poder: "Capanema tinha da arte uma visão muito mais instrumental, como revela sua correspondência com Cândido Portinari. De fato, o ministro tinha ideias bastante definidas sobre o que o pintor deveria fazer". SCHWARTZMAN, Simon; BOMENY, Helena Maria Bousquet; COSTA, Vanda Maria Ribeiro. *Tempos de Capanema* (op. cit.), p. 95.

70. Utilizamos aqui o termo "oportunidade" na acepção do *kayros* no período arcaico grego, ou seja, a compreensão histórica do tempo oportuno para a ação.

71. ANDRADE, Oswald de. Roteiro das Minas, p. 135.

72. "A originalidade da contribuição brasileira consiste precisamente neste fato singular, a saber, que em nosso país os modernos foram os primeiros (e os mais autorizados e aparelhados) a se empenhar na recuperação e preservação da arquitetura tradicional, as mesmas pessoas que propunham a renovação moderna reclamavam uma retomada do antigo. São assim antes de tudo modernos e não passadistas (isto é, acadêmicos) e, por serem justamente modernos, são os primeiros a reatar (no outro registro) com a tradição". ARANTES, Otília Beatriz Fiori. Resumo de Lúcio Costa, p. 264.

73. SEGAWA, Hugo. Lúcio Costa: a vanguarda permeada com a tradição (entrevista) (op. cit.), p. 149. Otília Arantes, comentando a adesão de Lúcio Costa ao moderno, supõe que sua adesão ao pensamento de Mário de Andrade não é motivada, mas fruto do acaso: "Esses alguns dos acasos que teriam feito de Lúcio Costa moderno. Mas já estavam dadas aí as premissas daquilo que, na sua, ou na nossa, arquitetura, emendava (sem querer) no mandamento modernista, em especial como o formulara Mário de Andrade: é necessário 'tradicionalizar' o nosso passado, quer dizer, o Brasil". ARANTES, Otília Beatriz Fiori. Resumo de Lúcio Costa (op. cit.), p. 261.

74. Com toda a irreverência que lhe era peculiar, Oswald de Andrade ironizou durante anos esse aspecto da vida de Mário de Andrade.

75. "A igreja já buscava encontrar seu espaço no novo regime, com Francisco Campos buscando estabelecer a ponte. Em dezembro de 1930, Alceu Amoroso Lima encontraria algum lugar para Deus entre os revolucionários, ao afirmar haver entre eles 'uma corrente racional, tradicional e cristã' em oposição a uma outra 'demagógica, libertária, que fatalmente levaria ao materialismo comunista e à perseguição da tradição cristã. [...] A revista *A Ordem* conclama os católicos para a luta pelo esforço da posição da Igreja na sociedade e adianta: 'a revolução será Ineficiente enquanto não se conferir à Igreja sua devida a supremacia'. O governo responde de forma positiva.

Um mês depois é promulgado o decreto que faculta o ensino religioso nas escolas públicas, abolido desde a Constituição de 1891". SCHWARTZMAN, Simon; BOMENY, Helena Maria Bousquet; COSTA, Vanda Maria Ribeiro. *Tempos de Capanema* (op. cit.). p. 55.

76. Idem, ibidem, p. 80.
77. Idem, ibidem, p. 81.
78. CAVALCANTI, Lauro (Org.). *Modernistas na repartição*, p. 12.
79. BARROSO, Gustavo Dodt. Anais do MHN, 1942. Apud Idem, ibidem, p. 11. A mesma citação pode ser encontrada em CAVALCANTI, Lauro. *As preocupações do belo* (op. cit.), p. 139.
80. "Embora o movimento neocolonial tenha começado em São Paulo em 1914, graças à atuação pessoal de Ricardo Severo, seguido logo depois por Victor Dubugras, não foi nesse Estado que alcançou grande expansão e importância em termos históricos". BRUAND, Yves (1981). *Arquitetura contemporânea no Brasil* (op. cit.), p. 54. Dubugras, que teve uma carreira marcada por profundas mudanças estilísticas, é tido por alguns historiadores como um precursor da arquitetura moderna no Brasil. Segundo Nestor Goulart, "em 1906 o arquiteto realizou o projeto para a estação de Mayrink, em concreto, que se tornou famoso como obra moderna, no momento de sua divulgação. O projeto era plástica e tecnicamente moderno". REIS FILHO, Nestor Goulart. *Racionalismo e proto-racionalismo na obra de Victor Dubugras*, p. 61.
81. Estudo mais recente detalha mais o ocorrido: "Em 1925 o Brasil recebeu convite para participar da Exposição Sesquicentenária de Filadélfia, feira que comemoraria os 150 anos da declaração da independência dos Estados Unidos. O governo brasileiro então lança um concurso de projetos para a escolha de seu pavilhão, tendo sido entregues mais de vinte projetos, todos neocoloniais, visto que o edital exigia a adoção deste estilo. Os projetos foram apreciados pelo júri depois que os Estados Unidos já haviam comunicado que revogavam o caráter internacional da exposição, retirando o convite que havia feito ao país. Tal situação faz com que o resultado do concurso premiasse os três melhores projetos, sem ordem de distinção. Os vencedores que dividiram os prêmios em dinheiros foram, em ordem de menção: Lúcio Costa, Nerêo de Sampaio & Fernandes, e Ângelo Bruhns. O projeto realizado por Lúcio Costa para o Pavilhão do Brasil em Filadélfia seguia um rigoroso modelo ajustado à tradição colonial da arquitetura brasileira, e pelas considerações da ata de julgamento, parece ter sido o trabalho que mais havia agradado o júri". BRITO, Samuel Silva de. Pavilhão do Brasil na Exposição de Filadélfia: 1925, p. 1.
82. COSTA, Lúcio (1982). À guisa de sumário, p. 16.
83. COSTA, Lúcio (1951). Muita construção, alguma arquitetura e um milagre (op. cit.), p. 165.

84. MARIANNO FILHO, José. O incrível edifício do Ministério da Educação. *Debates sobre estética e urbanismo*. Rio de Janeiro, Est. de Artes Gráficas, 1943, p. 156. Apud CAVALCANTI, Lauro. *As preocupações do belo* (op. cit.), p. 144.
85. Idem, ibidem, p. 145.
86. Ver: VIANA, Oliveira. *Raça e assimilação*; RODRIGUES, Nina. *Os africanos no Brasil*.
87. Já tratamos, em outra ocasião, da discussão sobre o branqueamento da raça brasileira, como também dos autores Oliveira Vianna e Nina Rodrigues. Ver: GUERRA, Abilio. *O primitivismo em Mário de Andrade, Oswald de Andrade e Raul Bopp: origem e conformação no universo intelectual brasileiro* (op. cit.).
88. CAVALCANTI, Lauro. *As preocupações do belo* (op. cit.), p. 141.
89. Para Mário de Andrade, o raciocínio utilizado para se forjar uma *música brasileira* verdadeiramente articulada com as raízes da nacionalidade é similar à sua concepção de uma *literatura brasileira*, que tirasse da *língua brasileira* verdadeiramente falada pelo povo o seu vigor expressivo.
90. "A base teórica da retradução de valores, com vistas à formação de uma nova 'identidade nacional', era elaborada, no campo arquitetônico, por Lúcio Costa, em consonância com os postulados 'modernos' estabelecidos pela vanguarda literária da época – Oswald de Andrade e Mário de Andrade propugnavam, também, o casamento de uma vanguarda erudita com elementos tradicionais e populares". CAVALCANTI, Lauro. *As preocupações do belo* (op. cit.), p. 77.
91. Idem, ibidem, p. 155.
92. Texto de Oscar Niemeyer transcrito por Rodrigo Melo Franco de Andrade em carta ao ministro Gustavo Capanema, 30 set. 1939. Apud Idem, ibidem, p. 161.
93. Ver: COMAS, Carlos Eduardo. O passado mora ao lado: Lúcio Costa e o projeto do Grande Hotel de Ouro Preto, 1938/40.
94. "A missiva do arquiteto adquire alcance muito maior do que o mero caso do hotel de Ouro Preto, passando a ser, no âmbito do Patrimônio, espécie de carta de princípios para novas construções em sítios *históricos*". CAVALCANTI, Lauro. *As preocupações do belo* (op. cit.), p. 166.
95. BRUAND, Yves (1981). *Arquitetura contemporânea no Brasil* (op. cit.), p. 148.
96. Ver: FERRAZ, Marcelo Carvalho (Org.). *Lina Bo Bardi*.
97. Ver: COMAS, Carlos Eduardo. Arquitetura moderna, estilo campestre. Hotel Parque São Clemente.
98. BRUAND, Yves (1981). *Arquitetura contemporânea no Brasil* (op. cit.), p. 132.
99. MIRANDA, Alcides Rocha. Depoimento de Alcides Rocha Miranda à autora, 8 jun. 1995. Apud NOBRE, Ana Luiza. *O passado pela frente: a modernidade de Alcides Rocha Miranda*, p. 43.
100. COSTA, Lúcio. Tradição local, p. 451. Primeira frase do texto, é muito próxima de uma outra, que finaliza texto inédito, escrito seguramente antes de 1970, e que pode ser considerado o prototexto do publicado:

"Enquanto, por outro lado, se nos países a formação das várias modalidades de arquitetura regional se processou passo a passo, como decorrência lógica da função a que se destinavam e das imposições do meio físico e social, nos países americanos o processo foi inverso: os colonizadores trouxeram soluções já prontas que se tiveram de ajustar como roupa feita – ou, para ser mais verdadeiro, de 'meia-confecção', como agora se diz, ao corpo de nova terra". COSTA, Lúcio. Raízes da arquitetura colonial brasileira, p. 4.

101. A iniciativa frustrada de se montar uma instituição voltada para a preservação em São Paulo na década de 1920 tinha a concepção de Blaise Cendrars e promoção privada. Ver: CALIL, Carlos Augusto. Sob o signo do Aleijadinho: Blaise Cendrars, precursor do patrimônio histórico.

102. A Catedral de Brasília é um caso exemplar, pois foi inaugurada e tombada ao mesmo tempo (tombamento registrado no Livro das Belas-artes, volume 1, folha 088, inscrição 485-A, de 01 de junho de 1967). O "Catetinho", edifício-albergue do presidente Juscelino Kubitschek em Brasília, foi tombado antes mesmo da construção da cidade (registrado no Livro Histórico, volume 1, folha 055, inscrição 329, de 21 de julho de 1959). O conjunto urbanístico de Brasília correspondente ao Plano Piloto de Lúcio Costa e demorou um pouco mais: foi tombado em 1990. Registro no Livro Histórico, volume 2, folha 017, inscrição 532, de 14 de março de 1990.

103. NOBRE, Ana Luiza. O passado pela frente: a modernidade de Alcides Rocha Miranda (op. cit.), p. 50.

104. A expressão conhecida de Lúcio Costa foi escrita nesse contexto: "Cabe-nos agora recuperar todo esse tempo perdido, estendendo a mão ao mestre de obras, sempre tão achincalhado, ao velho 'portuga' de 1910, porque – digam o que quiserem – foi ele quem guardou, sozinho, a boa tradição". COSTA, Lúcio (1938). Documentação necessária (op. cit.), p. 462. Ver: RUBINO, Silvana Barbosa. Gilberto Freyre e Lúcio Costa, ou a boa tradição.

105. PUPPI, Marcelo. Por uma história não moderna da arquitetura brasileira (op. cit.).

106. Idem, ibidem, p. 17-18.

107. Idem, ibidem, p. 22, nota 7.

108. Idem, ibidem, p. 21.

109. Ver: ARANHA, José Pereira Graça. A estética da vida.

110. Em carta de 30 de abril de 1935, respondendo uma solicitação informal de Capanema por sugestões para a reforma do ensino superior na área de artes, Mário faz as seguintes considerações: "Há porém certas disciplinas que abrangem imediatamente todas as artes. A Estética (na sua concepção filosófica), a História das Artes e a Etnografia". Carta de Mário de Andrade a Gustavo Capanema. Apud SCHWARTZMAN, Simon; BOMENY, Helena Maria Bousquet; COSTA, Vanda Maria Ribeiro. Tempos de Capanema (op. cit.), p. 362.

111. "A música popular brasileira é a mais completa, mais totalmente nacional, mais forte criação da nossa raça até agora. Pois é

com a observação inteligente do populário e aproveitamento dele que a música artística se desenvolverá"; "A mesma doçura molenga, a mesma garganta, a mesma malinconia, a mesma ferócia, a mesma sexualidade pequenta, o mesmo choro de amor rege a criação da música nacional de norte a sul". ANDRADE, Mário de (1928). *Ensaio sobre a música brasileira*, p. 73; 109. Na elaboração da tese de doutorado, foi usada a terceira edição do livro, de 1972, mas as referências deste livro foram feitas a partir da excelente edição crítica organizada por Flávia Camargo Toni e publicada pela Edusp em 2020.

112. ANDRADE, Mário de. *Ensaio sobre a música brasileira* (op. cit.), p. 85. "O *Ensaio sobre a música brasileira*", segundo Gilda de Melo e Souza, "representa o manual do projeto nacionalista na música. Publicado em 1928, propõe aos músicos a transposição erudita dos elementos do populário, como ponto de partida para o estabelecimento de uma música especificamente brasileira". SOUZA, Gilda de Mello e. *O tupi e o alaúde: uma interpretação de Macunaíma*, p. 31, nota 16.

113. Esse juízo de valor é, provavelmente, o motivo de Mário de Andrade dar pouca atenção aos desenvolvimentos da música popular em direção ao samba. Tal fato fica muito evidente se compararmos a pesquisa da música de raízes levada a cabo pelo intelectual paulista e as iniciativas de Blaise Cendrars ao visitar o Brasil em 1924: "Cendrars, que havia publicado uma *Antologia negra* em 1921, adverte os amigos brasileiros para contribuição que os negros poderiam dar – e estavam dando – ao processo de consolidação de uma cultura popular espontânea, liberta dos padrões de imitação. Seu interesse pelas favelas, que visitava a bordo de uma ambulância de hospital, pela música dos negros, que forjavam um novo ritmo, o samba, seu convívio com o compositor Donga, que apresentava aos intelectuais cariocas, levaram o Gilberto Freyre a reconhecer, com uma ponta de surpresa e despeito, que no movimento pela valorização do negro, que então encetava, encontrara o traço da passagem de Cendrars". CALIL, Carlos Augusto. Tradutores de Brasil, p. 331.

114. Cf. GUERRA, Abilio. *O primitivismo em Mário de Andrade, Oswald de Andrade e Raul Bopp: origem e conformação no universo intelectual brasileiro* (op. cit.), p. 248-249.

115. RICARDO, Cassiano (1928). *Martim Cererê*, p. 10.

116. PEREIRA, Margareth da Silva; PEREIRA, Romão Veriano da Silva; SANTOS, Cecília Rodrigues dos; SILVA, Vasco Caldeira da. *Le Corbusier e o Brasil* (op. cit.), p. 12.

117. PEREIRA, Margareth da Silva. A arquitetura brasileira e o mito, p. 241.

118. CENDRARS, Blaise. Apud LE CORBUSIER (1929). O espírito sulamericano (op. cit.), p. 71.

119. LE CORBUSIER (1929). Corolário brasileiro (op. cit.), p. 89.

120. PEREIRA, Margareth da Silva. A arquitetura brasileira e o mito (op. cit.), p. 243.
121. Ver: HOLANDA, Sérgio Buarque de (1959). *Visão do paraíso: os motivos edênicos no descobrimento e colonização do Brasil* (op. cit.).
122. ANDRADE, Oswald de. Manifesto antropófago (op. cit.), p. 16.
123. ANDRADE, Oswald de. Manifesto da poesia Pau-Brasil (op. cit.), p. 9.
124. RISÉRIO, Antonio. A dupla modernista e as realidades brasileiras.
125. A afirmação de Antônio Risério pode ser relativizada com a interpretação de Antônio Cândido sobre um ponto comum entre Mário e Oswald de Andrade nos dois textos em questão, *Macunaíma* e *Serafim Ponte Grande*: "Lembremos, ainda, que este primitivismo – definido por um personagem de *Chão* como a busca do homem natural através do 'mau selvagem', não do 'bom' – importava nos dois autores numa espécie de agressividade vistosa, que desmancha a linha burguesa do decoro e da medida. É um outro tipo de choque, significando a quebra do equilíbrio machadeano e o advento de certas formas de excesso, como o grotesco, o erótico, o obsceno, que antes só apareciam de maneira recalcada em nossa literatura, useira noutros excessos: o sentimental, o patético, o grandiloquente". CÂNDIDO, Antônio (1970). Digressão sentimental sobre Oswald de Andrade, p. 86.
126. Aracy Amaral afirma que esses desenhos são frutos diretos de seus estudos em Paris entre 1922 e 1923, em especial com André Lhote e Albert Gleizes, que a ensinaram o controle da linha: "E foi precisamente o domínio da linha que permitiu à artista desenhos como os da viagem, em 1924, ao Rio de Janeiro e às cidades históricas de Minas Gerais". AMARAL, Aracy; BARROS, Regina Teixeira de. *Tarsila: estudos e anotações*, p. 17. Renata Teixeira de Barros, no mesmo catálogo de exposição, afirma que "a excursão a Minas, por sua vez, resultou em cerca de uma centena de desenhos, estudos e croquis de paisagens rurais e urbanas [...]. Nesse rico material, não raro, é possível identificar fragmentos de pinturas como *Morro da favela*, *Carnaval em Madureira* e *Barra do Piraí*, de 1924, e *Mamoeiro*, *Lagoa Santa* e *Passagem de nível*, de 1925". BARROS, Regina Teixeira de. Sobre os desenhos de Tarsila, p. 27.
127. CASTRO, Silvio. *Teoria e política do modernismo brasileiro*, p. 111.
128. ANDRADE, Oswald de. Manifesto antropófago (op. cit.). p. 14.
129. Idem, ibidem, p. 14.
130. FRANCO, Affonso Arinos de Mello. *O índio brasileiro e a Revolução Francesa: as origens da teoria da bondade natural*. O trecho citado de Oswald de Andrade seria uma perfeita epígrafe para a publicação, mas o autor mineiro, radicado no Rio de Janeiro, não se refere ao literato paulista ao longo do livro, fato intrigante considerando os laços de amizade que mantinham. Em seu discurso de

posse na Academia Brasileira de Letras, em 26 de novembro de 1999, Affonso Arinos se lembra que, "quando vinham de São Paulo, do Recife e de Porto Alegre, Mário e Oswald de Andrade, Gilberto Freyre e Érico Veríssimo apareciam-nos em casa". FRANCO, Affonso Arinos de Mello. Discurso de posse.
131. FRANCO, Affonso Arinos de Mello. *O índio brasileiro e a Revolução Francesa: as origens da teoria da bondade natural* (op. cit.), p. 165.
132. Idem, ibidem, p. 198.
133. A nudez é recorrentemente lembrada por viajantes, artistas e teóricos, associada ao clima tropical ou às características morais – inocência, pureza, ingenuidade, simplicidade –, como é o caso de Rousseau: "Os selvagens da América, que andam completamente nus e que só vivem do produto de sua caça, jamais foram subjugados; com efeito, que jugo se imporia a homens que de nada necessitam?". ROUSSEAU, Jean-Jacques. *Discurso sobre as ciências e as artes*, p. 335.
134. A rede tupi-guarani, tão presente nas artes brasileiras – inclusive na arquitetura, como se viu anteriormente –, aparece em gravuras, pinturas e relatos de europeus que retratam a colônia portuguesa durante o século 16, como destaca Affonso Arinos ao mencionar que as redes usadas pelos índios aparecem em Montaigne a partir da leitura de Jean de Léry. Cf. FRANCO, Affonso Arinos de Mello. *O índio brasileiro e a Revolução Francesa: as origens da teoria da bondade natural* (op. cit.), p. 181.
135. Idem, ibidem, p. 275.
136. A primeira festa brasileira, em homenagem ao rei de França Henrique II e à rainha Catarina de Médici, ocorrida em 1550, foi resgatada em 1850 por Ferdinand Denis, a partir do relato "Suntuosa visita", atribuído a Maurice Sève e publicado em 1551, em Rouen. Ver: DENIS, Ferdinand. *Une fête brésilienne célébrée à Rouen en 1550, suivie d'un fragment du XVIe siècle roulant sur la théogonie des anciens peuples du Brésil, et des poésies en langue tupique de Christovam Valente*.
137. "Durante muito tempo tive a meu lado um homem que permanecera dez ou doze anos nessa parte do novo mundo descoberto neste século, no lugar em que tomou pé Villegaignon e a que deu o nome de *França Antártica*". MONTAIGNE, Michel de (1580). Op. cit., p. 100.
138. THEVET, André (1558). *Les singularités de la France Antartique*.
139. LERY, Jean de (1578). *Histoire d'un voyage faict en la terre du Brésil*.
140. MONTAIGNE, Michel de (1580). Op. cit., p. 102.
141. ROUSSEAU, Jean-Jacques (1754). *Discurso sobre a origem e os fundamentos da desigualdade entre os homens* (op. cit), p. 238.
142. ROUSSEAU, Jean-Jacques (1761). *Julie, ou la nouvelle Heloise*. Apud FRANCO, Affonso Arinos

de Mello. *O índio brasileiro e a Revolução Francesa: as origens da teoria da bondade natural* (op. cit.), p. 319.
143. GROTIUS, Hugues (1768). *Le droit de la guerre et de la paix.* Apud FRANCO, Affonso Arinos de Mello. *O índio brasileiro e a Revolução Francesa: as origens da teoria da bondade natural.* (op. cit.), p. 210.
144. FRANCO, Affonso Arinos de Mello. *O índio brasileiro e a Revolução Francesa: as origens da teoria da bondade natural.* (op. cit.), p. 149.
145. Idem, ibidem, p. 138.
146. PEREIRA, Margareth da Silva. A arquitetura brasileira e o mito (op. cit.), p. 246.
147. Idem, ibidem, p. 247.
148. Idem, ibidem, p. 247.
149. Como se sabe, a euforia e melancolia são facetas de um mesmo tipo psicológico no ponto de vista da psicanálise – o *maníaco-depressivo*. Na tradição europeia, na qual Sigmund Freud foi buscar sua matéria prima, euforia e melancolia são características reiteradamente presentes nas biografias e análises críticas dos artistas. Ver: WITTKOWER, Rudolf; WITTKOWER, Margot. *Nascidos bajo el signo de Saturno: genio y temperamento de los artistas desde la Antigüedad hasta la Revolución Francesa.* Erwin Panofsky faz interessante registro da vida artística de Michelangelo no meio neoplatônico florentino, onde a angústia melancólica, ou a inércia do espírito, é o atributo maior do gênio artístico. Ver: PANOFSKY, Erwin. O movimento neoplatônico e Miguel Ângelo.
150. Na opinião de Alfredo Bosi, a ambiguidade dos sentimentos é, em *Macunaíma*, a própria ambiguidade do caráter nacional: "Macunaíma perde a muiraquitã, perde a proteção de Ci Mãe do Mato e a de Vei a Sol, amulhera-se com uma portuguesa, mas nem por isso adquire uma identidade fixa, branca e *civilizada*. O seu destino, aliás, vem a ser precisamente este: não assumir nenhuma identidade constante". BOSI, Alfredo. Situação de Macunaíma, p. 180. Cavalcanti Proença aponta para a inconsistência presente na relação etnia-psicologia: "Macunaíma, que nasce índio-negro, fica de olhos azuis quando chega ao planalto, enquanto os irmãos, do mesmo sangue, um fica índio e outro, negro. E continuam irmãos. Macunaíma, entretanto, não adquire alma europeia. É branco só na pele e nos hábitos. A alma é uma mistura de tudo". PROENÇA, Manoel Cavalcanti. *Roteiro de Macunaíma*, p. 19-20.
151. ANDRADE, Mário de (1928). *Macunaíma: o herói sem nenhum caráter* (op. cit.), p. 166.
152. Idem, ibidem, p. 168. Interessante notar que as aves falantes são associadas ao locus paradisíaco desde a antiguidade. "Mas onde o papagaio se insere de modo ainda definido no cenário edênico é uma certa descrição de Arnoldo de Bonneval, mencionada por Patch. Todos os estereótipos dessa paisagem, tal como foi se constituindo durante a Idade Média, estão presentes

no texto: a amenidade do sítio corresponde bem à noção do homem feito à imagem de Deus; não se conhece ali neve ou granizo, e nada é triste ou corrupto; sem haver febre ocorre o antídoto, e não existindo defeitos na Natureza, lá aparecem os remédios. Ausentes o horror hibernal e as intempéries; prevalece constante a primavera, e tudo quanto há vai em aumento pela própria harmonia do tempo. Para completar o quadro, no topo do cedro e de outras árvores, cantam a fênix, perenemente vivaz, e o papagaio, e uma só é a harmonia dos pássaros inumeráveis, louvando, cada qual à sua maneira, e celebrando, jubilosos, o Criador". HOLANDA, Sérgio Buarque de (1959). *Visão do paraíso: os motivos edênicos no descobrimento e colonização do Brasil* (op. cit), p. 208. Tendo na inversão paródica um dos mecanismos estilísticos fundamentais de sua rapsódia, Mário de Andrade coloca o papagaio como narrador de um paraíso desabitado.

153. TELLES, Sophia S. Lúcio Costa: monumentalidade e intimismo, p. 181. Artigo publicado originalmente na revista paulista *Novos estudos*, em outubro de 1989. As citações foram feitas a partir do livro. Sophia Telles refere-se, nesta passagem, ao seguinte texto: COSTA, Lúcio (1928). O arranha-céu e o Rio de Janeiro (op. cit.).

154. TELLES, Sophia S. Lúcio Costa: monumentalidade e intimismo (op. cit.), p. 181.

155. Idem, ibidem, p. 175-177. A passagem referida por Telles é a seguinte: "Ora, a arquitetura popular apresenta em Portugal, a nosso ver, interesse maior que a "erudita" – servindo-nos da expressão usada, na falta de outra, por Mário de Andrade, para distinguir da arte do povo a "sabida". É nas suas aldeias, no aspecto viril das suas construções rurais a um tempo rudes e acolhedoras, que as qualidades da raça se mostram melhor". COSTA, Lúcio (1938). Documentação necessária (op. cit.), p. 457. É extraordinário o quanto Mário de Andrade pauta as ideias de Lúcio Costa.

156. COSTA, Lúcio (1938). Documentação necessária (op. cit.), p. 458-459. Para melhor compreensão do que está em questão, fizemos um recorte maior do que Sophia Telles.

157. RYKWERT, Joseph. *A casa de Adão no paraíso: a ideia da cabana primitiva na história da arquitetura*, p. 43.

158. Ver: TAINE, Hippolyte. *Historia de la literatura inglesa*.

159. COSTA, Lúcio (1948). Ensino de desenho, p. 156.

160. COSTA, Lúcio (anos 1940). Considerações sobre arte contemporânea, p. 246.

161. COSTA, Lúcio (1951). Muita construção, alguma arquitetura e um milagre (op. cit.), p. 166. Pode passar desapercebida ao leitor menos atento a referência à "arte interessada", expressão usual nos textos de Mário de Andrade.

162. Idem, ibidem, p. 166.

163. COSTA, Lúcio (anos 1940). Considerações sobre arte contemporânea (op. cit.), p. 247.

164. WÖLFFLIN, Heirich. *Conceitos fundamentais da história da arte: o problema da evolução dos estilos na arte mais recente*, p. 8-9.
165. TELLES, Sophia S. Pequena crônica, p. 117.
166. TELLES, Sophia S. Lúcio Costa: monumentalidade e intimismo (op. cit.), p. 182.
167. ANDRADE, Mário de. *Ensaio sobre a música brasileira* (op. cit.). p. 63.
168. Idem, ibidem, p. 66.
169. Idem, ibidem, p. 199.
170. "Gosta da beleza. A mulher o fascina e a natureza o emociona". NIEMEYER, Oscar. *Meu sósia e eu*, p. 11. Oscar Niemeyer falou, por diversas vezes em sua vida, que sua arquitetura se inspirava nas montanhas de Minas Gerais pintadas por Guignard e nas curvas da mulher brasileira.
171. COSTA, Lúcio. Muita construção, alguma arquitetura e um milagre (op. cit.), p. 170.
172. Lúcio Costa termina seu livro-testamento com uma espécie de charada. É um texto pequenino, embebido de melancolia, onde a imobilidade alegoriza, quem sabe, a morte: "Inusitado: 'não usado; desconhecido; esquisito; novo'. Alguém me deu de presente em fevereiro esta peteca. É rosa, com penas de laivos verdes, amarelos e brancos; é luminosa e leve, – mas tem carga latente. Ficou desde então pousada sobre a mesa, à espera. À espera apenas de um gesto". COSTA, Lúcio. In extremis: a inusitada peteca, p. 597.
173. COSTA, Lúcio (1948). Carta depoimento (op. cit.), p. 125-126.
174. Tradução de Patrícia Galvão (Pagu), publicada no jornal santista *A Tribuna* em 9 de setembro de 1956. Original em francês: "Le Paranapiaçaba est la Serra do Mar / C'est ici que le train est hissé par des câbles et franchit la dure montagne en plusieurs sections / Toutes les stations sont suspendues dans le vide / Il y a beaucoup de chutes d'eau et il a fallu entreprendre de grands travaux d'art pour étayer partout la montagne qui s'effrite / Car la Serra est une montagne pourrie comme les Rognes au-dessus de Bionnasay mais les Rognes couvertes de forêts tropicales / Les mauvaises herbes qui poussent sur les talus dans la tranchée entre les voies sont toutes des plantes rares qu'on ne voit à Paris que dans les vitrines des grands horticulteurs / Dans une gare trois métis indolents étaient en train de les sarcler". CENDRARS, Blaise. *Feuilles de route*, p. 233.
175. Em um dos textos do seu livro-testamento, Lúcio Costa menciona o ano de 1922 como data de sua viagem. Trata-se de um erro editorial ou de um lapso do autor, como comprova a carta de apresentação assinada por Juscelino Dermeval da Fonseca, presidente da Câmara Municipal de Diamantina, datada de 10 de maio de 1924, e que se encontra publicada como ilustração do próprio texto. COSTA, Lúcio. Diamantina, p. 27. Lúcio Costa formou-se em 1922, condição necessária para receber a distinção e talvez daí se origine a confusão de datas. Cêça de Guimaraens também aponta 1924 como a data correta da

viagem. GUIMARAENS, Cêça de. *Lúcio Costa: um certo arquiteto em incerto e secular roteiro* (op. cit.), p. 22.

176. COSTA, Lúcio. Diamantina (op. cit.), p. 27.

177. O texto acaba com a seguinte frase: "E mal sabia que, trinta anos depois, iria projetar nossa capital para um rapaz da minha idade nascido ali". Idem, ibidem, p. 27. Ou seja, o texto foi escrito pelo menos na década de 1960, mas não deveríamos desprezar a hipótese que ele tenha sido produzido para seu livro-testamento, *Registro de uma vivência*, de 1995.

178. O texto "Razões da nova arquitetura" só publicado dois anos depois, na *Revista da Diretoria de Engenharia da Prefeitura do Distrito Federal*, em janeiro de 1936. Nesse mesmo ano se dá o embate público com José Marianno Filho tendo o concurso do edifício-sede do MES como estopim, ocasião em que Lúcio Costa é tratado pelo oponente como traidor da causa do neocolonial. Alberto Xavier, em sua coletânea *Sobre arquitetura*, de 1962, data o texto como sendo de 1930. No livro-testamento *Registro de uma vivência*, de 1995, o artigo aparece como sendo de 1934. Lúcio Costa, em outra oportunidade, faz o seguinte comentário: "A convite de Celso Kelly fui então professor – pela única vez – juntamente com Prudente, Gilberto Freyre, Portinari e tantos outros da lamentavelmente extinta Universidade do Distrito Federal, curso consolidado no estudo *Razões da nova arquitetura*". COSTA, Lúcio. À guisa de sumário (op. cit.), p. 17. Os cursos da natimorta Universidade foram ministrados no curto período de julho de 1935 a 20 de janeiro de 1939, quando é extinta por um decreto-lei assinado por Getúlio Vargas. Cf. SCHWARTZMAN, Simon; BOMENY, Helena Maria Bousquet; COSTA, Vanda Maria Ribeiro. *Tempos de Capanema* (op. cit), p. 210 e seguintes. A atuação de Lúcio Costa como diretor-interventor da Escola Nacional de Belas Artes no período de 1930-1931 comprova uma adesão bem anterior à publicação do seu primeiro texto importante sobre arquitetura moderna e torna verossímil a datação de Xavier. Se levarmos em conta o hábito de Lúcio Costa de reescrever textos e utilizar-se de passagens anteriormente escritas em outros novos, pode-se aventar a hipótese que *Razões da nova arquitetura* tenha passado por longo processo de gestação antes de ser publicado.

179. "Na literatura brasileira, há dois momentos decisivos que mudam os rumos e vitalizam toda a inteligência: o Romantismo, no século 19 (1836-1870) e o ainda chamado modernismo, no presente século (1922-1945). Ambos representam fases culminantes de particularismo literário na dialética do local e do cosmopolitismo; ambos se inspiram, não obstante, no exemplo europeu". CÂNDIDO, Antônio. Literatura e cultura de 1900 a 1945, p. 112.

180. BRUAND, Yves (1981). *Arquitetura contemporânea no Brasil* (op. cit.), p. 52.

181. REIS FILHO, Nestor Goulart. *Racionalismo e proto-racionalismo na obra de Victor Dubugras* (op. cit.), p. 75.
182. Ver diversos artigos presentes em: AMARAL, Aracy (Org.). *Arquitectura neocolonial: América Latina, Caribe, Estados Unidos*.
183. Cf. AMARAL, Aracy. *Blaise Cendrars no Brasil e os modernistas* (op. cit.), p. 46; EULALIO, Alexandre (1978). *A aventura brasileira de Blaise Cendrars*, p. 39.
184. Cf. AMARAL, Aracy. *Blaise Cendrars no Brasil e os modernistas* (op. cit.). Ver: capítulo "Viagem a Minas", p. 45 e seguintes.
185. BROCA, Brito. Blaise Cendrars no Brasil, em 1924. *A Manhã*, Rio de Janeiro, 4 mai. 1952. Apud AMARAL, Aracy. *Blaise Cendrars no Brasil e os modernistas* (op. cit.), p. 47.
186. No seu manifesto de 1924, Oswald assume explicitamente os conselhos do poeta suíço--francês: "Uma sugestão de Blaise Cendrars: – Tendes as locomotivas cheias, ides partir. Um negro gira a manivela do desvio rotativo em que estais. O menor descuido vos fará partir na direção oposta ao vosso destino". ANDRADE, Oswald de. Manifesto da poesia Pau-Brasil (op. cit.), p. 6.
187. EULALIO, Alexandre (1978). *A aventura brasileira de Blaise Cendrars* (op. cit), p. 29, ambas.
188. Idem, ibidem, p. 29-30.
189. "As cenas e situações que observa na viagem de trem pelas Minas Tarsila vai registrando. Inspiram quadros, como inspira também poemas de Mário de Andrade, de Oswald de Andrade, de Blaise Cendrars. E se acumulam num caderno de notas que artista leva na bolsa: é a fase do desenho de traço simplificado, singelo, que sugere muita atmosfera dos lugares por onde vai passando". GOTLIB, Nádia Batella. *Tarsila do Amaral, a modernista*, p. 92. Haroldo de Campos dá um passo mais largo: não é só a paisagem mineira que inspira Cendrars, mas a própria poética Pau-Brasil: "Tudo parece indicar que o poeta suíço (que não ignorava o português, diga-se de passagem) teria tido conhecimento das produções inéditas de Oswald, por intermédio do próprio autor, contagiando-se por elas ou por seu espírito. Edgar Braga, a propósito, afirma: 'Oswald de Andrade teve ainda tempo de ver assimilada não só a sua temática paisagista paisagística autóctone como estrutura usada em seus próprios poemas'. E cita como exemplo o poema 'Fernando de Noronha', publicado por Cendrars em 1928". CAMPOS, Haroldo. Uma poética da radicalidade, p. 33.
190. Além da já mencionada excursão ao interior de Minas Gerais em 1924, em 1927 ele liderou uma excursão à região norte em companhia das aristocratas Olívia Guedes Penteado, Margarida Guedes Nogueira e Dulce do Amaral Pinto, filha de Tarsila. Em 1929 vai sozinho para o nordeste, onde conviverá com amigos intelectuais – Ascenso Ferreira, Cícero Dias, Antônio Bento de Araújo Lima, Ademar

Vidal – dos vários Estados da região que visita: Pernambuco, Alagoas, Rio Grande do Norte e Paraíba. LOPEZ, Telê Porto Ancona. Viagens etnográficas de Mário de Andrade, p. 16 e seguintes.
191. Mário de Andrade, menos abastado do que os amigos, viaja menos, mas o impacto profundo delas em sua obra literária e crítica revela a densidade e profundeza de sua imersão nos territórios visitados. "Suas viagens, raras mas fundamentais, são três no total e todas o conduzem à medula do Brasil. Depois da 'viagem barroca' a Minas Gerais, em 1924, a grande viagem é pelo Amazonas, de maio a agosto de 1927. Por último, a fins de 1928 e inícios de 1929, realizar a viagem etnográfica pelo nordeste do Brasil (Alagoas, Rio Grande do Norte, Paraíba e Pernambuco), destinada a registrar elementos folclóricos. O resultado visual desses dois últimos périplos soma mais de 800 registros fotográficos". SCHWARTZ, Jorge. Tupi or not Tupi: o grito de guerra da literatura do Brasil moderno, p. 147. Os registros das viagens ao Nordeste e Amazônia se transformam em livro fundamental, publicada após sua morte: ANDRADE, Mário de. O turista aprendiz.
192. CÂNDIDO, Antônio (1970). Digressão sentimental sobre Oswald de Andrade (op. cit.), p. 85.
193. MACHADO, Lourival Gomes. Sobre a influência francesa na arte brasileira, p. 64. Apud AMARAL, Aracy. Blaise Cendrars no Brasil e os modernistas (op. cit.), p. 2-3.
194. CÂNDIDO, Antônio (1970). Digressão sentimental sobre Oswald de Andrade (op. cit.), p. 85-86.
195. É assim que Euclides da Cunha vê Antônio Conselheiro e Canudos em seu magistral Os Sertões.
196. CÂNDIDO, Antônio (1970). Digressão sentimental sobre Oswald de Andrade (op. cit.), p. 85.
197. SEGAWA, Hugo. Lúcio Costa: a vanguarda permeada com a tradição (entrevista), p. 149.
198. NOBRE, Ana Luiza. O passado pela frente: a modernidade de Alcides Rocha Miranda (op. cit.), p. 64.
199. CÂNDIDO, Antônio (1950). Literatura e cultura de 1900 a 1945 (op. cit.), p. 109.
200. Idem, ibidem, p. 119.
201. MACHADO, Lourival Gomes. Retrato da arte moderna do Brasil, p. 91. Apud ÁVILA, Affonso Affonso (Org.). O modernismo, p. 17.
202. CÂNDIDO, Antônio. Literatura e cultura de 1900 a 1945 (op. cit.), p. 112.
203. Idem, ibidem, p. 124.
204. Idem, ibidem, p. 121. O entrelaçamento de tempos históricos apresentado por Antônio Cândido tem curiosa simetria com texto de Caio Prado Jr: "Uma viagem pelo Brasil é muitas vezes [...] uma incursão pela história de um século e mais para trás. Disse-me certa vez um professor estrangeiro

que invejava os historiadores brasileiros que podiam assistir pessoalmente às cenas mais vivas do seu passado". PRADO JR., Caio (1942). *Formação do Brasil contemporâneo*, p. 11.
205. RAMOS, Péricles Eugênio da Silva (1949). Depoimento de Oswald Andrade. Apud AVERBUCK, Lígia Morrone. *Cobra Norato e a revolução caraíba*, p. 31.
206. "Em 1931, na carta-aberta 'A Raimundo de Moraes', Mário de Andrade, ao responder à sutil acusação de plágio 'defendendo-o dos maldizentes' que denunciavam em *Macunaíma* a presença do livro de Theodor Koch-Grünberg, *Vom Roraima zum Orinoco*, faz questão de frisar que a própria natureza da rapsódia havia exigido a convergência de muitos autores e obras até o texto. E Mário não se ocupa da presença erudita, ao mencionar ali aqueles que, de alguma forma, haviam lhe oferecido elementos da cultura popular. Do lendário ameríndio e da particularidade brasileira. Entre tantos autores, publicamente reconhecidos e proclamados como fontes, atribui maior importância ao *Vom Roraima zum Orinoco*, onde descobrira os mitos, lendas e contos dos Taulipangs e Arekunás, bem como o deus de pouco caráter, Macunaíma, sempre às voltas com um antagonista, Piaimã. Essa descoberta já fora, aliás, discutida, desde 1927, em cartas ao amigo Manuel Bandeira". LOPEZ, Telê Porto Ancona. *O texto e o livro*. 1. Vínculos Makunaíma/Macunaíma, p. 311. Wilson Martins trata *Rondônia*, de Roquette Pinto, como uma fonte esquecida de Macunaíma: "Pelo estilo deliberadamente simples e pelas observações realistas do pormenor cotidiano, *Rondônia* já é um livro 'modernista', e não surpreende que nele os modernistas se hajam reconhecido (quando se fala nas fontes eruditas do *Macunaíma*, o que é perfeitamente correto, esquece-se, em geral, essa fonte 'literária' e psicológica)". MARTINS, Wilson. *História da inteligência brasileira – 1915-1933*, p. 40.
207. SCHWARZ, Roberto. *Nacional por subtração*, p. 37-38.
208. Idem, ibidem, p. 38.
209. Idem, ibidem, p. 46.
210. Idem, ibidem, p. 33.
211. ARANTES, Otília Beatriz Fiori. *Lúcio Costa e a boa causa da arquitetura moderna* (op. cit.), p. 128-129.
212. A argumentação sobre o vetor utópico presente no modernismo paulista, e que se desdobra na linhagem arquitetônica que nasce com Lúcio Costa, foi desenvolvida posteriormente. Ver: GUERRA, Abilio. *Arquitetura brasileira: tradição e utopia* (op. cit.).
213. Tivemos a oportunidade de, posteriormente a este trabalho, orientar dois mestrados sobre a relação de Roberto Burle Marx com outros arquitetos para além da cena carioca. A dissertação de Marília Dorador Guimarães e Fernanda Rocha levanta as participações do paisagista em obras paulistanas de autoria de Rino Levi, Marcello Fragelli, Miguel Juliano, Hans Broos e

Ruy Ohtake. A segunda trata dos jardins projetados por Burle Marx em Fortaleza, em parceria com os arquitetos Acácio Gil Borsoi, Luiz Fiuza, Delberg Ponce de Leon, Fausto Nilo e os irmãos Francisco e José Nasser Hissa. Ver: GUIMARÃES, Marília Dorador. *Roberto Burle Marx: a contribuição do artista e paisagista no Estado de São Paulo*; ROCHA, Fernanda Cláudia Lacerda. *Os jardins residenciais de Roberto Burle Marx em Fortaleza: entre descontinuidades e conexões*.

214. MARX, Roberto Burle (1977). Depoimento, p. 307. Texto publicado originalmente em espanhol no livro *Panorâmica de la arquitectura latino-americana*, organizado por Damián Bayón. As citações são a partir da primeira edição de *Arquitetura moderna brasileira: depoimento de uma geração*, organizada por Alberto Xavier (Projeto Hunter Douglas). Em entrevista a Ana Rosa de Oliveira, muitos anos depois, ele repete quase a mesma versão: "Eu tive sorte porque Lúcio Costa morava na mesma rua que a minha família. Eu o conheço desde os nove anos. Se hoje tenho 82 e ele tem 90 anos... Isso lhe mostra o que o convívio com pessoas que conhecem... Uma lição de arquitetura do Lúcio é uma lição de mestre". OLIVEIRA, Ana Rosa de. Roberto Burle Marx e o jardim moderno brasileiro.

215. MARX, Roberto Burle (1977). Depoimento (op. cit.), p. 306. Em outra ocasião, afirmou quase o mesmo, mas dando os créditos ao botânico responsável: "Em Berlim, frequentei assiduamente o Jardim Botânico de Dahlem. Esse, cujas coleções de plantas, agrupadas por Engler sob critérios geográficos, foram para mim vivas lições de botânica e ecologia. Foi ali onde pude apreciar pela primeira vez, de forma sistemática, muitos exemplares da flora típica do Brasil. Eram espécies belíssimas quase nunca usadas em nossos jardins". Apud OLIVEIRA, Ana Rosa de. Bourlemarx ou Burle Marx?

216. A ideia que o pensamento de Roberto Burle Marx está diretamente vinculado ao encontro e parceria entre Lúcio Costa e Gregori Warchavchik – e, por extensão, com a prática paisagística de Mina Klabin – foi desenvolvida por nós em artigo que foi publicado em três situações: GUERRA, Abilio. Lúcio Costa, Gregori Warchavchik e Roberto Burle Marx: síntese entre arquitetura e natureza tropical.

217. FARIAS, Agnaldo. Gregori Warchavchik: introdutor da arquitetura moderna no Brasil (op. cit.), p. 16.

218. Apud FERRAZ, Geraldo. *Warchavchik e a introdução da nova arquitetura no Brasil: 1925 a 1940* (op. cit.), p. 51.

219. *Chômage*, em francês, significa tanto a situação de desemprego como a de inatividade. Lúcio Costa dá ao termo um significado muito próximo ao do *ócio criativo* defendido pelos modernistas Mário de Andrade e Oswald de Andrade.

220. COSTA, Lúcio (1932-1936). Chômage, p. 83.
221. GROPIUS, Walter. *Bauhaus: novarquitetura*.
222. Guilheme Wisnik faz interessante ilação sobre a presença das redes no Pavilhão Brasileira para a Trienal de Milão: "A rede, no Brasil, é ao mesmo tempo lugar de descanso e reflexão. É também um objeto artesanal dos mais finos, cuja tessitura denota um saber construtivo paciente e rigoroso. Suspensa pelo tensionamento de cabos, ela parece revelar, como num *ready-made* às avessas, a possibilidade de um lugar artístico em que a gratuidade significa, ao mesmo tempo, empenho, e em que *chômage* quer dizer produção e criatividade". WISNIK, Guilherme. *Lúcio Costa: entre o empenho e a reserva*, p. 49. Eduardo Rossetti, por sua vez, faz considerações a respeito desse projeto que se alinha com a argumentação em curso nesse trabalho: "O pavilhão do Brasil nesta Trienal parece apontar uma alternativa própria às práticas de progresso tecnológico e à dinâmica da sociedade industrial, mantendo sua heterogeneidade e sua singularidade, justapondo valores sócio-culturais, procedimentos técnicos, ritmos e modos de vida. Explora-se um ritmo industrial, dinâmico, urbano e premente que constrói Brasília e ao mesmo tempo se contrapõe um ritmo tranqüilo, telúrico, popular, e simples através do ato de deitar-se numa rede. As vicissitudes técnicas, sociais e estéticas do país são colocadas com grande força e clareza: podemos construir 'Brasílias', mas ainda mantemos conhecimentos culturais arcaicos, com valores latentes, como nossas redes e jangadas demonstram". ROSSETTI, Eduardo Pierrotti. Riposatevi, a tropicália de Lúcio Costa: o Brasil na XIII Trienal de Milão.
223. "Os cactus, sem dúvida, juntamente com a vegetação parcimoniosa do paisagismo de Mina Warchavchik, iriam sempre valorizar as obras do arquiteto. Funcionando como esculturas, eles, com sua rigidez orgânica e sua aparência áspera, fazem contraponto com a assepsia geométrica da obra arquitetônica, como é o caso desta residência localizada na rua Itápolis, projetando nas superfícies limpas e brancas o nanquim recortado das suas sombras". FARIAS, Agnaldo Aricê Caldas. Gregori Warchavchik: introdutor da arquitetura moderna no Brasil (op. cit.), p. 19.
224. José Lira destaca a supreendente qualidade do projeto de Warchavchik, mas destaca também o caráter postiço quando visto sob a ótica da inserção social de seus proprietários: "Essa pactuação entre a disciplina geométrica e funcional e valores vernaculares, adequados à situação semirrural ou tropical, viria a se concretizar no primitivismo sem pudor do pavilhão social projetado por Warchavchik em 1946 para Marjorie da Silva Prado, em sua fazenda à beira-mar na praia de Pernambuco, no Guarujá. [...] Misto de caramanchão moderno e estande de vendas

estilizado, a solução rústica do pequeno pavilhão implantado na extremidade da imensa gleba, entre pop e populista, evocava o charme das palhoças sazonais de pescadores do litoral brasileiro ao mesmo tempo que exprimia a excentricidade e ousadia de seus proprietários, cujo investimento imobiliário, diga-se de passagem, era absolutamente indiferente aos aos usos autóctones da praia. Em termos de arquitetura, é notável desenvoltura de Warchavchik no uso de materiais diversos, como a madeira, o sapé, a palha, o couro, o cimento cru, a pedra, e a alvenaria aparente, na construção, no acabamento e na decoração, e o uso expressivo do artesanato, que se somava à reinterpretação expressionista da planta de coberta única da palhoça, com seus cômodos, níveis e acessos ao exterior definidos centrifugamente pela rotação em torno do pilar central. No interior localizavam-se a cozinha, o living, o bar e os vestiários, e no exterior um terraço-mirante desenvolvia-se sob a estrutura de madeira lavrada do telhado coberto de sapé. Em toda parte o mobiliário e adereços rústicos contribuíam para a ambiência pobre da arquitetura". LIRA, José Tavares Correia de. *Warchavchik: fraturas da vanguarda* (op. cit.), p. 431-434.

225. SIQUEIRA, Vera Beatriz. *Burle Marx: paisagens transversas*, p. 18.
226. Idem, ibidem, p. 18.
227. "A magnólia grandiflora é uma árvore da América do Norte. Pode-se usá-la na Argentina porque existem algumas plantas que vão bem com o clima e que dão a impressão que sempre existiram na paisagem". MARX, Roberto Burle (1977). Depoimento (op. cit.), p. 309.
228. Idem, ibidem, p. 309.
229. "Lembro-me de um jardim que fiz em Viena, no ano de 1962. As pessoas ficaram desiludidas porque pensaram que eu ia fazer – no centro da Europa – um jardim tropical. Que eu ia pôr orquídeas nos álamos, trepadeiras da selva subindo pelos pinheiros. É claro que não fiz nada disso, porque estou convencido de que cada clima tem a sua flora, cuja utilização tem que estar de acordo com o meio físico". Idem, ibidem, p. 309.
230. "Recordo um fato, quando eu trabalhava no Parque del Este, na Venezuela. Havia gente que se aproximava para olhar, e cujo único comentário era: *Isso é puro mato!*". Idem, ibidem, p. 311.
231. "Eu creio que, para fazermos um jardim, temos que começar por entender o ambiente, o meio ambiente. Se eu faço um jardim para o Amazonas, esse mesmo jardim não pode servir para o Rio de Janeiro ou São Paulo. Temos que compreender que devemos utilizar plantas da natureza e, com elas, construir jardins feitos pelo e para o homem". Idem, ibidem, p. 310.
232. Idem, ibidem, p. 307-308.
233. SIQUEIRA, Vera Beatriz. *Burle Marx: paisagens transversas* (op. cit.), p. 7. Em itálico, as passagens retiradas do relatório original de Burle Marx e entre aspas no texto da autora.

234. As séries de viagens de conhecimento do Brasil, que se tiveram no Brasil três ciclos – intelectuais paulistas nos anos 1920, arquitetos do Iphan a partir de 1937, e paisagistas liderados por Roberto Burle Marx a partir da década de 1940 – têm uma justificativa, explicada no *Ensaio sobre a música brasileira* por Mário de Andrade: a necessidade de coletar na base popular a matéria prima a ser usada na produção artística – e é muito simples deslizar a questão para a literatura, a arquitetura, o paisagismo ou outra arte. Em outro texto publicado posteriormente, desenvolvemos um pouco essas semelhanças: GUERRA, Abilio. Modernistas na estrada. Ver também: LOPEZ, Telê Porto Ancona. Viagens etnográficas de Mário de Andrade (op. cit.).

235. Salvo engano de nossa parte, Mário de Andrade está ausente do livro e Lúcio Costa é mencionado uma única vez, quando narra o convite para o jardim na casa Schwartz. SIQUEIRA, Vera Beatriz. *Burle Marx: paisagens transversas* (op. cit.), p. 11.

236. Durante a pesquisa que resultou na tese que é a base deste livro, publicamos livro onde está presente a amizade entre Rino Levi e Burle Marx, além da importância das viagens de estudo e coleta que faziam juntos. "Com noções básicas de botânica, Levi realizou diversas viagens exploratórias, nas quais, acompanhado por Burle Marx, estudava a flora brasileira, colhendo exemplares que cultivava no jardim de sua casa, transformado num pequeno laboratório. Constrói, assim, uma espécie de natureza brasileira ideal, síntese daquilo que encontrou de mais interessante em nossas espécies vegetais". ANELLI, Renato; GUERRA, Abilio; KON, Nelson. *Rino Levi: arquitetura e cidade* (op. cit.), p. 90. Em setembro de 1965, durante uma expedição botânica no Morro do Chapéu, interior da Bahia, o paisagista vivencia a morte do arquiteto paulista.

237. SIQUEIRA, Vera Beatriz. *Burle Marx: paisagens transversas* (op. cit.), p. 33.

238. "O Ministério da Educação e da Saúde Pública – MESP foi criado pelo Decreto n. 19.402 de 14 de novembro de 1930. A Lei 378 de 13 de janeiro de 1937, elaborada por Gustavo Capanema, definiu-o como Ministério da Educação e Saúde – MES. Posteriormente, com a criação do Ministério da Saúde, transformou-se em Ministério da Educação e Cultura – MEC (Lei 1.920, de 25 de julho de 1953). Em 1960, o edifício passou a ser chamado Palácio da Cultura. Com o Decreto n. 91.144, de 15 de março de 1985, foi criado o Ministério da Cultura – MinC, e o edifício passou a ser identificado como Palácio Gustavo Capanema, denominação que perdura até hoje". SEGRE, Roberto. *Ministério da Educação e Saúde: ícone urbano da modernidade brasileira – 1935-1945* (op. cit.), p. 98 (nota 5).

239. OLIVEIRA, Ana Rosa de. Roberto Burle Marx e o jardim moderno brasileiro (op. cit.).

240. Entrevista de Fernando Tábora a Ana Rosa de Oliveira, em 8 de janeiro de 1997. Apud OLIVEIRA, Ana Rosa de. Bourlemarx ou Burle Marx? (op. cit.).
241. MARX, Roberto Burle. Depoimento, p. 306.
242. Idem, ibidem, p. 311-312.
243. Idem, ibidem, p. 311.
244. "Pela seiva das plantas e o vigor das cores, os jardins de Burle Marx são ainda um pedaço de natureza, embora já participem da vida da casa e sirvam como que decadência ao seu ritmo espacial. A função deles é agora ampliar ela, fazer ela extravasar pelos espaços abertos". PEDROSA, Mário (1958). O paisagista Burle Marx, p. 285.
245. PEDROSA, Mário (1958). Arquitetura paisagística no Brasil, p. 282.
246. Idem, ibidem, p. 283.
247. A revaloração da flora brasileira, segundo Pedrosa, se relaciona diretamente com a pesquisa in loco: "A solução colonialista que condenara a grande palmeira imperial não fizera mais do que copiar os jardins românticos, *avant la lettre*, do fim do século 18. Burle Marx mostrou o caráter falso dessa pretensa solução ao ir buscar o material de que carecia nas fontes verdadeiras, isto é, na vegetação brasileira de recursos inesgotáveis, desde a floresta amazônica, de onde nos trouxe espécimes em todo o esplêndido vigor de sua selvajaria, aos fundos das casinhas de caboclo ou à beira dos caminhos, onde foi apanhar plantas e flores abandonadas, desprezadas, mas familiares à ambiência da roça brasileira, como os cães vagabundos, sem donos, dos fundos de quintal". PEDROSA, Mário (1958). O paisagista Burle Marx (op. cit.), p. 286.
248. PEDROSA, Mário (1958). Arquitetura paisagística no Brasil (op. cit.), p. 283.
249. BOPP, Raul (1931). *Cobra Norato*, p. 17.
250. A revista francesa *L'Architecture d'Aujourd'hui* dedicou alguns números especiais à arquitetura brasileira: n. 13/14 de setembro de 1947; n. 42-43 de agosto de 1952; n. 90 de junho/julho de 1960 (especial sobre Brasília); n. 171 de janeiro-fevereiro de 1974 (especial sobre Oscar Niemeyer) e n. 396 de julho/agosto de 2013 (especial Brasil).
251. REGO, José Lins do (1952). O homem e a paisagem, p. 302-304.
252. Idem, ibidem, p. 303.
253. Idem, ibidem, p. 300.
254. Idem, ibidem, p. 301.
255. Idem, ibidem, p. 301.
256. Idem, ibidem, p. 302-303.
257. Idem, ibidem, p. 303.
258. Idem, ibidem, p. 303-304.
259. Idem, ibidem, p. 304.
260. Idem, ibidem, p. 304.
261. ARANHA, José Pereira Graça. *Canaã*, p. 50-51.
262. Ver: BARREIRINHAS, Yoshie Sakiyama. *Menotti del Picchia, o gedeão do modernismo: 1920/22*.
263. O número duplo 8-9 da revista *Klaxon*, referente ao período de dezembro de 1922 a janeiro de 1923, foi dedicado a Graça Aranha. A diversidade de perspectivas presentes nos textos e poemas dão uma ideia da importância do intelectual para a geração modernista.

264. A obra de câmara "Sexteto Místico" foi composta por Heitor Villa-Lobos para flauta, oboé, saxofone, violão, celesta e harpa. Há controvérsia sobre a datação da obra, mas o pesquisador Humberto Amorim localizou "um manuscrito de 1917 e outro incompleto de 1921, ambos com diferenças quando comparado à versão editada", "publicada, em 1957, pela editora Max-Eschig". KOLODZIEISKI, Allan. Intertextualidade no Sexteto Místico de Heitor Villa-Lobos, p. 2. A dedicatória de Villa-Lobos, portanto, se resume à partitura dos movimentos iniciais da peça.
265. REDAÇÃO. Sem título, p. 32.
266. MOTTA FILHO, Cândido. O psicólogo da raça, p. 6.
267. MORAES, Rubens de. Graça Aranha e a crítica europeia, p. 9.
268. ALMEIDA, Renato. A estética de Malazarte, p. 3-4.
269. FALCÃO, Luiz Annibal. Assim ele compõe, p. 11.
270. CARVALHO, Ronald. Graça Aranha, criador de entusiasmo, p. 3.
271. ALMEIDA, Guilherme. Mormaço (para Graça Aranha), p. 11.
272. ANDRADE, Oswald de. O modernismo, p. 123.
273. Idem, ibidem, p. 123.
274. Carta a Manuel Bandeira, São Paulo, 22 nov. 1924, p. 153-154. In MORAES, Marcos Antonio de Org.). *Correspondência Mário de Andrade & Manuel Bandeira*. Em seu depoimento sobre o movimento modernista – um texto sardônico e soturno que demole os fatos e feitos heroicos do grupo –, Mário de Andrade é menos polido nos gracejos: "E eis que Graça Aranha, célebre, trazendo da Europa sua 'Estética da vida', vai a São Paulo, e procura nos conhecer e agrupar em torno da sua filosofia. Nós nos riamos um bocado da 'Estética da vida' que ainda tacava certos modernos europeus da nossa admiração, mas aderíamos francamente ao mestre". ANDRADE, Mário de (1942). O movimento modernista, p. 234. A mesma ambiguidade de amor e ódio em relação à Graça Aranha e a mesma visão retrospectiva de esvaziar sua importância intelectual ao inflar a questão institucional podem ser verificadas no episódio de fundação da revista modernista *Estética*: "Prudente de Moraes, neto e Sérgio Buarque de Holanda procuravam um nome para a revista e pensavam escrever o artigo-programa a quatro mãos, quando encontraram Graça Aranha, que, sabendo do problema, resolveu-o imediatamente. Escolheu o nome: *Estética*, e ofereceu-se para fazer o artigo de apresentação. Os jovens editores hesitaram a princípio, mas acabaram aceitando. Sérgio Buarque não deixa dúvida que o título, 'que a alguns pode parecer fruto de uma suposta inclinação *avant la lettre* para o esteticismo dos nossos atuais pós-modernistas, foi pura sugestão sua'. E esclarece: 'Tenho quase a certeza de que concordamos com ele um tanto contra a vontade e na falta de melhor'. A justificativa de Prudente completa a do companheiro: 'Era, ao menos, um nome de imenso prestígio a nos acobertar a aventura.'" LEONEL, Maria Cecília de Moraes. *Estética e modernismo*, p. 46.

275. BRITO, Mário da Silva. *História do modernismo brasileiro 1: antecedentes da Semana de Arte Moderna*, p. 322.
276. MARTINS, Wilson (1965). *O modernismo*, p. 152. Trata-se de um autor de grande perspicácia e, no tomo dedicado ao modernismo em sua monumental pesquisa sobre os intelectuais brasileiros, são muitos os achados ao tratar das relações entre os personagens. Ver: MARTINS, Wilson. *História da inteligência brasileira – 1915-1933* (op. cit.).
277. A escrita ficcional de Oswald de Andrade, segundo opinião avalizada de Haroldo de Campos, traz em sua forma a força da crítica desmistificadora: "Já a paródia oswaldiana apanha esses mesmos vezos na sua diluição retórica, é uma crítica ferina ao que Paulo Prado, no seu importante prefácio ao primeiro livro de poemas de Oswald (Pau-Brasil, 1925), chamaria 'o mal da eloqüência balofa e roçagante', 'um dos grandes males da raça'". Segundo Campos, trata-se de um "arremedo parodístico de um linguajar rebuscado e falso e, através dele, a caracterização satírica do *status* de uma determinada faixa social urbana de letrados bacharelescos a que ela servia de emblema e de jargão de casta". CAMPOS, Haroldo de. Miramar na mira, p. XIX; XVII.
278. "Graça Aranha (1868/1931), formado em Recife (1886), no período inicial de sua atividade foi discípulo ardoroso de Tobias Barreto e partidário do monismo evolucionista, conforme se pode ver de seu prefácio à obra de Fausto Cardoso, *Concepção monística do universo*". PAIM, Antonio. *A filosofia da escola do Recife*, p. 71-72.
279. Crítico e historiador da literatura, Sílvio Romero é, dentre os membros da "Escola do Recife", aquele que maior projeção ganhou no século 20, graças à tese de livre docência de Antônio Cândido, defendida em 1945 e depois transformada em livro. Cândido se esforça em demonstrar a autonomia do intelectual diante dos limites impostos pelos métodos que adotara: "A aplicação do determinismo à literatura era uma consequência que não podia tardar. A sua forma mais perfeita e feliz, a tríade tainiana, parecia acorrentar a expansão, até aí caprichosa, do espírito humano a um sistema de nexos causais e determinantes ineslutáveis. A obra de Sílvio Romero foi, no Brasil, a primeira e mais completa expressão desta tendência". CÂNDIDO, Antônio. *O método crítico de Sílvio Romero*, p. 97.
280. "O esforço de síntese, que vimos em Tobias [Barreto] como rejeição do ecletismo e como tentativa esconsa de juntar Kant e Haeckel; que em Silvio [Romero] dera primazia a Spencer; quem em Arthur Orlando procurou ficar entre as manias do monismo e a rigidez do positivismo". SALDANHA, Nelson. *A escola do Recife*, p. 60.
281. Idem, ibidem, p. 92.
282. ARANHA, Graça José Pereira. *A estética da vida* (op. cit.), p. 86. Completamente imerso no universo modernista paulista, Paulo Prado, um dos promotores da Semana de Arte Moderna de

1922, registra a relação homem-meio ambiente onde ressoam as palavras de Graça Aranha: "Na zona equatorial do Brasil o clima constantemente úmido e quente desenvolve uma força e violência de vegetação incomparável. É a Hiléia Amazônica, cobrindo de arvoredo a maior extensão de terras do universo, mais de 3 milhões de quilômetros quadrados. Nela, os sentidos imperfeitos do homem mal podem apanhar e fixar a desordem de galhos, folhagens, frutos e flores, que o envolve e submerge". PRADO, Paulo (1928). *Retrato do Brasil: ensaio sobre a tristeza brasileira*, p. 16.

283. ARANHA, Graça José Pereira. *A estética da vida* (op. cit.), p. 107.

284. São essas ideias, muito difundidas no século 19, que amparam Sigmund Freud na construção de sua hipótese sobre a constituição do ego primitivo, primeiro momento de separação psíquica do indivíduo em relação ao mundo exterior. "Uma primeira ruptura seria desta forma estabelecida, sobre o fundo da continuidade psíquica entre o bebê e o seio, comparada numa nota dos "Dois princípios" ao pinto no ovo, para significar que a libido que circula neste sistema é a libido de auto-investimento. É deste estado, em que o que vai ser sujeito e o que vai ser mundo ainda são indistintos, que Laplanche e Pontalis fazem derivar o fantasma primitivo, no qual o sujeito ocupa ao mesmo tempo todos os lugares". MEZAN, Renato. *Freud, pensador da cultura*, p. 360.

285. Sigmund Freud foi buscar na simetria entre ontogênese e filogênese proposta por Haeckel a inspiração para sua analogia entre o infantil e o primitivo desenvolvida em alguns de seus principais textos culturais – *Totem e Tabu, O mal-estar da civilização* e outros. "Tomada do materialismo de Haeckel, a "lei biológica fundamental" postula que, numa espécie determinada, cada indivíduo durante seu desenvolvimento embriológico, reproduz de modo abreviado (e portanto deformado) as etapas da evolução da espécie. [...] O mito da horda primitiva é invocado repetidas vezes, não apenas no contexto da psicologia individual, mas também para dar conta dos fenômenos da multidão em *Psicologia das massas*, da origem do monoteísmo em *Moisés e a religião monoteísta*, e do extraordinário poder das representações religiosas em *O futuro de uma ilusão*. O mito toma assim proporções de princípio heurístico essencial, atuando tanto no inconsciente individual como na gênese das formações sociais e na origem dos conteúdos sociais da máxima importância". MEZAN, Renato. *Freud, pensador da cultura* (op. cit.), p. 434-435. Não há indicação que Graça Aranha conhecesse a obra de Freud, então similaridades devem ser tributadas, pelo menos até que estudos mais sistemáticos comprovem o contrário, às influências intelectuais sofridas por ambos, em especial as ideias evolucionistas derivadas do monismo biológico haeckelino e concepções de atavismo

psíquico, de origem romântica. De qualquer modo, Mário de Andrade e Oswald de Andrade sofrem o impacto, verificável em suas obras, da leitura de Freud.

286. LEONEL, Maria Cecília de Moraes. *Estética e modernismo* (op. cit.), p. 48.

287. Paulo Prado tem outra interpretação a partir da concepção de determinismo mesológico de Thomas Buckle, onde se combinam elementos locais e exóticos. Em *Retrato do Brasil*, de 1928, explora o papel da lascívia dos trópicos na consolidação do caráter nacional, marcado pela tristeza. "À sedução da terra aliava-se no aventureiro a afoiteza da adolescência. Para homens que vinham da Europa policiada, o ardor dos temperamentos, a amoralidade dos costumes, a ausência do pudor civilizado – e toda a contínua do tumescência voluptuosa da natureza virgem – eram um convite à vida solta e infrene em que tudo era permitido. O indígena, por seu turno, era um animal lascivo, vivendo sem nenhum constrangimento na satisfação de seus desejos carnais". A luxuria, induzida pela natureza, leva à tristeza: "Do enfraquecimento da energia física, da ausência ou diminuição da atividade mental um dos resultados característicos nos homens e nas coletividades é sem dúvida o desenvolvimento da propensão melancólica. *Post coitum animal triste, nisi galus qui cantat*, afirmava o velho adágio da medicina". Inserido a seguir no quadro social, o negro também contribui para a conformação do caráter melancólico do brasileiro com sua exuberância sexual: "O mal, porém, roía mais fundo. Os escravos eram terríveis elementos de corrupção no seio das famílias. As negras e mulatas viviam na prática de todos os vícios. Desde crianças – diz Vilhena – começavam a corromper os senhores moços e meninas dando-lhes as primeiras lições de libertinagem. Os mulatinhos e crias eram perniciosíssimos. Transformavam as casas, segundo a expressão consagrada e justa, em verdadeiros antros de depravação". PRADO, Paulo. *Retrato do Brasil: ensaio sobre a tristeza brasileira* (op. cit.), p. 33; 23; 141.

288. Nossa frase não deixa de ser um tanto redundante, afinal, segundo o dicionário Aurélio, telurismo é a própria "influência do solo de uma região nos costumes, caráter, etc., dos habitantes".

289. REGO, José Lins do (1952). O homem e a paisagem (op. cit.), p. 304.

290. ARANHA, Graça José Pereira. *A estética da vida* (op. cit.), p. 121. Em completa discordância com a visão de Graça Aranha sobre a inserção da obra de Machado de Assis em nossa história cultural, Roberto Schwarz enxergará tanta na "ilusão" e na "ironia", como nos modelos intelectuais importados, uma aguda consciência do mimetismo e uma forma sutil de trazer à tona a alienante realidade social brasileira. Ao reiterar a denúncia de Machado de Assis sobre a

"afetação" da vida intelectual brasileira, fruto da incompatibilidade entre as "condições locais" e os "valores importados", Schwarz ressalta o descompasso entre "centro" e "periferia", colocando o problema da literatura e da produção intelectual em geral no campo da ideologia, ou seja, da falsa consciência e da dominação. Ver: SCHWARZ, Roberto. *Um mestre na periferia do capitalismo: Machado de Assis.*

291. Compartilhamos da hipótese proposta por Eduardo Jardim de Moraes: "nossa hipótese é a de que os elementos bárbaros que fazem parte integrante da cultura brasileira não são simplesmente rechaçados por Graça Aranha, mas pensados como dados a serem transformados no processo de acomodação da alma brasileira à natureza". MORAES, Eduardo Jardim de. *A brasilidade modernista: sua dimensão filosófica*, p. 34.

292. O que teria ocorrido, segundo Graça Aranha, com um dos mais importantes literatos brasileiros, que "dissimula e ignora o grande elemento cósmico em que vive o espírito brasileiro. A esperteza de Machado de Assis, iludindo a existência da natureza tropical que o esmaga, e libertando-se da sua opressão pela ironia, não resolve o primordial problema da inteligência brasileira, que é o de vencer o terror do mundo físico e incorporar a si a natureza. A cultura libertará o nosso espírito". ARANHA, Graça José Pereira. *A estética da vida* (op. cit.), p. 117-118.

293. Em nossa dissertação de mestrado, tornada livro, discorremos longamente sobre a hipótese de que nosso modernismo tem parte substancial de suas questões ligadas umbilicalmente à tradição do pensamento brasileiro, mesmo que sua formalização, fortemente marcada pela estética modernista europeia, aparentemente desminta tal afirmação. Ver: GUERRA, Abilio. *O primitivismo em Mário de Andrade, Oswald de Andrade e Raul Bopp: origem e conformação no universo intelectual brasileiro* (op. cit.).

294. Em 1967, no III Festival da Música Popular Brasileira, que acontece no Teatro Paramount, em São Paulo, Gilberto Gil e o grupo *Mutantes* de Arnaldo Baptista e Rita Lee, são proibidos de se exibir a música *Domingo no Parque* acompanhados de guitarras elétricas pois elas são, segundo a organização, incompatíveis com uma música autenticamente nacional. Gilberto Gil transforma-se, ao longo dos anos, com guitarra e tudo, num dos ícones da chamada MPB, recolocando a questão novamente nos trilhos da tradição modernista. Não há dúvida que Oswald de Andrade aprovaria a síntese em questão.

295. ANDRADE, Oswald de (1928). Manifesto antropófago (op. cit.), p. 13.

Epílogo inconcluso

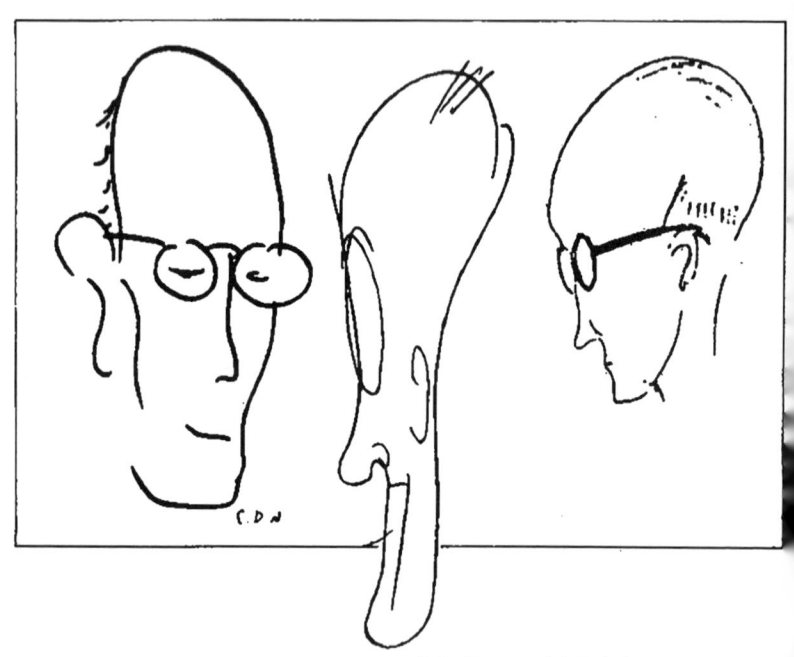

Carlos Drummond de Andrade, autorretratos. *O Povo*, Fortaleza, 23 ago. 1987, p. 4

As mais soberbas pontes e edifícios,
o que nas oficinas se elabora,
o que pensado foi e logo atinge

distância superior ao pensamento,
os recursos da terra dominados
e as paixões e os impulsos e os tormentos

e tudo o que define o ser terrestre
ou se prolonga até nos animais
e chega às plantas para se embeber

no sono rancoroso dos minérios,
dá volta ao mundo e torna a se engolfar
na estranha ordem geométrica de tudo,

e o absurdo original e seus enigmas,
suas verdades altas mais que tantos
monumentos erguidos à verdade;

e a memória dos deuses, e o solene
sentimento da morte, que floresce
no caule da existência mais gloriosa,

tudo se apresentou. nesse relance
e me chamou para seu reino augusto,
afinal submetido à vista humana

Carlos Drummond de Andrade, A máquina do mundo, 1951[1]

Em um de seus livros, Josep Maria Montaner sugere que a América é o "laboratório" de experimentos sociais e urbanísticos europeus: "a importância da paisagem é um dos fenômenos que caracterizam a América, e assim a Europa a conceituou: representa a sobrevivência de uma natureza que, do outro lado do oceano, a Europa acabou sacrificando motivada pela revolução industrial. A América, lugar da busca pela fortuna, albergue de exilados e território de exploração de utopias, converte-se, a partir do olhar europeu, no laboratório americano".[2] Bem antes disso, na sua visão anarco-irreverente, Oswald de Andrade vê a mesma questão, mas com os sinais invertidos – afinal, a Europa é a grande beneficiária da visão de mundo tupi-guarani, devendo a esta suas grandes conquistas libertárias: "sem nós a Europa não teria sequer a sua pobre declaração dos direitos do homem".[3] Hoje, quando o mundo contemporâneo se depara com o impasse civilizacional apresentado pelo risco da extinção, o pensamento ameríndio se mostra novamente celeiro de valorosas contribuições para um novo pensamento social. Segundo Michael Hardt e Antonio Negri, o brasileiro Eduardo Viveiros de Castro "apresenta a perspectiva dos ameríndios como inversão de uma série de posições filosóficas modernas convencionais, para explicar as consequências do fato de os ameríndios conceberem os animais e outros não humanos como *pessoas*, como tipos humanos, de tal maneira que as interações humanas com aquilo que normalmente seria chamado de *natureza* assumem a forma de algo como *relações sociais*".[4] As duas apropriações do pensamento indígena em momentos tão distintos da trajetória nacional são extremos de um arco de interlocuções onde se encontram e se misturam o mito do paraíso terreal e a história de uma utopia. São fenômenos reais no âmbito dos comportamentos, das ideias e da imaginação, resultantes do encontro de culturas e civilizações diferentes, fenômenos quase sempre pouco perceptíveis, às vezes escondidos como um caudal subterrâneo.

Trata-se de uma história de derrotas, mas também de sobrevida de uma esperança.

A história visível do Brasil no século 20 é resultado da crença hegemônica nas forças da modernização e do progresso, uma espécie de vetor anti-utópico que ocupa o território interior – nosso *hinterland* – e que ganha expressão simbólica com a construção de Brasília. Desde a construção da Estrada de Ferro Madeira-Mamoré nas duas primeiras décadas dos anos 1900, o imenso território passa a ser entendido como reservas de bens a ser exploradas pelo polo urbano que desenha projetos miraculosos com a participação de agências governamentais e da iniciativa privada nacional e estrangeira. Os povos originários são tratados como mão-de-obra barata disponível – com a incorporação constante de seus conhecimentos sobre a floresta e os rios raramente assumidos – ou como obstáculo a ser vencido, dependendo da subserviência ou belicosidade de cada comunidade nativa. A exploração de bens naturais – árvores, borracha, minérios – e o desmatamento para plantio e gado têm como imagem negativa a destruição do meio natural, processo que se amplia de forma exponencial a partir do regime militar, com a ocupação planejada da Amazônia (rodovia Transamazônica, Zona Franca de Manaus), as frentes agrícolas no meio-oeste e as grandes corporações multinacionais de extração de minérios e madeira, que vão assediando e destruindo a grande floresta.

A ambivalência entre o pensamento progressista e as forças civilizacionais se evidencia em casos concretos da ocupação territorial. Quando as empresas Companhia Siderúrgica Belgo-Mineira, Companhia Brasileira de Metalurgia e Mineração – CBMM e Indústria e Comércio de Minérios – Icomi (associada à norte-americana Bethlehem Steel) se instalam em Minas Gerais e Amapá para explorar jazidas de ferro em Monlevade, nióbio em Araxá e manganês em Serra do Navio, respectivamente, encomendam a arquitetos importantes os projetos para as instalações dos trabalhadores. A consciência ou intuição dos arquitetos diante da destruição se apresenta na forma de projetos que se colocam como antítese da exploração intensa. A Vila Monlevade, de Lúcio Costa, 1934; a Vila Serra do Navio, de Oswaldo Bratke, 1956; e o conjunto habitacional de operários da CBMM em Araxá, do Escritório Técnico Rino Levi, do arquiteto Paulo Casé e do paisagista Fernando Chacel, 1979, buscam a harmonia ambiental e social, que se mostram sucedâneos dos danos ecológicos e sociais inevitáveis em uma exploração extensiva e intensiva de jazidas de minérios. Nos dois projetos construídos são muitas as qualidades urbanas obtidas, mas não há como negar sua capacidade limitada de mitigação quando se observa as crateras sem fim que surgiram na paisagem.

O tema da mineração não passa desapercebido no nosso modernismo. Carlos Drummond de Andrade, o braço direito de Capanema e amigo próximo de Mário de Andrade, erigiu parte grande de sua obra sobre ele. Na arguta interpretação de José Guilherme Wisnik se vê como a poesia de Drummond é um testemunho pessoal de sua angústia frente ao desaparecimento do pico Cauê de sua infância, mas tendo como pano de fundo o digladio injusto e inglório entre a força modernizadora do capital internacional e a desprotegida cultura popular local, tema central do modernismo brasileiro:

> As prendas Itabiranas contêm, assim, num primeiro momento, o cruzamento da aposta modernizante da industrialização com as relíquias de um passado a não perder de vista. A relação entre elas vale como uma interrogação acerca do destino da modernização brasileira, uma espécie de xis da questão que paira sobre outros luminares do modernismo literário, particularmente Mário de Andrade, com o seu anseio de que a entrada na industrialização internacionalizante não destruísse o testemunho acumulado e decantado da cultura popular. Considerado esse contexto cultural, a

pedra de ferro da 'Confidência do itabirano', posta entre outras prendas, soa como um objeto anômalo, deslocado entre o passado artesanal e o horizonte industrial – algo como uma pedra muiraquitã dotado de poderes nacional-desenvolvimentistas e fadada também ao fracasso, como a pedra macunaímica.[5]

Nesse processo antiutópico de desenvolvimento econômico, no qual se insere a mineração, encontra-se também as grandes obras de infraestrutura. Após a construção da Rodovia Anchieta nos anos 1940, diversos acampamentos provisórios para abrigar os trabalhadores de sua construção, montados em plena Serra do Mar, tornam-se vilarejos permanentes. Ficam conhecidos como Cota 95/100, Cota 200, Cota 400 e Cota 500, números correspondentes à altitude de cada um em relação ao nível do mar. Precários, com características similares às favelas urbanas, esses núcleos se tornam problemas oficiais após a criação do Parque Estadual da Serra do Mar e seu tombamento pelo Condephaat, em 1985.[6] A decisão do Ministério Público de São Paulo de extinguir as vilas no interior do parque,[7] apoiada na legislação ambiental federal, se legitima pelos riscos de vida de seus habitantes ao ocuparem terrenos sujeitos a deslizamentos e soterramentos. Diante da eminente remoção do território onde nasceu e sempre habitou, o aposentado Carlos Guilherme Campos Costa – ressoando a simplicidade e autenticidade sempre almejadas pelos poetas modernistas – converte em poesia espontânea sua dor. Em "Remoção", diz assim o poeta popular:

> Eu sou daqui. Aqui nasci, aqui me criei.
> Aqui fiz infância, fiz escola, enfim, fiz família.
> De repente alguém muito forte quer me tirar,
> me tirar do meu lugar, da minha gente,
> Gente que fez a minha história,
> gente que participa dos meus sonhos.

Bairro Cota 200, Serra do Mar, Cubatão SP. CDHU, 2008-2014. Foto Abilio Guerra

Gente que divide a minha dor,
comemora o meu amor e bebe da minha vitória.
Querem me tirar. Falam em remoção,
na verdade não ouvem o meu coração.
Não quero morar em apartamento.
Quero morar em liberdade,
a mesma liberdade que sinto tolhida.
Quero ver o mato, os pássaros, a serra.
Não quero o luxo, prédios, o asfalto,
só quero ficar no meu cantinho, ouvir os passarinhos,
os cães a latir e ao acordar na manhã levantar,
ir trabalhar, rezando pra hora de voltar.
Meu barraco é tão pequeno,
tão grande minha esperança
e neste corpo quase preto, moreno,
vive um velho que só acredita em criança.[8]

A resistência encontra ressonância no poder público, o governo do Estado de São Paulo abre os olhos para os vínculos já estabelecidos entre os moradores e a Serra do Mar, e o trauma que provocaria a remoção de milhares de famílias. "Entre eliminar todo e qualquer tipo de instalação humana dentro do Parque Estadual da Serra do Mar e tolerar as ocupações desenfreadas, perigosas tanto para as pessoas quanto para o ecossistema, o governo escolheu a solução moderada, razoável: urbanização quando possível, remoção negociada, com reassentamento, quando imprescindível".[9] Das 7.500 famílias que moravam na Serra do Mar em 2009, a maioria é reassentada nos conjuntos habitacionais Rubens Lara e Bolsão IX após longas negociações.

Cerca de 750 famílias permanecem no meio do parque, todas no bairro Cota 200, o único núcleo que conta com parte de sua área em terrenos mais estáveis.[10] Esse contingente se beneficia das diretrizes estabelecidas em 2006 pelo Conselho Estadual do Meio Ambiente – Consema, que define zoneamento, regulamentação e programas a serem implementados nas áreas habitadas remanescentes: desenvolvimento e implantação de redes de água, esgoto e drenagem, pavimentação de ruas e passeios públicos, praças e mirantes, estabilização de encostas, iluminação pública e viaduto de acesso único à comunidade. Coube à Companhia de Desenvolvimento Habitacional e Urbano – CDHU definir o projeto de urbanização e contratar as empresas para executá-lo. O processo de negociação entre um poder público conciliador e uma comunidade participativa torna possível viabilizar ações afirmativas, como a criação do Núcleo de Comunicação Comunitária e o projeto de capacitação de mão de obra e criação de renda. Dentre as ações acordadas entre poder público e comunidade, uma merece especial atenção:

> Descendentes em boa parte de migrantes nordestinos, procedentes de outro ecossistema, não herdaram nem

Bairro Cota 200, Serra do Mar, Cubatão SP. CDHU, 2008-2014. Foto Abilio Guerra

receberam nenhuma educação ambiental. O Projeto Cota Viva foi lançado em 2013, pela CDHU, justamente para suprir essa lacuna e propalar uma competência ambiental entre aos moradores, a começar pelas crianças e os adolescentes. Tem como objetivo ensinar valores de sustentabilidade e prepará-los para ajudar na recuperação e na conservação da Serra do Mar e dos ecossistemas envolvidos. Visa reflorestar áreas degradadas, promover ações práticas e educativas de meio ambiente e atuar na revegetação da Mata Atlântica.[11]

As habitações remanescentes, agora em relação harmoniosa com a vegetação local, são reformadas e a maioria delas recebe pinturas coloridas adornadas com motivos florais ou geométricos de autoria dos próprios moradores, graças à ação do Ateliê Arte nas Cotas, inspirado no trabalho de Mônica Nador, "artista plástica reconhecida internacionalmente, que faz de sua obra uma forma de ativismo social".[12] Esse laboratório de arquitetura e urbanismo Pau-Brasil, mesmo em sua escala diminuta, é alvissareiro. A ação respeitosa do poder público em benefício de uma comunidade carente, mas aguerrida e resiliente, resulta em um estabelecimento humano viável instalado em ambiente de preservação natural. A pegada ecológica leve só é possível com o correto arranjo da infraestrutura, onde sua presença obedece às imposições do meio natural.

Agora, ao desenrolar o fio que conduz essa argumentação até encontrar seu fim, é necessário dizer que nos limites incertos entre o processo de modernização e as mazelas sociais e ambientais que são seu subproduto, há uma franja borrada onde é possível se ver a linha tênue do sonho utópico. Como em uma anamorfose, é necessário se olhar de um ponto de vista específico para que o borrão ganhe inteligibilidade. Naquilo que vemos um poder de remissão, outros tantos enxergam a ideologia dissimuladora de nossa condição subalterna no concerto geral das nações e da violência opressora das classes dominantes. Compartilhamos em grande parte com esse diagnóstico, mas também nos afiançamos no poder transformador do discurso. Assim, é possível encontrar na tradição vigorosa de um modernismo "particularista" (Antônio Cândido) e comprometido com a formação intelectual do país contributos acondicionados em potência, à espera de sua transformação em realidade histórica. Na beleza do texto de José Lins do Rego se entrevê esse compromisso que se volta para o passado e para o futuro na busca de conciliação entre o homem e a paisagem: "A partir do momento que o homem se põe a fazer música, versos, uma pintura, um traçado, não deve, se quiser permanecer autêntico, se escravizar às forças telúricas, mas saber extrair das coisas uma espécie de eternidade. Roberto Burle Marx embrenhou-se no coração da mata, e a resgatou em seus jardins, onde reencontra-se a vegetação da caatinga, dos planaltos, das serras e das praias".¹³ Nessa tradição, Burle Marx se encontra com suas afinidades eletivas ou predileções inconscientes. Uma espécie de espaço imaginário criado pelo diálogo das ideias e das obras de Mário de Andrade, Oswald de Andrade, Tarsila do Amaral, Lúcio Costa e tantos outros, onde não falta a participação estrangeira de um Blaise Cendrars ou de um Le Corbusier, devidamente triturados e deglutidos.

Nesse espaço imaginário, as ideias e obras se espelham e se multiplicam em formas e cores no interior de um caleidoscópio mágico chamado cultura. De tão misturadas que ficam, não se sabe mais o que é de um, o que é de outro, melhor então considerar uma realização comum, uma propriedade difusa de todos. Então, é legítimo supor que, dessa imaginação potente, frutifique um lugar real, encravado no território, lapidado pelo tempo, um lugar onde se encontram visões ambiciosas de uma vida comum, genuína, igualitária, uma espécie de locus paradisíaco de temperatura amena, onde na sombra de ipês e jacarandás o homem singelo vive seus dias tranquilos estirado na rede tupi-guarani a ler o jornal do dia. E no seu ócio merecido se deleita com a música tocada no smartphone, conversa sobre o passado, imagina o futuro ou brinca em declamar "sou um tupi tangendo um alaúde".¹⁴ Um habitat bucólico, mas civilizado, onde o abrigo simples de cada um está enraizado no jardim luxuriante que emula, na escala reduzida, a natureza exuberante e insondável. Seria uma espécie de Vila Monlevade.

> A poesia-Pau-Brasil é uma sala de jantar domingueira, com passarinhos cantando na mata resumida das gaiolas, um sujeito magro compondo uma valsa para flauta e a Maricota lendo o jornal. No jornal anda todo o presente.¹⁵

Rede tupinambá. STADEN, Hans. *Warhaftig Historia und beschreibung eyner Landtschafft der Wilden*, 1557, p. 139. Acervo Biblioteca Brasiliana Guita e José Mindlin

Notas

1. ANDRADE, Carlos Drummond de (1951). A máquina do mundo, p. 123.
2. MONTANER, Josep Maria. *Arquitetura e crítica na América Latina*, p. 22.
3. ANDRADE, Oswald de (1928). Manifesto antropófago (op. cit.), p. 14.
4. HARDT, Michael; NEGRI, Antonio. *Bem-estar comum*, p.145.
5. WISNIK, José Miguel. *Maquinação do mundo: Drummond e a mineração*, p. 105.
6. O tombamento da Serra do Mar, promovido pelo Conselho de Defesa do Patrimônio Histórico Arqueológico, Artístico e Turístico – Condephaat, foi decretado pela Resolução n. 40, de 1985, assinada pelo Secretário de Estado da Cultura Jorge Cunha Lima, e publicada no Diário Oficial do Estado em 15 de junho de 1985.
7. Decisão Judicial da 4ª Vara Cível da Comarca de Cubatão/SP (processo n. 944/99, de setembro 1999), oriunda da ação civil pública movida pelo Ministério Público Estadual, obriga o Estado de São Paulo e a Prefeitura de Cubatão a "extinguir fisicamente todos os bairros ou núcleos de habitação que tenham sido formados no interior do Parque Estadual da Serra do Mar". SECRETARIA DE MEIO AMBIENTE. Programa de recuperação socioambiental da Serra do Mar e do sistema de mosaicos da Mata Atlântica (BR-l1241), p. 6.
8. COSTA, Carlos Guilherme Campos. Remoção, p. 131.
9. COEN, Lorette; PROJETO COM COM. *Serra do Mar: as cores da urbanidade*, p. 145.
10. Em seu estudo sobre as paisagens culturais no entorno do Parque Nacional Cavernas do Peruaçu, no norte de Minas Gerais, Ana Carolina Brugnera aponta que a proteção integral da área de proteção ambiental desconsidera as comunidades tradicionais, descendentes de povos indígenas e africanos, que ali habitam há gerações, em relação harmoniosa com o meio ambiente. Segundo a autora, "tanto a conservação da natureza como a valorização da cultura das comunidades tradicionais são de extrema importância para a manutenção das paisagens culturais". BRUGNERA, Ana Carolina. *Rumo às comunidades criativas – as articulações entre natureza e cultura na gestão sustentável das paisagens culturais do Peruaçu, Brasil*, p. 155.

11. COEN, Lorette; PROJETO COM COM. *Serra do Mar: as cores da urbanidade* (op. cit.), p. 190.
12. Idem, ibidem, p. 186.
13. REGO, José Lins do (1952). O homem e a paisagem (op. cit.), p. 304. A vitória pessoal de Burle Marx se dá em um espectro cultural mais largo: "Os europeus, que têm medo da selva, imaginam que nela tudo é perigoso. O brasileiro, que a venceu, ainda guarda em relação a ela vestígios de rancor. Mas esse terrível ressentimento está em vias de desaparecer. Uma retomada de contato possibilitou fazer as pazes. O homem e a paisagem não são mais inimigos. Os pintores não têm mais vergonha de nossas cores, nem de nossa luminosidade. Um Cícero Dias, mesmo longe de seu país, coloca na tela o verde do mar de Boa Viagem, os azuis, os amarelos, os vermelhos das flores de Pernambuco. Conserva-se, a milhares de quilômetros, um homem que traz no sangue a *autenticidade* de seu pedaço de terra natal". Idem, ibidem, p. 304. Grifo nosso.
14. ANDRADE, Mário de (1922). O trovador (*Pauliceia desvairada*), p. 33.
15. ANDRADE, Oswald de (1924). Manifesto da poesia Pau-Brasil (op. cit.), p. 9.

Referências bibliográficas

ALIATA, Fernando; SHMIDT, Claudia. Lúcio Costa, o episódio Monlevade e Auguste Perret. In GUERRA, Abilio (Org.). *Textos fundamentais sobre história da arquitetura moderna brasileira: parte 2* (op. cit.), p. 239-258.

ALMEIDA, Guilherme. Mormaço (para Graça Aranha). *Klaxon*, n. 8-9, São Paulo, dez. 1922/jan. 1923, p. 11.

ALMEIDA, Guilherme de (1925). *Raça*. 2ª edição. Rio de Janeiro, José Olympio, 1972.

ALMEIDA, Renato. A estética de Malazarte. *Klaxon*, n. 8-9, São Paulo, dez. 1922/jan. 1923, p. 3-4.

ALVARUS. Oswald de Andrade (desenho). *Vamos Ler!*, n. 333, Rio de Janeiro, 17 dez. 1942, p. 61.

AMARAL, Aracy (Org.). *Arquitectura neocolonial: América Latina, Caribe, Estados Unidos*. São Paulo, Memorial da América Latina/Fondo de Cultura Economica, 1994.

AMARAL, Aracy *Artes plásticas na semana de 22*. 5ª edição revista e ampliada. São Paulo, Editora 34, 1998.

AMARAL, Aracy. *Blaise Cendrars no Brasil e os modernistas*. São Paulo, Martins, 1968.

AMARAL, Aracy. Tarsila: estudos e anotações. In AMARAL, Aracy; BARROS, Regina Teixeira de. *Tarsila: estudos e anotações* (op. cit.), p. 11-21.

AMARAL, Aracy. *Tarsila: sua obra e seu tempo*. São Paulo, Patroc/Tenenge, 1986.

AMARAL, Aracy; BARROS, Regina Teixeira de. *Tarsila: estudos e anotações*. São Paulo, WMF Martins Fontes/Fábrica de Arte Marcos Amaro, 2021.

AMARAL, Tarsila do. Tarsila do Amaral (autorretrato). *América Brasileira*, n. 26, Rio de Janeiro, fev. 1924, p. 13.

AMARAL, Tarsila do. Gregorio Warchavchik. 4ª seção. *O Jornal*, Rio de Janeiro, 6 dez. 1936, p. 1 <https://bit.ly/3IqXnAN>.

AMARAL, Tarsila do. Fernand Léger. *Diário de Pernambuco*, Recife, 12 abr. 1936, p. 4.

ANDRADE, Carlos Drummond de. A máquina do mundo. *Claro enigma*. 10ª edição. Rio de Janeiro, Record, 1995, p. 121-124.

ANDRADE, Carlos Drummond de. *The Minus Sign. Selected Poems*. Tradução Virginia Peckhan de Araújo. Washington, Black Swan, 1980.

ANDRADE, Carlos Drummond de. Carlos Drummond de Andrade (autorretratos). *O Povo*, Fortaleza, 23 ago. 1987, p. 4.

ANDRADE, Mário de (1945). A meditação sobre o Tietê (*Lira Paulistana*). *Poesias completas* (op. cit.), p. 305-314.

ANDRADE, Mário de. Arquitetura moderna I. *Diário Nacional*, Rio de Janeiro, 2 fev. 1928, p. 2 <https://bit.ly/3nNwAqF>.

ANDRADE, Mário de. Arquitetura moderna II. *Diário Nacional*, Rio de Janeiro, 3 fev. 1928, p. 2 <https://bit.ly/3nNwRdb>.

ANDRADE, Mário de. Arquitetura moderna III. *Diário Nacional*, Rio de Janeiro, 4 fev. 1928, p. 2 https://bit.ly/3rDhiFX>.

ANDRADE, Mário de. Brazil Builds. *Folha da Manhã*, São Paulo, 23 mar. 1944, p. 7 <https://bit.ly/340MyXb>. Republicação: ANDRADE, Mário (1944). Brazil Builds. *Arte em Revista*, n. 4, São Paulo, CEAC, ago. 1980, p. 25-26.

ANDRADE, Mário de (1928). *Ensaio sobre a música brasileira*. 3ª edição. São Paulo/Brasília, Martins/INL, 1972.

ANDRADE, Mário de (1928). *Ensaio sobre a música brasileira*. Edição crítica organizada por Flávia Camargo Toni. São Paulo, Edusp, 2020.

ANDRADE, Mário de. Exposição duma casa modernista (considerações). *Diário Nacional*, São Paulo, 05 abr. 1930, p. 6 <https://bit.ly/33yUHm2>.

ANDRADE, Mário de (1928). *Macunaíma: o herói sem nenhum caráter*. Edição crítica coordenada por Telê Porto Ancona Lopez. Florianópolis, UFSC/Unesco, 1988.

ANDRADE, Mário de (1942). O movimento modernista. *Aspectos da literatura brasileira*. 5ª edição. São Paulo, Martins, 1974, p. 231-255.

ANDRADE, Mário de. O trem azul. *Para Todos*, n. 593, Rio de Janeiro, 26 abr. 1930, p. 9.

ANDRADE, Mário de (1922). O trovador (*Pauliceia desvairada*). *Poesias completas* (op. cit.), p. 32-33.

ANDRADE, Mário de. *O turista aprendiz*. 2ª edição. Estabelecimento de texto, introdução e notas de Telê Porto Ancona Lopez. São Paulo, Duas Cidades, 1983.

ANDRADE, Mário de. *Poesias completas*. 3ª edição. São Paulo, Martins/MEC, 1972.

ANDRADE, Nonê de. Oswald de Andrade (desenho). 3ª seção. *Correio Paulistano*, São Paulo, 26 jun. 1949, p. 1.

ANDRADE, Oswald de. A casa modernista, o pior crítico do mundo e outras considerações. *O Jornal*, Rio de Janeiro, 19 abr. 1930, p. 2 <https://bit.ly/3tQ7U4L>.

ANDRADE, Oswald de. Antropofagia e arquitetura. *Diário da Noite*, Rio de Janeiro, 28 jun. 1930, p. 1 <https://bit.ly/3AnJeSs>.

ANDRADE, Oswald de. *Do Pau-Brasil à antropofagia e às utopias: manifestos, teses de concursos e ensaios*. Obras completas, volume 6. Rio de Janeiro, Civilização Brasileira/MEC, 1972.

ANDRADE, Oswald de. Manifesto antropófago. *Revista de Antropofagia*, n. 1, São Paulo, 1 mai. 1928. Republicação: ANDRADE, Oswald de (1928). Manifesto antropófago. *Do Pau-Brasil à antropofagia e às utopias: manifestos, teses de concursos e ensaios* (op. cit.), p. 11-19.

ANDRADE, Oswald de. Manifesto da poesia Pau-Brasil. *Correio da Manhã*, 18 mar. 1924, p. 5 <https://bit.ly/3HncXh1>. Republicação: ANDRADE, Oswald de (1924). Manifesto da poesia Pau-Brasil. *Do Pau-Brasil à antropofagia e às utopias: manifestos, teses de concursos e ensaios* (op. cit.), p. 1-10.

ANDRADE, Oswald de. *Memórias sentimentais de João Miramar / Serafim Ponte Grande*. Obras completas, volume 2. Rio de Janeiro, Civilização Brasileira/MEC, 1972.

ANDRADE, Oswald de. O modernismo. *Estética e política*. Obras completas. Organização de Maria Eugenia Boaventura. São Paulo, Globo, 1992, p. 120-127.

ANDRADE, Oswald de (1937). *O rei da vela*. Obras completas. 8ª edição. São Paulo, Globo, 1999.

ANDRADE, Oswald de (1925). *Pau-Brasil*. Organização de Haroldo de Campos. Obras completas, volume 3. 2ª edição. São Paulo, Globo/Secretaria de Estado da Cultura de São Paulo, 1990.

ANDRADE, Oswald de (1925). Postes da Light. *Pau-Brasil* (op. cit.), p. 113-124.

ANDRADE, Oswald de (1925). Roteiro das Minas. *Pau-Brasil* (op. cit.), p. 125-136.

ANELLI, Renato; GUERRA, Abilio; KON, Nelson. *Rino Levi: arquitetura e cidade*. São Paulo, Romano Guerra, 2001.

ARANHA, José Pereira Graça. *A estética da vida*. Rio de Janeiro, Livraria Garnier, 1921.

ARANHA, José Pereira Graça (1902). *Canaã*. 3ª edição. Rio de Janeiro, Nova Fronteira, 1981.

ARANHA, Luis (1921). Drogaria de éter e sombra. *Cocktails poemas*. Organização Nelson Ascher e Rui Moreira Leite. São Paulo, Brasiliense, 1984, p. 25-41.

ARANTES, Otília Beatriz Fiori (1996). Lúcio Costa e a *boa causa* da arquitetura moderna. In ARANTES, Otília Beatriz Fiori; ARANTES, Paulo Eduardo. *O sentido da formação: três estudos sobre Antônio Candido, Gilda de Mello e Souza e Lúcio Costa*. São Paulo, Paz e Terra, 1997, p. 115-133.

ARANTES, Otília Beatriz Fiori. Resumo de Lúcio Costa. In GUERRA, Abilio (Org.). *Textos fundamentais sobre história da arquitetura moderna brasileira: parte 2* (op. cit.), p. 259-278.

ARNALDO. Mário de Andrade (desenho). *Paratodos*, n. 509, Rio de Janeiro, 15 set. 1928, p. 15.

ARTIGAS, João Batista Vilanova. A Semana de 22 e a arquitetura. *Módulo*, n. 45, Rio de Janeiro, mar./abr. 1977, p. 20-23.

ARTIGAS, João Batista Vilanova (1955). Aos formandos da FAU USP. *AD – Arquitetura e Decoração*, ano 4, n. 17, São Paulo, mai./jun. 1956, s/p. Republicação: ARTIGAS, João Batista Vilanova (1955). Aos formandos da FAU USP. *Caminhos da arquitetura*. 3ª edição (op. cit.), p. 59-63.

ARTIGAS, João Batista Vilanova. *Caminhos da arquitetura*. 2ª edição. São Paulo, Fundação Vilanova Artigas/Pini, 1986.

ARTIGAS, João Batista Vilanova. *Caminhos da arquitetura*. 3ª edição, São Paulo, Cosac Naify, 1999.

ARTIGAS, João Batista Vilanova (1977). Semana de 22 e a arquitetura. *Caminhos da arquitetura*. 3ª edição (op. cit.), p. 139-141.

ARTIGAS, João Batista Vilanova. Os caminhos da arquitetura moderna. *Fundamentos*, n. 24, São Paulo, jan. 1952, p. 20-25. Republicação: ARTIGAS, João Batista Vilanova. Os caminhos da arquitetura moderna. *Caminhos da arquitetura*. 3ª edição (op. cit.), p. 35-50.

ARTIGAS, Rosa (Org.). *Vilanova Artigas*. São Paulo, Instituto Bardi/Fundação Vilanova Artigas, 1997.

AVERBUCK, Lígia Morrone. *Cobra Norato e a revolução caraíba*. Rio de Janeiro, José Olympio/INL/Pró-Memória, 1985.

ÁVILA, Affonso (Org.). *O modernismo*. São Paulo, Perspectiva/Secretaria da Cultura Ciência e Tecnologia, 1975.

BARDI, Pietro Maria. *Lembranças de Le Corbusier: Atenas, Itália, Brasil*. São Paulo, Nobel, 1984.

BARREIRINHAS, Yoshie Sakiyama. *Menotti del Picchia, o gedeão do modernismo: 1920/22*. São Paulo, Civilização Brasileira, 1983.

BARROS, Regina Teixeira de. Sobre os desenhos de Tarsila. In AMARAL, Aracy; BARROS, Regina Teixeira de. *Tarsila: estudos e anotações* (op. cit.), p. 23-33.

BAYÓN, Damián. *Panorâmica de la arquitectura latino-americana*. Barcelona, Blume, 1977.

BELMONTE. Mário de Andrade (desenho). *D. Quixote*, Rio de Janeiro, n. 292, 13 dez. 1922, p. 13.

BELMONTE. Mário de Andrade, Motta Filho e Oswald de Andrade (desenho). *D. Quixote*, Rio de Janeiro, n. 327, 15 ago. 1923, p. 11.

BILL, Max. Report on Brazil. *The Architectural Review*, v. 116, n. 694, Londres, out. 1954, p. 235-240.

BONDUKI, Nabil Georges. *Affonso Eduardo Reidy*. São Paulo/Lisboa, Instituto Bardi/Blau, 1999.

BOPP, Raul (1931). *Cobra Norato*. In BOPP, Raul. *Cobra Norato e outros poemas*. Nota introdutória de Antônio Houaiss. 13ª edição. Rio de Janeiro, Civilização Brasileira, 1984, p. 1-88.

BOSI, Alfredo. Situação de Macunaíma. In ANDRADE, Mário de. *Macunaíma: o herói sem nenhum caráter*. Edição crítica coordenada por Telê Porto Ancona Lopez (op. cit.), p. 171-181.

BRANCO, Ilda Helena Diniz Castello; DAHER, Luiz Carlos; HOMEM, Maria Cecília Naclério; LEMOS, Carlos Alberto Cerqueira. *Warchavchik, Pilon, Rino Levi: três momentos da arquitetura paulista*. Catálogo de exposição. São Paulo, Funarte/Museu Lasar Segall, 1983.

BRITO, Mário da Silva. *História do modernismo brasileiro 1: antecedentes da Semana de Arte Moderna*. 5ª edição. Rio de Janeiro, Civilização Brasileira, 1978.

BRITO, Samuel Silva de. Pavilhão do Brasil na Exposição de Filadélfia: 1925. *Anais do III Encontro da Associação Nacional de Pesquisa e Pós-graduação em Arquitetura e Urbanismo*. Tema "Arquitetura, cidade e projeto: uma construção coletiva". São Paulo, Enanparq, 2014 <https://bit.ly/3FDckOZ>.

BROCA, Brito. Blaise Cendrars no Brasil, em 1924. *A Manhã*, Rio de Janeiro, 4 mai. 1952.

BRUAND, Yves (1981). *Arquitetura contemporânea no Brasil*. 2ª edição. São Paulo, Perspectiva, 1991.

BRUGNERA, Ana Carolina. *Rumo às comunidades criativas – as articulações entre natureza e cultura na gestão sustentável das paisagens culturais do Peruaçu, Brasil*. Orientador Abilio Guerra. Tese de doutorado. São Paulo, FAU Mackenzie, 2020.

CALIL, Carlos Augusto. Quem foi Blaise Cendrars, franco-suíço que se encantou por Aleijadinho e influenciou Oswald e Tarsila. Caderno Ilustríssima. *Folha de S.Paulo*, São Paulo, 23 jan. 2021 <https://bit.ly/3AD9qs4>.

CALIL, Carlos Augusto. Sob o signo do Aleijadinho: Blaise Cendrars, precursor do patrimônio histórico. *Arquitextos*, ano 13, n. 149.05, São Paulo, Vitruvius, out. 2012 <https://bit.ly/3GGe8Yl>.

CALIL, Carlos Augusto. Tradutores de Brasil. In SCHWARTZ, Jorge (Org.). *Brasil 1920-1950: da antropofagia a Brasília* (op. cit.), p. 325-349.

CAMPOS, Haroldo de. Miramar na mira. In ANDRADE, Oswald de. *Memórias sentimentais de João Miramar / Serafim Ponte Grande* (op. cit.), p. XIII-XLV.

CAMPOS, Haroldo de. Uma poética da radicalidade. In ANDRADE, Oswald de. *Pau-Brasil* (op. cit.), p. 7-53.

CÂNDIDO, Antônio (1970). Digressão sentimental sobre Oswald de Andrade. *Vários escritos*. 2ª edição. São Paulo, Duas Cidades, 1977, p. 56-87.

CÂNDIDO, Antônio (1950). Literatura e cultura de 1900 a 1945. *Literatura e sociedade*. 7ª edição. São Paulo, Companhia Editora Nacional, 1985, p. 109-138.

CÂNDIDO, Antônio. *O método crítico de Sílvio Romero*. São Paulo, Edusp, 1988.

CARVALHO, Flávio de. Modernista Warchavchik. *Diário da Noite*, São Paulo, 08 jul. 1930. Republicação: CARVALHO, Flávio de. Modernista Warchavchik. *Arte em Revista*, n. 4, São Paulo, CEAC, ago. 1980, p. 9.

CARVALHO, Ronald. Graça Aranha, criador de entusiasmo. *Klaxon*, n. 8-9, São Paulo, dez. 1922/jan. 1923, p. 2-3.

CASTRO, Silvio. *Teoria e política do modernismo brasileiro*. Petrópolis, Vozes, 1979.

CAVALCANTI, Lauro. *As preocupações do belo*. Rio de Janeiro, Taurus, 1995.

CAVALCANTI, Lauro. *Dezoito graus: a biografia do Palácio Capanema*. São Paulo, Olhares, 2018.

CAVALCANTI, Lauro (Org.). *Modernistas na repartição*. Rio de Janeiro, UFRJ/Paço Municipal/Tempo Brasileiro, 1993.

CAVALCANTI, Lauro. Henrique Mindlin e a arquitetura moderna brasileira. In MINDLIN, Henrique E. *Arquitetura moderna no Brasil* (op. cit.), p. 11-16.

CENDRARS, Blaise (1924). Feuilles de route. *Du monde entier au cœur du monde: poésies complètes*. Paris, Gallimard, 2009, p. 189-269.

COEN, Lorette; PROJETO COM COM. *Serra do Mar: as cores da urbanidade*. Colaborador Projeto Com Com. São Paulo, Ipsis Gráfica e Editora, 2017.

COEN, Lorette; PROJETO COM COM. *Serra do Mar: The Colors of Urbanity*. São Paulo, Ipsis Gráfica e Editora, 2017.

COMAS, Carlos Eduardo. A Feira Mundial de Nova York de 1939: o pavilhão brasileiro. *Arqtexto*, n. 16, Porto Alegre, p. 56-97.

COMAS, Carlos Eduardo. A racionalidade da meia lua: apartamentos do Parque Guinle no Rio de Janeiro, Brasil, 1948-52. *Arquitextos*, ano 01, n. 010.01, São Paulo, Vitruvius, mar. 2001 <https://bit.ly/3qhheMA>.

COMAS, Carlos Eduardo. Arquitetura moderna, estilo campestre. Hotel, Parque São Clemente. *Arquitextos*, ano 11, n. 123.00, São Paulo, Vitruvius, ago. 2010 <https://bit.ly/3nV8iv5>.

COMAS, Carlos Eduardo. Arquitetura moderna, estilo Corbu, Pavilhão brasileiro. *AU – Arquitetura e Urbanismo*, n. 26, São Paulo, out./nov. 1989, p. 92-101. Republicação: COMAS, Carlos Eduardo. Arquitetura moderna, estilo Corbu, Pavilhão brasileiro. In GUERRA, Abilio (Org.). *Textos fundamentais sobre história da arquitetura moderna brasileira: parte 1* (op. cit.), p. 207-225.

COMAS, Carlos Eduardo. Le Corbusier: os riscos brasileiros de 1936. In TSIOMIS, Yannis (Org.). *Le Corbusier. Rio de Janeiro 1929 1936*. Rio de Janeiro, Centro de Arquitetura e Urbanismo do Rio de Janeiro, 1998, p. 26-31.

COMAS, Carlos Eduardo. O passado mora ao lado: Lúcio Costa e o projeto do Grande Hotel de Ouro Preto, 1938/40. *Arqtexto*, n. 2, Porto Alegre, 2002, p. 6-19.

CONTINENTINO, Lincoln. Plano de urbanização da cidade operária de Monlevade. *Revista da Directoria de Engenharia*, v. 3, n. 5, Rio de Janeiro, Prefeitura do Distrito Federal, set. 1936, p. 282-287 <https://bit.ly/3sqJrkZ>.

Constituição da República Federativa do Brasil de 1988. Texto constitucional promulgado em 5 de outubro de 1988, com as alterações determinadas pelas Emendas Constitucionais de Revisão n. 1 a 6/94, pelas Emendas Constitucionais n. 1/92 a 91/2016 e pelo Decreto Legislativo n. 186/2008. Brasília, Senado Federal/Coordenação de Edições Técnicas, 2016 <https://bit.ly/3gfenhG>.

CORONA, Eduardo; LEMOS, Carlos. *Dicionário da arquitetura brasileira*. 2ª edição. São Paulo, Romano Guerra, 2017.

CORREIA, Telma de Barros. O modernismo e o núcleo fabril: o anteprojeto de Lúcio Costa para Monlevade. *Pós*, n. 14, São Paulo, FAU USP, dez. 2003, p. 80-93 <https://bit.ly/3FtF8LO>.

COSTA, Carlos Guilherme Campos. Remoção. In COEN, Lorette; PROJETO COM COM. *Serra do Mar: as cores da urbanidade* (op. cit.), p. 131.

COSTA, Carlos Guilherme Campos. Removal. In COEN, Lorette; PROJETO COM COM. *Serra do Mar: The Colors of Urbanity* (op. cit.), p. 131.

COSTA, Lúcio (1982). À guisa de sumário. *Registro de uma vivência* (op. cit.), p. 11-19.

COSTA, Lúcio. Anteprojeto para a Vila Monlevade: memorial descritivo. *Revista da Diretoria de Engenharia da Prefeitura do Distrito Federal*, v. III, n. 3, Rio de Janeiro, mai. 1936, p. 115-128 <https://bit.ly/3GiGAyv>. Republicações: COSTA, Lúcio. Vila Monlevade. *Sobre arquitetura* (op. cit.), p. 42-55; COSTA, Lúcio. Vila Monlevade. *Registro de uma vivência* (op. cit.), p. 90-99.

COSTA, Lúcio (1948). Carta depoimento. *Sobre arquitetura* (op. cit.), p. 123-128.

COSTA, Lúcio (1959). Casa do Brasil em Paris. *Sobre arquitetura* (op. cit.), p. 290-291.

COSTA, Lúcio (1952). Casa do estudante. Cité Universitaire, Paris. *Registro de uma vivência* (op. cit.), p. 230-236.

COSTA, Lúcio (1932-1936). Chômage. *Registro de uma vivência* (op. cit.), p. 83- 89.

COSTA, Lúcio (1936-1937). Cidade Universitária. *Registro de uma vivência* (op. cit.), p. 172-189.

COSTA, Lúcio (anos 1940). Considerações sobre arte contemporânea. *Registro de uma vivência* (op. cit.), p. 245-258.

COSTA, Lúcio (1953). Desencontro. *Registro de uma vivência* (op. cit.), p. 201-202.

COSTA, Lúcio (1948). Depoimento. *Registro de uma vivência* (op. cit.), p. 198-200.

COSTA, Lúcio. Diamantina. *Registro de uma vivência* (op. cit.), p. 26-29.

COSTA, Lúcio (1938). Documentação necessária. *Registro de uma vivência* (op. cit.), p. 457-462.

COSTA, Lúcio (1948). Ensino de desenho. *Sobre arquitetura* (op. cit.), p. 129-160.

COSTA, Lúcio. Gregori Warchavchik. *Registro de uma vivência* (op. cit.), p. 72-73.

COSTA, Lúcio. In extremis: a inusitada peteca. *Registro de uma vivência* (op. cit.), p. 597.

COSTA, Lúcio. Mary Houston: registro de viagem. *Registro de uma vivência* (op. cit.), p. 48.

COSTA, Lúcio (1957). Memória descritiva do plano piloto. *Registro de uma vivência* (op. cit.), p. 283-297.

COSTA, Lúcio (1936). Ministério da Educação e Saúde. *Registro de uma vivência* (op. cit.), p. 122-130.

COSTA, Lúcio (1949). Mise au point. *Registro de uma vivência* (op. cit.), p. 139-141.

COSTA, Lúcio. Muita construção, alguma arquitetura e um milagre. Caderno Construções e Urbanismo (suplemento comemorativo do cinquentenário do jornal). *Correio da Manhã*, Rio de Janeiro, 15 jun. 1951, p. 2 <https://bit.ly/3fQeAaB>. Republicação: COSTA, Lúcio. Muita construção, alguma arquitetura e um milagre. *Registro de uma vivência* (op. cit.), p. 157-171.

COSTA, Lúcio (1929). O Aleijadinho e a arquitetura tradicional. *Sobre arquitetura* (op. cit.), p. 12-16.

COSTA, Lúcio (1952). O arquiteto e a sociedade contemporânea. *Registro de uma vivência* (op. cit.), p. 268-275.

COSTA, Lúcio. O arranha-céu e o Rio de Janeiro. *O País* (*O Paiz*), Rio de Janeiro, 1 jul. 1928, p. 1; 4 <https://bit.ly/32HfKSW>; <https://bit.ly/3re3GCh>. Republicação: COSTA, Lúcio. O arranha-céu e o Rio de Janeiro. *Trabalhos escritos* (op. cit.), 6 páginas (mimeo, sem paginação geral).

COSTA, Lúcio (1950). Oscar Niemeyer: prefácio para o livro de Stamo Papadaki. *Registro de uma vivência* (op. cit.), p. 195-196.

COSTA, Lúcio (anos 1940). Parque Guinle. *Registro de uma vivência* (op. cit.), p. 205-213.

COSTA, Lúcio (1934). Razões da nova arquitetura. *Registro de uma vivência* (op. cit.), p. 108-116.

COSTA, Lúcio (1934). Razões da nova arquitetura. *Sobre arquitetura* (op. cit.), p. 17-41.

COSTA, Lúcio (1975). Relato pessoal. *Registro de uma vivência* (op. cit.), p. 135-138.

COSTA, Lúcio (1970). Sphan: Serviço do Patrimônio Histórico e Artístico Nacional. *Registro de uma vivência* (op. cit.), p. 437.

COSTA, Lúcio. Raízes da arquitetura colonial brasileira. *Trabalhos escritos* (op. cit.), 4 páginas (mimeo, sem paginação geral).

COSTA, Lúcio. *Registro de uma vivência*. São Paulo, Empresa das Artes, 1995.

COSTA, Lúcio. Roquebrune. *Registro de uma vivência* (op. cit.), p. 582-585.

COSTA, Lúcio. Salão de 31. *Registro de uma vivência* (op. cit.), p. 70-71.

COSTA, Lúcio. *Sobre arquitetura*. Organização de Alberto Xavier. Porto Alegre, Centro dos Estudantes Universitários de Arquitetura, 1962.

COSTA, Lúcio. *Trabalhos escritos*. Organização Alberto Xavier. Brasília, UNB, 1970 (mimeo).

COSTA, Lúcio. Tradição local. *Registro de uma vivência* (op. cit.), p. 451-454.

CRITELLI, Fernanda. *Richard Neutra e o Brasil*. São Paulo/Austin, Romano Guerra/Nhamerica, 2022.

CZAJKOWSKY, Jorge; BURLAMARQUI, Maria Cristina; BRITO, Ronaldo (1987). Presença de Le Corbusier: entrevista de Lúcio Costa. In COSTA, Lúcio. *Registro de uma vivência* (op. cit.), p. 144-155.

DAHER, Luiz Carlos. *Flávio de Carvalho: arquitetura e expressionismo*. São Paulo, Projeto, 1982.

D'ABBEVILLE, Claude. *Histoire de la mission des peres capucins en l'Isle de Maragnan et terres circonvoisines*. Paris, François Huby, 1614.

DE MURTAS. Lúcio Costa (desenho). *Fon-Fon*, n. 21, Rio de Janeiro, 23 mai. 1931, p. 37.

DENIS, Ferdinand. *Une fête brésilienne célébrée à Rouen en 1550, suivie d'un fragment du XVIe siècle roulant sur la théogonie des anciens peuples du Brésil, et des poésies en langue tupique de Christovam Valente*. Paris, J. Techener, 1850.

DESCERPZ, François. *Recueil de la diversité des habits, qui sont de present en usage, tant es pays d'Europe, Asie, Afrique & Isles sauuages, Le tout fait apres le naturel*. Paris, Imprimerie de Richard Breton, 1567.

DI CAVALCANTI, Emiliano. Tarsila do Amaral (desenho). *Para Todos!*, n. 554, Rio de Janeiro, 27 jul. 1929, p. 14.

ESPALLARGAS GIMENEZ, Luis. Pós-modernismo, arquitetura e tropicália. *Projeto*, n. 65, São Paulo, jul. 1984, p. 87-93. Republicação: ESPALLARGAS GIMENEZ, Luis. Pós-modernismo, arquitetura e tropicália. In GUERRA, Abilio (Org.). *Textos fundamentais sobre história da arquitetura moderna brasileira: parte 1* (op. cit.), p. 35-62.

EULALIO, Alexandre (1978). *A aventura brasileira de Blaise Cendrars*. Organização de Carlos Augusto Calil. 2ª edição revista, ampliada e atualizada. São Paulo, Edusp/Imesp, 2001.

EULALIO, Alexandre (1984). Prefácio a 'Lembrança de Le Corbusier'. *A aventura brasileira de Blaise Cendrars* (op. cit.), p. 428.

FALCÃO, Luiz Annibal. Assim ele compõe. *Klaxon*, n. 8-9, São Paulo, dez. 1922/jan. 1923, p. 10-11.

FARIA, Daniel. As meditações americanas de Keyserling: um cosmopolitismo nas incertezas do tempo. *Varia Historia*, v. 29, n. 51, Belo Horizonte, set./dez. 2013, p. 905-923.

FARIAS, Agnaldo. *Arquitetura eclipsada: notas sobre história e arquitetura a propósito da obra de Gregori Warchavchik, introdutor da arquitetura moderna no Brasil*. Orientador Nicolau Sevcenko. Dissertação de mestrado. Campinas, IFCH Unicamp, 1990.

FARIAS, Agnaldo. Gregori Warchavchik: introdutor da arquitetura moderna no Brasil. *Óculum*, n. 2, Campinas, FAU PUC-Campinas, set. 1992, p. 8-22.

FAYE, Jean-Pierre. *Los lenguajes totalitarios*. Madri, Taurus, 1974.

FERRAZ, Geraldo. Depoimento do arquiteto Lúcio Costa sobre a arquitetura moderna brasileira. *O Jornal*, Rio de Janeiro, 14 mar. 1948, p. 2 <https://bit.ly/3ItKVAA>.

FERRAZ, Geraldo. Falta o depoimento de Lúcio Costa: quem é o pioneiro da arquitetura moderna brasileira. *O Jornal*, Rio de Janeiro, 15 fev. 1948, p. 2 <https://bit.ly/3Kvwvl8>. Republicação: FERRAZ, Geraldo. Falta o depoimento de Lúcio Costa. In COSTA, Lúcio. *Sobre arquitetura* (op. cit.), p. 119-122.

FERRAZ, Geraldo. *Warchavchik e a introdução da nova arquitetura no Brasil: 1925 a 1940*. São Paulo, Museu de Arte, 1965.

FERRAZ, Marcelo Carvalho (Org.). *Lina Bo Bardi*. 5ª edição. São Paulo, Instituto Bardi/Romano Guerra, 2018.

FRAMPTON, Kenneth. *História crítica da arquitetura moderna*. São Paulo, Martins Fontes, 1997.

FRANCO, Affonso Arinos de Mello. Discurso de posse. Rio de Janeiro, Academia Brasileira de Letras, 26 nov. 1999 <https://bit.ly/3nN1JtW>.

FRANCO, Affonso Arinos de Mello. *O índio brasileiro e a Revolução Francesa: as origens da teoria da bondade natural*. Coleção Documentos Brasileiros. Rio de Janeiro, José Olympio, 1937.

FRANK, Nino. Retour du Brésil: Blaise Cendrars. Coluna Malles et Valises. *Les Nouvelles Littéraires, Artistiques et Scientifiques*, n. 288, Paris, 21 abr. 1928, p. 9.

FRANK, Nino. São Paulo-Paris: Oswald de Andrade. Coluna Malles et Valises. *Les Nouvelles Littéraires, Artistiques et Scientifiques*, n. 300, Paris, 14 jul. 1928, p. 2.

FREYRE, Gilberto (1933). *Casa-grande e senzala*. São Paulo, Círculo do Livro, 1987.

FREYRE, Gilberto (1936). *Sobrados e mucambos*. 15ª edição, 2ª reimpressão. São Paulo, Global, 2012.

GARNIER, Tony. Una ciudad industrial: estudio para la construcción de ciudades. In AYMONINO, Carlo. *Origenes y desarollo de la ciudad moderna*. Barcelona, Gustavo Gili, 1972, p. 215-284.

GIEDION, Sigfried (1956). O Brasil e arquitetura contemporânea. In MINDLIN, Henrique E. *Arquitetura moderna no Brasil* (op. cit.), p. 17-18.

GOODWIN, Philip L. *Brazil Builds: Architecture New and Old 1652-1942*. Nova York, MoMA, 1943.

GOTLIB, Nádia Batella. *Tarsila do Amaral, a modernista*. São Paulo, Senac, 1998.

GRAEFF, Edgar; JAIMOVITCH, Marcos; DUVAL, José; SELTER, Slioma. *Arquitetura contemporânea no Brasil*. Rio de Janeiro, Gertum Carneiro, 1947.

GROPIUS, Walter. *Bauhaus: novarquitetura*. 3ª edição. São Paulo, Perspectiva, 1977.

GUERRA, Abilio. Arquitetura brasileira: tradição e utopia. *Revista IEB*, n. 76, ago. 2020, p. 158-200 <https://bit.ly/34JWOUj>.

GUERRA, Abilio. Lúcio Costa, Gregori Warchavchik e Roberto Burle Marx: síntese entre arquitetura e natureza tropical. *Revista USP*, n. 53, São Paulo, mar./mai. 2002 <https://bit.ly/3zr6VJ5>. Republicações: GUERRA, Abilio. Lúcio Costa, Gregori Warchavchik e Roberto Burle Marx: síntese entre arquitetura e natureza tropical. *Arquitextos*, ano 03, n. 029.05, São Paulo, Vitruvius, out. 2002 <https://bit.ly/3zqv6Ht>; GUERRA, Abilio. Lúcio Costa, Gregori Warchavchik e Roberto Burle Marx: síntese entre arquitetura e natureza tropical. In GUERRA, Abilio (Org.). *Textos fundamentais sobre história da arquitetura moderna brasileira: parte 2* (op. cit.), p. 299-325.

GUERRA, Abilio. *Lúcio Costa, modernidade e tradição: montagem discursiva da arquitetura moderna brasileira*. Orientadora Stella Bresciani. Tese de doutorado. Campinas, IFCH Unicamp, 2002.

GUERRA, Abilio. Modernistas na estrada. *Arquiteturismo*, ano 01, n. 008.02, São Paulo, Vitruvius, out. 2007 <https://bit.ly/3fjalPh>.

GUERRA, Abilio. O estranho ao Sul do Rio Grande. In CRITELLI, Fernanda. *Richard Neutra e o Brasil* (op. cit.), p. 6-23.

GUERRA, Abilio. *O homem primitivo: origem e conformação no universo intelectual brasileiro (séculos 19 e 20)*. Orientadora Stella Bresciani. Dissertação de mestrado. Campinas, IFCH Unicamp, 1990.

GUERRA, Abilio. *O primitivismo em Mário de Andrade, Oswald de Andrade e Raul Bopp: origem e conformação no universo intelectual brasileiro*. São Paulo, Romano Guerra, 2010.

GUERRA, Abilio. O primitivo modernista em Mário de Andrade, Oswald de Andrade e Raul Bopp. *Óculum*, n. 2, Campinas, FAU PUC-Campinas, set. 1992, p. 43-59.

GUERRA, Abilio (Org.). *Textos fundamentais sobre história da arquitetura moderna brasileira: parte 1*. São Paulo, Romano Guerra, 2010.

GUERRA, Abilio (Org.). *Textos fundamentais sobre história da arquitetura moderna brasileira: parte 2*. São Paulo, Romano Guerra, 2010.

GUERRA, Abilio; CRITELLI, Fernanda. Gregori Warchavchik, o arquiteto da Semana de Arte Moderna de 1922. *Ciência e Cultura*, v. 74, n. 2, São Paulo, SBPC, abr./jun. 2022 <https://bit.ly/3BNJxs3>.

GUIMARAENS, Cêça de. *Lúcio Costa: um certo arquiteto em incerto e secular roteiro*. Rio de Janeiro, Relume Dumará, 1996.

GUIMARÃES, Marilia Dorador. *Roberto Burle Marx: a contribuição do artista e paisagista no Estado de São Paulo*. Orientador Abilio Guerra. Dissertação de mestrado. São Paulo, FAU Mackenzie, 2011.

GUTIÉRREZ, Ramón (Org.). *Architettura e società: l'America Latina nel XX Secolo*. Dicionário enciclopédico. Milão, Jaca Book, 1996.

HARDT, Michael; NEGRI, Antonio. *Bem-estar comum*. Rio de Janeiro, Record, 2016.

HOLANDA, Sérgio Buarque de (1936). *Raízes do Brasil*. 3ª edição. Rio de Janeiro, José Olympio, 1956.

HOLANDA, Sérgio Buarque de (1959). *Visão do paraíso: os motivos edênicos no descobrimento e colonização do Brasil*. 4ª edição. São Paulo, Companhia Editora Nacional, 1985.

IPATRIMÔNIO – PATRIMÔNIO CULTURAL BRASILEIRO. Rio de Janeiro, Palácio das Laranjeiras <https://bit.ly/3g6LC6N>.

JACQUES, Paola Berenstein. *Pensamentos selvagens: montagem de uma outra herança, 2*. Salvador, EDUFBA, 2021.

KEYSERLING, Hermann (1926). *El mundo que nace*. 2ª edição. Madri, Revista de Occidente, 1929.

KEYSERLING, Hermann. *Meditaciones suramericanas*. Madri, Espasa-Calpe, 1933.

KOLODZIEISKI, Allan. Intertextualidade no Sexteto Místico de Heitor Villa-Lobos. *XXIII Congresso da Associação Nacional de Pesquisa e Pós-Graduação em Música*. Natal, ANPPOM, 2013 <https://bit.ly/35gSYST>.

KOPENAWA, Davi; ALBERT, Bruce. *A queda do céu: palavras de um xamã yanomami*. São Paulo, Companhia das Letras, 2015.

KRENAK, Ailton. *A vida não é util*. São Paulo, Companhia das Letras, 2020.

KRENAK, Ailton. *Ideias para adiar o fim do mundo*. São Paulo, Companhia das Letras, 2019.

LAFITAU, Joseph-François. *Histoire des découvertes et conquestes des Portugais dans le Nouveau Monde*. Paris, chez Saugrain pere, Quai des Augustins, au coin de la rue pavée, à la Fleur de Lis. Jean-Baptiste Coignard fils, imprimeur du roi, rue S. Jacques, à la Bible d'Or, 1733.

LAFITAU, Joseph-François. *Mouers des sauvages amériquains comparés aux moeurs des anciens temps*. Paris, Saugrain l'aîné Charles Estienne Hocherbau, 1724.

LARA, Fernando Luiz. Espelho de fora: arquitetura brasileira vista do exterior. *Arquitextos*, ano 01, n. 004.07, São Paulo, Vitruvius, set. 2000 <https://bit.ly/3nhRoGo>.

LE CORBUSIER (1929). Corolário brasileiro. In PEREIRA, Margareth da Silva; PEREIRA, Romão Veriano da Silva; SANTOS, Cecília Rodrigues dos; SILVA, Vasco Caldeira da. *Le Corbusier e o Brasil* (op. cit.), p. 87-96.

LE CORBUSIER (1929). O espírito sulamericano. In PEREIRA, Margareth da Silva; PEREIRA, Romão Veriano da Silva; SANTOS, Cecília Rodrigues dos; SILVA, Vasco Caldeira da. *Le Corbusier e o Brasil* (op. cit.), p. 68-71.

LE CORBUSIER. *Oeuvre Complète*. Volume 3, 1934/38. Zurique, Girsberger, s.d.

LE CORBUSIER (1943). *Os três estabelecimentos humanos*. 2ª edição. São Paulo, Perspectiva, 1979.

LE CORBUSIER (1929). Prólogo americano. In PEREIRA, Margareth da Silva; PEREIRA, Romão Veriano da Silva; SANTOS, Cecília Rodrigues dos; SILVA, Vasco Caldeira da. *Le Corbusier e o Brasil* (op. cit.), p. 72-86.

LEITE, Rui Moreira. Flávio de Carvalho: o arquiteto modernista em três tempos. *Óculum*, n. 2, Campinas, FAU PUC-Campinas, set. 1992, p. 25-34.

LEONEL, Maria Cecília de Moraes. *Estética e modernismo*. São Paulo/Brasília, Hucitec/INL/Fundação Nacional Pró-Memória, 1984.

LERY, Jean de (1578). *Histoire d'un voyage faict en la terre du Brésil*. Introdução e notas de Paul Gaffarel. Paris, Alphonse Lemerre, 1880.

LIERNUR, Jorge Francisco. The south american way: el 'milagro' brasileño, los Estados Unidos y la Segunda Guerra Mundial – 1939-1943. *Block*, Buenos Aires, Universidad Torcuato di Tella, n. 4, dez. 1999, p. 23-41.

LIERNUR, Jorge Francisco. The south american way: o milagre brasileiro, os Estados Unidos e a Segunda Guerra Mundial – 1939-1943. In GUERRA, Abilio (Org.). *Textos fundamentais sobre história da arquitetura moderna brasileira: parte 2* (op. cit.), p. 169-217.

LIMA, Fábio José Martins de. Cidade operária de Monlevade: novos conceitos de morar. *Anais do 3º Seminário Docomomo Brasil*. São Paulo, Fundação Bienal de São Paulo/Instituto de Arquitetos do Brasil, 1999 <https://bit.ly/3b0fWk8>.

LIMA, Fábio José Martins de. *Por uma cidade moderna: ideários de urbanismo em jogo no concurso para Monlevade e nos projetos destacados da trajetória dos técnicos concorrentes (1931-1943)*. Orientadora Maria Cristina da Silva Leme. Tese de doutorado. São Paulo, FAU USP, 2003.

LIRA, José Tavares Correia de. *Warchavchik: fraturas da vanguarda*. São Paulo, Cosac Naify, 2011.

LOPEZ, Telê Porto Ancona, *Mário de Andrade: ramais e caminho*. São Paulo, Duas Cidades, 1972.

LOPEZ, Telê Porto Ancona. O texto e o livro. 1. Vínculos Makunaíma/Macunaíma. In ANDRADE, Mário de. *Macunaíma: o herói sem nenhum caráter* (op. cit.), p. 311-337.

LOPEZ, Telê Porto Ancona. Viagens etnográficas de Mário de Andrade. In ANDRADE, Mário de. *O turista aprendiz* (op. cit.), p. 15-23.

MACHADO, Lourival Gomes. Sobre a influência francesa na arte brasileira. *Revista Acadêmica*, n. 67, Rio de Janeiro, nov. 1946, p. 64.

MAILLARD, Robert (Org.). *Diccionario universal del arte y de los artistas: arquitectos*. Barcelona, Gustavo Gili, 1970.

MARTINS, Carlos Alberto Ferreira. "Há algo de irracional...": notas sobre a historiografia da arquitetura brasileira. In GUERRA, Abilio (Org.). *Textos fundamentais sobre história da arquitetura moderna brasileira: parte 2* (op. cit.), p. 131-168.

MARTINS, Carlos Alberto Ferreira. "Hay algo de irracional...": apuntes sobre la historiografia de la arquitectura brasileña. *Block*, n. 4, Buenos Aires, Universidad Torcuato di Tella, dez. 1999, p. 8-22.

MARTINS, Carlos Alberto Ferreira. *Arquitetura e estado no Brasil: elementos para uma investigação sobre a constituição do discurso moderno no Brasil – a obra de Lúcio Costa (1924-1952)*. Orientador Arnaldo Daraya Contier. Dissertação de mestrado. São Paulo, FFLCH USP, 1987.

MARTINS, Carlos Alberto Ferreira. Identidade nacional e estado no projeto modernista. *Óculum*, n. 2, Campinas, FAU PUC-Campinas, set. 1992, p. 71-76.

MARTINS, Wilson (1965). *O modernismo*. 3ª edição. São Paulo, Cultrix, s/d.

MARTINS, Wilson. *História da inteligência brasileira – 1915-1933*. Volume 6. São Paulo, Cultrix, 1978.

MARX, Roberto Burle (1977). Depoimento. In XAVIER, Alberto (Org.). *Depoimento de uma geração* (op. cit.), p. 305-313 (Projeto Hunter Douglas).

MATTAR, Denise (Org.). *Flávio de Carvalho: 100 anos de um revolucionário romântico*. Rio de Janeiro, Centro Cultural Banco do Brasil, 1999.

MEZAN, Renato. *Freud, pensador da cultura*. 4ª edição. São Paulo, Brasiliense, 1986.

MINDLIN, Henrique E. A nova arquitetura e o mundo de hoje. Conferência pronunciada na Escola de Engenharia do Mackenzie. São Paulo, 30 ago. 1945. Apud SEGAWA, Hugo. *Arquiteturas no Brasil 1900-1990* (op. cit.), p. 105.

MINDLIN, Henrique E (1956). *Arquitetura moderna no Brasil*. Rio de Janeiro, Aeroplano, 1999.

MINDLIN, Henrique E. *Modern architecture in Brazil*. Rio de Janeiro, Colibris, 1956.

MOIMAS, Valentina. Arquitetura Moderna no Brasil. Uma história em processo de escritura. *Arquitextos*, ano 14, n. 168.00, São Paulo, Vitruvius, mai. 2014 <https://bit.ly/3ILCRfE>.

MONTAIGNE, Michel de (1580). *Ensaios*. Capítulo XXI – Dos canibais. Coleção Os pensadores. 4ª edição. São Paulo, Nova Cultural, 1987, p. 100-106.

MONTANER, Josep Maria. *Arquitetura e crítica na América Latina*. São Paulo, Romano Guerra, 2014.

MORAES, Eduardo Jardim de. *A brasilidade modernista: sua dimensão filosófica*. Rio de Janeiro, Graal, 1978.

MORAES, Marcos Antonio de (Org.). *Correspondência Mário de Andrade & Manuel Bandeira*. São Paulo, Edusp/IEB, 2000.

MORAES, Rubens de. Graça Aranha e a crítica europeia. *Klaxon*, n. 8-9, São Paulo, dez. 1922/jan. 1923, p. 7-9.

MORAES, Vinícius de (1946). Azul e branco. *Antologia poética*. 2ª edição revista e aumentada. Rio de Janeiro, Editora do Autor, 1960, p. 171-173.

MOTTA FILHO, Cândido. O psicólogo da raça. *Klaxon*, n. 8-9, São Paulo, dez. 1922/jan. 1923, p. 5-7.

MURGEL, Ângelo A. Projecto da cidade operária de Monlevade. *Revista da Directoria de Engenharia*, v. 3, n. 5, Rio de Janeiro, Prefeitura do Distrito Federal, set. 1936, p. 270-281 <https://bit.ly/3ssnZvN>.

NIEMEYER, Oscar. *Meu sósia e eu*. Rio de Janeiro, Revan/Memorial da América Latina, 1992.

NOBRE, Ana Luiza. *Carmen Portinho: o moderno em construção*. Rio de Janeiro, Relume Dumará, 1999.

NOBRE, Ana Luiza. *O passado pela frente: a modernidade de Alcides Rocha Miranda*. Orientadora Berenice de Oliveira Cavalcanti. Dissertação de mestrado. Rio de Janeiro, Departamento de História PUC-RJ, 1997.

NOGUEIRA, Mauro Neves. Parque Guinle. Reinterpretação das 'unités d'habitation'. *AU – Arquitetura e Urbanismo*, n. 38, São Paulo, out./nov. 1991, p. 92-98.

NUNES, Benedito. Antropofagia ao alcance de todos. In ANDRADE, Oswald de. *Do Pau-Brasil à antropofagia e às utopias: manifestos, teses de concursos e ensaios* (op. cit.), p. XI-LIII.

OLIVEIRA, Ana Rosa de. A construção formal do jardim em Roberto Burle Marx. *Arquitextos*, ano 01, n. 002.06, São Paulo, Vitruvius, jul. 2000 <https://bit.ly/3fd4iB9>.

OLIVEIRA, Ana Rosa de. Bourlemarx ou Burle Marx? *Arquitextos*, ano 02, n. 013.01, São Paulo, Vitruvius, jun. 2001 <https://bit.ly/3HUAJka>.

OLIVEIRA, Ana Rosa de. Roberto Burle Marx e o jardim moderno brasileiro. *Entrevista*, ano 02, n. 006.01, São Paulo, Vitruvius, abr. 2001 <https://bit.ly/3fffZHK>.

PAIM, Antonio. *A filosofia da escola do Recife*. 2ª edição. São Paulo, Convívio, 1981.

PALERMO, Humberto Nicolás Sica. *O sistema Dom-ino*. Orientador Edson da Cunha Mahfuz. Dissertação de mestrado. Porto Alegre, Propar UFRGS, 2006 <https://bit.ly/35fLCiv>.

PANOFSKY, Erwin. O movimento neoplatônico e Miguel Ângelo. *Estudos de iconologia: temas humanísticos na arte do renascimento*. Lisboa, Estampa, 1986, p. 153-199.

PANORAMA LITERÁRIO (coluna). Hermann Keyserling (desenho). *Vamos Ler!*, n. 37, Rio de Janeiro, 15 abr. 1937, p. 23

PANORAMA LITERÁRIO (coluna). Raul Bopp (desenho). *Vamos Ler!*, n. 286, Rio de Janeiro, 22 jan. 1942, p. 15.

PAPADAKI, Stamo. *Oscar Niemeyer: Works in Progress*. Nova York, Reinhold, 1955.

PEDROSA, Mário (1958). Arquitetura paisagística no Brasil. *Dos murais de Portinari aos espaços de Brasília* (op. cit.), p. 281-283.

PEDROSA, Mário. *Dos murais de Portinari aos espaços de Brasília*. Organização Aracy Amaral. São Paulo, Perspectiva, 1981.

PEDROSA, Mário (1958). O paisagista Burle Marx. *Dos murais de Portinari aos espaços de Brasília* (op. cit.), p. 285-287.

PEREIRA, Margareth da Silva. A arquitetura brasileira e o mito: notas sobre um velho jogo entre *afirmação-homem* e *presença-natureza*. *Gávea*, n. 8, Rio de Janeiro, dez. 1990, p. 2-21. Republicação: PEREIRA, Margareth da Silva. A arquitetura brasileira e o mito: notas sobre um velho jogo entre *afirmação-homem* e *presença-natureza*. In GUERRA, Abilio (Org.). *Textos fundamentais sobre história da arquitetura moderna brasileira: parte 1* (op. cit.), p. 227-250.

PEREIRA, Margareth da Silva; PEREIRA, Romão Veriano da Silva; SANTOS, Cecília Rodrigues dos; SILVA, Vasco Caldeira da. *Le Corbusier e o Brasil*. São Paulo, Tessela/Projeto, 1987.

PINHEIRO, Gerson. Le Corbusier (desenho). *Revista de Arquitetura*, n. 10, Rio de Janeiro, mar. 1935, p. 18.

PINHEIRO, Gerson. Lúcio Costa – o pioneiro da reforma da Enba (desenho). *Revista de Arquitetura*, n. 8, Rio de Janeiro, dez. 1934, p. 7.

PRADO JR., Caio (1942). *Formação do Brasil contemporâneo*. São Paulo, Companhia das Letras, 2011.

PRADO, Paulo. *Retrato do Brasil: ensaio sobre a tristeza brasileira*. 2ª edição. São Paulo, Duprat-Mayença, 1928.

PROENÇA, Manoel Cavalcanti. *Roteiro de Macunaíma*. 4ª edição. Rio de Janeiro, Civilização Brasileira/INL, 1977.

PUENTE, Moisés. *Pavilhões de exposição: 100 anos*. Barcelona, Gustavo Gili, 2000.

PUPPI, Marcelo. *Por uma história não moderna da arquitetura brasileira*. Campinas, Pontes/CPHA-IFCH, 1998.

RAMOS, Péricles Eugênio da Silva. Depoimento de Oswald Andrade. *Correio Paulistano*, São Paulo, 26 jun. 1949, p 1-2 <https://bit.ly/3qWu8jz>; <https://bit.ly/3rErApq>.

REDAÇÃO. A construção da 'Cidade Universitária'. A personalidade do arquiteto Marcello Piacentini na opinião do Sr. Gregorio Warchavchik. *O Jornal*, Rio de Janeiro, 21 ago. 1935, p. 1 <https://bit.ly/3AnTWs5>.

REDAÇÃO. Klaxon. *Klaxon*, n. 1, São Paulo, mai. 1922, p. 1-3.

REDAÇÃO. Sem título. *Klaxon*, n. 8-9, São Paulo, dez. 1922/jan. 1923, p. 32.

REGO, José Lins do (1952). O homem e a paisagem. In XAVIER, Alberto (Org.). *Depoimento de uma geração* (op. cit.), p. 300-304 (Projeto Hunter Douglas).

REIS FILHO, Nestor Goulart. *Racionalismo e proto-racionalismo na obra de Victor Dubugras*. São Paulo, 3ª Bienal de Internacional de Arquitetura/Fundação Bienal de São Paulo, 1997.

RIBEIRO, Benjamin Adiron. *Vila Serra do Navio. Comunidade urbana na serra amazônica – um projeto do arquiteto Oswaldo Arthur Bratke*. São Paulo, Pini, 1992.

RICARDO, Cassiano (1928). *Martim Cererê*. 13ª edição. Rio de Janeiro, José Olympio, 1974.

RISÉRIO, Antonio. A dupla modernista e as realidades brasileiras. Caderno Letras. *Folha de São Paulo*, 26 mai. 1990, p. F7 <https://bit.ly/3rhVrVD>.

ROCHA, Fernanda Cláudia Lacerda. *Os jardins residenciais de Roberto Burle Marx em Fortaleza: entre descontinuidades e conexões*. Orientador Abilio Guerra. Dissertação de mestrado. São Paulo, Minter Mackenzie/Unifor, 2015.

RODRIGUES, José Paz. Hermann Keyserling, criador da Escola da Sabedoria. Santiago de Compostela, Associaçom Galega da Língua – AGAL, 6 fev. 2019 <https://bit.ly/34eMCCW>.

RODRIGUES, Nina. *Os africanos no Brasil*. 5ª edição. São Paulo, Companhia Editora Nacional, 1977.

ROSSETTI, Eduardo Pierrotti. Riposatevi, a tropicália de Lúcio Costa: o Brasil na XIII Trienal de Milão. *Arquitextos*, ano 06, n. 068.02, São Paulo, Vitruvius, jan. 2006 <https://bit.ly/34Uekpe>.

ROUSSEAU, Jean-Jacques (1754). *Discurso sobre a origem e os fundamentos da desigualdade entre os homens*. Coleção Os pensadores. 2ª edição. São Paulo, Abril Cultural, 1978, p. 201-320.

ROUSSEAU, Jean-Jacques. *Discurso sobre as ciências e as artes*. Coleção Os Pensadores. 2ª edição. São Paulo, Abril Cultural, 1978, p. 329-352.

RUBINO, Silvana Barbosa. Gilberto Freyre e Lúcio Costa, ou a boa tradição. *Óculum*, n. 2, Campinas, FAU PUC-Campinas, set. 1992, p. 77-80.

RYKWERT, Joseph. *A casa de Adão no paraíso: a ideia da cabana primitiva na história da arquitetura*. São Paulo, Perspectiva, 2003.

SABBAG, Haifa. A beleza de um trabalho: percurso, síntese da tradição e da modernidade (entrevista com Lúcio Costa). *AU – Arquitetura e Urbanismo*, n. 1, São Paulo, jan. 1985, p. 15-19.

SALDANHA, Nelson. *A escola do Recife*. 2ª edição. São Paulo, Convívio/Pró-Memória/INL, 1985.

SCHWARTZ, Jorge (Org.). *Brasil 1920-1950: da antropofagia a Brasília*. São Paulo, Cosac Naify, 2002.

SCHWARTZ, Jorge. Tupi or not Tupi: o grito de guerra da literatura do Brasil moderno. In SCHWARTZ, Jorge (Org.). *Brasil 1920-1950: da antropofagia a Brasília* (op. cit.), p. 143-158.

SCHWARTZMAN, Simon; BOMENY, Helena Maria Bousquet; COSTA, Vanda Maria Ribeiro. *Tempos de Capanema*. Rio de Janeiro/São Paulo, Paz e Terra/Edusp, 1984.

SCHWARZ, Roberto. Nacional por subtração. In BORNHEIM, Gerd; BOSI, Alfredo; PESSANHA, José Américo; SCHWARZ, Roberto; SANTIAGO, Silviano; DUARTE, Paulo Sérgio. *Cultura brasileira: tradição contradição*. Rio de Janeiro, Jorge Zahar/Funarte, 1987, p. 91-110.

SCHWARZ, Roberto. *Que horas são?* São Paulo, Companhia das Letras, 1993.

SCHWARZ, Roberto. *Um mestre na periferia do capitalismo: Machado de Assis*. 3ª edição. São Paulo, Duas Cidades, 1998.

SECRETARIA DE MEIO AMBIENTE. Programa de recuperação socioambiental da Serra do Mar e do sistema de mosaicos da Mata Atlântica (BR-I1241). São Paulo, Banco Interamericano de Desarrollo/Governo do Estado de São Paulo, 5 out. 2009 <https://bit.ly/3lCtVHS>.

SEGAWA, Hugo. *Arquiteturas no Brasil 1900-1990*. São Paulo, Edusp, 1998.

SEGAWA, Hugo. Lúcio Costa: a vanguarda permeada com a tradição (entrevista). *Projeto*, n. 104, São Paulo, out. 1987, p. 145-154.

SEGAWA, Hugo; DOURADO, Guilherme Mazza. *Oswaldo Arthur Bratke*. São Paulo, ProEditores, 1997.

SEGRE, Roberto. Carmen Portinho (1903-2001): sufragista da arquitetura brasileira. *Arquitextos*, ano 02, n. 015.00, São Paulo, Vitruvius, ago. 2001 <https://bit.ly/3fex9VF>.

SEGRE, Roberto. *Ministério da Educação e Saúde: ícone urbano da modernidade brasileira – 1935-1945*. São Paulo, Romano Guerra, 2013.

SILVA, Geraldo Gomes. Marcos da arquitetura moderna em Pernambuco. In SEGAWA, Hugo (Org.). *Arquiteturas no Brasil: anos 80*. São Paulo, Projeto, 1988, p. 19-27.

SIQUEIRA, Vera Beatriz. *Burle Marx: paisagens transversas*. São Paulo, Cosac Naify, 2001.

SOUZA, Gilda de Mello e. *O tupi e o alaúde: uma interpretação de Macunaíma*. São Paulo, Duas Cidades, 1979.

SOUZA, Jessé. *A elite do atraso: da escravidão à lava jato*. Rio de Janeiro, Leya, 2017.

SPENGLER, Oswald (1918-1922). *A decadência do ocidente*. 3ª edição. Rio de Janeiro, Zahar, 1982.

STADEN, Hans. *Warhaftig Historia und beschreibung eyner Landtschafft der Wilden*. Gedruckt zu Marpurg, Zu Marpurg im Kleeblatt, Andress Kolben, 1557.

TAINE, Hippolyte (1864). *Historia de la literatura inglesa*. 9ª edição. Buenos Aires, Americalee, 1945.

TELES, Gilberto Mendonça. *Vanguarda europeia e modernismo brasileiro*. Petrópolis, Vozes, 1986.

TELLES, Sophia S. Lúcio Costa: monumentalidade e intimismo. *Novos estudos*, n. 25, São Paulo, Cebrap, out. 1989, p. 75-94. Republicação: TELLES, Sophia S. Lúcio Costa: monumentalidade e intimismo. In GUERRA, Abilio (Org.). *Textos fundamentais sobre história da arquitetura moderna brasileira: parte 1* (op. cit.), p. 173-206.

TELLES, Sophia S. Pequena crônica. *AU – Arquitetura e Urbanismo*, n. 38, São Paulo, out./nov. 1991, p. 117 (número especial sobre Lúcio Costa).

THEVET, André (1558). *Les singularités de la France Antartique*. Edição com notas e comentários. Paris, Maisonneuve & Cie, 1878.

VARGAS, Jayme. *Gregori Warchavchik: design e vanguarda no Brasil*. São Paulo, Olhares, 2019.

VELOSO, Caetano, Um índio. *Bicho* (CD), Philips, 1977.

VIANA, Oliveira. *Raça e assimilação*. 4ª edição. Rio de Janeiro, José Olympio, 1959.

VIVEIROS DE CASTRO, Eduardo. *Arawete: os deuses canibais*. Rio de Janeiro, Zahar/Anpocs, 1986.

VIVEIROS DE CASTRO, Eduardo. O recado da mata. In KOPENAWA, Davi; ALBERT, Bruce. *A queda do céu: palavras de um xamã yanomami* (op. cit.), p. 11-41.

WARCHAVCHIK, Gregori. A primeira realização da arquitetura moderna em São Paulo. *Correio Paulistano*, São Paulo, 8 jul. 1928, p. 3 <https://bit.ly/331erOF>.

WARCHAVCHIK, Gregori. Decadência e renascimento da arquitetura. *Correio Paulistano*, São Paulo, 5 ago. 1928, p. 4 <https://bit.ly/3zqJW0C>.

WILHEIM, Jorge; CRISTOFANI, Telésforo Giorgio. Arquitetura e nacionalidade. *Boletim mensal do IAB São Paulo*, n. 13, jan. 1954. In *Acrópole*, n. 196, São Paulo, jan. 1955, p. 2.

WILHEIM, Jorge; CRISTOFANI, Telésforo Giorgio. O irracional na obra de Niemeyer. *Boletim mensal do IAB São Paulo*, n. 14, mar. 1955. In *Acrópole*, n. 197, São Paulo, fev. 1955, p. 3.

WISNIK, Guilherme. *Lúcio Costa: entre o empenho e a reserva*. São Paulo, Cosac Naify, 2001.

WISNIK, Guilherme. Plástica e anonimato: modernidade e tradição em Lúcio Costa e Mário de Andrade. *Novos Estudos*, n. 79, São Paulo, Cebrap, nov. 2007 <https://bit.ly/3L3AUw0>.

WISNIK, José Miguel. *Maquinação do mundo: Drummond e a mineração*. São Paulo, Companhia das Letras, 2018.

WITTKOWER, Rudolf; WITTKOWER, Margot. *Nascidos bajo el signo de Saturno: genio y temperamento de los artistas desde la Antigüedad hasta la Revolución Francesa*. 3ª edição. Madri, Catedra, 1988.

WÖLFFLIN, Heirich. *Conceitos fundamentais da história da arte: o problema da evolução dos estilos na arte mais recente*. São Paulo, Martins Fontes, 1984.

XAVIER, Alberto (Org.). *Depoimento de uma geração: arquitetura moderna brasileira*. 1ª edição. Projeto Hunter Douglas. São Paulo, Abea/FVA/Pini, 1987.

XAVIER, Alberto (Org.). *Depoimento de uma geração: arquitetura moderna brasileira*. 2ª edição. São Paulo, Cosac Naify, 2003.

ZÍLIO, Carlos. *A querela do Brasil: a questão da identidade da arte brasileira – a obra de Tarsila, Di Cavalcanti e Portinari*. 2ª edição. Rio de Janeiro, Relume Dumará, 1997.

Números especiais de periódicos

Architecture d'Aujourd'hui, n. 13-14, Paris, set. 1947. (número especial sobre o Brasil)

Architecture d'Aujourd'hui, n. 171, Paris, jan./fev. 1974. (especial sobre Oscar Niemeyer)

Architecture d'Aujourd'hui, n. 396, Paris, jul./ago. 2013. (especial Brasil).

Architecture d'Aujourd'hui, n. 42-43, Paris, ago. 1952. (número especial sobre o Brasil)

Architecture d'Aujourd'hui, n. 90, Paris, jun./jul. 1960. (número especial sobre Brasília)

AU – Arquitetura e Urbanismo, n. 2, São Paulo, abr. 1985. (número especial sobre Brasília)

AU – Arquitetura e Urbanismo, n. 38, São Paulo, out./nov. 1991. (número especial sobre Lúcio Costa)

Klaxon, n. 8-9, São Paulo, dez. 1922/jan. 1923. (número em homenagem a Graça Aranha)

L'Homme et l'Architecture, n. 11-12-13-14, Paris, 1947. (número especial sobre a Unité d'habitation)

Vídeos

Documentário TV Cultura, São Paulo, 1987. Duração 53 min. Acervo de vídeos do Centro Audiovisual da Faculdade de Arquitetura e Urbanismo da PUC-Campinas.

Raro registro de Mário de Andrade em vídeo, Flip <https://bit.ly/33QHnJj>.

Romano Guerra Editora

Editores
Abilio Guerra, Silvana Romano Santos e Fernanda Critelli

Conselho Editorial
Abilio Guerra, Adrián Gorelik, Aldo Paviani, Ana Luiza Nobre, Ana Paula Garcia Spolon, Ana Paula Koury, Ana Vaz Milheiros, Ângelo Bucci, Ângelo Marcos Vieira de Arruda, Anna Beatriz Ayroza Galvão, Carlos Alberto Ferreira Martins, Carlos Eduardo Dias Comas, Cecilia Rodrigues dos Santos, Edesio Fernandes, Edson da Cunha Mahfuz, Ethel Leon, Fernanda Critelli, Fernando Luiz Lara, Gabriela Celani, Horacio Enrique Torrent Schneider, João Masao Kamita, Jorge Figueira, Jorge Francisco Liernur, José de Souza Brandão Neto, José Geraldo Simões Junior, Juan Ignacio del Cueto Ruiz-Funes, Luís Antônio Jorge, Luis Espallargas Gimenez, Luiz Manuel do Eirado Amorim, Marcio Cotrim Cunha, Marcos José Carrilho, Margareth da Silva Pereira, Maria Beatriz Camargo Aranha, Maria Stella Martins Bresciani, Marta Vieira Bogéa, Mônica Junqueira de Camargo, Nadia Somekh, Otavio Leonidio, Paola Berenstein Jacques, Paul Meurs, Ramón Gutiérrez, Regina Maria Prosperi Meyer, Renato Anelli, Roberto Conduru, Ruth Verde Zein, Sergio Moacir Marques, Vera Santana Luz, Vicente del Rio, Vladimir Bartalini

Nhamerica Platform

Editor
Fernando Luiz Lara

Sobre o autor

Abilio Guerra é arquiteto (FAU PUC-Campinas, 1982), mestre e doutor em História (IFCH Unicamp, 1992 e 2002), professor adjunto da FAU Mackenzie (graduação e pós-graduação). Com Silvana Romano Santos e Fernanda Critelli, é editor da Romano Guerra Editora e do Portal Vitruvius. Autor dos livros *Architecture and Nature | Arquitetura e natureza* (Romano Guerra/Nhamerica, 2017, Cica Awards 2017) e organizador, entre outras obras, de dois volumes dos *Textos fundamentais sobre história da arquitetura moderna brasileira* (Romano Guerra, 2010). Curador da exposição *Arquitetura brasileira: viver na floresta* (Instituto Tomie Ohtake, 2010, Cica Awards 2011) e da série de três mostras *Território de contato* (com Marta Bogéa, Sesc Pompeia, 2014).

A reprodução ou duplicação integral ou parcial desta obra sem autorização expressa do autor e dos editores se configura como apropriação indevida dos direitos intelectuais e patrimoniais do autor.

Romano Guerra Editora
Rua General Jardim 645 cj 31
01223-011 São Paulo SP Brasil
rg@romanoguerra.com.br
www.romanoguerra.com.br

Nhamerica Platform
807 E 44th st,
Austin, TX, 78751 USA
editors@nhamericaplatform.com
www.nhamericaplatform.com

Imagens da capa
J. Borges, A vida do preguiçoso, 2016.
Xilogravura, reprodução sobre papel, 63,3 x 48,2 cm.

Pensamento da América Latina
Romano Guerra Editora
Nhamerica Platform
Coordenação geral
Abilio Guerra
Fernando Luiz Lara
Silvana Romano Santos

Cultura Pau-Brasil: O encontro de Lúcio Costa, Mário de Andrade, Oswald de Andrade e Tarsila do Amaral
Abilio Guerra
Brasil 8
Coordenação editorial
Abilio Guerra
Fernanda Critelli
Silvana Romano Santos
Projeto gráfico, diagramação e pré-impressão
Dárkon V Roque
Revisão de texto
Noemi Zein Telles
Gráfica
Geográfica

A versão em inglês desse livro – *Pau-Brasil Culture. When Lúcio Costa met Mário de Andrade, Oswald de Andrade and Tarsila do Amaral* – recebeu recursos para tradução do Programa Proex / Edital Portaria Capes n. 34/2006, número do auxílio: 0425/2021, número do processo: n. 23038.006765/2021-64, recebido pelo Programa de Pós-Graduação em Arquitetura e Urbanismo da Universidade Presbiteriana Mackenzie.

Agradecimentos
Casa da Arquitectura (Nuno Sampaio e José Fonseca), Casa de Lúcio Costa (Julieta Sobral e Maria Elisa Costa), FAMA Museu (Stefanie Klein), Tarsila do Amaral Licenciamento e Empreendimentos Ltda (Heitor Estanislau do Amaral, Paulo Henrique do Amaral Studart Montenegro e Maria Goretti Amaral), Foundation Le Corbusier (Brigitte Bouvier e Arnaud Dercelles), Musée national d'art moderne - Centre de création industrielle / Centre Pompidou (Olivier Cinqualbre e Valentina Moimas), Instituto Burle Marx (Isabella Ono), Instituto Tomie Ohtake (Vitória Arruda), Acervo família Warchavchik (Carlos Warchavchik), Associação Cultural de Amigos do Museu Lasar Segall (Marcelo Monzani Netto, Marlene Thomann, Jonatan Pereira, Sandra Britto e Ademir Maschio), Sítio Roberto Burle Marx / Iphan (Jéssica Santana e Claudia Maria Pinheiro Storino), NPD FAU UFRJ (João Claudio Parucher da Silva e Andrés Passaro).

Alberto Ricci, Alecio Rossi, Andrés Otero, Aracy Amaral, Dina Uliana, Elisabete França, Hugo Segawa, José Tabacow, Malu Gomes, Mario Lasar Segall, Nelson Kon, Odorico Leal, Tarsilinha do Amaral, Victor Hugo Mori

Apoio

CAPES

Mackenzie

© Abilio Guerra
© Romano Guerra Editora
© Nhamerica Platform
1ª edição, 2022

Edição impressa em português
Cultura Pau-Brasil
Abilio Guerra, 2022
ISBN 978-65-87205-17-5
(Romano Guerra)
ISBN 978-1-946070-45-6
(Nhamerica)

Edição impressa em inglês
Pau-Brasil Culture
Abilio Guerra, 2022
ISBN 978-65-87205-12-0
(Romano Guerra)
ISBN 978-1-946070-47-0
(Nhamerica)

Edição ebook em português
Cultura Pau-Brasil
Abilio Guerra, 2022
ISBN 978-65-87205-13-7
(Romano Guerra)
ISBN 978-1-946070-46-3
(Nhamerica)

Edição ebook em inglês
Pau-Brasil Culture
Abilio Guerra, 2022
ISBN 978-65-87205-14-4
(Romano Guerra)
ISBN 978-1-946070-48-7
(Nhamerica)

Guerra, Abilio
Cultura Pau-Brasil: o encontro de Lúcio Costa, Mario de Andrade, Oswald de Andrade e Tarsila do Amaral
Abilio Guerra

1ª edição	São Paulo, SP: Romano Guerra;
1st edition	Austin, TX: Nhamerica Platform
	2022

416 p. il.
(Pensamento da América Latina: Brasil, 8)

ISBN 978-65-87205-17-5
(Romano Guerra)
ISBN 978-1-946070-45-6
(Nhamerica)

1. Arquitetura moderna – Século 20 – Brasil
2. Modernismo – Brasil
3. Patrimônio cultural – Brasil
4. Costa, Lúcio 1902-1998
5. Andrade, Mário de 1893-1945
6. Andrade, Oswald de 1890-1954
7. Amaral, Tarsila do 1886-1973

I. Título

CDD 724.981

Ficha catalográfica elaborada pela bibliotecária Dina Elisabete Uliana – CRB-8/3760

Este livro foi composto em Rotis Semi Sans e impresso em papel offset 90g, couché 115g e supremo 250g